法学专业必修课、选修课系列教材

法律职业伦理教程

（第二版）

湖南省法学会法学教育研究会　组编

刘定华　夏新华　主审

郭　哲　主编

撰稿人：（按所编写章节顺序排列）

郭　哲　肖洪泳　蒋海松　夏新华

龙兴盛　李江发　张南宁　屈茂辉

刘君之　刘湘琛　汪全军　肖　锭

刘定华

中国教育出版传媒集团

高等教育出版社·北京

图书在版编目（CIP）数据

法律职业伦理教程 / 湖南省法学会法学教育研究会
组编；郭哲主编 . --2 版 . -- 北京：高等教育出版社，
2024.3（2025.8 重印）
　ISBN 978-7-04-061893-8

Ⅰ . ①法… Ⅱ . ①湖… ②郭… Ⅲ . ①法伦理学 － 高
等学校 － 教材 Ⅳ . ①D90-053

中国国家版本馆CIP数据核字（2024）第050174号

Falü Zhiye Lunli Jiaocheng

策划编辑　程传省　　责任编辑　程传省　石　璐　徐　诺　　封面设计　杨立新　　版式设计　杜微言
责任校对　胡美萍　　责任印制　刘思涵

出版发行	高等教育出版社	网　　址	http://www.hep.edu.cn
社　　址	北京市西城区德外大街4号		http://www.hep.com.cn
邮政编码	100120	网上订购	http://www.hepmall.com.cn
印　　刷	三河市骏杰印刷有限公司		http://www.hepmall.com
开　　本	787mm×1092mm　1/16		http://www.hepmall.cn
印　　张	18	版　　次	2018 年 11 月第 1 版
字　　数	410 千字		2024 年 3 月第 2 版
购书热线	010-58581118	印　　次	2025 年 8 月第 4 次印刷
咨询电话	400-810-0598	定　　价	45.00元

本书得到法治湖南与区域社会治理协同创新中心的大力支持

作者简介

（按编写章节顺序排列）

郭　哲

女，法学博士，湖南大学法学院教授，硕士生导师，湖南省法学会政府投融资法治研究会副会长。主持国家社科基金项目及司法部、湖南省社科基金项目多项。著有《政府与市场》《法律中的逻辑》，主编《法律逻辑学》《法律逻辑学实用教程》《经济法律通论》等教材，在《中国法学》《法学评论》《法学杂志》《当代法学》《政法论丛》等刊物上发表论文 70 余篇。

肖洪泳

男，法学博士，湖南大学法学院副教授，硕士生导师。主持国家社科基金项目、湖南省社科基金项目数项。著有《法律史：立场、方法与论域》，主编《岳麓法学评论》，在《读书》《法学家》等刊物上公开发表学术论文 30 余篇。

蒋海松

男，法学博士，湖南大学法学院副教授，硕士生导师，《岳麓法学评论》主编，中国法学会法治文化研究会理事。主持国家社科基金、教育部人文社科项目、湖南省社科基金多项。在《马克思主义与现实》《现代法学》《湖南大学学报》《学术交流》《兰州大学学报》《民间法》等刊物上发表论文 30 余篇。

夏新华

男，湖南师范大学法学院教授，博士生导师，全国法律专业学位研究生教育指导委员会委员，湖南省法治文化研究会会长，入选教育部新世纪优秀人才计划。著有《非洲法律文化史论》《借鉴与移植：外来宪法文化与中国宪制发展》等，主编《外国法制史》《中国法制史研讨教学论纲》等教材，公开发表学术论文近百篇，荣获湖南省哲学社会科学优秀成果奖特别奖、二等奖。

龙兴盛

男，法学博士，中国社会科学院、最高人民法院联合招收博士后，副研究员，现任三级高级法官，长沙市望城区人民法院党组书记、院长，首届湖南省审判业务专家、首届长沙市委法律专家,湖南省法学会应用法学研究会常务副会长、湖南省法官遴选委员会专家委员、湖南省普通高等学校法学类专业教学指导委员会委员、湖南省优秀公诉人、长沙市第十六届人大代表,曾挂任中南大学法学院院长助理、"双千计划"兼职教授等职。从事侦查、公诉、审判实务与理论研究工作近 20 年,主要研究方向为经济刑法、司法制度。经最高人民法院选拔赴美国天普大学进行司法考察与学习,后赴马来西亚、我国台湾地区等地学习交流。公开出版专著(合著)4 部,发表论文 40 余篇。

李江发

男,法学博士,北京师范大学刑事法律科学研究院博士后。现为衡阳铁路运输检察院副检察长,三级高级检察官。长期从事刑事司法实务、检察理论和廉政文化研究工作。兼任湖南省法学会法治文化研究会副会长、湘潭大学法学院兼职实务导师。主持或参与国家级、省部级课题 4 项,参编著作 3 部,在《法学杂志》《湘潭大学学报(社会科学版)》等刊物上发表学术论文 10 余篇。

张南宁

男,中南大学哲学硕士,中山大学哲学博士,中国政法大学证据法专业博士后,伦敦大学法学院访问学者。湖南大学兼职教授,湖南天地人律师事务所董事会董事,国家一级律师。兼任中国政法大学研究员、西南政法大学硕士生导师、中国国际经济贸易仲裁委员会仲裁员。2013 年入选全国律协涉外律师领军人才库。2013 年获得全国首届法学博士后科研成果二等奖。著有《科学证据基本问题研究》《事实认定的逻辑解构》等。

屈茂辉

男,湖南大学法学院原院长、教授,博士生导师,法学一级学科博士点和省级重点学科带头人。主要研究领域为民法学尤其是民法基础理论、民法总则、物权法、合同法、侵权法、亲属法、继承法等。在《人民日报(理论版)》《中国法学》《法律科学(西北政法大学学报)》《法商研究》《法学评论》《法制与社会发展》等刊物上公开发表学术论文 120 多篇,其中被《新华文摘》、《高校文科学报文摘》、人大复印报刊资料等转载论文 20 多篇,获法学教材和法学科研优秀成果三等奖各一项。

刘君之

男,法学博士,现任教于中南大学马克思主义学院。主要研究方向为仲裁法、马克思主义法学。曾主持或参与多项省部级以上课题,并在《湘潭大学学报(社会科学版)》《人大法律评论》《民间法》等刊物上发表论文多篇。

刘湘琛

女,法学博士,现任教于湖南师范大学法学院。多年来一直负责教育改革项目,多次在学术刊物上发表科研教学论文。曾经荣获 2010—2011 年湖南师范大学教学优秀奖、2011 年青年教学课堂教学竞赛一等奖、湖南师范大学第八届青年教学课堂教学艺术竞赛二等奖,连续三年被评为湖南师范大学法学院"教学十佳"。

汪全军

男,法学博士,湖南大学法学院副教授,浙江大学光华法学院博士后研究人员。主要研究方向为立法学、法哲学。曾主持或参与多项省部级以上课题,并在核心刊物上发表学术论文 10 余篇。

肖　锭

男,湖南大学法律硕士,湖南省高级人民法院综合文秘,团省委受聘讲师。论文多次获中国法学青年论坛、中国审判理论研究会一等奖。主笔"对有瑕疵的人民调解协议司法确认有关问题的研究""深入推进全省法院司法公开有关问题的研究""人民法院司法警察职能完善相关问题研究"等省级调研课题,在中国法院网、《人民法院报》《湖南审判研究》《司法改革研究》、《法治湖南与区域治理研究》等媒体与刊物上发表论文及评论文章若干。

刘定华

男,湖南大学法学院原院长、教授,博士生导师,湖南省法学会法学教育研究会原会长。主持省部级课题多项,主编国家九五、十一五规划教材《金融法教程》以及《票据法学》《票据法教程》等教材,公开发表学术论文 100 余篇。

序

"法者,天下之仪也。"① 法律是治国之重器,良法是善治之前提。法治是治国安邦的利器,是修政安民的良方。

在《高举中国特色社会主义伟大旗帜　为全面建设社会主义现代化国家而团结奋斗》(简称"党的二十大报告")中,习近平强调"全面依法治国是国家治理的一场深刻革命,关系党执政兴国,关系人民幸福安康,关系党和国家长治久安"。全面深化改革这艘航船,需要法治的护航;中国特色社会主义市场经济这条奔腾不息的河流,需要法治堤坝的保护;改革开放 40多年的发展成果,需要法治的守卫。而法治不仅应当是"良法之治",也应当是"良(法律)人之治",依法治国需要让法律人成为法治建设的顶梁柱,法律人的素养直接影响到法治的效果和前景。

"教者,千秋之大业;法者,天下之公器。法学教育关乎社会福祉,攸关天下兴衰。"② 尤其在现代法治社会,法学教育及人才培养在全面依法治国、经济社会发展、国家社会建设、政府管理、国家和社会治理中占有极其重要的地位。法治是社会文明的重要标志,法律人自身的职业伦理堪称全社会职业伦理的样板,对全社会文明建设具有示范作用。早在 20 世纪 30 年代,著名法学教育家孙晓楼先生在其被誉为中国"研究法律教育的开路先锋"的专著《法律教育》中就曾指出:法律人才"一定要有法律学问,才可以认识并且改善法律;一定要有社会的常识,才可以合乎时宜地运用法律;一定要有法律的道德,才有资格来执行法律";"只有了法律知识,断不能算作法律人才;一定要于法律学问之外,再备有高尚的法律道德","因为一个人的人格或道德若是不好,那么他的学问或技术愈高,愈会损害社会。学法律的人若是没有人格或道德,那么他的法学愈精,愈会玩弄法律,作奸犯科"。③ 这说明应对法科学生进行法律职业伦理教育,使法律人养成高尚的职业道德和操守。因此,培养什么样的法律人和如何培养法律人是我国法学教育面临的必须认真对待的一个重大的现实问题。培养合格的法律人是法学教育的神圣使命。

---

① 《管子·禁藏》。

② 《付子堂:法之理在法外》,载《光明日报》2011 年 1 月 27 日,第 15 版。

③ 孙晓楼等原著,王健编:《法律教育》,中国政法大学出版社 1997 年版,第 9—10 页。

"法安天下,德润人心。"① 法律离不开道德的涵养,法律职业更离不开伦理道德的支撑,法律职业具有自己的伦理性。从柏拉图、亚里士多德、孟德斯鸠、培根等大思想家到卡多佐、丹宁等大法官,从管仲、孔子、商鞅、张释之、长孙无忌、包拯、海瑞、沈家本到董必武,都对法律职业伦理作过很多精辟的论述。维护法律职业的神圣性是法律职业伦理的核心。许多先贤都讴歌了法律的崇高,劝导法律人恪守伦理准则。古希腊诗人品达说,法律是"国王";历史学家希罗多德宣称,法律是"主人";哲学家柏拉图则认为,法律是一条金质的纽带,公民是法律的"奴隶",只有抓住法律这条金质的纽带,灵魂才能向上升华。

习近平多次指出,"国无德不兴,人无德不立"。道德是社会关系的基石,是法律的引导。法律与道德的结合、法律职业伦理的深化,也是全社会思想道德建设和法律教育的重大工程,为社会提供精神力量和道德涵养。

20世纪以来,随着法律职业的日益发展以及法律职业领域问题频发,法律职业伦理逐步受到空前重视并得以系统化,法律职业伦理教育逐渐规范化、常态化、普遍化,法律职业伦理内部出现了各种规范化的行为准则或道德指引。因多名律师卷入20世纪70年代美国"水门事件",美国的法学院普遍加强了法律职业伦理教育。在我国,若干大法官、大检察官因贪污受贿而被定罪判刑、锒铛入狱,一大批法官、检察官、律师因违反职业道德而受到党政纪律处分、法律制裁、刑事处罚。严酷的现实提醒法学院校,对学生进行法律职业伦理教育刻不容缓。我国高等法学教育长期未能把法律职业伦理作为必修课程之一,但2002年全国统一司法考试后,已将法律职业道德专门作为一门课程纳入考试范围。2017年,教育部高等学校法学学科教学指导委员会、全国法律专业学位研究生教育指导委员会分别修订了《法学本科指导性培养方案》和《法律硕士专业学位研究生指导性培养方案》,将法律职业伦理课程纳入法学本科10门核心课程和法律硕士必修课程。这是贯彻落实习近平提出的"立德树人,德法兼修"重要指示的重大举措,体现了我国法学教育的发展进步,必将对法治人才的培养产生深远而广泛的影响。国家对法律职业伦理教育的重视,体现了法学教育领域的一种进步。

我国的法律职业伦理教育急需高水平法律职业伦理教材。目前的法律职业伦理的学科建设起步比较晚,还处在初创阶段,本教材就是适应这种急需而于2018年组织编写的,现根据最新规范进行修订。本教材的编写着眼前沿,与时偕行,试图在学科体系、学科范畴、历史发展、研究对象等方面进行高质量的研究和创造性的探索,以推进法律职业伦理学科的建设。本教材所具有的鲜明特征和独特价值体现在以下三个方面:

第一,研究对象与时俱进。本教材将分论中的法律职业伦理主体扩大到应当取得国家统一法律职业资格的九类人员:法官、检察官、律师、公证

---

① 《法安天下 德润人心——怎样理解坚持依法治国和以德治国相结合》,载《人民日报》2015年2月12日,第9版。

员、法律顾问、仲裁员（法律类）及政府部门中从事行政处罚决定审核、行政复议、行政裁决的人员，并分别对这九类法律人的职业伦理的基本要求、规范和实施中的一些具体问题进行了阐述，充分体现了党中央关于新时代法律职业构成的科学判断以及法治队伍建设的基本要求，吸纳了法律职业在新时代蓬勃发展的成就。

第二，理论和实践紧密结合、相得益彰。本教材的分论部分——法官职业伦理、检察官职业伦理、律师职业伦理、仲裁员职业伦理、公证员职业伦理、立法工作者职业伦理、行政执法人员职业伦理分别邀请实务部门专家参与编写，对法律职业共同体中各子共同体的职业伦理的基本内容和实施机制进行了较为深入的分析，力求从理论和实践两个方面对现行的法律职业伦理进行总体概括和具体描述。

第三，教材体系严密科学。本教材每章以典型案例引入，让读者带着问题思考，每章最后附有"延伸阅读"。选择法律职业伦理的经典论述、一些令人深思的法治话题或热门的案例作为延伸阅读材料提供给读者，同时配以"思考题"，引导读者对法律职业伦理中的深层次问题进行思考、讨论。

党的二十大报告重申全面依法治国是国家治理的一场深刻革命，是全面建设社会主义现代化国家的本质要求和重要保障。全面依法治国建设的顺利推进必须有一大批高素质的能够正确应用法律的法律人，而职业伦理是高素质的核心要素。习近平指出："执法不严、司法不公，一个重要原因是少数干警缺乏应有的职业良知。"[①]"职业良知来源于职业道德。要把强化公正廉洁的职业道德作为必修课，教育引导广大干警自觉用职业道德约束自己，认识到不公不廉是最大的耻辱，做到对群众深恶痛绝的事零容忍、对群众急需急盼的事零懈怠，树立惩恶扬善、执法如山的浩然正气。"[②]"但法律上的方向，无论走哪一条，都须有用了明白的知识与强固的意志去实行的道德。不屈不挠的精神，是主张正义的法律人的生命。"[③]我们要按照习近平的指示精神，切实把法律职业伦理教育作为法学基本教育和优先教育。祝愿广大法律人自觉加强职业伦理修养，淬炼品德，成为新时代法治建设的生力军；也祝愿本教材为法律职业伦理教育的改革作出自己的探索，成为大家学习的好帮手。

是为序。

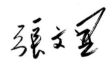

2023 年 4 月 30 日

---

① 中共中央文献研究室编：《习近平关于全面依法治国论述摘编》，中央文献出版社 2015 年版，第 97 页。
② 中共中央文献研究室编：《习近平关于全面依法治国论述摘编》，中央文献出版社 2015 年版，第 97 页。
③ ［意］德·亚米契斯：《爱的教育》，夏丏尊译，译林出版社 1997 年版，第 282 页。

目　录

分 论 篇

绪　论

习近平指出，"国无德不兴，人无德不立"。道德是社会关系的基石，是人际和谐的基础。他强调要始终把弘扬中华民族传统美德、加强社会主义思想道德建设作为极为重要的战略任务来抓，为实现中华民族伟大复兴的中国梦提供强大的精神力量和有力的道德支撑。道德建设覆盖社会生活的各个领域，推进道德建设是一项社会系统工程。2014 年 10 月，中国共产党第十八届中央委员会第四次全体会议（简称"党的十八届四中全会"）审议通过了《中共中央关于全面推进依法治国若干重大问题的决定》，确立了全面推进依法治国、建设法治国家和法治政府的战略。法律职业伦理建设正是这个伟大战略不可或缺的重要一环。

法治国家建设与法律职业人员道德素养之间的关联性，决定着我国的法治建设进程和司法改革的前景。而我国法治建设和司法改革能否走上可持续发展道路，在很大程度上又取决于以培养法律职业人员为使命的法学教育的改革、发展，取决于通过法学教育所培养的法律职业人员的职业道德素养。早在 20 世纪 30 年代，我国著名的法学家孙晓楼先生就谈及法律职业人员的合格标准问题。他说："讲到法律人才，我认为至少有三个要件：(1) 要有法律学问；(2) 要有社会常识；(3) 要有法律道德。只有了法律学问而缺少了社会常识，那是满腹不合时宜，不能适应时代的需要，即不能算是法律人才；有了法律学问、社会常识，而缺少了法律道德，那就不免为腐化恶化的官僚政客，并不能算做法律人才；一定要有法律学问、法律道德和社会常识，三者俱备，然后可称为法律人才。"① 在法学教育中，教育部在 1998年确定了法学专业 14 门核心课程（这 14 门课程是法理学、中国法制史、宪法学、行政法与行政诉讼法、刑法学、刑事诉讼法学、民法学、民事诉讼法学、经济法学、商法学、知识产权法学、国际法学、国际私法学和国际经济法学）。应当承认，在假定这 14 门核心课程的内容和主讲教师都符合法治精神的前提下，这样的大学法学教育安排确实有助于构筑起法科学生合理的知识框架。但是，法律职业伦理作为构成法律职业人员整体素质的"半壁江山"，长期未能成为中国高等法学教育的必修课程之一，这无疑是致命的缺陷。而在法治发达的西方高等法学教育中，大都设有司法伦理或律师伦理之类的法律职业伦理训导课程。2017 年，教育部高等学校法学学科教学指导委员会、全国法律专业学位研究生教育指导委员会分别修订了《法学本科指导性培养方案》和《法律硕士专业学位研究生指导性培养方案》，将法律职业伦理课程纳入法学本科 10 门核心课程和法律硕士必修课程，这体现了国家对法律职业伦理教育的重视，同时体现了法学教育领域的进步。2023 年 2 月，中共中央办公厅、国务院办公厅印发了《关于加强新时代法学教育和法学理论研究的意见》，强调"健全法律职

---

① 孙晓楼等原著，王健编：《法律教育》，中国政法大学出版社 1997 年版，第 9—10 页。

业伦理和职业操守教育机制,培育学生崇尚法治、捍卫公正、恪守良知的职业品格"。

一、法律职业伦理的重要性

首先,法律职业伦理是法治国家法律职业人员必备的职业道德。法律职业人员首先必须具备合格公民的道德底线,但仅仅这样是绝然不够的。既然法治实乃法律职业人员之治,那么法律职业人员必然具有其他公民所不具备的特殊的职业道德素养。像医生循医德、教师遵师德一样,法律职业人员也应当信守相应的法律职业道德。试想,一个对蕴涵着人权、民主和普遍正义等道德价值的良法缺乏真正信仰的法学家,能够不畏权贵而拒斥"恶法"流弊么?一个没有深邃地体悟法治精神、原则的法官或检察官,能够做到独立而公正地适用法律弘扬正义么?一个没有对人的生命尊严与价值怀有真诚敬畏的律师,能够为"他者"的权益而勇于"铁肩担道义"么?所有这一切都需要法律职业人员具备良好的职业道德素养。

其次,法律职业伦理是提升我国法律职业人员的整体素质,树立司法权威的应然取向。司法权威并不完全甚至可以说并不主要来自国家强制力,从根本上说,司法只有在一定程度上反映了社会的共同意志和普遍利益并在人民内心得到认同的时候,才能够赢得权威。因此,司法权威主要来自法官的独立地位、法律职业人员的职业技能以及职业道德。其中,权威主体具有优良的品质常常被看成权威得以确立和维护的一个内在因素。法官权威在很大程度上依赖于法官公正、清廉、正直的品质。西方曾经有位哲人这样说过:"如果社会上追求完人的话,那么法官就是完人。"其实,不只是对于法官,对于检察官、律师等其他法律职业人员也是如此。法律职业人员对法律职业伦理的恪守遵行,会使得民众更加信任法律,从而愿意通过法律途径来解决纠纷。法律职业伦理对司法权威的确立有着更加重要的意义。我国正处于经济高速增长、社会生活剧变的时期,迫切需要促进社会生活规范化的法治资源(包括法学思想与法律制度)的有效供给,法学家、法官、检察官与律师等法律职业人员自当承担起不可推卸的历史责任。对于形形色色的"以权压法""以钱诱法"与"以情融法"引致司法活动失却公正本性的司法腐败,滥用当事人信任的律师、滥用司法权的法官和检察官是不能以法制不健全为由推卸责任的。事实上,法律职业人员普遍地欠缺法治国家要求的法律职业伦理素养,才是司法腐败的直接因素,它远比学养不够及制度不完善更为关键。学养不足可以"恶补",制度的不完善也是相对的,唯有法律职业人员法律职业伦理素养得到整体性提升,我国当前法治实践中存在的问题才能从根本上获得解决。

最后,法律职业伦理有助于矫正我国法律职业人员自主化成长过程中,在"技术理性"遮蔽下的"极端自利化"趋向。基于社会分工及专业化渗透的考量,法治国家的建设要求法律职业人员必须具有不同于大众的素养:一是"技术理性",即法律职业人员特有的知识体系与思维方式(属于技术问题);二是维系着法律职业共同体的社会价值、信誉及尊严并为其内部所传承的职业道德(属于伦理问题)。二者共同构成法律职业人员德才兼备的整体素质,缺一不可,否则不足以确保法律职业共同体的自治性或自主性,使其承担应然的社会责任。然而从国内外法治建设的经验来看,依托于专门训练而获得的特殊"技术理性"或专业才能,依靠法律职业人员的自主性倒是不难实现;但关系着社会责任的职业伦理问题却长期难以解决。对正处于现代社会转型期的中国而言,加强法律职业人员职业伦理建设在全面依法治国中的重要性、紧迫性不言而喻。

二、法律职业伦理的学科性质

关于法律职业伦理是法学的一个分支还是伦理学的一个分支,理论界尚有争论。一种观点认为,法律职业伦理是法学的一个分支,属于边缘法学。边缘法学就是法学边缘处的学问,它是由两门或者两门以上学科交叉产生的新兴学科,而法律职业伦理正是法学与伦理学相结合而形成的新兴学科。另一种观点认为,法律职业伦理是伦理学的一个分支,是应用伦理学的一种,是把伦理学基本原理应用于具体的法律职业实践而形成的一门应用学科。折中的观点认为,法律职业伦理究竟属于法学的范畴还是伦理学的范畴,就学术本身而言,不存在绝对的界限,不管是法学还是伦理学都可以对法律职业伦理进行研究,在学术上不存在禁区。就跨学科研究而言,法律职业伦理可以是法学的学科之一,也可以是伦理学的学科之一,两种分法和说法都具有合理性,都没有绝对的错误。但是,就学科的现实需要与未来发展而言,应将法律职业伦理归入法学范畴。因为法律职业伦理不仅研究法律职业主体在实施法律过程中所应具备的基本道德素质以及应遵守的职业行为规则,还要研究法律职业人员在执业过程中遇到法律与伦理冲突时如何选择正确的伦理行为的问题。后者是目前法律职业伦理研究中最为薄弱的环节,目前在司法实践中出现的对特殊群体暂缓起诉问题、拘留逮捕犯罪嫌疑人或被告人时强制手段的人性化问题、法官在审判案件中遭遇法律与伦理冲突时应该采取何种行为的问题、律师对于执业中经常遭遇的种种利益冲突该如何处理的问题等,都是法律职业人员经常要面对的问题,也是法律职业伦理应予回答的问题。而目前法律职业伦理的研究往往停留在法律职业人员应该满足什么样的道德要求上,很少涉及法律职业的深层次问题,这直接影响了法律职业伦理的学科发展。

三、法律职业伦理的学科体系和研究方法

(一) 法律职业伦理的学科体系

法律职业伦理的学科体系可以分为总论篇和分论篇两部分。总论篇主要阐述法律职业伦理的基本理论,包括法律职业伦理的学科范畴、历史渊源、社会功能、伦理规则、内化养成、伦理教育等;分论篇结合法律职业伦理建设的实际,分别阐述法官,检察官,律师,公证员,仲裁员,政府部门中从事行政处罚决定审核、行政复议、行政裁决的人员,立法工作者,以及法学教育研究工作者等应当取得国家统一法律职业资格的人员的法律职业伦理的基本要求、规范和实施中的一些具体问题。因此,法律职业伦理学科体系主要包括以下几个方面:

首先,法律职业伦理的一般原理。法律职业伦理要研究法律职业伦理的起源、本质、社会作用以及法律职业伦理的基本范畴与一般原则,并以此为基础构建法律职业伦理的学科范畴体系。

其次,法律职业伦理发展的一般规律。现代法律职业伦理的形成有着漫长的历史过程,通过考察中西方法律职业伦理发展的脉络,揭示影响法律职业伦理发展的重要因素和规律。

再次，法律职业人员具体的职业伦理问题，包括法官、检察官、律师等法律职业人员的法律职业伦理问题。主要研究各种法律职业伦理的规范，包括一般规范和特殊规范，深入研究和分析各类法律职业人员伦理的规范形式。

最后，法律职业伦理的实施机制。保障法律职业伦理内容的落实，需要一系列法律职业伦理的实施机制。法律职业伦理的实施是法律职业伦理从意识、行为养成到固化、践行的过程，即法律职业人员内化和固化职业伦理规范，形成高度自觉的道德自律的过程。

（二）法律职业伦理的研究方法

首先，理论联系实际的方法。研究法律职业伦理必须以唯物史观为指导。马克思指出："物质生活的生产方式制约着整个社会生活、政治生活和精神生活的过程。不是人们的意识决定人们的存在，相反，是人们的社会存在决定人们的意识。"[①]法律职业伦理的研究也必然离不开现实的社会经济环境，因为社会的物质生产方式归根结底决定着道德的发展。历史唯物主义为法律职业伦理研究指明了根本方向，也提供了根本方法。因此，研究法律职业伦理必须坚持理论联系实际。法律职业伦理不仅是一门理论科学，也是一门实践性很强的科学。法律职业伦理必须面向司法实践，回答司法实践中法律职业人员所遇到的各种法律伦理问题，总结分析实践中出现的各种与法律职业伦理相关的案例，并从中探求法律职业伦理的发展规律和解决问题的路径，为全面依法治国的实施和国家民主法治的发展提供理论上的支持。

其次，历史考察的方法。虽然法律职业伦理是一门年轻的学科，但是法律职业伦理本身的历史是悠久的，法律职业在人类历史上一产生，就伴随着法律职业伦理问题。"为了解决社会科学问题，为了真正获得正确处理这个问题的本领而不被一大堆细节或各种争执意见所迷惑，为了用科学眼光观察这个问题，最可靠、最必须、最重要的就是不要忘记基本的历史联系。考察每个问题都要看某种现象在历史上怎样产生，在发展中经过了哪些主要阶段，并根据它的这种发展去考察这一事物现在是怎样的。"[②]因此，研究法律职业伦理不能不研究中外法律职业发展的历史，从而发现法律职业伦理在法律职业发展乃至人类法治文明的进程中所起的重要作用，为法律职业伦理的研究奠定坚实的基础。

再次，交叉研究的方法。法律职业伦理的研究还要广泛借助和吸收其他学科的知识和方法，不断丰富和发展自己。现代科学，包括自然科学，发展的重要趋势是渗透式综合发展。因此，对于法律职业伦理的研究不应局限于法学和伦理学，还必须广泛借鉴经济学、社会学、心理学、生物学、政治学、人类学、文化学的方法，以及经济分析的方法、逻辑分析的方法、比较分析的方法。法律职业伦理本身是跨学科的学科，其研究方法必然是多样的、开放的、发展的。[③]

最后，实证研究的方法。法律职业伦理是一门实践性很强的学科，法律职业人员通过一定的伦理规范来调整、指导、约束各自的行为，进而调节其他社会关系，确保司法公正，维护司法权威。通过对法律实践的实证研究，指导法律职业人员明确自己的义务与职责，正确认识法律职业伦理的原则、规范和发展规律及其对法律工作的价值和意义，从而提高法

---

① 《马克思恩格斯选集》（第 2 卷），人民出版社 1965 年版，第 32 页。
② 《列宁选集》（第 4 卷），人民出版社 1972 年版，第 43 页。
③ 李本森主编：《法律职业伦理》，北京大学出版社 2016 年版，第 38 页。

律职业人员道德实践的自觉性,增强其对法律职业的责任感。

法律职业伦理具有两面性:既是一种专门的知识体系和伦理问题的解决规则,又是法律职业人员的基本素养。因此,法律职业伦理研究是法学研究的重要一环,也是培养德法兼备的法律人才的基础。法律职业伦理研究的合理化设计也必须充分考虑其知识性与素养性。同时,必须指出,道德教育包括法律职业伦理教育只能推动个体自律,而且其有效性往往难以获得保障,只有制度才能真正有效地推动法律职业人员践行法律职业伦理。但制度有时候很难对伦理难题提供合理且具体的解决途径。相比之下,法律职业伦理在解决伦理难题方面既能够提供规范指导,也能够起到一定的自律效果。同时,法律职业伦理在塑造法律职业共同体方面具有无法替代的作用,而法律职业共同体的建构则有助于从法律职业人员内部实现彼此对伦理行为的监督。因此,法律职业伦理研究需要得到进一步重视,并在法律教育体系中获得应有的地位。通过运用法律职业伦理的理论、观点、方法,正确认识和把握法律职业伦理的现象和内涵,正确认识法律的特征、法律的强制力、法律的人性化,正确认识权利时代人们对法律的伦理要求和现代社会法治发展的趋势,从而正确地看待权利、义务、责任、公平、正义等伦理性因素,树立正确的职业道德观,有利于法官、检察官、律师、公证员等法律职业人员依法办事,正确履行职责,恪守职业道德,遵守职业纪律,培养崇高的法律职业信仰。

思考题:

1. 法律职业伦理的重要性何在?
2. 简述法律职业伦理的研究对象。
3. 研究法律职业伦理的方法有哪些?

拓展学习

延伸阅读　　本章推荐书目

总 论 篇

第一章　法律职业伦理概述

　　全面依法治国进程中,要有效实施法律,树立法律的权威,除了有完善的法律制度外,还必须有一大批高素质的能够正确应用法律的法律职业人员。德国法学家莱因斯坦(Rheinstein)说:"法的形成和适用是一种艺术,这种法的艺术表现为何种模式,取决于谁是艺术家。"[①] 从这个意义上讲,"法治就是法律人之治"。习近平多次强调:"要坚守职业良知、执法为民,教育引导广大干警自觉用职业道德约束自己,做到对群众深恶痛绝的事零容忍、对群众急需急盼的事零懈怠,树立惩恶扬善、执法如山的浩然正气。"[②] 对法律职业伦理的体系进行深入探讨,加强法律职业伦理教育,不仅有助于法律职业人员形成自律、提高自我约束水平,也可以提高整个社会对法律职业的信任,从而尊法、信法、守法,推动法治的健康发展。

第一节　法律职业伦理的基本范畴

一、伦理与道德

　　什么是伦理?"伦"源自"轮",由树木的年轮而来,寓意层次、顺序、次序,引申为人与人之间长幼、亲疏、尊卑有别且有序的辈分、地位关系。"理"本指纹理,引申指规律、法则、规则。

---

① 王永:《探析法律职业伦理及其教育的重要性》,载《工会论坛》2011 年第 5 期。
② 转引自王新清主编:《法律职业道德》,法律出版社 2016 年版,第 1 页。

许慎在《说文解字》中对"伦"和"理"的解释是："伦,辈也,从人、仑声。一曰道也;理,治玉也,从玉、里声。""伦理"两字合用,最早见于《礼记》:"乐者,通伦理者也。"在西方语境中,"伦理"(ethos)最早出现于荷马史诗《伊利亚特》中,原意指动物的"圈"或"窝",后来指居所、秩序,以及由共居所形成的性格、气质、风俗、习惯、民族精神、文化心理等。亚里士多德(Aristotle)将 ethos 加以改造,融入逻各斯(logos)思想,形成伦理学(ethics)这一概念。

在中国古代,"道"与"德"是作为两个字分开使用的。《说文解字》对"道"的解释是:"道,所行道也,从辵从首,一达谓之道。"道指一定方向的道路,后引申为事物运动所遵循的规律和法则,如天道是指天地万物运行的自然规律,人道是指人类社会活动所遵循的规则。"德"原本是依正道而行、心中有德之意,宋朝朱熹在注释《论语》时,将"德"注释为"德者,得也。得其道于心而不失之谓也"。我国最早把"道德"二字连用,始于荀子《劝学》:"故学至乎礼而止矣,夫是之谓道德之极。"在西方,"道德"一词源于拉丁语 Mores,意思是风俗习惯,引申为规则、规范之意。古希腊哲学家苏格拉底(Socrates)指出,罪恶即对于道德的无知。法国的霍尔巴赫(Holbarch)指出,做善事,为他人的幸福尽力,扶助他人,就是道德。总之,从道德的起源和社会对于道德的一般理解来看,道德一般意为人们的行为规则或规范,是人类社会特有的普遍的主流意识。[①]

伦理与道德是两个相互联系又有区别的概念。德国著名的哲学家与辩证法大师黑格尔(Hegel)第一次明确地区分伦理和道德两个概念,指出伦理是社会的道德,道德是个人的道德。

伦理与道德的区别包括:

首先,伦理作为群体存在与发展之道、之理,既指一种客观的实然的规律,也包括主观的应然之理,即价值与规则;而道德更多地侧重于后一方面,指的是一种应当,一种规范、调节人们行为的规则。

其次,按照道家、黑格尔的思想,伦理是一种普遍之道,而道德则是一种具体体现。伦理更多地倾向于主体、集体、团体、社会、客观等,道德更多地与个体、个人、主观相联系。

再次,伦理作为一种普遍之道,对于人来说是外在的;而道德则是内在的,是通过唤起人们的良知而得以贯彻和体现的伦理之道。伦理的核心价值是正当,道德的核心价值是善(美德、德性等)。

最后,伦理约束依赖于人们具有共识的公平与正义感;道德约束依赖于个人的德性。

伦理与道德的联系包括:

首先,伦理包含道德。

其次,伦理是道德之源,是道德的宗旨与归宿所在;道德促进伦理生活的完善与升华。

最后,对于人类来说,无论是习俗还是当下的规律,都隐含着价值的判断和导向。

本书在论述时会涉及伦理和道德的概念,在具体使用方面并不作特别的区别。在论述法律职业伦理学科基本理论部分时,多使用伦理的概念;而具体到行业伦理方面,为了和司法实践保持一致,则更多地使用道德的概念。从某种意义上看,法律职业道德与法律职业伦理并没有本质的区别,只存在使用语境上的差别。

---

① 李本森主编:《法律职业伦理》,北京大学出版社 2016 年版,第 3 页。

二、法律职业、职业伦理与法律职业伦理

1. 法律职业

"法律职业（legal profession）是指专门从事法律适用、法律服务工作的特定职业"，"法律职业者是一群精通法律专门知识并实际操作和运用法律的人，包括法官、检察官、律师等"，"法律职业者是一个拥有共同专业的法律知识结构、独特的法律思维方式，具有强烈的社会正义感和公正信仰的整体，由于他们以为公众服务为宗旨，所以不同于虽有一定技巧但完全追逐私利的工匠。在现代社会，他们不仅实际操作法律机器，保障社会机制的有效运作，而且被当作法律秩序和社会正义的守护神"。[①] 法律职业行为具有独立性和排他性；法律职业具有专业学识性；法律职业行为直接产生法律实施上的效果；法律职业具有共同的职业精神和伦理；法律职业具备严格的资格准入制度和惩戒制度。按照以上几个特征，法律职业的范围比较广泛。就学术层面而言，在大陆法系国家，法律职业主体的范围较广泛，包括法官、检察官、律师、法律顾问、法学学者等；在英美法系国家，在谈到法律职业时则更多是指律师、法官。2015 年 12 月 20 日，由中共中央办公厅、国务院办公厅印发的《关于完善国家统一法律职业资格制度的意见》，为了贯彻落实中国共产党第十八次全国代表大会（简称"党的十八大"）和十八届三中、四中全会精神，提出了完善国家统一法律职业资格制度的目标任务和重要举措，这对于推进法治工作队伍正规化、专业化、职业化，为建设社会主义法治国家提供人才保障具有重要意义。根据《关于完善国家统一法律职业资格制度的意见》的指示，从 2018 年开始，国家司法考试改为国家法律职业资格考试。不只是法官、检察官、律师、公证员需要通过该考试，从事行政处罚决定审核、行政复议、行政裁决的工作人员，以及法律顾问、法律类仲裁员也需要参加并通过该考试。由此，本书涉及的法律职业，定位于必须参加和国家鼓励参加国家法律职业资格考试的几类人。法律职业人员是指具有共同的政治素养、业务能力、职业伦理和从业资格要求，专门从事立法、执法、司法、法律服务和法律教育研究等工作的职业群体。担任法官、检察官、律师、公证员、法律顾问、仲裁员（法律类）及政府部门中从事行政处罚决定审核、行政复议、行政裁决的人员，应当取得国家统一法律职业资格。国家鼓励从事法律法规起草的立法工作者、其他行政执法人员、法学教育研究工作者参加国家统一法律职业资格考试，取得职业资格。

2. 职业伦理

恩格斯指出："实际上，每一个阶级，甚至每一个行业，都各有各的道德。"[②]《中国大百科全书·哲学卷》将职业伦理定义为"在职业范围内形成的比较稳定的道德观念、行为规范和习俗的总和。它是调节职业集团内部人们之间关系以及职业集团与社会关系各方面的行为准则，是评价从业人员职业行为的善恶、荣辱的标准，对该行业的从业人员有特殊的约束力"。一方面，从事特定职业的人群在共同的职业实践和环境中，经过共同的职业训练，形成了共同的职业兴趣、爱好、习惯、心理和异于其他职业的特殊的职业责任感，并在此基础上形成了调整本职业内外部关系的特殊道德要求和行为规范。因此，职业伦理总是与职业活动紧密联系的。另一方面，职业伦理并不是一种独立存在的道德类型，而是一般社会道德或阶

[①] 王利明：《法律职业专业化与司法改革》，载苏泽林主编：《法官职业化建设指导与研究（2003 年第 1 辑）》，人民法院出版社 2003 年版，第 25 页。

[②]《马克思恩格斯全集》（第 4 卷），人民出版社 1965 年版，第 236 页。

级道德在职业生活中的具体表现,任何一种职业伦理都在不同程度上体现着一定社会或阶级的道德要求,受到一定社会或阶级的道德的制约和影响。

职业伦理是一种社会历史现象,它以社会分工为前提,以职业生活实践为依托。社会分工产生了职业和职业活动,而随着社会分工的发展和职业种类日趋繁多,职业关系也越来越复杂。基于调整各种职业内外部关系的现实需要,规范职业活动和职业行为的职业伦理渐渐产生。职业伦理具有主体性、稳定性、强制性等特征。职业伦理的主体性,是指一定的职业伦理只适用于特定的职业活动领域,特定行业的道德心理和道德品质一般会在该特定行业世代相传,从而造成不同职业的人在道德品质上的差异。职业伦理的稳定性,是指每一个职业有其特定的伦理要求,这些伦理要求在不同历史时期大多具有相同或相近的内容,或者在形式、内容上长期保持着特定的传承关系,由此形成了具体实施时间上相对连续、内容上具有一定的稳定性的世代沿袭的职业传统、职业心理、职业习惯和职业规则。职业伦理的强制性,是指职业伦理不仅靠传统习惯、社会舆论和内心信念调节人们的言行和关系,更要靠职业责任、职业纪律发挥作用。职业责任规定从事职业活动的人必须承担的职责和义务,它一般通过具有一定强制力的职业章程或职业合同约束人们的行为。职业纪律则以规章、条例等形式规定必须遵守的规则,以维护职业活动的正常秩序。

职业伦理一般包括职业伦理意识、职业伦理行为和职业伦理规则三个层次。职业伦理意识是指人们对于职业伦理基本要求的认识,具有相对稳定的特征。职业伦理行为是职业伦理意识在个体职业行为上的外在体现。从结果上看,它既可以是符合职业伦理的行为,也可以是违反职业伦理的行为。职业伦理规则是约定俗成或通过一定的规范形式表现的职业意识、行为的准则或标准,一般由职业道德原则、职业道德规范和职业纪律组成。职业伦理规则是在职业伦理意识和职业伦理行为的基础上产生和发展起来的,是职业伦理的规范化形式。职业伦理不同于一般伦理规则的一个重要特点在于,职业伦理更加具体,一般会对从业人员的工作态度、服务标准、操作规程等作较为具体和明确的规定,从而使职业伦理不仅是一种靠主体自觉履行的"软规则",而且是具有一定强制性的"硬约束"。

3. 法律职业伦理

法律职业伦理是指法官、检察官、律师、公证员等法律职业人员及其辅助人员和所属机构,在与其职业身份有关的活动中应当遵守的行为规范的总和。法律职业伦理的适用对象包括法律职业人员及其辅助人员和所属机构。法律职业伦理调整的是上述人员在与其职业身份有关的活动中的行为。

法律职业伦理可以分为三个层次:初级法律职业伦理、中级法律职业伦理、高级法律职业伦理。初级法律职业伦理表现为该职业最基本的底线伦理,如要求法官不受贿、不接受当事人的吃请、平等对待当事人等。中级法律职业伦理指法律职业人员能够按照法定程序的要求严格履行相应的职责。高级法律职业伦理指法律职业人员通过自己的法律职业活动最大限度地实现法律正义,是对法律职业伦理的最高要求。

法律职业伦理与法律伦理不同。法律伦理包括整个法律现象中的道德问题,既包括法律中的道德问题,如刑法、民法等法律中的道德问题;也包括司法实践中的道德问题,如立法、司法、守法等活动中的道德现象,其范围十分广泛。法律职业伦理则主要研究法律职业人员在职务活动中的道德准则、标准和规范。从二者的范围看,法律伦理的范围比法律职业伦理的范围要广。

法律职业伦理与法律职业道德有区别。法律职业伦理与法律职业道德的区别主要反映在"伦理"与"道德"的区别上。前面提到了伦理与道德在西方的词源含义相同,都是指外在的风俗、习惯以及内在的品性、品德,因而说到底也就是指人们应当如何行为的规范。法律职业伦理与法律职业道德并不存在本质上区别。在学术研究的领域,"法律职业伦理"的名称更合适,因为其可以包含法律职业伦理形成的规律以及程序上保障的内容,这些内容并不是道德可以完全涵盖的;而在司法实践领域,从日常习惯的角度看,"法律职业道德"更合适,一般都说法律职业人员的行为不合乎法律职业道德,而不说不合乎法律职业伦理。法律职业道德与法律职业伦理之间的区别主要是语境和范围上的区别,不存在高低上的区别。[①]

法律职业伦理与司法职业道德之间有区别。司法职业无法涵盖法律职业领域的非司法人员。司法机关通常为具有司法权的国家机关,如法院、检察院等,不包括律师事务所、仲裁协会、公证人协会等不具有司法职能的部门。同样,司法人员主要是指法官、检察官等,而不包括律师、公证员等。与法律职业伦理相比,司法职业道德的范围显然要窄,司法职业道德内在地包含于法律职业伦理,二者在内容和范围上存在着明显的不同。

因此,法律职业伦理是指法律职业人员在履行其职责的活动中应该坚守的道德信仰、必须遵循的道德规范和原则、具体展现的道德品质和行为风范。法律职业伦理在制度层面上主要表现为规范法律职业行为的伦理规范,包括相关权威组织确立的职业法律准则,以及一般的组织纪律、规章制度等。

三、法律职业共同体

按张文显教授的定义,法律职业共同体是一个由法官、检察官、律师以及法学学者等组成的法律职业群体。这一群体由于具有一致的法律知识背景、职业训练方法、思维习惯以及职业利益,成员在思想上结合起来,形成其特有的职业思维模式、推理方式及辨析技术。共同的法律话语(进而形成法律文化)使他们彼此得以沟通,通过共享共同体的意义和规范,成员间在职业伦理准则上达成共识。尽管个体成员在人格、价值观方面各不相同,但通过对法律事业和法治目标的认同、参与、投入,这一群体成员终因目标、精神与情感的连带而形成法律职业共同体。这一共同体不同于传统的以血缘、地缘或宗教为纽带而形成的共同体,是一种全新的共同体形式。

1. 意义共同体

法律职业共同体成员始终与公平、正义和正当程序密切相联,以他们特有的价值姿态、思维方式和精神气质为共同的法律事业工作。这一职业共同体中的成员对法律概念、法律规则、法律制度和法律价值有一种自觉的倾向和能力,特别强调权利和义务的客观性和普遍性,强调作为人的自主性以及人们之间的平等性。

2. 事业共同体

法律职业人员主张诉讼,并将诉讼作为其从业的主要方式。这一群体把实现公平和正义作为终生奋斗的理想;坚持法律至上,重视宪法和法律,维护法律尊严;带头遵纪守法,严明纪律。他们适用着规则,充实着法律机构,参与着法律争讼的实践,使得这项事业不仅通

---

① 李本森主编:《法律职业伦理》,北京大学出版社 2016 年版,第 9—10 页。

过处理具体纠纷、解释法律规则、阐释法学原理来体现，而且通过自身的行为、庄重的法律符号和仪式以及对法律程序和形式的敬重向世人昭示，其全部意义就在于法治的确立和维护。这一共同体是我们民主法治的推进者、传播者、实施者甚至是创造者，不仅起着维系法律制度的目标、价值、理念的延续和演进的作用，它的形成也是一国走向法治现代化的前提条件。

3. 解释共同体

法律职业共同体不仅是一个解决纠纷的群体，而且是一个不断废止旧规则、确立新规则的共同体。

首先，由于具有同样的社会和教育背景、知识结构和职业经历，法律职业共同体成员对法律规定及其前提的解释有可能趋向一致，这是客观的、非个人化的。这种对法律及其相关因素的确定和共识，强化了法律的形式合理性，并使法律的含义具有确定性和稳定性。而稳定性有助于制度化，制度化又能使法律部门获得适应性、整合性、自主性和协调性，最终使得法律的权威得以树立。

其次，现代社会是一个多样化的社会，社会现象层出不穷并复杂多变，导致法律文本出现空白和不确定性，这就需要法律职业人员以共同体成员所共有的观点创设新的规则或赋予文本确定的含义。这一群体以法律规定及法律体系的内在秩序为推理起点，探求法律的目的、精神、原则；同时以法律理论为推理依托，确定针对具体事实的法律结论。即他们是在法律文化的语境下来解说社会的，所以说法律职业共同体是一个解释共同体。

4. 利益共同体

按德国法学家鲁道夫·冯·耶林（Rudolph von Jhering）的解释，"权利就是法律所承认和保障的利益"[①]。而利益则是指"人们，个别地或通过集团、联合或关系，企求满足的一种要求、愿望或期待，因而利益也就是通过政治组织社会的武力对人类关系进行调整和对人们的行为加以安排时所必须考虑到的东西"[②]。由于社会满足要求的机会是有限的，而人的利益要求是无限的，因此，任何一个社会都不可能满足人的所有利益要求。

现代社会，行业的发展逐渐取代了阶级的组织作用，基于行业的同质而形成的各类共同体，其实也就是其本身在社会结构变迁与社会资源重新配置过程中，以其自身的活动和发展不断地产生及再生产出来的利益聚合，社会的整合也日趋以利益调整为手段，从而取代了以道德、宗教或意识形态为媒介的整合方式。既然法律为利益调整的工具和社会整合的手段之一，因之形成的行业共同体，自然也无需避讳言谈利益。托克维尔（Alexis de Tocqueville）说："支配法学家的东西，也和支配一般人的东西一样，是他们的个人利益，尤其是眼前的利益。"[③]法律职业人员能做的就是促使他们努力寻求一种秩序的社会，尽可能地在最小阻碍和浪费的条件下满足人们的利益，达至法律正义。

伯尔曼（Harold J. Berman）在《法律与革命》一书中论述了西方法律传统的 10 个特征，孙笑侠教授则将其与一般职业的特征及法律职业的要求相结合，概括出了法律职业共同体形成的四个标志：一是法律职业或法律职业人员的技能以系统的法律学问和专门的思维方式为基础；二是法律职业共同体内部传承着法律职业伦理，从而维系着这个共同体的成员以

[①] ［德］鲁道夫·冯·耶林：《为权利而斗争》，胡宝海译，中国法制出版社 2004 年版，第 51 页。

[②] ［美］庞德：《法理学》（第 3 卷）第 16 页。转引自沈宗灵：《现代西方法理学》，北京大学出版社 1992 年版，第 290–291 页。

[③] 转引自张文显、卢学英：《法律职业共同体引论》，载《法制与社会发展》2002 年第 6 期。

及共同体的社会地位和声誉;三是法律职业或法律职业人员专职从事法律活动,具有相当大的自主性或自治性;四是加入这个共同体必将经过严格遴选,获得执业资格证。

第二节　中西语境下法律职业伦理的发展

一、中国法律职业伦理的历史发展

严格来说,如果法律职业属于一种受过专门法律训练的人运用高度专业化的法律技能与方法、遵守特定的法律职业伦理而长期从事并以此作为主要生活来源的法律专门工作,那么中国古代很难说存在法律职业。也许正是基于这一历史原因,中华法系在近代遭遇西方法律文明冲击,最终在形式上归于消亡。这诚如美国著名比较法学者威格摩尔(John H. Wigmore)所指出的:"法系的产生和存续取决于一个训练有素的法律职业阶层的存续和发展。"① 但毋庸置疑,中国古代在"司法与行政合一"这一主流的基础上,自中央到一定的地方层级,仍然设有专门的司法机构和司法人员,而且逐步发展出了司法人员的考试和选拔方法,并在长期的历史发展过程中,形成了中国古代独具特色的律学。在这个意义上,中国古代已经形成了初具规模的法律职业,并且在"德主刑辅"的正统意识形态下,有了法律职业伦理的初步发展和基本轮廓。而随着近代西方法律文明的传播,传统中国社会的基本结构受到剧烈冲击,政治法律制度发生了翻天覆地的变化,法律职业逐步走向现代化,并日渐形成了近现代的法律职业伦理。

(一)古代法律职业伦理的独特历程

中国古代的法律职业具有自身的特征,其职业伦理亦经过了独特的发展历程。早在先秦甚至传说中的三皇五帝时期,随着法律职业的初步形成,"天命"观念和"德治"思想逐渐成为法律职业伦理的基本依据,从而凸显出"明德慎罚"这一对后世影响深远的指导方针。经过春秋战国成文法的陆续颁行,法家"以法治国"的思想观念日渐胜出,最终成为大秦帝国的治国蓝图,从而赋予法律职业一种严格执法的伦理要求。经过汉代董仲舒"罢黜百家,独尊儒术"的思想统合,儒法日益合流,正统思想意识形态得以正式确立,"德主刑辅"的基本观念成为法律职业伦理的主要指南,这为隋唐时期"德礼为政教之本,刑罚为政教之用"指导思想下法律职业伦理的定型提供了丰富的养料。经过宋元明清的进一步发展,中国古代的法律职业伦理日益成熟,同时也开始逐步走向衰落。

1. 先秦时期:中国古代法律职业伦理的奠基

有关中国古代法律职业的起源,传说甚多,但多不足信,如《汉书》载有"黄帝李法"之语,后世认为此处之"李"为"狱官名也"。本书认为,《尚书》关于舜命皋陶作士的记载,可能是具有可信度的最早记载。所以后世奉皋陶为"司法之圣",将其作为中国古代司法职业的始祖。皋陶最早提出了"慎厥身"和"慎乃宪"的司法伦理准则。前者主张司法官员要谨慎其身或加强自身道德修养;后者则要求司法官员慎守法度或严格依法办事。可以说,这两

---

① [美]约翰·H. 威格摩尔:《世界法系概览》(下册),何勤华等译,上海人民出版社 2004 年版,第 957 页。

条伦理准则,奠定了中国古代法律职业伦理的基本方向。

皋陶"慎厥身"和"慎乃宪"的主张,逐步发展为西周"明德慎罚"这一重要思想观念,成为先秦时期法律职业伦理的基本指导方针。甚至可以说,司法官员是否具有良好的道德品质,已经成为衡量司法公正与否的决定性标准,这就是《尚书·吕刑》记载的"德威惟畏,德明惟明"。"明德"就是要针对不同的对象,分别追求"正直""刚克"与"柔克",具体到司法领域,就是"典狱非讫于威,惟讫于富"①,意思是主管刑罚的官员不是出于作威,而是出于仁厚。而要做到"慎罚",就要追求"祥刑",这就要努力做到三点:选择好人、运用好刑和掌握好度。为了在具体的司法过程中贯彻好"慎罚"的基本要求,西周形成了一系列重要的诉讼制度。首先,详细规定了司法官员的听讼程序,"两造具备,师听五辞;五辞简孚,正于五刑;五刑不简,正于五罚;五罚不服,正于五过",并由此专门规定了司法官员的法律责任,即"五过之疵:惟官、惟反、惟内、惟货、惟来"。②这里的"五过之疵"大意是指司法官员秉承上司旨意,官官相护;利用职权公报私仇;内亲用事,徇私枉法;贪赃受财,敲诈勒索;接受他人请托,枉法徇私。凡有"五过之疵"者,都要受到法律的惩处,其惩罚的原则是"其罪惟均",即依所处理的案件应该判处的刑罚加以处罚。可以说,"五过之疵"是西周时期有关法律职业伦理的重要规定。其次,疑罪从赦,"五刑之疑有赦,五罚之疑有赦,其审克之"。③最后,严格援引法律依据,"上下比罪,无僭乱辞,勿用不行,惟察惟法,其审克之"。④由此可见,西周时期的"明德慎罚"思想已经为司法官员法律职业伦理的全面建构奠定了理论基础。

春秋战国时期,周天子式微,礼崩乐坏,诸侯崛起,列国争强,"明德慎罚"的思想观念逐步被打破。尽管以孔子、孟子为代表的儒家思想家仍然在竭力维护"德治",但是新兴的法家日益获得青睐,引导列国成文法运动蓬勃发展。即使儒家的代表人物荀子,也在"隆礼"的基础上"重法",遂使"明德慎罚"思想观念下的法律职业伦理发生了相当重要的变化,"以法治国""以法为本"成为新的治国指导思想,严格依法办事也就随之成为法律职业伦理的主要准则。不仅如此,法家认为要厉行"法治",还必须排除仁义、道德以及贤、智等因素对司法的影响。法家这一"事断于法"的"法治"追求,在西周"明德慎罚"的基础上增加了法律职业伦理的新标准、新内容,为秦汉—隋唐时期法律职业伦理的定型提供了新的思想养料。

2. 秦汉—隋唐时期:中国古代法律职业伦理的定型

秦朝的建立,不仅标志着古代中国进入帝制时代,也使得法家"以法治国"的思想主张正式成为治国理政的基本方针。这样,强调法律的功能与作用便成为当时社会的共识,"凡法律令者,以教道(导)民,去其淫避(僻),除其恶俗,而使之之于为善也"⑤。从睡虎地秦墓竹简所见《语书》来看,上级官吏采用"语书"这一文告形式,专门督促下级官吏明习法律并严格执行法律,且将是否"明法律令"作为判断良吏和恶吏的标准。⑥不仅如此,当时广泛流行的《为吏之道》就有关于司法官员职业伦理的详细规定,如"精絜(洁)正直,慎谨坚固,审悉毋(无)私,微密纤(纤)察,安静毋苛,审当赏罚"⑦等。其中高度概括出来的"吏有五善",即"一

---

① 《尚书·吕刑》。
② 《尚书·吕刑》。
③ 《尚书·吕刑》。
④ 《尚书·吕刑》。
⑤ 睡虎地秦墓竹简整理小组编:《睡虎地秦墓竹简》,文物出版社1978年版,第15页。
⑥ 睡虎地秦墓竹简整理小组编:《睡虎地秦墓竹简》,文物出版社1978年版,第19页。
⑦ 睡虎地秦墓竹简整理小组编:《睡虎地秦墓竹简》,文物出版社1978年版,第281页。

曰中(忠)信敬上,二曰精(清)廉毋谤,三曰举事审当,四曰喜为善行,五曰龚(恭)敬多让"①,可以说是司法伦理的五条基本原则。与如此严格的司法伦理相对应,秦朝对不能严格依法办事的司法官员规定了一系列渎职犯罪,如罪应重而故意轻判或应轻而故意重判的"不直"罪;应当论罪而故意不论罪,或者设法减轻案情而故意使案犯达不到定罪标准的"纵囚"罪;因过失而量刑不当的"失刑"罪;等等。

汉承秦制,但意识形态上经历了从黄老思想到儒家思想的转变,司法伦理逐渐再次回归先秦时期的"德",并受到黄老思想"道"以及阴阳五行学说的一定影响,"大德小刑""务德而不务刑"②日渐成为共识,最终确立起"德主刑辅"的基本指导思想。在这一指导思想下,"德""法"日益融合,"以德明刑"与严格执法都成为汉代司法伦理的重要表现,甚至形成了"循吏"与"酷吏"两大类型的司法官形象。

东汉末年,战乱不已,三国既分,曹操、诸葛亮等人再次在礼法结合的基础上厉行法治,重法慎刑、赏罚必信、执法公允再次成为司法伦理的基本信条。与此同时,儒家、道家思想也得到了进一步的拓展,德与法得以进一步融合。西晋的张斐已经深刻认识到"刑者,司理之官;理者,求情之机;情者,心神之使"。也就是说,刑官作为司理之官,应该注重情理的运用,因此"论罪者务本其心,审其情,精其事,近取诸身,远取诸物,然后乃可以正刑"③。刘颂更加深刻地提出"夫人君所与天下共者,法也"的口号,并且认为"人主权断"而"大臣释滞",因此,"如律之文,守法之官。唯当奉用律令"。④ 这为隋唐"德主刑辅""礼法并用"的司法伦理注入了新活力。

隋唐时期,"德主刑辅"思想得到进一步发展,形成了"德礼为政教之本,刑罚为政教之用"的新观念。在这一新观念的指导下,这一时期的统治者对于司法统一的认识已经相当深刻,认为"不有解释,触涂睽误"⑤,因此着手颁行具有解释性质的"律疏"。这种法律解释技术的充分运用,不仅迎来了中华法系定型的辉煌时刻,也将中国古代的司法伦理带进了一个相当稳定而完备的发展阶段。唐朝考核司法、审判官员的标准遵循普遍的"四善二十七最",其中"四善"为德义有闻、清慎明著、公平可称、恪勤匪懈;而"二十七最"中有关司法、审判官员者有:决断不滞,与夺合理,为判事之最;推鞫得情,处断平允,为法官之最。⑥ 可以说,这些考核标准就是当时司法、审判官员们的职业伦理标准。不仅如此,唐太宗作《帝范》,武则天定《臣轨》,上承秦汉时期的《语书》《为吏之道》,下启宋元明清时期层出不穷的"官箴"著述,从而将中国古代官吏尤其是司法官吏的职业伦理推向了一个相当成熟的发展阶段。

3. 宋元明清时期:中国古代法律职业伦理的成熟

宋元明清,理学盛行,法家的很多理论尤其是去私立公理论得到了儒家式的改造,儒法合流进一步得到加强,"循公"与"守法"日渐成为司法伦理的重要内容,甚至"循公"已经成为道德的第一原则。宋朝的李觏强调"公"与天下、百姓一致,而与"私""一身"对立:"古之君子以天下为务,故思与天下之明共视,与天下之聪共听,与天下之智共谋,孳孳焉唯恐失

---

① 睡虎地秦墓竹简整理小组编:《睡虎地秦墓竹简》,文物出版社1978年版,第283页。

② 《春秋繁露·阳尊阴卑第四十三》。

③ 《晋书·刑法志》。

④ 《晋书·刑法志》。

⑤ 《唐律疏义》,"《名例律》序疏"。

⑥ 《唐六典·考功郎中》。

一士以病吾元元也。如是安得不急于见贤哉！后之君子以一身为务，故思以一身之贵穷天下之爵，以一身之富尽天下之禄，以一身之能擅天下之功，名望望焉唯恐人之先己也。如是谁暇于求贤哉？嗟乎！天下至公也，一身至私也，循公而灭私，是五尺竖子咸知之也。"① 如何才能做到"循公"？ 相当多的儒家士大夫都已经深刻认识到，那就是"守法"。陈亮明确提出了"法本公心"的思想主张，要求一本至公以决定赏罚，强调执法公正、司法公正的重要性。王阳明特别强调执法者或司法者应"格物致知"，做到持心公正，一本至公，从而彻底摒弃以个人的喜怒好恶来进行审判："如问一词讼，不可因其应对无状，起个怒心；不可因他言语圆转，生个喜心；不可恶其嘱托，加意治之；不可因其请求，屈意从之；不可因自己事务烦冗，随意苟且断之；不可因旁人潜毁罗织，随人意思处之。这许多意思皆私。"②

　　基于"循公"与"守法"的司法伦理，宋元明清时期对司法、审判人员的考核也充分透露出职业伦理的基本色彩。宋朝在唐朝的基础上，以"公勤廉干惠及民者为上"③，"狱讼无冤、催科不扰为治事之最"④。而在对审判人员具体考核时，主要侧重以下数项："受理词讼及指挥州县，与夺公事，有无稽滞不当"，"应干职事，有无废弛，措置施行，有无不当"，"有无因受理词讼，改正州郡结断不当事"，等等。⑤ 明代对司法、审判人员的考核，无论是"考满"还是"考察"，其标准主要为八项：贪、酷、浮躁、不及、老、病、罢、不谨。清朝在明朝的基础上，进一步完善为"四格八法"。其中"四格"为：才——长、平、短；守——廉、平、贪；政——勤、平、怠；年——青、中、老。"八法"为：贪、酷、罢软无为、不谨、年老、有疾、浮躁、才力不及。可见，宋元明清时期对司法、审判人员的考核，相当强调道德操守、清正廉洁，这既是当时司法伦理的重要表现，也对当时司法伦理的深入发展产生了不可磨灭的历史影响。

　　作为司法伦理的成熟时期，宋元明清在司法伦理建设方面最引人注目的一大成就，便是大量的官箴著作面世，其中关于司法、审判人员职业伦理方面的阐述，可谓占据了主要篇幅。例如宋代陈襄的《州县提纲》、吕本中的《官箴》、李元弼的《作邑自箴》、真德秀的《政经》与《政训》、朱熹的《政训》等，元代徐元瑞的《吏学指南》和张养浩的《庙堂忠告》《牧民忠告》《风宪忠告》等，明代吕坤的《实政录》与《刑政节录》、丘濬的《大学衍义补》、曾大奇的《治平言》等，都对后世产生了相当广泛的影响。而清朝时期的官箴著作，则如雨后春笋，令人目不暇接，其中汪辉祖的《佐治药言》《学治臆说》《学治续说》最具有代表性。⑥ 可以说，汪辉祖在《佐治药言》一书中提出的尽心、尽言、不合则去、得失有数、虚心、立品、素位、立心要正、自处宜洁、俭用、范家、检点书吏、省事、词讼速结、息讼、求生、慎初报、命案察情形、盗案慎株累、严治地棍、读律、读书、妇女不可轻唤、差禀拒捕宜察、须为犯人着想、勿轻引成案、访案宜慎、勤事、须示民以信、勿轻出告示、慎交、勿攀援、办事勿分畛域、勿轻令人习幕、须体俗情、戒已甚、公事不宜迁就、勿过受主人情、去馆日勿使有指摘、就馆宜慎等建议，完全就是当时司法、审判人员的职业伦理指南。

---

① 《李觏集·上富舍人书》。
② 《王阳明全集》卷三。
③ 《宋史·选举六》。
④ 《庆元条法事类》。
⑤ 《庆元条法事类》。
⑥ 武树臣：《中国古代的法学、律学、吏学和谳学》，载何勤华编：《律学考》，商务印书馆 2004 年版，第 16—17 页。

(二) 近现代法律职业伦理的新发展

自第一次鸦片战争以来,中国面对西方列强的入侵,开始了艰难的近代化历程,传统法制已然无法适应社会大变局。清政府逐步启动了预备立宪和法制变革,迈出了从传统法制向近代转型的关键一步,从而改变了源远流长的司法制度,初步形成了中国近代的法律职业,并使法律职业伦理获得了新的血液和力量,走上了新的发展道路。中华民国临时政府力图构造全新的司法制度,惜未成功,但仍为近现代法律职业伦理的发展提供了重要的推动力,也为后来的广州、武汉、南京国民政府的司法发展和法律职业伦理的完善奠定了一定的历史基础。而北洋政府则在清末法制变革的基础上继续前进,其司法制度与法律职业伦理兼具西方特征与中国传统,在新与旧、现代与传统、理想与现实、前进与蜕化之间徘徊。南京国民政府在全面建构"六法全书"法律体系的基础上,颇具创造性地确立起独具特色的司法制度,并使中国近代法律职业伦理获得了新的发展。与此同时,中国共产党领导的革命根据地逐步开始了人民司法的新探索,从而为中华人民共和国的司法制度和法律职业伦理开辟了新的发展方向。

1. 清末法制变革与中国近代法律职业伦理的转向

清末法制变革是中国近代法律制度转型的历史开端,使传统司法制度朝着近现代司法制度转变,从而开辟了中国法律职业的专业化发展方向,推动了中国近代法律职业伦理的新转向。

由于西方列强的入侵与西方文化的冲击,晚清的中国社会发生了极其深刻的变化。为了回应一系列的社会挑战,清政府开始决心进行法制变革,最终在宣布预备立宪的基础上,着手进行司法体制的改革与主要部门法律草案的编纂。1906 年,沈家本、伍廷芳上奏《进呈诉讼律拟请先行试办折》,随后又呈奏初拟的《大清刑事民事诉讼法草案》,由于遭到保守势力的强烈非议,直到 1911 年,分别编纂的《大清刑事诉讼律草案》和《大清民事诉讼律草案》才呈报朝廷并转饬宪政编查馆核议。诉讼律的编纂,理所当然要求司法体制进行改革。按照当时的官制改革方案,改刑部为法部,专任司法;改大理寺为大理院,专掌审判;自上而下着手进行全国司法体制的改革工作,推动了传统中国司法制度的近代化改造。

与司法制度的近代化改造同步,法律职业伦理也开始摆脱传统的桎梏,朝着专业化的方向前进。沈家本等编纂的《大清刑事民事诉讼法草案》关于公堂以及承审员、陪审员的职权职责方面的规定,已然显示出近代司法伦理的基本面貌,如对陪审员回避制度的专门规定。更为可贵的是,该草案有关律师制度的规定,有了律师职业伦理的鲜明要求。该草案不仅要求从事律师职业者必须"品行端正"并由"与该律师相识之殷实人二名立誓具保",而且必须向公堂就下列各项"矢誓":(1) 不在公堂作伪或许人作伪;(2) 不故意唆讼或助人诬控;(3) 不因私利、私怨倾陷他人;(4) 尽分内之责务,代受托之人辩护,然仍应恪守法律。这些规定,无疑开启了律师职业伦理近代化、专业化的先河。

2. 辛亥革命与中国近代法律职业伦理的新构造

自武昌起义爆发至清帝下诏退位,是辛亥革命时期。这一时期结束了清朝的专制统治,建立了中国历史上第一个共和性质的国家政权。在以孙中山为代表的革命党人的推动下,西方民主共和国的政治方案开始被用来改造中国,权力分立与司法独立得到了极大的张扬,司法制度与法律职业伦理进一步向着西方化的目标前进,司法文明与法官独立审判成为这一时期法官职业伦理的核心主张。无论是各省军政府还是中华民国临时政府,都从约法到具体的司法制度确保了司法独立和法官独立审判这一职业伦理精神,同时促使传统司法向近现代司法转变。

为了明确司法文明的价值取向,1912 年 3 月,孙中山发布《大总统令内务司法两部通饬所属禁止刑讯文》,申明:"刑罚之目的在维护国权,保护公安……国家之所以惩创罪人者,非快私人报复之私,亦非以示惩创,使后来相戒,盖非此不足以保持国家之生存,而成人道之均平也。"这一法令可以视为南京临时政府关于司法伦理的总宣言,彰显出以孙中山为代表的革命党人对中国传统司法的深恶痛绝,以及其对近现代司法理念的信仰与坚守。基于这样的司法理念,南京临时政府公布了一系列法令,严令禁止刑讯,为近现代中国法律职业伦理奠定了司法文明的基本信条。

为了坚持和推行司法独立,《中华民国临时约法》在第六章专门规定了法院的设置及其运作原则,确立了审判独立的原则,尤其强调法官独立审判这一职业伦理的重要准则。不仅如此,孙中山还深刻认识到,欲要实现司法独立,还必须迅速确定律师制度,"查律师制度与司法独立相辅为用,夙为文明各国所通行。现各处既纷纷设立律师公会,尤应亟定法律,俾资依据"①。最为引人注目的是,当时律师行业已经发起成立"中华民国律师总公会",并在上海《民立报》上发布章程,专门规定了律师资格的取得、律师会员、律师职务以及收费标准等内容,在律师职业共同体自治自律精神的基础上,初步建构出律师职业伦理的基本轮廓。

3. 北洋政府时期与中国近代法律职业伦理的摇摆

袁世凯就任中华民国临时大总统,标志着北洋军阀统治的开始。由于北洋军阀与传统社会的密切联系,北洋政府一直在新与旧、传统与现代、理想与现实、前进与蜕化之间徘徊,其司法制度与法律职业伦理受到时代潮流的裹挟,半真半假,充满曲折与反复,充分呈现出中国近代法律职业伦理转型的艰难与摇摆。

自清末法制改革至辛亥革命,司法独立已成为社会共识,北洋政府也不断重申要司法独立。但是北洋军阀依托军事武力这一特点,决定了其司法独立不可能真正得到贯彻和实施,《中华民国约法》将"法官独立审判"改为"法院依法律独立审判",将法官的任命权专归于大总统等规定,就是典型例证。而北洋政府时期的行政兼理司法以及特别司法制度,极大地摧毁了司法伦理的基本信念,实际上也昭示了司法独立原则在近代中国的多舛命运。特别有意思的是,北洋政府还创设了中国历史上第一个行政诉讼法院——平政院,内设各审判庭与肃政厅。这一独特机关充分透露出传统与现代的纠缠、中西与古今的混杂,其中肃政厅还负责整理官箴,颇见当时法律职业伦理的混杂色彩。而北洋政府设立的检察官制度,则在确立检察权独立行使的基础上,不仅赋予了检察机关提起公诉和法律监督的权力,还专门规定其公益诉讼人这一角色定位,这对当时检察官的法律职业伦理产生了相当重要的影响。

北洋政府最值得称道的是,继续接过了清末以来建构律师制度的火炬,在律师制度立法方面持续开展工作。不仅颁行了中国历史上第一部律师单行法——《律师暂行章程》,对律师资格、律师证书、律师名簿、律师职务、律师义务、律师公会以及对律师的惩戒等作了较为完备的规定,还以此为中心陆续颁行了《律师惩戒会暂行规则》《律师甄别章程》《律师应守义务》等一系列法律规定,这对律师制度的全面确立以及律师职业伦理的深入发展具有重要

---

① 《孙中山全集》(第 2 卷),中华书局 2011 年版,第 274 页。

意义。《律师暂行章程》确立了律师的自由职业者身份,并对律师的履职义务作了明确规定,如禁止律师兼任公职、兼营商业,规定律师应诚信履职,不得损害委托人利益,等等。为加强对律师执行职务的管理,强化律师执业义务,北洋政府还专门颁行了《律师应守义务》,分别从律师与当事人的利益关系、律师的善良管理责任及疏忽赔偿责任、律师的诚实信用原则等方面规定了律师的义务,严禁律师利用委托关系谋取、损害委托人利益。1920年《律师暂行章程》在第四次修正时,吸收了《律师应守义务》中的部分内容,规定律师不得对法院或委托人实施欺罔行为。为了保障律师的职业道德和执业水准,《律师暂行章程》还建立起了以司法监督为主、以行业管理为辅的双重监管体制,导致司法管理处于主导地位,行业管理处于司法监管之下,这无疑损害了律师公会行业监管的独立性,也对律师职业伦理的良好发展产生了很大的负面影响。

4. 南京国民政府时期法律职业伦理的进展与变异

辛亥革命与两次护法战争的失败,促使孙中山的革命思想发生深刻转变。在苏联和中国共产党的帮助下,孙中山由仿效西方向以俄为师转变,提出了"以党治国""以党建国"的政治理论,确立了"联俄、联共、扶助农工"三大政策,实现了从旧三民主义向新三民主义的创造性转换。这不仅为广州、武汉国民政府时期的司法变革提供了政治基础,也为南京国民政府司法制度的全面建构准备了丰富的思想养料,从而在促进法律职业伦理进一步深入发展的同时,也带来了相当深刻的变异。

早在广州、武汉国民政府时期,司法党化与革命化的政治取向使得司法独立与听从党的指挥纠缠不清,这对当时的法律职业伦理具有决定性的影响。因此,广州、武汉国民政府不仅要求司法人员具备法律专业知识,而且尤其重视具备高尚的思想品德和政治觉悟,严格规定司法官员必须由有一定社会声誉的党员兼任,并且要有3年以上的法律经验。在推行法官考试制度的基础上,定期举办法官政治党务训练班,促使法律职业伦理朝着党化的政治方向前进。

由于"党治"原则的贯穿,南京国民政府有关司法独立的实践空间也就相当狭窄。可以说,如何在司法独立与司法党化之间寻求平衡,一直是南京国民政府面临的最大难题,也是法律职业伦理需要认真面对的最大问题。尽管南京国民政府依然鼓吹司法独立的基本理念,但是司法院隶属于国民政府,而且高等法院以及地方法院的院长、法官皆由行政院所属的司法行政部任免并受该部部长的监督,这无疑使得司法独立易受行政干预的摧残。而司法党化不仅要求司法干部人员一律党化,还要求适用法律必须注意党义的运用。为了将司法党化贯彻到底,南京国民政府还将这一内容作为法官培训的主要内容。因此这一时期的法律职业伦理不仅受到中国传统的影响,还在司法党化的要求下,有了相当鲜明的变化。例如,1936年司法院第18次院务会议决定对现任法官统一培训,主要目的是"养成一般人士共守准则之风气",主要内容是"以忠孝仁爱信义和平培训法官,深切认识三民主义之精神,充实法官能力、学识、共守准则,由个人振兴一院,由一院而及全体司法界"。可见,司法党化已成为南京国民政府司法官员职业道德培训的重要内容,甚至是最为主要的内容。

司法党化不仅是法官、检察官这些司法人员的重要职业伦理准则,还逐步渗入到律师行业领域。1929年,国民党第三届中央执行委员会第二次会议通过《人民团体组织方案》,认定律师公会是业务专业性质的团体,并规定所有人民团体须接受国民党党部的指导和协助,接受政府的监督。1939年至1943年,国民政府又先后颁布了《非常时期人民团体组织纲领》

《非常时期党政机关督导人民团体办法》《职业团体书记派遣办法》等法律法规,加强了对社会团体的控制与规范。这样,清末以来一直坚持行业自治的律师组织,开始受到"党治"或"党化"的侵蚀,律师职业伦理有了新的发展和变异。

5. 中华人民共和国法律职业伦理的确立与进展

中华人民共和国的法律制度起源于革命根据地的民主政权时期,其司法制度与法律职业伦理也与这一时期有着千丝万缕的联系。早在中华苏维埃共和国时期,中央就开始设临时最高法庭,后改为最高法院,地方设立省、县、区三级裁判部,并在红军中设立军事审判机关,在审判机关内附设检察机关,在人民委员会下设司法人民委员部。1937 年 7 月,陕甘宁边区设立边区高等法院,县设司法处,后来又有所调整。解放战争时期,随着形势的变化,司法制度又有了一些新变化。但不管如何发展变化,革命根据地时期的司法伦理受到中国共产党群众路线的深刻影响,始终强调从群众中来,到群众中去,深入调查研究,实行审判与调解相结合的办案方法,从而逐步确立起了人民司法法律职业伦理的新路向。

中华人民共和国成立以后,最初依据《中国人民政治协商会议共同纲领》(简称《共同纲领》)通过了《最高人民法院试行组织条例》与《最高人民检察署试行组织条例》,后又陆续颁行了《人民法院暂行组织条例》《最高人民检察署暂行组织条例》和《地方各级人民检察署组织通则》,初步确定了审判机关、检察机关的基本地位与关系,并根据《共同纲领》和《中央人民政府组织法》确立了公安机关与司法行政机关的法律地位。随着 1954 年《宪法》的公布,又相继通过了《人民法院组织法》《人民检察院组织法》,并对刑事诉讼与民事诉讼作出了一系列具体规定。但是总体来看,新中国成立初期的司法制度不可避免地带有政治性和临时性,法律职业政治色彩较浓,职业伦理仍然带有人民司法的强烈倾向。而在 1966—1976 年"文化大革命"期间,社会主义民主法治受到全面破坏,法官、检察官等法律职业受到冲击与摧残,党、国家和各族人民遭受了深重灾难。

1977 年 8 月,中共中央正式宣布"文化大革命"结束,新中国的法治建设开始进入新阶段,逐步形成了中国特色社会主义法律体系,司法制度获得深入发展。首先,三大诉讼法的制定与实施,标志着我国的司法制度开始步入民主化、法治化的轨道,这对我国法律职业伦理的发展具有相当重要的推动作用。《中华人民共和国刑事诉讼法》于 1979 年 7 月 1 日获得通过,并分别于 1996 年 3 月 17 日、2012 年 3 月 14 日、2018 年 10 月 26 日得到修改。《中华人民共和国民事诉讼法》于 1991 年 4 月 9 日获得通过,并分别于 2007 年 10 月 28 日、2012 年 8 月 31 日、2017 年 6 月 27 日、2021 年 12 月 24 日、2023 年 9 月 1 日得到修改。《中华人民共和国行政诉讼法》于 1989 年 4 月 4 日获得通过,于 1990 年 10 月 1 日起施行,并分别于 2014 年 11 月 1 日、2017 年 6 月 27 日得到修改。

其次,有关司法组织体系的法律制度得到了进一步的加强与健全,直接建构起我国司法伦理的基本面貌。《人民法院组织法》和《人民检察院组织法》于 1979 年 7 月 1 日获得通过,前者于 1983 年 9 月 2 日、1986 年 12 月 2 日、2006 年 10 月 31 日、2018 年 10 月 26 日得到修改,后者于 1983 年 9 月 2 日、1986 年 12 月 2 日、2018 年 10 月 26 日得到修改。1995 年 2 月 28 日《法官法》和《检察官法》通过,并于 2001 年 6 月 30 日、2017 年 9 月 1 日、2019 年 4 月 23 日获得修改。这两部法律明确了法官和检察官的范围、主要职责、义务和权利、任职条件、任免程序、任职回避、等级、考核、培训、奖励、惩戒、工资保险福利、辞职辞退、退休、申诉控告以及考评委员会等内容,其中关于法官职业伦理与检察官职业伦理的规定可谓占了相当重要的篇幅。这两部法律所规定的法官、检察官"必须忠实执行宪法和法律……全心全意为人民服务",可谓我国新时期司法伦理的根本准则。基于这一根本准则,《法官法》规定了法官应当履行的 8 项义务,《检察官法》规定了检察官应当履行的 8 项义务,二者都明确了"清正廉明,恪守职业道德"这一职业伦理要求。此外,这两部法律有关任职条件、任职回避、考核、培训、奖励、惩戒等方面的规定,也有很多内容跟司法伦理有着极其密切的联系,甚至就是司法伦理。

再次,律师制度得到恢复和进一步发展,律师职业伦理日渐走向成熟。1979 年 3 月开始,北京市、上海市等地的律师协会先后恢复活动,其后不久重建的司法部负责司法行政工作,领导律师组织、劳动改造机关、公证机关、调解组织、劳动教养机关以及仲裁机关的工作。1980 年 8 月 26 日,《中华人民共和国律师暂行条例》获得通过。1996 年 5 月 15 日,《中华人民共和国律师法》获得通过,并于 2001 年 12 月 29 日、2007 年 10 月 28 日、2012 年 10 月 26 日、2017 年 9 月 1 日先后得到修改。2004 年 3 月 20 日,第五届中华全国律师协会通过了《律师执业行为规范(试行)》,该规范分别于 2009 年 12 月 27 日、2017 年 1 月 8 日得到修改。《律师法》确立了律师职业伦理的根本准则,即"律师应当维护当事人合法权益,维护法律正确实施,维护社会公平和正义",明确了"律师执业必须遵守宪法和法律,恪守律师职业道德和执业纪律"这一职业伦理要求。《律师执业行为规范(试行)》则囊括了律师职业伦理的具体要求,可以说是我国律师职业伦理的基本指南。

最后,在非诉讼程序法方面取得了重大进展,建立起了仲裁制度、公证制度、人民调解制度等,尤其是仲裁制度与公证制度的全面确立,拓宽了法律职业的行业领域,为我国法律职业伦理的深入发展增加了崭新的内容。可以想见,随着我国改革开放的日益深入以及社会主义法律体系的日渐成熟,我国的法律职业伦理一定会迎来灿烂的明天。

二、西方法律职业伦理的历史发展

哲人有云,历史是最好的老师。考察法律职业伦理,也离不开对其发展历史的考察。在西方法律职业伦理的发展过程中,古希腊、古罗马、基督教时期、近现代都是几个重要的历史阶段,大致可以分为法律职业伦理的萌芽(古希腊)、法律职业伦理的形成(古罗马)、法律职业伦理的神圣化(基督教时期)、法律职业伦理的完善(近现代)等几个时期。

(一)古希腊:法律职业伦理的萌芽

德国哲学家黑格尔曾把古希腊文化视为西方人的精神家园,认为西方现世的科学、艺术以及一切"使精神生活有价值、有光辉的东西",都是从古希腊直接或间接地传承发展而来的。[①]古希腊也是法治思想的摇篮,是法治的滥觞。虽然正式的法律职业尚没有出现,但是古希腊已经有一定的法律实践,如成立了公民大会和陪审法庭,共同议事和法庭辩论已经成为古希腊人生活中重要的一环。特别是,古希腊思想家在其著作中已经涉及不少关于法律职业伦理的思考,堪称法律职业伦理的萌芽。例如,古希腊思想家关于正义、公平、虔敬、平等、诚实、德性、节制、智慧等的一系列讨论,对后世的法学和法律职业伦理发展都产生了

---

① [德]黑格尔:《哲学史讲演录》(第 1 卷),贺麟、王太庆译,商务印书馆 1959 年版,第 157 页。

深远影响。约翰·莫里斯·凯利(John Maurice Kelly)在《西方法律思想简史》中指出,只有在希腊民族,对人类与法律、正义之关系的客观探讨才演变为有教养之士的活动,并得以书面记载,从此成为绵延不绝的欧洲传统的一部分。[①]

法律与正义的关系问题是法学史上的一个永恒主题。什么是正义与公正、如何寻求公正,是法律职业伦理的核心问题。尽管人们对正义有各式各样的理解与解释,但普遍承认正义乃人类最崇高的价值、理想之一。法律正是通过与正义的密切关联来展示自身伦理价值的。古希腊思想家们讨论最多的问题之一就是正义。这些深邃思辨也启发了法律实践领域有关公正的讨论,为其进行了哲学上的奠基。其中,苏格拉底、柏拉图、亚里士多德作出了最杰出的贡献。苏格拉底终生讨论并实践正义,最终以生命捍卫了法律的尊严。柏拉图法律思想的主题便是正义,从命名到实质,其法哲学都是名副其实的"正义"之学。亚里士多德提出了法治的经典定义,建立了系统的法治与正义理论。

1. 苏格拉底:以生命捍卫法律尊严

苏格拉底是古希腊最伟大的思想家、哲学家和教育家。早年对自然科学颇感兴趣,后转向研究人类道德问题,并以教导雅典青年为宗旨。

他终生讨论最多的问题就是何为正义。在他看来,法律是正义的表现,国家的法律就是判断是非善恶的标准,遵守法律是一种美德的要求。当智者希比亚(Hibia)向他追问正义的概念时,他说:"我说守法就是正义。公民的最大义务是对法律的服从。一个国家的公民若遵守法律,他在和平时期就幸福,在战争时期就坚定。"[②]公民有服从法律的义务,但此种服从主要基于行动方面。在良心方面,公民依然享有对恶法表示异议和对法律表达不满的权利。

苏格拉底对法律职业伦理最大的贡献不在于其思想,而在于其行动。他用生命捍卫了法律的尊严,成为法律职业伦理上最崇高的先知和样本。其三大命题都为法律职业伦理提供了深刻的启示,其中最著名的是"守法即正义"。

公元前399年的春天,70岁的苏格拉底被人控告。最终,雅典以渎神和蛊惑青年之罪判处了苏格拉底死刑。苏格拉底被判处死刑后,他的学生想尽办法劝说其逃亡,他也有足够多存活的办法,可苏格拉底回答说:"与其违法而生,莫如遵法而死。"[③]他接受判决凛然饮下毒酒。

对苏格拉底来说,法律是神圣的,依照法定程序作出的判决的权威性必须得到尊重。即使判决本身是一种误判,人们也没有权利逃避法律的制裁。"对于公正不公正,并没有具体、量化的标准,更多的是人们的主观感受,如果人人都以判决不公正为借口而随意地对判决加以否定,判决没有威慑力,那么国家哪里还有什么规矩和秩序可言? 所以,人们必须坚定不移地服从法律的决定。"苏格拉底说,"我确信,凡是合乎法律的,就是正义的。"[④]

除了"守法即正义"外,苏格拉底还有一个伟大命题:"知识即美德"。他把人类知识放在美德的首位,将理性作为衡量道德规范的圭臬。例如,他认为,智慧、正义、勇敢、节制这四主德都离不开知识,智慧的人必须善于思考,有辨别是非、真假、善恶的能力。许多法律实践

---

① 〔爱尔兰〕J. M. 凯利:《西方法律思想简史》,王笑红译,法律出版社2002年版,第1页。

② 〔苏〕涅尔谢相茨:《古希腊政治学说》,蔡拓译,商务印书馆1991年版,第86页。

③ 转引自王玉北、韦而乔:"[哲思漫画]之三——劝逃·苦乐·求知·告白",载《书屋》1999年第3期。

④ 〔苏〕涅尔谢相茨:《古希腊政治学说》,蔡拓译,商务印书馆1991年版,第117页。

和道德规范的混乱,都是知识上没有确定是非善恶的标准所致。因此,苏格拉底赞成哲人统治,而反对混乱的民主制,认为民主制的主要缺陷在于其是抽签产生的,公职人员不够格,公民大会缺乏智慧,无知的人成了陪审法庭的主宰者。苏格拉底的这一观点事实上已经触及后世法律职业伦理存在的根基,即法律职业的专业化和法律知识的专业化。

苏格拉底第三大命题是"认识你自己"。他高度重视德行实践,追寻善德,反省自己。苏格拉底认为,人只要具有自己的道德和信念,即使没有朋友的赞同,没有金钱、妻室和家庭,也会成功。这也是法律职业伦理所提倡的廉洁、自律、反省、审慎等道德精神的体现。

2. 柏拉图:理性之治与法律之治

正义是柏拉图政治法律思想的核心。柏拉图的代表作《理想国》有个副标题是"论正义"。《理想国》共 10 卷,全部围绕着正义展开:第一卷提出三种不同的"正义观",第二卷到第七卷讨论正义的本性问题,第八、九两卷讨论城邦政体问题,第十卷讨论对正义的最高奖赏和对不正义的最大惩罚问题。

柏拉图的"理想国"是一个正义秩序的理想范本,他经过讨论,最终确立的国家正义是各安其位、各司其职。他借用神话说明国家的三个阶层是神分别用金、银、铜铁做成的,铜铁阶层的职责是遵行节制而勤奋劳作,银质阶层则凭借勇敢去保卫国家,金质阶层则以智慧来治理国家。当这三个阶层各安其位、各司其职时,一个遵循正义原则的"理想国"就建立起来了。他推崇"哲学王"的贤人政治。

苏格拉底主张法官应该拥有专业的知识和技能,而柏拉图"各司其职"的正义论则进一步推进了这一主张。这对后世的法律职业伦理也产生了深远影响。柏拉图对雅典民主制的弊端感受颇深,他对将司法裁判委诸缺乏专门训练和经验的普通民众的正当性深表怀疑,他说:"国家与个人,不经哲学家治理,决无希望可言。"[1]他认为只有集美德、知识和权力于一体的哲学家才能成为这个国家的最高统治者和立法者。后来,柏拉图在其《法律篇》中明确写道,法官要称职,否则,好的法律都会变成坏的法律。他指出:"每个人都很清楚,立法工作是很重要的事情,可是,如果在一个秩序良好的国家安置一个不称职的官吏去执行那些制定得很好的法律,那么这些法律的价值便被掠夺了,并使得荒谬的事情大大增多,而且最严重的政治破坏和恶行也会从中滋长。"[2]

柏拉图在晚年,从《理想国》中的哲学王之治转变为《法律篇》中的法律之治,又现实地提出了"法治国"的构想,给予法律更高的评价,认为法律是统治人类的第二等好的选择。他在《法律篇》中一再强调:当哲学王还没有出现的时候,必须树立起法治至高无上的权威,只有法治才能使一个国家的政治步入健康的轨道。也许他早就明白现实世界只有靠法律才能出现一种良好的秩序。[3]其中也涉及更多有关法律职业伦理的观点。

他已经明确地谈到司法公正。在《法律篇》里,柏拉图提出,即便在没有成文法典和法律规定的情况下,法官也不享有任意司法的权力,法官应成为法律的仆人,有义务从指导公民行为的一般法规中寻求指导,而不应当受人的因素左右。他说:"如果一个国家的法律处

---

① 转引自王淑荣:《西方法官职业伦理的法治底蕴——西方法治理念对法官职业伦理的影响》,载《时代法学》2006 年第 2 期。

② 转引自王淑荣:《西方法官职业伦理的法治底蕴——西方法治理念对法官职业伦理的影响》,载《时代法学》2006 年第 2 期。

③ 转引自王晓广:《柏拉图理念论的法治思想评析》,载《学术交流》2007 年第 1 期。

于从属地位,没有任何权威,我敢说,这个国家一定会覆灭。然而,我们认为一个国家的法律如果在官吏之上,而这些官吏服从法律,这个国家就会获得诸神的保佑和赐福。"① 法治国家的任何人都要做"法律的仆人"而不是"法律的主人"。在这里,柏拉图也使法治理念服从于一定的伦理目的——正义与善的实现。而且,他也多处谈到了法律实践人员的伦理要求。如柏拉图在《法律篇》一书中对立法者的美德进行了生动描述。他指出:每个立法者,除了最高的美德外,决不考虑其他,这种最高的美德就是"决定时刻的忠诚",人们也称之为"彻底的正义"。② 柏拉图也强调过执法者的美德,认为只有称职的官吏才能很好地执行良法。

柏拉图对个体正义的强调也启发了法律职业人员的伦理德性。他认为,国家的正义应对应于个人心灵的正义。而个人的本性即灵魂是由欲望、意志和理性三个等级不同的部分组成的,这三个部分各有其德性,即节制、勇敢和智慧。当灵魂的这三个部分都恪守自己的德性时,整个灵魂就达到了自然的和谐,从而实现了个人心灵的最高德性——正义。人的理性应该主宰激情和欲望,而非相反。法律职业人员更应该追寻理性,而非放纵欲望。

3. 亚里士多德:法治至上与司法公正

法治最经典的定义肇始于古希腊哲学家亚里士多德,他在其名著《政治学》一书中对法治首次给出一个完备的定义,即"我们应该注意到邦国虽有良法,要是人民不能全部遵循,仍然不能实现法治。法治应该包含两重含义:已成立的法律获得普遍的服从,而大家所服从的法律又应该是本身制定得良好的法律"③。这建立了后世法治的基本逻辑结构。在这里,"良法"是前提,"普遍服从"是法治所要达到的一种状态。法律是否良好,蕴涵着伦理的评价标准。而执法者是否良好,能否带来普遍守法的状态,如何排除凌驾于法律之上的特权,这些都已经涉及了对法律职业伦理的省思。

他鲜明地倡导"法律至上",即法律具有至高无上的权威,任何公民、团体、执政人员必须普遍地遵从法律,不得有超越法律的特权,统治者也要遵从法律。尤其是执法者、城邦政务人员必须根据法律正确地行使其管理和裁判的权力,这种权力必须由法律规定,受法律支配。"政治机制的运行以法律为最高原则,并为法律所制约。""法律理应具有至高无上的权威,而各种官员只需对个别的特例进行裁决。"④

亚里士多德的法治思想围绕着正义展开,他认为法律的目的就是正义。"城邦以正义为原则。由正义衍生的礼法,可凭以判断(人间的)是非曲直,正义恰恰是树立社会秩序的基础。"⑤ 法律必须是良法,也就是说它必须合乎正义,这样才能体现公民群体和个人的善或正义。

与法律职业伦理最相关的,是他提出了矫正正义的概念。亚里士多德在《尼各马可伦理学》中把正义区分为普遍正义和个别正义,又把个别正义区分为分配正义和矫正正义。分配正义要求按优劣分配,平等是比例上的平等,是在承认社会分层和特权基础上的平等。而矫正正义要求对损害的平等予以纠正和惩罚,找到所得与所失的中道。而实现矫正正义就是裁判者(法官)最重要的使命。他说:"在争论不休时,人们就去找法官,也就是去找公正。因

---

① [古希腊]柏拉图:《法律篇》,张智仁、何勤华译,上海人民出版社 2001 年版,第 10 页。
② [古希腊]柏拉图:《法律篇》,张智仁、何勤华译,上海人民出版社 2001 年版,第 10 页。
③ [古希腊]亚里士多德:《政治学》,吴寿彭译,商务印书馆 1983 年版,第 199 页。
④ 苗力田主编《亚里士多德全集》(第 9 卷),中国人民大学出版社 1994 年版,第 130 页。
⑤ [古希腊]亚里士多德:《政治学》,吴寿彭译,商务印书馆 1983 年版,第 9 页。

为人们认为,法官就是公正的化身。"①

法官通过剥夺不法者的利得和补偿受害者的损失来恢复均等,成了正义的化身,向法官申诉就是向正义申诉。他说:"法官之责,即在力使之平而已,击者与被击者,杀人者与被杀者,行者与受者,两方分际不均,法官之所事,即在施刑罚以补其利益之不均而遂之。"②

由于法官肩负着维护正义的责任,这就必然要求法官公正司法,做到不偏不倚,大公无私,防止司法腐败。他说:"法官盖公平之保护者也,保护公平即保护平等,法官断一事之为公正也,无所取益于其间,本分之外,其余事之善者固不能多所取,鞠躬尽瘁,都为他人。"③公正是法官的最高职业伦理,也是法律职业的最高伦理。

(二) 古罗马:法律职业伦理的形成

古希腊是法律职业伦理的萌芽时期,古罗马则在历史上第一次出现了正式的法律职业,也出现了较为系统的法律职业伦理。德国法学家耶林曾指出,古罗马人曾三次征服世界:第一次以武力,第二次以宗教,第三次以法律。这充分说明了罗马法的历史荣耀,而古罗马法律职业伦理是这荣耀上的明珠。

古罗马已经有了职业法学家阶层,有了专门的法学著作,还发展出了专门的法学教育和独立的法学派别。在古罗马帝国前期,第一次形成了职业法学家集团,第一次出现了法律学校和法学流派:拉别奥派(即普罗库卢斯派)和卡尔托派(即萨宾派)。古罗马五大法学家之一盖尤斯(Gaius)的《法学阶梯》,是一本迄今所知最早的并且被完整保存的西方法学著作。公元前254年,柯隆加尼乌斯(Columnius)在公开场合传授法律知识,这成为罗马世俗法学产生的一个重要标志。大约公元前200年,埃利乌斯(Aelius)以非神官的身份著的大部头的关于市民法的三部书,为后来世俗法学的产生奠定了基础(他在公元前198年开始担任执政官),标志着罗马法学的形成。

正义仍是罗马法学最核心的命题之一,公正也是古罗马法律职业伦理的核心。作为五大法学家之一的乌尔比安(Ulpianus)明确提出,法学是关于正义和非正义之学。对于学习罗马法的人来说必须了解法的称谓从何而来,它来自正义。④其含义是:好的法律必须合乎正义,合乎正义的法律是区分正义与非正义的标准。依据这样的法律,有的行动不但是合法的行动,还是道德的行为。

早在公元1世纪,古罗马法学家塞尔苏斯(Celsus)就曾提出:"法律是善良公正的艺术。"按《查士丁尼学说汇纂》一书的解释,善良是指道德,公平是指正义。《查士丁尼法典》开篇就写道:"公平是公平待人的永恒目的。""法律是关于神和人的学问——是关于公正和不公正的科学。""法律的格言是:为人正直,勿伤邻居,公平待人。"在古罗马法学家这里,正义与法律几乎是同义词,他们仍然肯定了法律与道德的密切关系,表达了法律职业所应承载的正义理想。对公正的伦理要求也贯彻在每一种法律职业之中。

其中,最具特色和产生重大影响的是古罗马法学家阶层,他们被誉为正义与智慧的化

① [古希腊]亚里士多德:《尼各马可伦理学》,廖申白译,商务印书馆2003年版,第138页。
② [古希腊]亚里士多德:《尼各马科伦理学》,苗力田译,中国社会科学出版社1990年版,第95—96页。
③ [古希腊]亚里士多德:《伦理学》,载法学教材编辑部《西方法律思想史编写组》编:《西方法律思想史资料选编》,北京大学出版社1983年版,第35页。
④ 转引自夏丹、陈三坤:《法治的误区与出路》,载《求实》2001年第12期。

身,也是践行法律职业伦理的典范。

古罗马在西方历史上第一次形成了职业法学家集团,它们广泛参与法律解释、诉讼、司法等活动,并留下大量的法学著作。盖尤斯、保罗(Paulus)、乌尔比安、帕比尼安(Papinionus)、莫蒂斯提努斯(Modestinus)五大法学家均被罗马皇帝授予官方解答权。其中,盖尤斯所著的《法学阶梯》(Institutes)成为当时的法学教材,后来被纳入东罗马帝国皇帝查士丁尼(Justinianus)编订的《国法大全》之中。古罗马法学家都是一身数任,往往既是法学家,又是法官、律师、顾问、参谋,有些法学家甚至还是医生,他们灵活地穿梭在理论与实践之中。法学家对罗马法的发展居功甚伟,罗马法在很大程度上不是通过立法,而是通过裁判官和他背后的法学家的努力发展起来的。"如果没有法学家通过其日常工作将法推向完善,法是难以生成的。"[1]古罗马法学家们把公正、诚实、善良、衡平作为判断是非的基准,解答疑难,提供咨询意见,传播法理,具有高超的司法技艺,又坚守高尚的道德准则。在古罗马市民心目中,古罗马法学家被誉为"圣贤"和"智者"。正如意大利罗马法专家朱塞佩·格罗素(Giuseppe Grosso)所说:"法律智慧同道德正义感相统一,法学家的伦理形象对于罗马人来说一直是高尚的参照标准","它不仅是罗马人的参照标准,同时也是后世西方法律职业者效法的榜样"。[2]

执法者和政务官员也有着严格的职业伦理和纪律要求,我们以古罗马共和时期对官员的要求为例。古罗马共和政治中有着诸多独特的官制安排,权力体系已经体现了较为系统的相互制衡的原则。除了摄政官、独裁官等少数官职外,古罗马共和国几乎所有的高级官职都是由选举产生的,如保民官和平民市政官是在平民大会上由平民选出的。权力源于人民,官员在行使权力时,不得不考虑人民的要求和伦理准则。共和时期,几乎所有的官吏都有任期限制,通常为1年,如执政官、保民官等;独裁官的任期最长为6个月,以避免官员因长期担任某一职位而滋生擅权腐败。与官员的短任期制相伴的是严格的责任制,高级长官在任职期间是不可侵犯的,但卸任后他们即成为普通公民,都要对自己任职期间所作的侵害私人权利和国家利益的行为负责。而且,罗马所有的高级官职都是没有薪俸的。担任公职被认为是一种莫大的荣誉。历史学家德怀特(Dwight)因此指出,"乍想起来,裁判官的权力似乎没有限制,裁判官的行为可能危及社会秩序。但实际上,他的权力为他所属的法律职业的观念所约束"。[3]

律师职业群体也是在古罗马第一次登上历史舞台。似乎在所有法律职业中,因为律师可能替坏人辩护,其职业伦理饱受争议,乃至有所谓"魔鬼代言人"的说法。其实,律师职业自其在古罗马诞生之初,就受到古罗马法律职业伦理良好的熏陶与引导。

古罗马皇帝曾对律师职业有过高度评价:"那些消解诉讼中产生的疑问并以其常在公共和私人事务中进行的辩护帮助他人避免错误,帮助疲惫者恢复精力的律师,为人类提供的帮助不亚于那些以战斗和负伤拯救祖国和父母的人。我们不仅把身披盔甲、手持剑盾奋战的人视为战士,同样认为律师也是战士。因为那些受托捍卫荣耀之声,保护忧虑者的希望、生活和后代的诉讼辩护人是在战斗。"[4]

---

① 《查士丁尼学说汇纂》1,2,2,13。
② [意]朱塞佩·格罗素:《罗马法史》,黄风译,中国政法大学出版社1996年版,第148、263页。
③ [美]罗伯特·N.威尔金:《法律职业的精神》,王俊峰译,北京大学出版社2013年版,第14页。
④ [意]桑德罗·斯奇巴尼选编:《司法管辖权 审判 诉讼》,黄风译,中国政法大学出版社1992年版,第42–43页。

对那些搬弄是非的讼棍,当然应该进行伦理的责难。西塞罗(Cicero)表达了他对那些骗子和皮条客的憎恶;奎恩提连谴责那些诡辩之士,在关于辩说的著作中,奎恩提连认为,伟大的律师不仅应该研究裁判官的告示和法学家的意见,还应该反思幸福的性质、道德的根基,乃至一切的真和善。奎恩提连认为律师应该像西塞罗一样业绩显著,如加图一样道德高尚。①

卢梭(Rousseau)曾赞颂古罗马人民是"一切自由的人民的典范",就法律职业伦理来说,古罗马也是一个典范。

(三) 基督教时期:法律职业伦理的神圣化

公元 476 年,日耳曼人进攻罗马城,西罗马帝国宣告灭亡,欧洲从此进入了长达一千余年的中世纪。基督教得以主宰人们的精神生活,正如雅斯贝尔斯(Jaspers)所说,基督宗教的理念由于其普遍性、独特性、在历史中的不变性以及它与救世主的关系,对于西方社会个人精神世界的影响确实是无与伦比的②。这对法律的影响既有积极的一面,也有消极的一面。就其消极面来说,法律沦为维护神权统治的工具,有所谓"黑暗的中世纪"之说。但就其积极面来说,基督教也催生了不少法律制度、学说、思想和程序,这构成了人类法律文化的重要遗产。美国著名法学家伯尔曼(Bermen)曾专门从源头上探究法律与宗教的关联,他说:"事实上,在有的社会(比如古代以色列),法律、《摩西五经》便是宗教。但是,即便在那些严格区分法律与宗教的社会,它们也是相辅相成的——法律赋予宗教社会性,宗教则将其精神、方向和法律赖以获得尊敬的神圣性给予法律。在法律与宗教彼此分离的地方,法律很容易退化成为僵死的教条,宗教则易于变为狂信。"③

特别是,渗透其中的精神品质促进了法律职业伦理的神圣化。有学者指出,"法律职业伦理所要求的信仰法律、追求正义、不畏惧国家权威以及深刻的法治观等价值取向与基督教传统关系密切","基督教义为法律职业者们提供了一部神圣的行为准则"。④

基督教不仅吸纳了古希腊和古罗马文化,也继受了以《摩西五经》为核心的犹太教的律法经典。这些都对法律职业伦理的发展影响深远。伯尔曼有言:"西方文明始于希伯来。希伯来的法律和宗教是不分的。《摩西五经》所记载的,既是上帝的诫命,又是人间的法律,这就是律法。在西方文明的这一时期,法律与宗教共享同一种仪式和传统,且具有同样的权威和普遍性。人类早期的这段历史似乎预示了未来社会中法律与宗教的某种基本性格。"⑤

1. 培育法律信仰

法律职业伦理中最核心的在于对法律的虔诚与信服。而曾有不少人认为,法律只是一套世俗化规则,缺乏精神维度,更缺乏信仰。但基督教的介入则极大增强了法律在社会中的权威,宗教信仰也为法律信仰的发展提供了精神滋养,人们对法律的信仰内化为一种宗教般的虔诚。伯尔曼指出:"将《圣经》的法律内化,从心底信仰其中所包含的真理,并应当由于

---

① [美]罗伯特·N.威尔金:《法律职业的精神》,王俊峰译,北京大学出版社 2013 年版,第 18 页。
② [德]卡尔·雅斯贝尔斯:《当代的精神处境》,黄藿译,生活·读书·新知三联书店 1992 年版,第 4 页。
③ [美]伯尔曼:《法律与宗教》,梁治平译,中国政法大学出版社 2003 年版,第 12 页。
④ 赵丹:《法律职业伦理的生成与基督教传统》,载《第四届国家高级检察官论坛文集》(2008 年)。
⑤ [美]伯尔曼:《法律与宗教》,梁治平译,中国政法大学出版社 2003 年版,代译序。

信仰、希望和爱而不是因为法律的诫命或惩罚而行善。"①

孟德斯鸠(Montesquieu)曾概括人类遵守法律的三种不同心态:因恐惧而被强迫遵守;出于自愿;出于理智。人们对法律从被迫遵守到信仰有一个转变过程,基督教精神传统对培育法律的神圣感和权威感居功甚伟。法的观念以宗教的形式渗透进入的心灵。例如13世纪早期的《萨克森明镜》明示:"上帝自身即是法律,故法律为上帝所钟爱。"信仰法律被比拟为信仰上帝。宗教培养出来的法律职业信念和神圣情感仍然流传至今。现代很多法官职业行为准则就是有关公正司法宗教伦理的翻版。

法律信仰当然不同于宗教信仰,究其本质,更多是对法律规则的认同和对和谐有序生活的向往,相较于宗教信仰来说,会有更多的理性成分。例如谢晖指出:"法律不是在某种图腾或神灵之下的从属规则,而是一种独立的信仰对象。即法律既是信仰的'神祇',也是信仰的规则。"②但法律信仰受益于宗教信仰,这是毋庸置疑的,如伯尔曼坚信,法律至上的理念来自超现实的宗教信仰。其在《法律与革命》中认为,正是通过宗教革命,人们才逐渐把法律看作信仰的精髓。③甚至,伯尔曼将宗教与法律的隔阂视为现代社会最大的问题之一。他认为,一个没有宗教的法律会丧失它的神圣性和原动力,而没有法律的宗教将失去其社会性和历史性,变成纯粹个人的神秘体验。法律(解决纷争和通过分配权利和义务创造合作纽带的活动)和宗教(对于终极意义和生活目的的集体关切和献身)是人类经验的两个不同方面,但它们各自又是对方的一个方面。它们一荣俱荣,一损俱损。④ "西方人正经历着一场整体性危机(integrity crisis)",其表现有如对法律的不信任,不仅存在于广大的民众之中,也存在于立法者和司法者中。与此同时,宗教信仰也已经丧失殆尽。今日西方人所面临的危机(与更早时代的相比)并非法律的过度神圣化,或者宗教的过度法律化;与其说是它们过分一体化的危机,毋宁说是它们过于分裂破碎的危机。要解决这个问题,法律与宗教之间应该有一轮新的"相互影响和作用"⑤。而若要法律得到遵守和信任,"法律必须被信仰,否则它将形同虚设"⑥。

2. 法律至上,司法独立

基督教传统中,对上帝的信仰催生了对上帝法度的尊崇,这进一步也增强了法律的权威性。《圣经·诗篇》有云:"耶和华的律法全备,能苏醒人心;耶和华的法度确定,能使愚人有智慧。"⑦《摩西五经》是人类追寻法律至上的先声。耶和华告诫希伯来人要"谨守他的一切诫命"(申26:18—19),无论是普通百姓还是官员都不能凌驾于法律之上,也只有这样才能得到上帝应许的一切。宗教信仰推动着法律权威的塑造。

公元390年,米兰主教圣安布罗斯(St. Ambrose)在反对古罗马皇帝狄奥多西(Theodosius)大屠杀时强调:"任何人,甚至皇帝,都不得凌驾于法律之上。"第一次在世俗古

---

① [美]哈罗德·J.伯尔曼:《法律与革命——西方法律传统的形成》,贺卫方等译,中国大百科全书出版社1993年版,第201页。

② 谢晖:《法律信仰的理念与基础》,山东人民出版社1997年版,第2—5页。

③ [美]哈罗德·J.伯尔曼:《法律与革命——西方法律传统的形成》,贺卫方等译,中国大百科全书出版社1993年版,第638页。

④ [美]伯尔曼:《法律与宗教》,梁治平译,中国政法大学出版社2003年版,第68—69页。

⑤ 这一表述是本文作者根据该书原书名 the Interaction of Law and Religion 形成的理解。

⑥ [美]伯尔曼:《法律与宗教》,梁治平译,中国政法大学出版社2003年版,第3页。

⑦《圣经·诗篇》19:7—8。

罗马帝国确立了法律至上原则,这也是后世法律职业伦理的核心。

基督教的二元政治观也对司法独立和法律的独立权威有着影响。在《圣经·罗马书》中,使徒保罗(Paul)说:"在上有权柄的,人人当顺服他,因为没有权柄不是出于神的,凡掌权的,都是神所命的,所以抗拒掌权的,就是抗拒神的命。"这里提到了两种权力观,即上帝之权与国王之权、教权与王权。《圣经》中有这样一个故事:法利赛人想陷害耶稣,就以以色列人向古罗马皇帝恺撒(Caesar)纳税的事问他:"向罗马皇帝恺撒纳税是否违背我们的法律呢?"耶稣非常机警地说:"上帝的归上帝,恺撒的归恺撒。"意思是说神的事务和世俗的事务应该分离。奥古斯丁(Augustinus)在《上帝之城》(*City of God*)中将人类世界分为上帝主宰的天国和人类主宰的地国。这种二元的社会政治结构和权威来源,抑制了无所不在、肆意妄为的王权,也为法律至上扫清了障碍。众所周知,对法治最大的干扰便是权力。王权在教权之下,其实隐含着权力必须受到制约的逻辑,国家的权力是有限的。这一思想为权力制约、司法独立奠定了理论基础。

3. 独立自治,行业自律

基督教主张"上帝的归上帝,恺撒的归恺撒",坚持俗界和精神王国相互区分。教会形成了一个超越世俗权威的精神王国,教士们则作为一个独立的群体,成为一支抗衡世俗王权的社会力量。这种独立自治精神是行业自治、行业自律的重要精神源泉,后来也植入了法律职业阶层。甚至,很多人认为,在法律职业阶层形成之前,教士是欧洲始终保持着独立地位的唯一的知识阶层。

基督教的价值追求,有助于打破血缘和宗族的限制,从而催生独立的职业阶层。马克斯·韦伯(Max Weber)曾经指出,基督教强调信仰而非血缘的观念使那些隶属于庄园的工匠或商人和城市中的其他居民一样,逐渐摆脱了氏族的束缚,获得人身自由。他们也依行业的不同形成一个个具有自主性的团体组织。[1]欧洲的行会在城市里的地位非常重要,其既是立法团体,又是垄断的经济组织,享有高度的自治权。[2]这些都是法律职业群体兴起的重要历史背景。行会自治成为西方法治的重要渊源之一。黑格尔曾视同业公会为家庭以外构成国家的基于市民社会的第二个伦理根源。家庭只是实体性统一,而在同业公会中,主观特殊性和客观普遍性这两个环节得到统一,特殊福利作为法出现并获得了实现。同业公会的尊严性不亚于婚姻的神圣性,二者是市民社会的无组织分子围绕着旋转的两个环节。[3]

4. 仪式与程序

基督教传统还催生了不少法律职业伦理所重视的司法仪式和程序。在伯尔曼看来,"在所有的文化里,法律都具有与宗教共享的四种要素:仪式、传统、权威和普遍性……都标志着人类寻求超越人之上的真理的努力"[4]。比如,今天西方庭审制度中的证人宣誓制度就来源于宗教的仪式,法庭的神圣氛围也有宗教的痕迹。托克维尔在《论美国的民主》中记录的一个故事,体现了宗教在现代法律生活中的重要性:"一个证人被传到切斯特县(属纽约州)出庭作证,而此人在法庭上宣称:他不相信有上帝存在,也不相信灵魂不灭。庭长说:鉴于证人在

---

① [德]马克斯·韦伯:《经济通史》,姚曾廙译,上海三联书店2006年版,第230页。

② [美]哈罗德·J.伯尔曼:《法律与革命——西方法律传统的形成》,贺卫方等译,中国大百科全书出版社1993年版,第480页。

③ [德]黑格尔:《法哲学原理》,范扬、张企泰译,商务印书馆1961年版,第251页。

④ [美]伯尔曼:《法律与宗教》,梁治平译,中国政法大学出版社2003年版,第12-13页。

准许他作证之前已使法庭失去对他的信任,故拒绝此人宣誓作证。"①

宗教也促进了司法程序的改良。12世纪,基督教会颁布禁令,禁止教士参加神明裁判。在教会法院,他们率先采用了更为理性的纠问式诉讼程序,他们把这种诉讼程序称为"告诉法官的良心"。从诉诸超自然的迷信,到诉诸法官的理性和裁决,教会对诉讼制度的上述改革是文明的进步,促进了司法的理性化和诉讼程序的正当化。

5. 慈悲博爱

基督教强调法律应当是尊重人性的、仁慈的。在法律的强制和暴力之外,它更注重内在品德和精神内涵。这对法律职业人员的智慧、美德、品格也有更高要求。伯尔曼指出:"法律乃是爱与信仰的一个方面,也是恩典本身的一个方面,这既是犹太教也是基督教中一个基本的而又被人忽略了的观念。"②《圣经》中对"爱"的论述比比皆是,如保罗在《哥林多前书》中写道:"我即使会讲人间各种话,甚至天使的话,要是没有爱,我的话就像吵闹的锣和响亮的钹一样。我即使有讲道的才能,也能够洞悉各种知识、各种奥秘,甚至有坚强的信心能够移山倒海,要是没有爱,就算不了什么。""爱是恒久忍耐,又有恩慈;爱是不嫉妒,爱是不自夸,不张狂,不做害羞的事,不求自己的益处,不轻易发怒,不计算人的恶,不喜欢不义,只喜欢真理;凡事包容,凡事相信,凡事盼望,凡事忍耐;爱是永不止息。""信心、盼望和爱这三样是永存的,而其中最重要的是爱"。③他在《圣经·罗马书》中又说:"爱充满了全部法律。"

耶稣教导要"爱人如己",要"爱你们的仇敌"。基督教的博爱精神也深化了世俗社会的人道主义,推动在法律中保障人权,关心弱者,维护公平,这也是法律职业人员的使命。基督教教义中所宣扬的在上帝面前一律平等的思想也是后世法律面前人人平等原则的渊源之一。

6. "天职"升华职业伦理

基督教倡导"天职"观,简单说就是"上帝安排的任务"是"一种终生的工作任务,一种确定的工作领域"。这几乎是所有职业伦理的精神源泉之一。在其看来,各种工作本身没有高低贵贱之分,都是通过服务人来荣耀神的。劳动本身就是神的恩典,只有虔诚敬业才能与神和好。甚至有人认为,正是基督教精神使法律职业伦理最终形成。

16世纪欧洲兴起的新教运动成为各行业"天职"观的强大推动力。比如,商业是曾被贬责的逐利行为;而在新教伦理中,它获得重新定位,商业营利行为不再与宗教教义相冲突,甚至与其出现了协调一致的趋势,积累财富的行为可以增加"上帝的荣耀",被视为直接体现上帝意愿的合法事业。④而且,新教关于勤勉、诚信等伦理道德观念与资本主义精神在一定程度上具有内在的契合性,有利于资本主义经济的广泛发展。伯尔曼指出,拯救他们的灵魂有赖于使他们的做法符合一种以上帝的意志为基础的法律体系,而上帝的意志显现在理性

---

① [法]托克维尔:《论美国的民主》(上卷),董果良译,商务印书馆1988年版,第339页。(原文注释为:1831年8月23日《纽约旁观者报》报道:"切斯特县(属纽约州)民事法庭,几天前斥退了一位声称自己不相信有上帝存在的证人。法庭的庭长指出:在作证言之前,他就说他不相信有上帝存在;这样的声音等于对法庭上的一切证言的惩罚;而且他也知道,在信奉基督教的我县,不允许不相信有上帝存在的证人对案件作证。")

② [美]伯尔曼:《法律与宗教》,梁治平译,中国政法大学出版社2003年版,第93页。

③ 《圣经·哥林多前书》13:4-8。

④ [德]马克斯·韦伯:《新教伦理与资本主义精神》,彭强、黄晓京译,陕西师范大学出版社2002年版,第163页。

和良心之中：一种声称要把商人的灵魂引向拯救的社会经济道德得以产生。[①] 律师作为一种带有商业属性的职业，也在这场转变中赢得新生。律师为犯罪嫌疑人进行辩护，其不再是"魔鬼代言人"，而是荣耀上帝的体现。

7. 契约观念

遵守契约、恪尽职守也是法律职业伦理的重要体现，这也受到了基督教的洗涤和滋养。

约是犹太教和基督教的重要精神传统。《圣经》又被称为《新旧约全书》，所谓的"约"，是指上帝与人缔结的盟约。犹太人认为他们是上帝的选民，上帝曾与其祖先亚伯拉罕（Abrahan）、雅各（Jacob）等人立约，所以，上帝将迦南地赐给犹太人作为永久的基业。后来，上帝在西奈山与犹太人的精神领袖摩西缔结了《十戒》，如果犹太人不再犯事，坚守与上帝缔结的契约，上帝就会赐福给他们，"使他们多子多孙，五谷丰登，牛羊繁多"。基督教承继了犹太教中"约"的概念，只是将上帝缔结契约的相对方犹太人转换为整个人类，双方又缔结了新的契约——《新约》。

契约必须严格履行和遵守便成为《圣经》的重要原则。《圣经》告诫订约人不可背誓，无论如何要践行向神立的诺言。它警告说："背信的人自食其果。"《加拉太书》第三章更明确地写道："以人与人之间的契约来说吧，契约一经签署确立，就不能废弃或更改了。"从而将信用的原则贯彻到了民事活动之中。教会法强调对誓言的违背是对上帝的亵渎，契约具有神圣性，应被不折不扣地履行。履行契约是向对方履行义务，更是向上帝践行内心虔诚的承诺，为诚信履约赋予了神圣的道德理性精神。基督教教会将其契约观念理论化，推动了民事契约的神圣化。

（四）近现代：法律职业伦理的完善期

近现代社会是法律职业伦理的完善期。这表现为，成熟的法律职业群体在世界各地出现并蓬勃发展，法律职业的自我意识和道德命题与日俱增，法学家、思想家对法律职业伦理有了系统的专门论述，而各国法律和国际公约等也对法律职业伦理作出了明确规定。

1. 法律职业蓬勃发展与职业伦理教育兴起

15、16 世纪文艺复兴和宗教改革运动是近代到来的标志。与此同时，教会的权威不断衰落，科学的影响与日俱增，西方法律职业和法学思想快速发展。资产阶级革命的成功、资本主义法律制度的创立以及法制的统一化为法律职业蓬勃发展创造了有利条件。新兴的市民阶层为了保障自己的权利，需要借助法律职业人员的帮助，商业的繁荣也需要法律调整各种关系。在政治上，国家也愈发注重通过法律进行治理。随着社会分工的发展，司法机构从国家机器中逐渐独立出来，法官的技术性和专门化程度越来越高。从全社会看，从立法者到司法者，从行政官员到律师、公证员，法律职业人员活跃在社会的各个角落，新兴的各民族国家都逐渐走向法律治理，催生了近代"法治国"。

英国堪称近代法治的重要策源地之一。英国的法律职业在各国中最早形成，其法律职业伦理教育也走在各国前列。早在 1275 年，爱德华一世便颁布了《威斯敏斯特一号法规》，首次对职业律师的行为规范提出了明确要求。它规定，"执业于国王法庭的辩护律师若犯

[①] ［美］哈罗德·J. 伯尔曼：《法律与革命——西方法律传统的形成》，贺卫方等译，中国大百科全书出版社 1993 年版，第 418 页。

有欺诈罪或共谋罪,将受到监禁 1 年零 1 天、永远剥夺从业资格的处罚"。这可称为最早的法律职业伦理规范。

律师会馆是英国法律职业人员的摇篮,伦敦的四大律师会馆(中殿会馆、内殿会馆、林肯会馆和格雷会馆)已经有超过 600 年的历史,是伦敦古老的法律行会的代表,在近现代更注入了新鲜血液。律师会馆职业伦理教育注重"言传身教",学徒们与作为资深律师的导师共同学习、共同生活。除了知识的传授,这种耳提面命、朝夕相处的教育模式,更有助于养成法律职业伦理和法律职业规范,促进法律行业的自治。

近代以来,英国法律教育逐渐从律师会馆转到正规的法学院,法律职业伦理教育也相应发生了转变。1753 年,法学家布莱克斯通在牛津大学第一次讲授英国普通法,标志着英国大学的法律教育正式开始。1850 年,牛津大学成立法律与现代史学院。英国大学法律教育采用英国传统的导师制,与律师会馆一样,这种言传身教不仅有助于知识传播,更有助于法律职业伦理的传递和职业规范的养成。

英国在世界法律史方面的贡献巨大,正如有学者断言:"自由政制的治术是盎格鲁—诺尔曼(Anglo-Norman)种族对于世界文明的最大贡献……惟有关于政治组织中之基本概念,现代文明中人势必请教于英国的宪政制度;于是,在世界各国宪法中往往有许多通名与成语,除却引用英国政治的理论及实际所有典故外,无从解释明白。"[1] 就法律职业的发展和职业伦理的教育来说,英国也无愧于这一赞誉。

美利坚继承了英格兰的法律事业,更有青出于蓝之感。美国一开国,法律职业人员的地位就几乎超过了任何其他国家。例如,第一届大陆会议召开时,大部分州派来的代表是该州最优秀的律师;56 位签署《独立宣言》的代表中一半是律师;开国元勋中,汉密尔顿(Hamilton)、亚当斯(Adams)、麦迪逊(Madison)等都是律师出身。法律的影响力扩及整个社会,法律职业精神也由此得到传承与发扬。

时至今日,美国可谓世界上法律职业最发达的国家。美国法律教育主要是通过法学院进行的,法学院被认为是塑造整个国家、社会的重要力量。托克维尔在《论美国的民主》中说过,美国法治的重要经验之一,就在于法律职业人员的思维走出了书斋,而走向了社会深处。在美国,美国律师协会要求法学院开设法律职业伦理课程;此外,还有专门的律师职业道德考试,美国大部分州现在要求法律毕业生在获得律师资格之前,要通过律师职业道德考试。

美国对法律职业伦理有着详细的具体的规范,本书以律师职业为例予以介绍。美国律师协会(The American Bar Association)是美国律师的全国性组织(简称 ABA),是全美最大的律师协会,也是全世界最大的法律职业组织。该协会以注重保持律师职业行为的准则及提高法学教育的水平而著称于世,其设立的法律职业标准,在法律道德和职业责任方面起到了引领作用。1908 年 8 月,协会采纳了最初的"职业道德准则"(the Canons of Professional Ethics),它主要是基于 1887 年被亚拉巴马州律协认可的"道德准则"(the Code of Ethics)制定的。

1913 年,美国律师协会成立"职业道德常务委员会"(the Standing Committee on Professional Ethics),以保持对州和当地律协有关职业道德活动的了解。1919 年该委员会的名称改为"职业道德和申诉委员会"(the Committee on Professional Ethics and Grievance),

---

[1] ［美］门禄:《欧罗巴政治》,转引自［英］戴雪:《英宪精义》,雷宾南译,中国法制出版社 2001 年版,译者导言第 1 页。

1922 年它的职能得到扩展,包含了对"关于职业行为特别是道德原则应用问题"发表意见。

1977 年,美国律师协会成立了"职业标准评估委员会"(the Commission on Evaluation of Professional Standards),委员会为了制定"职业行为示范规则"(the Model Rules of Professional Conduct)拟定了一个 6 年期的研究和起草步骤。该示范规则于 1983 年 8 月被美国律师协会代表大会(the House of Delegates of the American Bar Association)通过。

由于在美国,lawyer 一词不仅指律师,也往往指法律家、法律工作者,因此律师、法官、法学教授均属于 lawyer 范畴。美国律师协会的调整对象也包括法官,其职业伦理建设也包括法官职业伦理建设。

1990 年,ABA 通过了《司法行为示范守则》,这对全美和全球的法律职业伦理建设产生了重大影响。此外,美国各州还有各自的律师协会,这些律师协会同样制定了大量涉及律师职业伦理的准则,还可能行使针对律师不当行为的惩戒权。这种制度化实际上已经使得律师职业伦理不仅仅是道德约束,还具有某种法律意义上的强制性。

2. 思想家论法律职业伦理——以韦伯(Max Weber)和霍布斯(Thomas Hobbes)为例

近现代法律职业伦理的完善还体现在许多法学家、思想家对法律职业伦理有了比较系统的专门论述。限于篇幅,本书仅以德国思想家韦伯和英国思想家霍布斯为例予以介绍。

(1)韦伯对法律职业及法律职业伦理的论述。随着传统社会向现代社会的转变,法律也面临着现代型的变革。法律现代化和职业化是现代化社会的典型标志之一。在此方面,德国思想家韦伯关于法律现代化和法律职业化的理论产生了重大影响。他认为,法律现代化必然要求法律职业化,法律现代化与法律职业化是一个同步的过程。

韦伯认为,法律现代化往往表现为法律的形式化,法律现代化运动实际上是法律的形式主义运动。韦伯力图在法律的发展史中阐释法律职业化。韦伯把法律现代化描述为一个法律秩序的理性化过程,而法律职业化正是实现法律秩序理性化的必然选择。他认为,从历史来看,从事法发现的"法实务家"阶层,除了司法的官方担纲者之外,还有"法律名家",亦即宣法者、判决发现人、审判人以及祭司等。随着司法裁判越来越讲求经验,并且最终要求有专门知识,利害关系人的私人法律顾问和代理人(辩护人、律师)纷纷登场,成为法实务家的另一个范畴。他们借着"法的发明"对法的形成产生相当大的影响力。法学专门知识的高涨需求造就了职业律师。

在他看来,特别的法律学校进行系统的法学教育促进了法的形式理性化的形成。特别是在罗马法的发展过程中,法学家阶层是罗马法发展最重要的推动力之一,这对法的形式性质产生了深远的影响。

法律职业伦理是韦伯眼中的法律职业化的标志之一。法律职业具有很强的专业性,只有通过系统的专业理论学习,塑造共同的思维方式,熟练掌握逻辑推理和法律技术规则,才能培育出法律职业所需要的专业素养。同时,法律职业人员需要具备共同的法律意识,奉行法律至上,拥有共同的职业追求。

韦伯关于信念伦理和责任伦理的深刻洞见也对法律职业伦理产生了深远影响。

在他看来,指导行为的准则可以是"信念伦理",也可以是"责任伦理"。这两者有极大区别。前者意味着行为者只考虑善的动机,导致的后果只是上帝的安排,即宗教意义上的"基督徒行公正,让上帝管结果";后者意味着行为者必须顾及自己行为的可能后果。韦伯则推崇"信念伦理"与"责任伦理"的结合,他认为,能够深深打动人心的,是一个成熟的人(无论年龄大小)意识到了自己行为产生的责任,真正发自内心地感受着这一责任。韦伯强调人行事时不应该无视自己行为的后果——纵使出于善的动机。尽管信念伦理与责任伦理在对行为后果的考虑上有一定的区分,但两者都基于一个前提,即人们都意图行善或追求道德价值。

韦伯对职业伦理的一般意义上的区分,虽然针对的是"以政治为业"的官僚政客,但对于"以法律为业"的法律职业人员也有重要启发。法律职业人员在以法律为业时,往往也要考虑手段和目的的关系,追求其道德价值。尽管不同的法律职业人员在法律实践中往往有不同的具体的目的,如律师不得不考虑法律职业的商业性,对市场和委托人负责,检察官以政治国家的代言人的身份出现,法官也常摇摆于司法的中立性和政治性之间,法学者更容易体现知识分子的批判精神。职业分工不同,职业手段也千差万别,必然表现出不同的责任伦理,如律师对当事人负责。但这不妨碍所有的具体职业都有着共同的伦理前提,即对法律精神的遵守和对道德信念的坚守。

(2)霍布斯对"好法官"标准的论述。霍布斯是17世纪英国思想家、哲学家,被学界誉为现代政治哲学的开山鼻祖,施特劳斯(Strauss)把他视为现代政治思想的真正奠基人。其代表作《利维坦》中有着丰富的法律职业伦理思想。

霍布斯生活的时期正值英国资产阶级革命,以克伦威尔(Cromwell)为首的新兴资产阶级与保王党展开激烈斗争。当时社会动荡,政局不稳,政治斗争此起彼伏,利用司法手段打击政治对手的现象也屡见不鲜。在此背景下,霍布斯在《利维坦》中对法官职业伦理的强调也是对时局的回应。

在《利维坦》中,他解答了他心中的"好法官"的标准是什么。他对法官的角色定位、职业操守以及法官裁决的立场效力进行了系统论述,对后世产生了深远的影响。

就法官的角色定位来说,在霍布斯看来,"官员和其他司法、行政人员是人造的'关节'"[1]。立法是主权者的命令,法官不是立法者,只是法律解释者,法官的使命在于准确地适用主权者的律令与法律。"对于一个法官说来,正像他只应当通过诉讼中所援引的成文法或主权当局授权宣布律令的人向他宣布的主权者的律令看法律,他对于所要裁判的案件是无需事先加以注意的。"[2]

与英国自由心证的传统一样,针对何为"公平"的问题,霍布斯坚持应通过自己的理性决定,重要的"在于自己善良的天赋理性和深思熟虑"[3]。因此,他认为法官只要听从自己内心的理性法即可作出公正的裁决。但这并不意味着法官凭主观意念裁决,而是建立在听取证言、审查证据等客观基础上。他说:"因为一切法官,不论是主权者还是下属,如果拒绝听取证言,便是拒绝秉公处理。"[4]公正的裁决建立在广泛听取诉讼中各方参与者的陈述和辩解的基础之上。

法官的职业操守也是霍布斯论述的重点。霍布斯指出,法官要树立正确的荣誉观和金钱观,即"要有藐视身外赘物——利禄的精神"[5]。"在审判中,要能超脱一切爱、恶、惧、怒、同

① [英]霍布斯:《利维坦》,黎思复、黎廷弼译,商务印书馆1985年版,第1页。
② [英]霍布斯:《利维坦》,黎思复、黎廷弼译,商务印书馆1985年版,第219页。
③ [英]霍布斯:《利维坦》,黎思复、黎廷弼译,商务印书馆1985年版,第220页。
④ [英]霍布斯:《利维坦》,黎思复、黎廷弼译,商务印书馆1985年版,第225页。
⑤ [英]霍布斯:《利维坦》,黎思复、黎廷弼译,商务印书馆1985年版,第25页。

情等感情"①,只有超脱物欲的主宰,才能秉公断案。好法官更应是遵守诉讼程序的模范,他多次触及了程序正义,如"审判者与被审判者两造之间在这两种争讼中(事实与法理)可能发生争执。由于双方都是主权者的臣民,所以根据公道之理,这种争执应当由双方同意的人加以审判,因为任何人都不能在自己的案件中充当法官"②。

霍布斯曾担任过学者、大法官培根(Bacon)的秘书,虽然培根的法律经历存在争议,但他确实曾在名作《论法律》等中对法律职业伦理有诸多的深刻论述。培根认为,法官们应当谨记,自己的职权是 *jus dicere*,而不是 *jus dare*,也就是说,是解释和实施法律,而不是制定或更改法律。这应该对霍布斯产生了影响。对法官的职业操守,培根强调法官必须明辨是非,使不平之事得到解决。特别是他指出,司法人员要有耐性以及慎重诉讼,这是法官的本职工作之一。公平是法官的首要精神,法官应当为公正的判决做准备,他的职责就是要填高溪谷,削平山岭。所以诉讼中的任何一方,存在蛮横专断、无理指控、玩弄手段、联手串通、利用职权、过分辩护等情形时,法官若能使不平等变得平等,把自己的判断建立在公平的基础上,就可见其才德了。法官位高权重,堪称法律职业伦理的表率。

除前述韦伯和霍布斯外,许多近代思想家、法学家都对法律职业伦理有过隽永而深刻的论述。拉德布鲁赫(Gustav Radbruch)认为,法官就是法律由精神王国进入现实王国控制社会关系的大门,法律欲借助法官而降临尘世。英国法官丹宁(Alfred Thompson Denning)要求法官担任法律改革的先锋。德沃金认为,在法律铸造的帝国里,法院是法律帝国的首都,而法官则是帝国的王侯。再如,西方有句法谚称:"法官应抓两把盐:一把为智慧之盐,脱解庸愚;一把为良心之盐,祛除凶恶。"③这些都是法律职业伦理的经典表述,值得仔细品味。

第三节　法律职业伦理的特征与社会功能

一、法律职业伦理的特征

法律职业伦理除了具备职业伦理的一般特征外,还有自身的一些特征,主要包括以下几个方面:

(一) 主体的多样性与特定性的统一

主体的多样性是指为法律职业伦理所规范的包括法官、检察官、律师等在内的多种法律职业人员;主体的特定性是指这些职业人员都仅限于专职从事法律工作的人员。

(二) 内容的普遍性与特殊性的统一

法律职业伦理内容上的普遍性是指由于上述这些主体所从事的工作直接关系国家法律制度的实施,这些职业的道德规范就应该体现法律职业的特点,也就是无一例外地要求法律职业人员维护国家法律的尊严、维护当事人的合法权益。这一点在法律职业伦理上是具有

① [英]霍布斯:《利维坦》,黎思复、黎廷弼译,商务印书馆1985年版,第112页。
② [英]霍布斯:《利维坦》,黎思复、黎廷弼译,商务印书馆1985年版,第236页。
③ 转引自喻方德:《法谚解读之民事诉讼篇(四十二)》,载江西法院网。

普遍性的。但是法律职业主体的多样性又决定了不同法律职业的伦理具有特殊性,如法官追求司法的公正,律师追求当事人利益的最大化,检察官追求最大限度地保障和实现国家和公众的利益。

（三）形式的规范性与非规范性的统一

一方面,法律职业有大量的伦理规范,如诉讼法、《法官法》、《检察官法》、《律师法》中的职业伦理规范。此外,还有行业规范,如《法官职业道德基本准则》《检察官职业道德规范》《律师职业道德和执业纪律规范》等。另一方面,还存在大量的非规范性的法律职业伦理,如法律职业道德习惯、意识等。可以说,从形式上看,法律职业伦理具体体现为规范性与非规范性的统一。

（四）实施的他律性与自律性的统一

法律职业伦理的终极价值在于在司法实践中能够有效地实施。在实施方面,较一般社会道德而言,法律职业伦理具有更强的他律性或约束性。违反法律职业伦理的法律职业人员要承担纪律责任,严重的还要承担刑事责任。法律职业伦理总是和法律职业责任密切联系在一起的,这就体现了鲜明的他律性特征。实践中,法律职业伦理中的很多内容都以纪律规范的形式体现出来,2009 年 12 月最高人民法院发布的《人民法院工作人员处分条例》、2016 年 12 月最高人民检察院发布的《检察人员纪律处分条例》、中华全国律师协会发布的《律师职业道德和执业纪律规范》等纪律规范,对于违反相应的职业伦理规范的行为规定了具体的处罚办法,这对于法律职业人员遵循职业伦理具有极强的约束力。[1]

二、法律职业伦理的社会功能

法律职业伦理,是指法官、检察官、律师等从事法律工作的人员在其职务活动和社会活动中所应遵循的行为规范的总和。它对整个社会的能动作用是通过法律共同体即法律职业人员的职务活动和社会活动体现出来的。法律职业伦理为法律职业共同体的存在和发展、法律职业活动的正常进行以及公正的实现,提供了强有力的保障。所以,对于整个社会而言,尤其是在法治大变革的今天,法律职业伦理的社会功能尤为突出。

（一）示范功能

法律职业伦理一般以原则或者规范的形式表现出来,而我国目前的法律职业大多数都有自己成文的职业伦理规范,这些规范本身就具有示范性。正是这些原则和规范的存在,使得法律职业人员在实施一定行为时会自觉遵守规范内容,养成良好的职业道德,树立起先进的法律伦理意识。

评价一名法律职业人员的职业伦理水平如何,应当从评价他的行为入手,他的行为是否符合法律职业伦理的内在要求,可以通过将其行为本身与现有的法律职业伦理规范或原则进行比较,进而得出结论。这便是法律职业伦理最常见的示范作用,然而它的示范作用远不

---

[1] 李本森主编:《法律职业伦理》,北京大学出版社 2016 年版,第 14 页。

止这些。具体而言,一方面,从法律职业伦理本身来看,它总会以一定的形式表现出来,或为原则或为规范,这些原则或规范对法律职业人员的行为有重要的指引作用。法律职业伦理为法律职业人员的职业活动和职业行为树立了航标,指引着法律职业人员向更高的道德水平和职业水平努力。另一方面,法律职业活动是一种重要的社会活动,法律职业伦理通过影响法律职业人员的职业行为,对公众及社会整体道德风尚产生影响。法律至上、注重平等、追求公正、从业廉洁、工作高效等法律职业伦理的基本准则必然对法律职业人员的职业活动和职业行为产生影响,而受到上述要求影响的职业行为则会向社会传递一种善的行为风范,这些行为风范将有助于促进良好的社会道德风尚的形成。这正是法律职业伦理对社会及公众行为的示范功能的体现。

（二）提升功能

法律职业伦理的提升功能,是指法律职业伦理具有的提升法律职业人员整体素质、提高其道德水平的功能。法律职业伦理的提升功能主要通过法律职业伦理教育来实现,即在不同的法律职业群体开展相应的职业伦理教育,如通过正规法学教育、岗前培训、教育讲座、荣誉鼓励等,深化法律职业人员对法律职业伦理的认识,进而加强法律职业伦理建设。法律职业伦理建设可通过教育、舆论、习惯等方式培养并提高从业者的内部精神境界和道德水平,使法律职业人员树立正确的义务观、荣辱观、是非观,养成良好的职业行为习惯,提高其道德实践的自觉性,增强其工作的责任感。可以通过确立法律职业伦理规范、组织纪律、规章制度并对违规者实施纪律制裁,约束和促使法律职业人员认真履行职责,忠诚于正义、事实和法律。通过榜样感召、道德评价和激励措施使遵守职业伦理原则和规范的行为受到褒扬,强化法律职业人员坚持此种行为的精神动力,不断烘托和提高遵守法律职业伦理的氛围和水平。

（三）协调功能

协调功能又称调节功能,是指法律职业伦理具有的通过评价等方式来指导和纠正法律职业人员的行为和实际活动,以协调法律职业人员之间、法律职业人员与法律职业对象之间关系的能力。法律职业伦理协调功能的发挥主要体现在两个方面:一方面,法律职业伦理通过提高法律职业人员自身的道德水平,加强其职业行为的自律性,使其自觉主动地处理好与其他法律职业人员的利益关系,以协调法律职业群体内部的利益关系。由于法律职业具有多样性,每一种法律职业在实践中所代表的利益各不相同,利益冲突在所难免。不能要求同一起刑事诉讼案件中的检察官、法官、律师都能以同样的利益标准处理问题,只能在法律职业伦理的指导下,使三者恪守自身的职责,在充分了解案件的基础上,理解自身与他人之间的利益冲突,进一步协调相互之间的利益关系。另一方面,法律职业伦理通过社会舆论、思想教育、习惯约束等手段,使法律职业人员形成强烈的社会责任感和使命感,自觉承担社会责任,履行应尽的义务,尤其是在处理与法律职业对象的关系时更加负责,以协调法律职业人员与外部之间的利益关系。[①]可见,法律职业伦理的协调功能主要调节法律职业人员与权力机关、政党政策、社会传统、大众道德、当事人之间的外部关联,以及在法律共同体内部发

---

① 冷罗生主编:《法律职业伦理》,北京师范大学出版社 2014 年版,第 45 页。

生的各种关联,从而指导和端正法律职业人员的行为,实现其坚守法律信仰与服务社会发展的统一。

(四) 辐射功能

法律职业伦理的辐射功能,是指法律职业伦理建设不仅有利于提高法律职业队伍的整体素质,树立法律职业人员的形象,对整个社会的道德建设也具有辐射作用,能有力地带动整个社会的法治文明乃至精神文明的进步。基于法律职业的特殊性,法律职业人员的执业活动会涉及社会生活的方方面面,法律职业伦理对法律职业内部进行约束的同时,它的外向作用主要是通过非法律职业人员实现的。具体而言,直接辐射作用是指法律职业伦理直接对非法律职业人员产生辐射作用,非法律职业人员可能以当事人的身份参与法律职业活动,也可能通过旁听、媒体宣传等活动接触法律职业伦理。对于法律职业伦理中的高尚品格和优秀价值,非法律职业人员会受到一定的感染和激励,进而产生有利于社会的结果。法律职业伦理的间接辐射作用是指法律职业人员依据法律职业伦理实施职务行为,向社会传递一种良好的社会风尚,如崇尚法律、依据事实、诚实信用等,非法律职业人员会在这样的氛围下受到积极影响。总之,法律职业伦理是通过以下机制实现其辐射功能的:其一,以法律职业道德理想影响社会及非法律职业人员的道德理想的树立;其二,通过向社会树立道德榜样来传递法律职业的良好形象;其三,通过法律职业人员的职业活动引导社会的道德批评方向。[①]

思考题:

1. 法律职业共同体有何特征? 为什么法律职业人员比其他职业人员有更高的职业伦理要求? 你学成毕业后,愿意选择法律职业中的哪一种作为自己的职业? 为什么?

2. 中西方法律职业伦理发展各经历了哪些主要阶段?

3. 中西方法律职业伦理思想的发展有何不同?

拓展学习

延伸阅读

本章推荐书目

---

① 王新清主编:《法律职业道德》,法律出版社 2016 年版,第 26 页。

第二章　法律职业伦理基本准则

每个职业都有不同于其他职业的伦理标准,每一行业的伦理基本准则必须反映本行业的特殊道德要求。法律职业作为一种独立的、以"技术理性"为特征的职业,社会对其有着不同于其他职业的道德要求,法律职业内部也有着特殊的利益关系需要调节。因此,作为法律职业伦理规范体系核心的法律职业伦理基本准则必须是区别于其他职业的、能反映本职业道德特点的准则或原则,并以此作为区别于其他职业伦理的分界线。

法律职业伦理基本准则是法律职业伦理规范体系的核心,居于主导地位,是法律职业伦理区别于其他类型职业伦理的根本标志,又是各类法律职业在道德上的共性所在。它是法律职业伦理的基本尺度、基本纲领和基本要求,贯穿法律职业伦理一切领域,对所有法律职业伦理现象均有指导意义,是各种不同类型法律职业伦理的根本标志。通过分析现行法律规定及相关行业规范,我们抽象出崇尚法律、依据事实、注重平等、追求正义、保守秘密、恪守诚信、讲究高效和从业清廉八大法律职业伦理基本准则。崇尚法律是法律职业的前提,依据事实是法律职业的责任,注重平等是法律职业的核心,追求正义是法律职业的理想,保守秘密是法律职业的纪律,恪守诚信是法律职业的良心,讲究高效是法律职业的态度,从业清廉是法律职业的信誉。这八大法律职业伦理基本准则是对法律职业伦理规范的抽象和概括,适用于整个法律职业伦理体系。立法工作者、行政执法工作者、司法工作者、律师直至法学教育者和研究者的职业行为都受到这些基本准则的约束。

第一节　崇尚法律

柏拉图曾说:"若在一个秩序良好的国家安排一个不称职的官员去执行那些制定良好的法律,那么这些良好的法律的价值便会被掠夺,也使得荒谬的事情增多,同时最严重的恶行和政治破坏也会从中滋长。"[①] 崇尚法律即坚持法律至上、以宪法为尊,需要法律职业共同体的每一个成员在执业过程中树立"法律至上"理念,把宪法和法律顶在头上,甚至不惜牺牲一切捍卫宪法和法律的尊严。因为法律只有被信仰,才能得到切实的遵守。法律职业人员比一般的社会大众更应该信仰和崇尚法律。

---

① [古希腊]柏拉图:《法律篇》,张智仁、何勤华译,上海人民出版社 2001 年版,第 751 页。

一、崇尚法律的内涵

崇尚法律即法律至上,是指国家立法机关依照法定的立法程序制定并颁布的规范性文件在整个国家、社会的运作过程中具有最高权威性和普遍性,任何组织或者个人都不得有超越宪法和法律的特权。其适用的范围是国家的政治活动、司法活动以及个体间相互联系的社会化活动。就国家的政治生活而言,由于现代政治是政党之治,它要求任何政党(包括执政党和在野党)在权力追逐的过程中,在宪法和法律许可的范围内,实现公共利益的最大化;对于解决国家与个人、个人与个人之间冲突的司法活动,它要求法律职业共同体成员在认定事实的基础上,只服从法律。法律职业是以操作、实施和研究法律为主要内容的职业,实施或执行法律是法律职业人员的目标,法律是其职业活动的依据,忠于法律、维护法律的尊严是国家、社会对法律职业人员的基本要求。

有人说,我国既然是党领导一切,怎么能提法律至上呢? 也有人认为,法律至上为西方所固有。这些看法都有失偏颇。首先,法律至上,意味着法律是其他社会规范系统的价值标准,是评判人们行为的最高准则,说的是法律比其他行为规范高,没有把法律与党的领导比高低的意思,更不是否定、排斥党的领导。其次,法律是客观规律的反映,承认法律至高无上的权威,便是承认和尊重客观规律。法律至上有着内在的合理性和科学性,是对凌驾于法律之上的特权或个人意志的否定。法律的本质特征体现为规范性、普遍性、强制性,这些特征要求法律得到社会公众的普遍服从即崇尚法律。再次,法律至上是加强和完善党的领导的关键,党必须在宪法和法律的范围内活动。因为,一方面,法律至上有利于党的路线、方针、政策的落实。党的主张上升为法律,在国家强制力保证下必将更加彻底、完全地得到贯彻落实。另一方面,法律至上有利于改进党的领导方式,提高党的领导效率。确立法律至上,克服了党法不分、党政不分的弊端,有利于党以更多的时间和精力去研究更多的问题,更好地实现其领导,使党的领导通过将党的主张上升为法律并为全社会普遍遵从得以实现。最后,法律至上不排斥其他准则、行为规范的适用。

二、崇尚法律在法律职业伦理中的具体体现

法律职业人员必须严格依宪法和法律的规定从事职业活动,以法律为言行准则,不能以任何理由破坏法律的权威。法治是我国现行政治体系的重要内容,它体现了人民的意志和要求,代表了当代中国大多数人的意愿。宪法和法律所确立的国家制度是社会政治、经济、文化秩序的根本保障,法律职业人员以维护法治秩序为己任,忠于宪法和法律是其对国家和社会承担的义务。对这一义务,我国《法官法》《检察官法》《律师法》等法律都有规定。例如,《法官法》第 3 条规定:"法官必须忠实执行宪法和法律,维护社会公平正义,全心全意为人民服务。"《检察官法》第 3 条规定:"检察官必须忠实执行宪法和法律,维护社会公平正义,全心全意为人民服务。"《律师法》第 3 条第 1 款规定:"律师执业必须遵守宪法和法律,恪守律师职业道德和执业纪律。"《公证员职业道德基本准则》第 1 条规定:"公证员应当忠于宪法和法律,自觉践行社会主义法治理念。"可见,忠于法律作为一项基本准则已为各法律职业伦理规范所确认,成为各种法律职业人员应当遵守的首要道德要求。忠于法律这一道德基本准则的较深层次含义是要求法律职业人员必须捍卫法治,维护法律的尊严和权

威,坚持宪法、法律至上。崇尚法律是法治的核心内容,也是对法律职业人员深层次的道德要求。这一层面的道德要求不仅需要法律职业人员依法办事,更要求他们以法律为本,坚持以专业的精神独立地从事职业活动,不受政党、机关、个人的非法干预。忠实执行宪法和法律是当今中国社会对法律职业人员的基本要求,是国家认可的、为法律职业提供保障的基本前提。

维护法律权威的义务主体具有层次性。根据现代司法最终解决原则,许多争议,包括平等主体间的民事权益冲突,行政执法过程中对行政行为合法性的争议,社会政策合宪性、行政合宪性、一般法规合宪性争议等,最终会通过技术手段转化为法律问题,被纳入法律帝国之中,被引导到多样的诉讼渠道,由司法最终解决,而非以武力、暴力解决。虽然现代民事争议解决机制已向多元化发展,但是,最终、最权威的解决机制仍是司法;并且许多冲突,如公权力与私权利的冲突、公权力与公权力的冲突,只能依靠司法来解决。基于此,司法者被推到各种社会矛盾的最前沿,其行为必然受到严格的规范,其裁判结果也理应受到全体社会成员,包括具体个案中当事人的尊重和服从。同时,为保证尊重和服从的正当性,法官的裁判必须严格依据体现公平、正义的法律并将此作为唯一的考量因素。很显然,对此构成最大、最有力的障碍的是政治、行政、社会的偏见和不明智的被扭曲的公众舆论。同时,法官自身的诸多因素,如个人的情感、爱好、对行政的过分依赖、对政治的迎合倾向、对上级的顺从甚至人性固有的对金钱的追求等,都可能构成通往正义之路的绊脚石。所以,我们应将维护法律至上、宪法为尊的重点放在对国家公权力拥有者的有效控制与防范上来,法律职业共同体应当对"法律至上,宪法为尊"的观念高度重视。

党的二十大报告特别强调"坚持全面依法治国,推进法治中国建设"。完善以宪法为核心的中国特色社会主义法律体系、扎实推进依法行政、严格公正司法、加快建设法治社会,都离不开法律职业人员带头尊法学法守法用法。

第二节　依据事实

我国《刑事诉讼法》第 6 条、《行政诉讼法》第 5 条、《民事诉讼法》第 7 条都明确规定了人民法院在审理案件时,要以事实为根据,以法律为准绳。这三大诉讼法的共同规定将这一条规则上升到了司法活动的基本准则层面,对审判活动具有指导作用。"以事实为根据"中的"事实"应当是法律事实,而不是客观事实。即使两者契合,我们也应当称之为法律事实;如果两者相悖,我们应当采纳证据所证明的事实,即法律事实。

一、法律事实的内涵

事实是已经发生过的事情,司法裁判是对已经发生的案件的法律判断。法律判断必须建立在确实发生过的在法律调整范围内的事实的基础上,因此,支持法律职业人员判断的事实不能是想象的,而必须是法律规范规定的法律事实,必须是能够被证据证明的法律事实。法理学认为,法律事实是指法律规范规定的,能够引起法律关系产生、变更和消灭的客观情况或现象,是有证据证明、可以运用法律方法识别认定的客观事实。[①]所谓能够被证据证明的事实,是指法律职业人员用来支持自己主张的事实,必须有合法的证据能够证明,而不是公众一般所言的"真相"或客观事实。事实当然是指客观存在的情况或者真相,但是,法庭上或复议、仲裁等裁判过程中的事实,必须由合乎法律规定和要求的、经过相应程序证实了的证据加以支持。缺乏证据的事实,不能作为裁判的依据;也并不是所有的事实都能够有证据证明。在没有证据或证据不充分的情况下,解决争议的事实基础就不可靠。

法律事实分为事件和行为两个方面。事件是不以人的意志为转移的客观情况,行为则是人有意识的活动及其结果。每一个法律关系的产生、变更与消灭,都会引起一定的法律后果,如果要追求相应的法律后果,就必须用证据来证明某个特定法律关系的产生、变更与消灭是某个特定法律事实引起的。法律事实具有一定的复杂性,需要根据证据制度来加以证明。可见,法律事实具有客观性、规范性、可证性的特点。法律事实的客观性,是指法律事实绝非虚构或想象的,任何法律事实都是客观事实的一部分。法律事实的规范性,是指法律事实为法律规范所涵盖,可以依据法律规范作出评价,运用法律方法进行鉴别,通过司法手段进行认定。法律事实的可证性,是指法律事实在客观上具有被证实的现实可能性,即经过相关机构或人员收集证据,可以证明该事实曾经发生过或正在发生。这些相关证据通过法律途径收集到案并经法定程序认定有效后,即可作为司法判决、仲裁裁决以及行政机关作出具体行政行为的依据。可见,在法律规范涵盖的前提下,法律事实是且仅是能被证据证实的客观事实,是且仅是通过证据可以再现、复原的客观事实。

二、依据事实在法律职业伦理中的具体体现

案件处理正确的标准是事实清楚、证据确凿、定性正确、处理得当、程序合法,其中首要的是事实清楚。只有查清事实,才能正确运用法律。坚持以事实为根据,就是坚持实事求是,一切从具体的案件情况出发,使认定的事实完全符合案件的客观真相。这就必须重证据、重调查研究。法律职业人员在适用法律的过程中应做到一切从案件的客观事实出发,依经查证属实的证据和凭借这些证据认定的事实处理案件,并严格依法办事,不能臆测事实,更不能枉法裁断。

"以事实为根据,以法律为准绳"是我国三大诉讼法共同确定的诉讼原则。"以事实为根据",主要是指法律职业人员不论作出什么样的决定、采取什么样的措施、实施什么样的诉讼行为,不论是解决实体问题还是解决程序问题,都必须以查证属实的证据和凭借这些证据认定的案件事实为基础,而不能以主观想象以及推测和查无实据的"设想"、议论作为根据。法律职业是围绕法律的实施和操作展开活动的,事实和法律是法律职业人员职业活动的中心问题,而事实常常是适用法律的基础和前提,任何现实的法律实践都必然以一定的客观事实为基础。另外,适用法律是法律职业的特点,了解和认知事实的目的是准确地适用法律,适用法律是事实调查或认知的逻辑发展。因此,"以事实为根据,以法律为准绳"如"鸟之两翼,车之两轮",缺一不可。如果不以事实为根据,没有事实作为职业行为的基础,就根本不可能正确地适用法律,更谈不上以法律为准绳。如果不以法律为准绳,事实认定的真实性就无法

---

① 冯契主编:《哲学大辞典》,上海辞书出版社 2007 年版,第 44 页。

得到保证,对问题的处理也难以做到准确公正。

坚持"以事实为根据,以法律为准绳",是法律职业人员职业活动的基本准则。对此,我国相关法律中均有规定。例如,《法官法》第 6 条规定,法官审判案件,应当以事实为根据,以法律为准绳,秉持客观公正的立场。《检察官法》第 5 条第 1 款规定,检察官履行职责,应当以事实为根据,以法律为准绳,秉持客观公正的立场。《律师法》第 3 条第 2 款规定:"律师执业必须以事实为根据,以法律为准绳。"《公证员职业道德基本准则》第 3 条规定:"公证员应当依法办理公证事项,恪守客观、公正的原则,做到以事实为依据、法律为准绳。"足见,"以事实为根据,以法律为准绳"已经是法律职业人员的基本职业要求,法律职业人员在职业活动中严格执行了这一准则,就等于抓住了法律职业活动的关键,从而为实现法律职业活动的价值创造了最根本的条件。例如,在刑事司法实践中,出现"枉"或"纵"的原因不外乎两个:或是没有查明案情,或是没有正确适用法律。司法人员在工作中坚持了这个准则,就可以杜绝"枉""纵"现象的发生,提高司法机关办理刑事案件的质量。[①]

第三节　注重平等

一、平等的内涵

平等,是指公平地对待一切当事人的权利与义务。在法律上,平等准则又可以分为形式平等与实质平等。形式平等和实质平等的划分,在一定意义上描述了西方社会平等价值的实践历程和实现的程度差异。平等伴随着民主制度的成长而不断发展。在这一过程中,形式平等的界定总是相对稳定的。形式平等针对的是法律的普适性,是指所有人都受法律的约束,任何人,不管年龄、性别、民族、出身、财产、肤色、信仰、职业等如何,都不享有法外特权。实质平等针对的是个案的特殊性,即权利义务的配置应当与公民个人的年龄、性别、民族、出身、信仰、财产、职业等个性化因素相对应,同等情况同等对待,不同情况不同对待。

就法律职业伦理上的平等而言,立法的过程必须贯彻平等原则。立法是对人们权利和义务的一种合理或平等的分配,它体现在程序和目标两个方面,因而产生了两个相应的原则——平等参与原则和人权原则。平等参与原则要求所有的社会成员都有机会参与立法过程并且作为平等的一员,以便充分地思考自己所遵守的规则。人权原则则为保障制定出来的法律的性质和内容符合平等原则指明方向和确定范围。如果说平等参与原则追求的是程序平等和形式平等的话,那么人权原则所追求的则是实质平等。[②]

在执法过程中,行政主体应当在那些利益处于冲突状态的参与者之间保持一种超然的、不偏不倚的态度和地位,而不得对任何一方存有偏见和歧视。这一要求的意义在于确保各方参与者受到行政主体的平等对待。行政主体的中立性是一种通过排除各种不公正、不合理情况而保证平等的价值目标实现的要求,其实现依赖于回避制度与禁止单方面接触。回避的情形应有三种:裁判者与案件有牵连;行政主体与行政行为结果、各方当事人有利益或

---

① 王新清主编:《法律职业道德》,法律出版社 2016 年版,第 17-18 页。

② 严存生:《差异和平等——兼论法律上的平等》,载《北方法学》2011 年第 3 期。

其他方面的关系;行政主体存有支持一方、反对另一方的预断或偏见。

法律的实施是把平等由可能变为现实的过程,就是通过法官、检察官、律师等法律职业人员的法律职业行为体现出程序正义,实现对公民利益的平等保障。这要求:在程序法中明确效力权限条款、管辖权、职责及权限冲突条款;明确法律行为的成立、有效与无效和可撤销的条件,并统一规定各种程序,如调查程序、强制程序、执行程序、处分程序等;明确监督救济与责任机制条款,对出现的不统一情况予以纠正。对司法机关来说,法律上的平等或同样情况同样对待是司法活动的一个基本原则,因此,其应严格遵循这一原则,这是法治的一个基本要求,也是形式正义的基本要求。但不能仅限于此,因为这只是形式平等,还达不到实质平等,优秀的法律职业人员应进一步追求实质平等。而要如此,就应该在同样情况同样处理的基础上前进一步,做到不同情况区别对待,即在合法的前提下合情合理地处理所面对的纠纷。

二、注重平等在法律职业伦理中的具体体现

在诉讼过程中,对于中立的法官,注重平等要求其做到公正、中立、平等地对待案件的每一方当事人。《法官职业道德基本准则》第13条规定:"自觉遵守司法回避制度,审理案件保持中立公正的立场,平等对待当事人和其他诉讼参与人,不偏袒或歧视任何一方当事人,不私自单独会见当事人及其代理人、辩护人。"司法公正不仅要求法官作出一个公正的判决,还要求以人们看得见的方式实现公正。党的二十大报告强调,努力让人民群众在每一个司法案件中感受到公平正义。因此,法官要认真听取当事人的辩解与理由以及律师、其他诉讼参与人的意见,在法官评议、裁决理由、法律文书中作出有理有据的回应,或采纳或批驳,即做到裁判说理。目前,我国已出台相关规定,要求重视律师辩护代理意见,对于律师依法提出的辩护代理意见未予采纳的,应当在裁判文书中说明理由。

对检察官而言,注重平等表现为,依法尊重当事人的合法诉讼权利,尊重法官和律师,遵守法庭秩序,依法履行好国家赋予的职责。要大力推进检务公开,建立不立案、不逮捕、不起诉、不予提起抗诉决定书等检察机关终结性法律文书公开制度,增强法律文书的说理性。实现当事人通过网络实时查询举报、控告、申诉的受理、流转和办案流程信息。健全公开审查、公开答复制度,对于在案件事实、适用法律方面存在较大争议或在当地有较大社会影响的拟作不起诉、不服检察机关处理决定的申诉案件,检察机关主动或依申请组织开展公开审查、公开答复。

注重平等要求律师公正对待当事人及其他律师。根据法律面前人人平等的原则,任何人都平等地享有法律权利、承担法律义务,任何人的法律权利都受到法律的平等保护,任何人的违法行为都平等地受到法律追究,任何人都有得到辩护的权利。广大律师要遵守宪法法律,从内心深处信仰法治,自觉拥护宪法确立的根本政治制度;要忠于事实真相,履行辩护、代理职责,坚持用事实说话、以证据服人;要严守执业纪律,守住律师职业的底线和红线,遵守法庭、仲裁庭纪律,严守执业中知悉的国家秘密、商业秘密,保护当事人隐私;要坚持谨言慎行,依法、客观、公正、审慎地发表涉及案件的公开言论,不能进行误导性宣传、评论,更不能肆意炒作案件;不得进行不公平的竞争;律师有责任维护整个法律界的团结,有责任向相关机关报告任何不当职业行为,包括熟悉的其他律师或法官的不当职业行为。

法官、检察官和律师的角色定位、职责分工虽然不同,但都是社会主义法治工作队伍的重要组成部分。律师对法官的尊重程度,体现了一个国家的法治发达程度;法官对律师的尊重程度,体现了一个国家的司法公正程度。各方应彼此尊重、平等相待。司法人员要率先放下"官"的架子,真正把律师作为与自己平等的同行,尊重他们的人格和权利;律师要自觉维护司法人员在依法履职过程中的尊严,自觉遵守司法秩序,相互支持,相互监督,良性互动。

第四节　追求正义

一、正义的内涵

罗尔斯(Rawls)在《正义论》中开宗明义地指出:"正义是社会制度的首要价值,正象真理是思想体系的首要价值一样。"[①] 正义的目标是直接指向"善"的,是人类一种最高的价值理想和价值追求。在推进全面依法治国过程中,整个社会都是由法律来调整的,正义是统摄包括法律在内的整个社会价值体系的理想追求。

英国学者戴维·M.沃克指出,正义通常被认为是法律应该达到的目的的道德价值,正义要求人认识到自己的行为受法律约束。正义是法律上的善良和行为标准的尺度或准则,可以根据正义对行为进行评论或评价,法律同正义之间有密切的关系。[②] 德国法哲学家古斯塔夫·拉德布鲁赫也指出:"法律的终极目标是实现正义。"[③] 可见,整个法律秩序的形成是建立在对正义的追求之上的,正义是全面依法治国基本方略的最终目标。

正义包括实体正义与程序正义。对于正义的配置,罗尔斯提出了两个著名的正义原则,即"第一个原则:每个人对与所有人所拥有的最广泛平等的基本自由体系相容的类似自由体系都应有一种平等的权利。第二个原则:社会和经济的不平等应当这样安排,使它们(一)在与正义的储存原则一致的情况下,适合于最少受惠者的最大利益;并且(二)依系于在机会公平平等的条件下职务和地位向所有人开放"[④]。在这里,罗尔斯的第一个正义原则实际上是说每个人在法律上的基本权利和自由都应该是相同的,正义的配置表现在所有主体人格平等和权利义务的内部平等诸条款中。我国《宪法》也明确规定,"凡具有中华人民共和国国籍的人都是中华人民共和国公民","中华人民共和国公民的人格尊严不受侵犯,禁止用任何方法对公民进行侮辱、诽谤和诬告陷害","任何公民享有宪法和法律规定的权利,同时必须履行宪法和法律规定的义务"。这种人格平等的无差别性和公民在享有法律权利和履行法律义务时具有的同等性,贯穿我们整个立法和法律调整过程。第二个原则表明,只要社会和经济的不平等能给每个人,尤其是那些最少受惠的社会成员带来补偿利益,它们就是正义的,在法律制度的正义配置中则表现为应该给予那些有困难的人特殊的关注。现代法律制

---

① [美]约翰·罗尔斯:《正义论》,何怀宏、何包钢、廖申白译,中国社会科学出版社1988年版,第1页。

② [英]戴维·M.沃克:《牛津法律大辞典》,北京社会与科技发展研究所组织译,光明日报出版社1988年版,第498页。

③ [德]古斯塔夫·拉德布鲁赫:《法律哲学》,转引自[美]E.博登海默:《法理学——法哲学及其方法》,邓正来、姬敬武译,华夏出版社1987年版,第168页。

④ [美]约翰·罗尔斯:《正义论》,何怀宏、何包钢、廖申白译,中国社会科学出版社1988年版,第50页。

度中对妇女、儿童和老人的特殊保护,对少数民族和残疾人的特殊关怀,失业救济以及最低工资限制等都是这一正义配置的具体运用。

在现代社会,程序正义具有极为重要的意义。首先,程序是法律适用的必经过程,是法从规范形态向现实形态转化的中介,法律的正义必须通过程序的正义才能得到真正实现。缺乏正当的程序,即使有法律的正义,也会在适用过程中受到恣意因素的影响而产生结果的非正义。其次,从保障公民权利和自由的角度看,法律向社会和民众生活领域的渗透,主要是通过各种程序来进行的。在现代社会,法律所提供的规则和程序主要有:(1)审判权独立;(2)回避制度;(3)管辖制度;(4)审判公开;(5)当事人权利平等;(6)判决的内容应当有事实根据和法律根据,并为公认的正义观所支持;(7)案件的审理应当及时高效,防止不必要和不合法的拖延;(8)应有上诉和申诉制度;(9)建立判例制度;(10)律师自由。根据这些规则和程序,不仅可以和平地解决纠纷和冲突,还可以公正地解决纠纷和冲突。此外,程序是价值模式的制度化体现,可以按照社会普遍认同的价值模式加以设计,这对促进正义实现、辐射正义之伦理精神具有重要的意义。

二、追求正义在法律职业伦理中的具体体现

人们习惯上将法官看作正义的化身,美国法官约翰·T.小努南曾引用亚里士多德在《伦理学》中的话:"理想的法官就是公正的化身。"[1] 德国法社会学创始人埃利希宣称:"法官的人格是正义的最终保障。"这主要是由法官所担负的司法使命决定的。正义是法官职业活动最根本的价值目标,也是公众对法官职业活动或司法活动的终极企盼。为实现法律确立的正义,现代法治确立了一系列司法的基本原则和要求,如法官独立原则、法官中立原则、法官回避原则等。这些原则为各国现代法律体系和职业道德规范所吸收,成为规制法官职业行为的基本准则。司法正义的实现要求法官不仅要具有良好的法律职业素养,更要有高尚的职业情操以及对正义深刻的理解和不懈的追求,这些构成了法官正义品格的核心内容。我国台湾地区学者史尚宽认为:"虽有完美的保障审判独立之制度,有彻底的法学之研究,然若受外界之引诱,物欲之蒙蔽,舞文弄墨,徇私枉法,则反而以其法学知识为其作奸犯科之工具,有如为虎附翼,助纣为虐,是以法学修养虽为切要,而品格修养尤其为重要。"[2] 党的二十大报告指出,公正司法是维护社会公平正义的最后一道防线。对正义的准确把握和不懈追求,有助于法官释放出巨大的创造力,这种创造力不仅能帮助法官排除妨碍司法正义实现的障碍,更能巧妙地矫正既定法律制度中与正义冲突的规定,使立法的正义价值最终得到完整的实现。在遇到制度缺失的时候,根据法的精神和正义的理念,确定公平合理的最终解决方案。对正义的追求还要求法官全面理解正义,正义不仅应得到实现,而且要以人们看得见的方式实现。法官对一个案件的判决,不仅要在裁判结果上做到公正、合理、合法,还应当确保判决过程的公平和正义。

检察机关在我国是国家的法律监督机构,负责监督国家法律的有效实施,因而是国家利益的代表。在大陆法系国家,检察官一般被定位为"司法官"或"准司法官"。在法国,检察

---

[1] ［美］约翰·T.小努南:《法官的教育、才智和品质》,吴玉章译,载《环球法律评论》1989年第2期。
[2] 史尚宽:《宪法论丛》,荣泰印书馆1973年版,第336页。

官和审判官都是司法官,检察官俗称"立席司法官",其与法官在任职资格、待遇等方面完全相同;在日本,学理上一般认为检察官具有准司法官的地位;在意大利,检察官是司法系统的成员之一,有着和法官同等的地位以及同等的不受外界干涉的自由。作为司法官或准司法官,检察官自然背负着客观公正地追求和实现法律正义的义务。不仅在大陆法系国家,在英美法系国家,检察官的客观公正义务也被纳入了法治要求,如英国的普通法判例和律师行为守则均规定,检察官不能不惜代价地谋求胜诉,控方律师对被告人负有公正义务并应当公正行事;在加拿大,检察官被看作"司法官员"而负有客观公正行事的义务。现代社会要求检察官以客观公正为念,不偏袒,公平地行使职权,以追求和实现公平、公正为基本道德要求和职业理想。我国《检察官职业道德基本准则》第 4 条规定:"坚持公正理念,维护法制统一。"联合国《关于检察官作用的准则》第 3 条规定:"检察官作为司法工作的重要行为者,应在任何时候都保持其职业的荣誉和尊严。"第 11 条规定:"检察官应在刑事诉讼,包括提起诉讼和根据法律授权或当地惯例,在调查犯罪、监督调查的合法性、监督法院判决的执行和作为公众利益的代表行使其他职能中发挥积极作用。"第 20 条规定:"为了确保起诉公平而有效,检察官应尽力与警察局、法院、法律界、公共辩护人和政府其他机构进行合作。"

对律师职业而言,法律技术和专业修辞并不能凸显其思想的力量和个性的魅力,追求公正的理想、服务公众的意识与专业技能同等重要。作为法律共同体成员的律师,尽管常常只是私益的代表,在其职业伦理中,追求自我利益的实现也是普遍得到认可的,但从这一职业的整体意义看,律师又不能仅仅关注"我的利益"和客户的利益,而应当关注更大事业的完善和公共利益的维护,即法律共同体的利益、社会公益、社会的公平与正义。只有这样,他们才不会成为受预期利益控制的工具。律师的职业道德要求律师不能在背离自己对法律的理解的前提下、在背离普遍的社会正义观念的情况下谋求私益,因为这种有悖于法律理性的判断将影响整个法律秩序的健康发展。因此,律师也应当建立法律职业共同体的同质化的职业理想,以实现社会正义为最终目标,保障法律秩序的有序运转。

第五节　保守秘密

一、保守秘密的内涵

保守秘密,要求特定的人员在一定的期限和范围内以一定的手段保守特定信息和资讯,不公之于众。在法律实践中,法律职业人员不可避免地会接触到一些秘密,为了保障法律秩序正常运行和实现司法公正,接触并知悉这些秘密的法律职业人员应当按照法律规定严格保密,不得泄露。这里所谈到的秘密可以是国家机密、商业秘密或者当事人的个人隐私,不论秘密的类型如何,保守秘密对于法律职业人员的要求都是一样的,即在一定时间和范围内严格予以保密。为保证司法公正和维护司法利益,法律职业人员应当严格遵守保密规范的要求,这对司法秩序的正常运行具有十分重要的意义。

二、保守秘密在法律职业伦理中的具体体现

保守秘密要求法官保守审判工作中知悉的秘密。这里的秘密具体包括法官基于职权获悉的国家秘密、案件审理中了解到的商业秘密以及涉案个人的隐私。另外,案件的审理笔录、庭审动态、法官案件统计信息等也可以成为法官保守秘密准则中的秘密。保守秘密对法官的要求具体体现在以下方面:《法官法》第 10 条第 5 项规定,法官应当保守国家秘密和审判工作秘密,对履行职责中知悉的商业秘密和个人隐私予以保密。《法官职业道德基本准则》第 7 条规定:"维护国家利益,遵守政治纪律,保守国家秘密和审判工作秘密,不从事或参与有损国家利益和司法权威的活动,不发表有损国家利益和司法权威的言论。"《法官行为规范》第 6 条规定:"严守纪律,遵守各项纪律规定,不得泄露在审判工作中获取的国家秘密、商业秘密、个人隐私等,不得过问、干预和影响他人正在审理的案件,不得随意发表有损生效裁判严肃性和权威性的言论。"法官职业道德要求法官应当严格做到:(1)除履行审判职责或者管理职责外,不得询问其他法官承办案件的审理情况和有关信息;(2)不得向当事人或者其代理人、辩护人提供有关案件审理情况和其他有关信息;(3)不得为当事人或者其代理人、辩护人联系和介绍承办案件的法官和透露承办法官的联系方式。法官会在不同的审判阶段接触到不同的秘密,但是保守秘密的要求是没有区别的,如果法官不按照保守秘密的要求进行审判,不仅会损害当事人的合法权益,而且会严重影响法院和法官的公正形象,严重影响人民法院执法的公正性。[①]

保守秘密要求检察官保守检察工作中的各种秘密。《检察官法》第 10 条第 5 项规定,检察官应当保守国家秘密和检察工作秘密,对履行职责中知悉的商业秘密和个人隐私予以保密。《检察官职业行为基本规范(试行)》第 31 条规定:"严守保密纪律,保守在工作中掌握的国家秘密、商业秘密和个人隐私,加强网络安全防范,妥善保管涉密文件或其他涉密载体,坚决防止失密泄密。"[②]

律师是为当事人提供法律服务,维护当事人法律权益的职业。与法官、检察官不同,律师不仅会与国家权力机关接触,还会与自己的委托人有密切往来,所以对于律师而言,保守秘密准则主要体现在保守当事人的秘密。律师保守当事人秘密的义务正是法律取舍的结果,因为"所有的规范实际上都是相互冲突的期待与利益的一种混合的产物"[③]。它充分地保障了当事人对律师的信任,保障和促进律师辩护制度的发展,从而为公正的实现奠定了基础。律师揭露当事人的秘密,也许在个案中实现了个体公正,但它割断了当事人与律师之间的联系纽带,破坏了当事人与律师之间的信赖基础,从而将导致整个辩护制度走向衰落。

美国律师协会颁布的《职业行为示范规则》规定,除委托人知情同意,或为执行代理默示授权披露,或规则允许披露外,律师不能泄露任何与代理当事人有关的信息,此范围宽于律师—当事人特权所保护的秘密信息。法国刑法典和有关律师的职业规范也规定律师负有保守秘密的义务。2002 年修订的《英格兰和威尔士出庭律师行为法典与出庭律师理事会指导准则》第 702 条规定,无论律师与委托人之间的委托关系是否存续,律师必须对委托事务保守秘密。未经委托人许可或者没有法律的准许,律师不得将委托事务中有关文件的内容

---

① 李本森主编:《法律职业伦理》,北京大学出版社 2016 年版,第 71–72 页。

② 冷罗生主编:《法律职业伦理》,北京师范大学出版社 2014 年版,第 57 页。

③ 〔美〕昂格尔:《现代社会中的法律》,吴玉章、周汉华译,中国政法大学出版社 1994 年版,第 192 页。

泄露给第三人(包括其他律师、普通民众或者需要该信息开展工作的其他人),也不得与第三人就该信息进行沟通,这些信息是委托人交由律师秘密使用的。我国《律师执业行为规范(试行)》第9条规定,律师应当保守在执业活动中知悉的国家秘密、商业秘密,不得泄露当事人的隐私。律师对在执业活动中知悉的委托人和其他人不愿泄露的情况和信息,应当予以保密。但是,委托人或者其他人准备或者正在实施的危害国家安全、公共安全以及其他严重危害他人人身、财产安全的犯罪事实和信息除外。

《律师法》第38条第1款规定:"律师应当保守在执业活动中知悉的国家秘密、商业秘密,不得泄露当事人的隐私。"可见,律师保守秘密包括以下内容:(1)律师需要保守的秘密主要包括国家机密、委托人的商业秘密、委托人的隐私以及在执业活动中知悉的委托人和其他人不愿泄露的有关情况和信息等。(2)对于委托人或者其他人准备或者正在实施危害国家安全、公共安全以及严重危害他人人身安全的犯罪事实和信息,不在律师保密规范的要求之内。(3)律师的保密规范不仅作用于律师的执业过程,律师在执业结束之后也应当遵守保密规范的要求。

保守秘密同样适用于公证员。公证员在公证活动中对于接触到的当事人的秘密、国家秘密、商业秘密以及其他非公开的信息应当保守秘密。许多国家和地区都规定了公证保密制度,如遗嘱、赠与、保全证据和继承事项等都需严格保守秘密。因为当事人申请公证的事项大多与自身的利益密切相关,如果泄露出去,就有可能损害当事人的利益。因此,保守秘密是公证员职业伦理中一项十分重要的内容。①

第六节 恪 守 诚 信

一、诚信的内涵

诚信为一切秩序之本。现代社会中诚信的价值正在受到越来越广泛的关注。在有关诚信的权威著作《诚信》中,美国经济学家福山(Fukuyama)认为,诚信是一种社会成本,诚信度的高低决定了经济组织的规模。他将诚信定义为"是在一个社团之中,成员对彼此常态、诚实、合作行为的期待,基础就是社团成员共同拥有的规范,以及个体隶属于那个社团的角色"。一般而言,一个政权能否取信于社会、取信于民,通常从两个方面去衡量:一个是它的金融信用,另一个则是它的司法信用。金融信用自不待说,它是社会交易稳定和交易安全的最基本的保障,是一个国家的经济能否正常运行的衡量器;司法信用则在一定程度上反映了公众在政治上对整个国家政权的信任程度。

司法作为一切社会矛盾的最终调节手段和社会正义的最终实现方式,是社会政治、经济等各种秩序得以维护的最后一道屏障。没有可信赖的司法,国家就丧失了参与解决社会矛盾的主动性,无法发挥其社会管理职能。更关键的是,公众对司法的信任程度反映了一个国家政权在政治上的稳定性。而司法信用能否建立和维持,一取决于体制,二取决于在司法过程中起核心作用的法律职业人员。法社会学创始人埃利希说:"法官的人格,是法律正义的

① 李本森主编:《法律职业伦理》,北京大学出版社2016年版,第74—75页。

最终保障。"法律职业人员的诚实守信、勤勉执业、坚持正义的品质是创造良好司法信用的重要保障,其中诚实守信是最为基础和至关重要的,法律是道德的有力支撑,法律职业人员诚实守信的品质会对社会生活起到最好的示范作用,激励人们以诚信原则要求自己;他们在职业活动中对诚信原则的贯彻、坚守和维护,更是在巩固诚信原则的核心道德准则地位。①

二、恪守诚信在法律职业伦理中的具体体现

建立一个具有公信力的法律职业共同体,需要法律职业人员在执业活动中遵守诚信规范的要求,只有这样才能发挥法律的真正作用。对法律职业人员而言,诚信的含义更显丰富,要求也更加严格。它要求法律职业人员具有强烈的社会责任感和使命感,坚定地站在国家利益和人民群众的立场上,对人民高度负责。以维护国家、社会、个人的利益为准则,本着公平、真诚、恪守信用的精神,坚持正义,清正廉洁,尽职尽责。恪守诚信就是要做到:(1) 在自身修为上,诚实、正派、公正无私、光明磊落、作风廉洁、纯洁。(2) 在本职工作上,要树立强烈的工作责任心,以自己的良心对事负责,对法律负责,对当事人负责,对社会负责,工作积极,认真细致,以事实为根据,以法律为准绳,忠于职守,努力掌握司法业务知识,熟练运用各项司法技能,刚正不阿,正气凛然,执法如山。(3) 在社会生活中,要以树立法律权威、实现司法公正为职业目标,以服务社会、造福社会为最终理想,严格要求自己。

从法官的角度讲,恪守诚信要求法官忠实于法律,忠实于法律精神,依法裁判,慎重地运用自由裁量权。只有法官自身对法律诚信,本着法律的真实意思出发,才能作出令人信服的判决;法官不近人情地肆意运用法律、滥用自由裁量权的行为,只能增加人们对法律的不信任感。这样不遵守诚信要求的行为,不仅使法律难以发挥作用,更使人们对法律丧失了信心。从检察官的角度讲,诚信规范意味着忠于事实、忠于法律,诚信执法,树立良好的检察官形象。诚信规范对律师提出了较高的要求,《律师职业道德和执业纪律规范》第 5 条规定:"律师应当诚实守信,勤勉尽责,尽职尽责地维护委托人的合法利益。"第 25 条规定,律师不应接受自己不能办理的法律事务。第 26 条规定,律师应当遵循诚实守信的原则,客观地告知委托人所委托事项可能出现的法律风险,不得故意对可能出现的风险做不恰当的表述或做虚假承诺。《律师执业行为规范(试行)》第 7 条规定,律师应当诚实守信、勤勉尽责,依据事实和法律,维护当事人合法权益,维护法律正确实施,维护社会公平和正义。第 16 条规定,律师和律师事务所推广律师业务,应当遵守平等、诚信原则,遵守律师职业道德和执业纪律,遵守律师行业公认的行业准则,公平竞争。第 78 条规定,律师和律师事务所不得采用不正当手段进行业务竞争,损害其他律师及律师事务所的声誉或者其他合法权益。这些规定都是诚信规范的具体体现。

法律职业人员只有在心中树立诚实守信的意识,有强烈的责任感和使命感,才能正确行使手中的权力(权利),维护正义。诚实守信是法律职业人员维护法制权威、树立良好职业形象的重要途径,也是充分发挥职业功能、维护社会主义法制的尊严、为社会主义法治建设作出贡献的重要品质和人格保障。

---

① 王新清主编:《法律职业道德》,法律出版社 2016 年版,第 49 页。

第七节　讲究高效

一、效率的内涵

传统意义上，"效率"一词主要是经济学领域使用的概念，也是经济学所要研究的一个中心问题。随着时代的发展，法律对社会生活的影响越来越深，美国法学家理查德·A. 波斯纳（Richard Allen Posner）就指出，公正在法律中的第二个意义是指效益，在资源稀少的世界，浪费是不道德的。西方法学界著名格言"迟到的正义是非正义"，说明了效率在维护正义方面的重要性。法律层面上的效率主要是指司法效率，即司法资源的投入与办结案件的数量及质量之间的比例关系，司法效率追求的是以尽可能少的司法资源，谋取最大限度地对社会公平正义的保障和对社会成员合法权益的保护。在司法效率的指导下，法律服务也要讲究效率，即法律职业人员在从事法律职业活动时，应以最少的资源追求最大的服务。效率规范要求人民法院和法官履行职责时，在坚持司法公正的前提下，认真、及时、有效地工作，尽可能缩短诉讼周期，降低诉讼成本，力求在法定期限内尽早结案，取得最大的法律效果和社会效果。

二、讲究高效在法律职业伦理中的具体体现

许多国际和国外的涉及法律职业行为的司法文件和准司法文件对讲究高效准则作出了明确的规定。联合国《公民权利和政治权利国际公约》第9条第2款规定："任何被逮捕的人，在被逮捕时应被告知逮捕他的理由，并应被迅速告知对他提出的任何指控"。第14条第3款规定："在判定对他提出的任何刑事指控时，人人完全平等地有资格享受以下的最低限度的保证：（甲）迅速以一种他懂得的语言详细地告知对他提出的指控的性质和原因；（乙）有相当时间和便利准备他的辩护并与他自己选择的律师联络；（丙）受审时间不被无故拖延……"此规定虽然针对的是人权的保护，但也间接地规定了司法机关和司法人员的义务。从这些规定看，法律职业人员的执业效率直接关系到当事人的人权。再如美国律师协会制定的《司法行为准则》中有关效率的规定就更为详细，准则三规定，法官应当迅速地、有效地、公正地处理各种司法事务。美国律师协会制定的《全美律师协会职业行为示范规则》规定："律师必须合理告知客户事情进展的情况并及时满足提供新信息的合理要求"；"律师应当在符合委托人利益的情况下，尽合理努力加快诉讼进程"。

注重高效在我国相关法律职业伦理规范中也大都有体现。最高人民法院《法官职业道德基本准则》第11条规定，法官应严格遵守法定办案时限，提高审判执行效率，及时化解纠纷，注意节约司法资源，杜绝玩忽职守、拖延办案等行为。《律师职业道德和执业纪律规范》第30条规定，律师应当严格按照法律规定的期限、时效以及与委托人约定的时间，及时办理委托的事务。第31条规定，律师应当及时告知委托人有关代理工作的情况，对委托人了解委托事项情况的正当要求，应当尽快给予答复。《公证员职业道德基本准则》第10条规定："公证员应当按规定的程序和期限办理公证事项，注重提高办证质量和效率，杜绝疏忽大意、

敷衍塞责和延误办证的行为。"①

　　当注重效率和追求正义相冲突时,应怎样协调处理好两者之间的关系呢? 在法律实践中,两者之间的冲突是不可避免的,正确处理好二者冲突才是最为重要的问题。司法公正与司法效率都是新时代中国特色社会主义法治建设的本质要求。公正与效率的关系是辩证统一的。一方面,二者具有统一性。效率包含着公正的精神,在一定程度上,以最经济的方式来实现公正是效率追求的目标。另一方面,公正与效率是相互依存、彼此促进的。在一定情况下,程序公正作为程序的单一价值目标具有多方面的属性,而效率的价值目标恰好可以对此予以弥补。当然,公正与效率在某些方面也会发生冲突,具体就是"义"与"利"的冲突。一般情况下,公正性的增强会直接导致效率的降低。例如,在民事诉讼中,为了保护当事人程序参与权利和提出证据进行辩论的权利,就要提高程序的繁琐性和复杂程度,人民法院和当事人为此投入的诉讼成本就会相应增加,审理时间延长,效率相对降低。在确保公正的前提下,效率越高,对社会贡献就越大,司法公正的效果就越好;反之,效率越低,就越不公正,危害后果就越大。在对公正和效率的评价和选择上,我们应该妥善处理这对矛盾,坚持以公正为基础,以效率为关键,并将其贯穿于司法实践中。通过对司法资源的合理配置,降低诉讼成本,提高诉讼效率,确保司法公正的实现。总体上,两者发生矛盾时,处理两者关系一个总的原则是利益权衡原则:一般情况下须在坚持实体公正、程序公正的前提下,努力提高司法效率,理想境界是使两者处于"平起平坐"的地位,分享天平的两端;特殊情况下即涉及重大国家利益和特别重大社会公共利益的,以司法公正优先,但也不排除不同的诉讼领域不同的处理,如民事领域有效率优先的个性。

第八节　从业清廉

一、清廉的内涵

　　古往今来,清廉都是对公务人员的要求。对于法律职业人员而言,清正廉洁是保持法律职业人员职业形象,树立司法威信的前提之一。在法律职业伦理中,清廉准则要求法律职业人员在工作中不利用职务上的便利为自己或他人谋取非法利益,不在从事职业活动中作出违反法律或行业规章、规定的行为,保持清正廉洁的优良作风,秉公执法,无私奉献。每一名法律职业人员都要时时刻刻意识到自己是一名法律工作者,自己的一言一行都要表现出良好的职业形象,而从业清廉准则应该被强化到每一名法律职业人员的意识中。为民施法是每一个法律职业人员的基本工作,所以保持清廉对于法律职业共同体至关重要,只有保持清廉才能更好地履行职责,更好地为人民服务。

二、从业清廉在法律职业伦理中的具体体现

　　从历史上看,我国历代王朝都注重对司法官员的廉洁要求,并且以严刑峻法予以保障。

---

① 李本森主编:《法律职业伦理》,北京大学出版社 2016 年版,第 63-64 页。

综观世界,各国都建立了一系列严格的制度和职业道德守则来规范法官的行为。清正廉洁是对法官、检察官和律师的共同制度要求。联合国《执法人员行为守则》第7条规定:"执法人员不得有贪污行为,并应极力抗拒和反对一切贪污行为。"《美国司法行为准则》之准则二B款规定,法官不得允许其家庭的、社会的、政治的或其他的关系影响其司法行为和裁判,法官不得利用其司法官的声望谋取其个人的或其他人的私人利益。其准则四D款(5)规定,法官不应当从任何人那里收受礼物、馈赠、恩惠、贷款。还应当监督法官及与其居住在一起的家庭成员不应收受他人的礼物、馈赠、恩惠、贷款。《加拿大法官职业道德准则》第六章第1项第2目规定,法官应尽可能合理地处理其个人事务和商业事务,从而把自己被要求回避的机会降低到最低程度。

法官是定分止争的裁决者,其清廉与否直接关系到人们对其裁判能力的信任与否,进而影响到对其所作判决公正性的认可与否。更进一步讲,法官的清廉与否会影响公众对整个司法制度的信任。因此法官在审理案件过程中必须具备清廉的品德,具体包括不接受案件当事人及相关人员的请客送礼,不利用职务便利或者法官身份谋取不正当利益,不违反规定与当事人或者其他诉讼参与人进行不正当交往,不在执法办案中徇私舞弊等。另外,法官对外代表着法院的形象,所以法官的个人行为也应当遵守从业清廉准则的要求。法官的从业清廉准则在相关法律和职业道德规章中有所体现。《法官行为规范》第4条规定:"清正廉洁。遵守各项廉政规定,不得利用法官职务和身份谋取不正当利益,不得为当事人介绍代理人、辩护人以及中介机构,不得为律师、其他人员介绍案源或者给予其他不当协助。"《法官职业道德基本准则》专章明确法官的清廉规范,即第四章"确保司法廉洁"。其中第15条规定:"树立正确的权力观、地位观、利益观,坚持自重、自省、自警、自励,坚守廉洁底线,依法正确行使审判权、执行权,杜绝以权谋私、贪赃枉法行为。"

对于检察官而言,清廉也是其法律职业伦理中重要的行为准则。从业清廉要求检察官不取非分之财,不做非分之事,保持清廉本色。我国有关检察官职业道德相关规定明确强调检察官应当认真执行廉洁从政和廉洁从检规定,如《检察官职业行为基本规范(试行)》第8条规定:"恪守职业道德,铸造忠诚品格,强化公正理念,树立清廉意识,提升文明素质。"《检察官职业道德基本准则》第5条规定:"坚持廉洁操守,自觉接受监督"。可见从业清廉对于检察官而言也是十分重要的。

从业清廉同样适用于律师,如《律师职业道德和执业纪律规范》第36条规定:"律师不得从对方当事人处接受利益或向其要求或约定利益。"对律师而言,从业清廉要求律师不得私自向委托人收取报酬或者其他费用。律师不得在律师事务所正常业务收费外索要、收受报酬或实物。律师不得违反律师事务所收费制度和财务纪律,非法挪用、私分、侵占业务收费款项。律师在从事法律服务时,只能按照法律合理取得报酬,不能牟取非法利益。我国的《律师职业道德和执业纪律规范》第35条第2款规定,律师不得挪用或者侵占代委托人保管的财物。第37条规定,律师不得与对方当事人或第三人恶意串通,侵害委托人的权益。

思考题:

　　1. 法律职业伦理基本准则有哪些? 其与其他职业伦理的基本准则有何不同?

　　2. 根据"以事实为根据,以法律为准绳"中"事实"的内涵,简述法律事实与客观事实之间的区别。

拓展学习

延伸阅读   本章推荐书目

第三章 法律职业伦理教育

第一节 法律职业伦理教育概述

一、法律职业伦理教育的概念和特征

伟大的科学家爱因斯坦（Alber Einstein）曾说："只用专业知识教育人是不够的。通过专业教育，他可以成为一种有用的机器，但是不能成为一个和谐发展的人。要使学生对价值有所理解并且产生热烈的感情，那是最基本的。他必须对美和道德上的善有鲜明的辨别力。否则，他连同他的专业知识就更像一只受过很好训练的狗，而不像一个和谐发展的人。"[1]

法学是价值之学，真正的法学教育应是价值观的教育，应是法律正义观的教育。法学教育的最终目标是使法律职业人员排除权力、财富、人情等的阻碍或干扰，以自身的修养、知识、智慧让法律的价值得以实现。法学教育除向学生传授法律知识、培养专业技能之外，还需要对之进行专门的职业伦理教育和培养。法律职业伦理教育作为法律教育的重要内容，是内化法律职业伦理理念，提高法律职业人员职业素养的社会活动。法律职业伦理教育是终身教育，它存在于法律职业活动中，同时延伸至法律职业准入前的阶段及法律职业活动结束以后的阶段。

基于教育内容——法律职业伦理的特殊性，法律职业伦理教育有自身鲜明的特征：

1. 法律职业伦理教育体系的双重性

法律职业伦理由自律规范与他律规范组成，因此法律职业伦理教育体系也具有双重性。这种双重性主要体现在：一方面，法律职业是一国司法实践的重要组成部分，大多数国家及地区均以制定诸如司法官通则、律师职业守则等方式确立法律职业人员的行为准则。如同其他法律部门一样，法律职业伦理在制度上具有一定的独立性，可同其他部门法一样以独立课程的形式存在。另一方面，法律职业伦理之信念乃"正义"观念之确立，即"正义"之伦理观需贯穿法律职业人员学习和适用各部门法全过程，这就需要在法学教育的整个体系体现法律职业伦理之信念，故法律职业伦理教育体系具有独立性与非独立性之双重特点。

2. 法律职业伦理教育对象的多样性

法律职业伦理教育的对象，应当包括法律院系学生、通过统一法律职业资格考试的人以

---

[1] 许良英、范岱年编译：《爱因斯坦文集》（第3卷），商务印书馆1979年版，第310页。

及所有的法律职业人员,但在现今法律职业类型中,以法官、检察官和律师为主,其中前两者属于公职性质的法律职业,律师则属于提供法律服务性质的职业。虽然在法律职业伦理的信念上,所有法律职业人员均要以"正义"观念适用法律,得出公正的结论。但就法律职业类型的多样性这一特点而言,法官、检察官和律师之间仍存在些许的差别,如法官、检察官必须以事实为根据,以法律为准绳,不偏不倚地维护社会秩序,坚守正义理念;律师则要在法律规范允许的范围内,对客户的利益尽忠职守,为维护和保护客户的利益工作,并为达到以上目的尽其所学、终其所能,而不应有任何的节制或保留。这表明在法律职业伦理教育上,基于职业类型的差异,教育的对象存在多样性。

3. 法律职业伦理教育核心内容的非独立性

如前所述,法律职业伦理教育体系具有双重性,即独立性与非独立性。独立性表现在国家立法者及法律职业行业团体为法律职业人员设定的行为规范,但此种行为规范实则体现的是一种形式上的正义观念,即仅仅对法律职业人员在执行相关工作时享有的权利和应承担的责任予以确认。而实质上如何进行法律适用则通过其他部门法的教育予以传授,这就需要在部门法课程的学习中贯穿法律职业伦理之核心理念。唯有这样,法律职业人员才可以具备执业之基本素质,故法律职业伦理教育中非独立性的部分是整个教育体系的核心。

4. 法律职业伦理教育的社会性

作为社会科学领域的一部分,法律职业伦理教育需要立足于本国的法律传统与社会环境,他国的教育模式仅可做参考,而不可照搬。故对于法律职业伦理教育的研究必须以本国的法律传统为基础。

二、法律职业伦理教育的历史发展

法律职业产生伊始,就有了对法律职业伦理的要求,法律职业伦理教育也就应运而生。法律职业伦理教育的发展经历了一个漫长的过程。

在古代,对于法律职业的伦理要求,思想家们较多地从法律职业人员的人格方面加以论述,"公正""正义""廉明"等普遍适用于一切官职的道德,也是对法律职业人员的道德要求。不少法理学家在其论著中都有关于法律职业人员作为政治家的讨论,认为作为法律职业人员应具备忠诚、诚信、超然、坦诚、审慎等品德。早期的法律职业实行学徒制的培养方式,资深的法律职业人员对新成员在教授技巧的同时,也通过言传身教,进行法律职业伦理思想的灌输,法律职业行会也在努力地培养成员具体的个人道德,强调忠诚、平等、服从、个人责任等价值。在法律职业的准入方面,道德品质良好是必要的条件之一。例如,古代法学教育发源地罗马就曾首创了五年制大学法律教育,开设了修辞、辩证法、法律、数学、天文、几何、伦理和音乐等课程,其中伦理是其高等法律教育最重要的内容之一。当时,是否受过专门的高等法律教育也是罗马国家任免官吏的先决条件。

从比较的视野来看,国外的法学教育将德行培育置于基础性地位,法律职业伦理教育不可或缺。欧美等法律职业较为发达的国家都十分重视在法学教育中加入职业伦理的教育内容,这几乎成为法学教育的一个成例。

在美国,要从事法律职业,其中一个条件就是要毕业于法学院校。同时,基于美国法律职业共同体的自治性,大多数州都要求本州执业律师毕业于全美律师协会认证的法学院。正是这一直接的关联,使全美律师协会的伦理规则直接反映到法学院的法学教育之中,其中最直接的体现就是全美律师协会采纳的法学教育标准,最早成型的法学教育标准为《1921年法学教育标准》。1931年,很多法学院已经将法律职业伦理作为一门正式课程予以开设。1973年,全美律师协会代表会议批准了《法学院批准标准》。这两个标准对法律职业伦理教育的定位,构成了美国早期法学教育中法律职业伦理教育的脉络特征。1972年的"水门事件"使得法律界和社会呼吁在法学院中强化法律职业伦理教育。1974年,全美律师协会在《法学院批准标准》中加上了标准302(a)(iv),强制法学院开设法律职业伦理课程。1996年,全美律师协会将其调整为标准302(b),即法学院在其法律博士项目中应当要求所有学生接受法律职业及其成员之历史、目标、结构、义务、价值观以及义务的教育,包括《全美律师协会职业行为示范规则》的教育。在这一教授过程中,法学院应提供法院成员和律师协会成员。302标准的制定使美国法学院对法律职业伦理的教授得到了强制推行。

在加拿大,法学院的法律职业伦理教育经过几十年的发展,形成的体系也比较成熟。虽然加拿大的法学教育与美国同属普通法系,但是其确有自己独特的地方。与美国相同,加拿大的法学教育目标定位是职业教育,它的教育目标、课程设置和教学方法也是以法律职业教育为导向开展的。法学院设置的培养目标的重点是培养学生的法律职业意识,努力教学生学会法律职业人员的思维,强化其法律至上的观念。加拿大的法学教育在重视教授法律技能的同时,也十分重视法律职业伦理教育。加拿大大学的法学院在法律职业伦理课程设置上具有多样性,形成了多样化的课程设置体系,每个学校虽然在对应该如何进行法律职业伦理教育的操作上都有不同的课程设计方案,但都将法律职业伦理提升到法律职业基础课的高度。

此外,日本在其"法科大学院"课程中设有《法曹职业伦理与道德》《法律谈判》等必修课程。在德国法学教育第六学期的课程设置中,律师职业法和专门职业法每周需要两个学时进行专门阐述。

在我国,清末西法东渐,法学教育勃兴,出现了专门的法学教育机构。其中,始建于1912年的朝阳大学和建于1915年的东吴大学法学院最为著名,有"南东吴,北朝阳""无朝不成院"之说。在始建阶段,法律职业伦理教育的重要性就已经被认识到,当时东吴大学法学院教授孙晓楼、杨兆龙、丘汉平、燕树棠等学者在这方面皆有深刻论述。在课程开设方面,1933年东吴大学法学院的课程编制计划将"法律伦理学"作为第二学年2学分的选修课,此后还将其定为必修课,这表明法律职业伦理在法学教育中相当重要。南京国民政府时期,大学法学教育与法律职业紧密联系在一起,但在全国的法律学校的课程中,法律伦理学课程,除中央大学法学院与东吴法律学院外,其他学校都没有设置。

新中国的法学教育历来注重法律理论课程,但对法律职业伦理的教育一直重视不够,往往依赖于一般的政治和道德教育。一些学校在开设的律师学课程中也涉及律师的职业道德和执业纪律,但没有将法律职业伦理作为一门单独的课程开设。即便到了1977年后法学教育逐渐恢复,法律职业伦理教育仍被有意无意地忽视了。教育部1998年确定的法学专业14门核心课程中,有法理学、中国法制史、宪法学、行政法与行政诉讼法学、刑法学、刑事诉讼法学、民法学、民事诉讼法学、经济法学、商法学、知识产权法学、国际法学、国际私法学和国际经济法学,却没有"法律职业伦理"课程。尽管中国大学的法学教育也同其他学科教育一样,开设思想道德教育一类的所谓"公共政治课",但其与法律职业伦理教育完全是两码事,其教学内容、教学方法脱离法律职业实际,效果并不好。

随着我国法治进程的加快,此种情况首先在法律硕士教育中得到改变。1999 年全国法律硕士专业学位教育指导委员会制定了《法律硕士专业学位研究生指导性培养方案》,将职业能力和职业道德并列,提出要采用多种途径和方式加强学生的法律职业伦理和职业能力的培养,其中"司法伦理学(法律职业道德与执业规则)"属于 2 学分的推荐选修课。2006 年全国法律硕士专业学位教育指导委员会制定的《法律硕士专业学位研究生指导性培养方案》明确了"深刻把握社会主义法治理念和法律职业伦理原则,恪守法律职业道德规范"的培养要求,并在推荐选修课中设置了"法律职业伦理"课程。但是,在人数更多的法学硕士教育方面,法律职业伦理的教育仍然阙如。一些政法院校开始酝酿开设独立的法律职业伦理课程,中国政法大学于 2003 年正式将法律职业伦理作为一门独立的课程开设,中国人民大学法学院在 2007 年之后开设了"法律伦理"必修课。但是就全国 600 多所法学院系而言,仍然是寥若晨星。

与此同时,我国在具体的法律职业伦理建设方面制定了不少的制度规范,甚至提升到了法律层面,《法官法》《检察官法》和《律师法》中都有明确的法律化的职业道德要求,司法、行政部门和行业协会也有一些内容更为详细的规范性文件,如 2001 年最高人民法院制定并发布的《法官职业道德基本准则》[①],2002 年最高人民检察院制定并发布的《检察官职业道德规范》[②],2004 年中华全国律师协会通过的《律师执业行为规范(试行)》[③]。其他相关的规范性文件还有 1998 年颁布的《人民法院审判纪律处分办法(试行)》[④]、2004 年颁布 2007 年修改的《检察人员纪律处分条例(试行)》[⑤]、2010 年颁布的《律师和律师事务所违法行为处罚办法》以及 2004 年颁布的《最高人民法院、司法部关于规范法官和律师相互关系维护司法公正的若干规定》等。

2011 年 12 月 23 日,教育部、中央政法委员会联合发布《关于实施卓越法律人才教育培养计划的若干意见》,提出培养造就一批信念执着、品德优良、知识丰富、本领过硬的高素质法律人才的总体目标。其中,"信念执着、品德优良"是对法律职业伦理的要求,这成为我国新一轮法学教育改革的指导方针。2016 年 4 月,中共中央办公厅、国务院办公厅印发《关于深化律师制度改革的意见》,提出加强职业道德建设,完善律师职业道德规范,健全职业道德教育培训机制的改革目标,这是司法改革对法律职业伦理教育提出的新要求。加强法律职

---

① 《法官职业道德基本准则》于 2010 年 12 月 6 日修订后重新发布。2001 年 10 月 18 日发布的《中华人民共和国法官职业道德基本准则》同时废止。

② 2009 年 9 月 3 日,最高人民检察院第十一届检察委员会第十八次会议通过《中华人民共和国检察官职业道德基本准则(试行)》,以进一步加强检察官职业道德建设,正确履行宪法法律赋予的职责。2016 年 11 月 4 日,《中华人民共和国检察官职业道德基本准则》印发,《检察官职业道德基本准则(试行)》同时废止。

③ 2017 年 1 月 8 日,第九届全国律协常务理事会第二次会议审议通过了《律师执业行为规范修正案》。其内容如下:一、在《律师执业行为规范》第二条后增加一条,作为第三条:"律师应当把拥护中国共产党领导、拥护社会主义法治作为从业的基本要求"。二、在《律师执业行为规范》第六条中增加一款作为第二款:"律师不得利用律师身份和以律师事务所名义炒作个案,攻击社会主义制度,从事危害国家安全活动,不得利用律师身份煽动、教唆、组织有关利益群体,干扰、破坏正常社会秩序,不得利用律师身份教唆、指使当事人串供、伪造证据,干扰正常司法活动"。

④ 2009 年被《人民法院工作人员处分条例》[法发(2009)61 号]取代。

⑤ 2016 年 10 月 20 日,最高人民检察院第十二届检察委员会第五十六次会议修订《检察人员纪律处分条例》,2007 年 3 月 6 日颁布的《检察人员纪律处分条例(试行)》同时废止。

业伦理教育成为卓越法律人才培养计划与司法改革的共同要求。2017 年全国法律硕士专业学位教育指导委员会修订的《法律硕士专业学位研究生指导性培养方案》正式将"法律职业伦理"作为必修课纳入课程体系之中。2023 年 2 月,中共中央办公厅、国务院办公厅印发了《关于加强新时代法学教育和法学理论研究的意见》,再次强调要健全法律职业伦理和职业操守教育机制。

三、法律职业伦理教育在法学教育中的地位

在我国,关于法学教育的目标有三种鲜明的观点:精英说、职业教育说、通识说。无论哪一种学说,大家的共识就是法学教育要注重职业技能及法律职业伦理的培养,因此,法律职业伦理的教育在法律教育中起着举足轻重的作用。

法律职业伦理对于法律职业不可或缺。从法律职业发展史来看,是否存在法律职业伦理被认为是判断法律职业产生、存在与否的标准之一。伯尔曼在《法律与革命》中将法律职业伦理的传承作为法律职业共同体的一个重要特征。有学者认为,法律家的职业技术是一种有意识地排斥道德与政治等诸种法外因素的所谓"人为理性"或"技术理性",其中道德的含量很低。法律职业除了要加强其职业技能专长即业务能力外,还需要通过职业伦理来抑制其职业"技术理性"中的非道德性成分,将之控制在最低程度,并保障其职业"技术理性"中的道义性成分发挥到最高程度,这就使业内人士更关注职业伦理。法律职业伦理的形成是法律职业形成的一个重要标志,没有法律职业伦理的社会就没有成熟的法律职业。

因此,法学教育作为法律职业伦理塑造的必由之路,在法律职业伦理塑造过程中起着基础性作用。正确的法律职业伦理信念和良好的法律职业伦理品质是法学专业人才必备的基本素质。法律职业伦理教育为法律知识提供生命和活力,使法律职业技能有了灵魂和方向。

第二节 法律职业伦理教育的原则和任务

一、法律职业伦理教育的原则

(一)法律职业伦理教育要以职业特征为主导

法律活动的专业化体现为特有的语言知识体系和技能思维方法,即"技术理性"以及与之相匹配的职业伦理,进而造就了专业化的法律职业。作为一个技术与伦理的统一共同体,职业伦理必须同职业技术相结合,这一特征决定了法律职业伦理与大众伦理的分野,形成与大众情感伦理相异的技术理性伦理。

大众伦理是一种情感伦理,是一种以善恶评价为中心的思维活动,而法律判断是以事实与规则认定为中心的思维活动,因此法律思维首先应服从规则而不是情感。法律职业人员的职业使命决定其只能在规则范围内捍卫情感伦理,在法律术语的承载下谨慎地斟酌情感问题。职业角色决定了它是一种以职业责任为基础、以法律信仰为核心的技术理性伦理,这种理性主要表现为中立性与程序性。中立性要求将情感判断置于规则之下,而程序性体现

为以程序正义制约价值判断。譬如,在法律真实与客观真实之间,法律家与其说追求绝对的真实,毋宁说根据符合程序要件的当事人的主张和举证重构的事实作出决断。这种程序中的理性与超然是法律职业人员公正与公信的保障,体现了法律职业的内在品质,即法律的忠实执行者。

以职业特征为导向,强调法律职业伦理的特殊性,目的在于避免将其泛化为一种大众化伦理,克服法律职业伦理教育中的时势政策倾向,从而立足于法律职业自身的特性。从法律职业与法律职业伦理的内在关联方面解说、阐释法律职业伦理的意义与价值,改进法律职业伦理教育的品质,并引导其进一步科学化、体系化,这有利于在专业认同的基础上形成内在的伦理确信,进而转化为行为中的伦理自觉。

（二）法律职业伦理教育要以伦理认知为目的

法学教育与法律职业伦理的关系,其实就是法律职业伦理是否可教以及教什么的问题。从广义上说,法律职业伦理属于知识范畴,有着自己独特的体系、逻辑和评价标准,这决定了可以通过课程设置的方式,实现伦理知识的直接授受,培养伦理认知。同时,伦理的涵养是一个复杂的过程,伦理知识对于个体的价值不仅在于实现从不知到知的跨越,更在于从知到信的提升,单单靠一般课程的教学和校园文化的影响,显然不足以形成学生对伦理价值的坚实深厚的理解,因此,学院式的法律职业伦理教育的功能是有限的。基于这种有限性,法律职业伦理课程应当定位于提高受教育者的伦理认知能力,通过系统的教育,间接影响其职业态度和行为。

根据法律职业伦理与职业活动之间的联系,这种认知具体可以分解为对伦理评价的认知、对伦理准则的认知、对伦理根据的认知以及对伦理冲突和伦理理论的认知四个层次,从而将不同的伦理整合为连贯一致的形态,提高学生进行反思性伦理判断的能力,培养伦理问题意识、伦理推理能力、伦理选择能力,以便在职业伦理与大众伦理冲突的漩涡之中,把握职业立场,以更加细腻、巧妙的技巧处理多元文化背景下多种多样的伦理困境。而这种认知应该属于法律职业人员必须具备的最低限度的能力。

如此锁定法律职业伦理教育目标的意义在于,避免将法律职业伦理教育的作用泛化,以致将法律职业伦理建设的复杂性和丰富内涵简单归结为"道德教化",从而将法律职业伦理教育湮没于大众化的道德提升工程中。

（三）法律职业伦理教育要以法律信仰为核心

信仰是通过内在确定表现出来的终极价值观,是一种精神上的认同感和归依感,表现为对一定观念体系的信奉和遵从,以及由此产生的强烈的责任感。法律职业的存在本身决定了法律是其安身立命之本,法律共同体的凝聚力在于对法律的忠诚与信仰。因此,信仰法律是其必然的结果,是法律职业共同体的精神支柱、文化自觉。法律必须被信仰,否则将形同虚设。职责与身份决定了法律职业人员的终极价值观应当是对法治的精神追求,并以法律信仰为核心。

对于法律职业人员而言,法律信仰蕴涵了一定的法理,承载着一定的道德关切,寄托着深切的信仰,是法律职业人员对法的理性、情感和意志等各种心理因素的有机结合体。这种信仰应当是一种建立在理性基础上的精神信仰,体现为法律职业人员的价值追求。法律既是一种规则体系,也是一种价值体系,因此,法律信仰不是单纯的规则信仰,还应是一种价值信仰,即忠诚于法律的价值。它要求信仰主体具有自我反省的精神和能力,并致力于追求法的价值的实现,没有信仰的法律将退化成为僵死的教条,法律职业人员的使命在于通过职业行为将法律的逻辑力量与道德品质完美地融为一体,以保证法律的普遍有效性与正当性,保证法律的鲜活与生动。信仰法律要求法律职业群体认同和内化法律的内在价值,公正、正确地理解和适用法律;要求法律职业群体将司法正义看成自己内在的行为要求,并以此锻造法律职业人员的精神。

因此,法律信仰是法律职业人员恪守职责的保证和体现,法律职业伦理教育的核心在于形成对法律的确认、信服和忠诚意识,培养法律至上的道德素质和价值追求的使命感。培养对法的理性推崇,树立法律至上的信念,以保证法律职业人员在创造和维持一种合理的生活状态和秩序中的作用。

(四) 法律职业伦理教育以责任伦理为基础

作为一种职业精髓,法律职业伦理是一种责任伦理,其主体内容是规则——法律职业人员应当遵循的职业伦理规范和准则,这些规范和准则的意义主要在于分辨责任——法律职业人员区别于其他职业人员的责任以及各特定法律职业角色不同的责任。它的特殊性在于,它是与法律专业知识和技术紧密相连的。法律职业伦理的责任伦理性质意味着,一个法律职业人员职业角色承担得好坏,要通过他所履行的职责来检验。因此,法律职业伦理必须以特定身份的职业责任为核心,这种责任更多来源于职业伦理规范的要求,如法官对于犯罪嫌疑人的暴行不得嫉恶如仇,而应当保持超然中立进行无罪推定;律师可以为他明知有罪的人辩护,而且必须尽职尽责,这种以职业责任为核心的伦理与普通伦理显然抵触,然而律师制度是程序正义的运行机制,是实现程序正义的重要保障,有其特殊的使命和社会职责。因此,显然不能以大众化的普通伦理来评判、审视法律职业人员的行为。

同时,在法律职业共同体中,也应当区分不同的职业角色及相应的职业责任,并以此作为职业行为的道德评价基准。在法律职业人员中,检察官是国家利益和社会公共利益的代表,在刑事诉讼中代表国家提起公诉或在公益案件中代表公众以原告的身份提起诉讼。法官是争议双方当事人之间的公断人,在各种利益之间,超然中立,居中裁判,捍卫公平正义。而律师执业的直接目的在于维护当事人的合法权益。检察官是国家公益的象征,律师是社会私益的代表,法官则是定分止争的公断人和裁判者。各自的使命与职责不同,责任与义务也不相同。其中,对于律师职业而言,神圣的法律正义与职业利益、社会责任与职业操守之间时有冲突。这一尴尬的处境,其他职业无可比肩,如何取舍是界定其行为责任的基础。譬如,律师有为客户保密的义务,但当这种义务同公益冲突时,他又有追求正义的特殊义务,即他所服务的并不是顾客的不可告人的目的,而是法治、诚实、公正的核心价值。

总之,法律职业伦理教育应以上述原则为指导,引导学生从社会的角度思考法律的价值,从法律职业的角度追求社会的公正,领悟法律职业人员的责任感,提高伦理认知和选择能力,以适应多元文化背景下多种多样的伦理困境,这应当是法律职业伦理教育的核心。

二、法律职业伦理教育的任务

(一) 提升法律职业群体的知识和技能素养

法律职业知识和技能与法律职业伦理的关系表现在三个方面:(1) 两者密切关联,没有脱离职业活动而单独存在的职业伦理,也没有完全脱离伦理的法律知识和技能。或者说,法律的知识和技能之所以能够发挥服务社会的功能,是因为法律知识和技能中蕴涵着职业伦理的成分。因此,可以说,法律职业伦理是法律知识和技能的重要组成部分。(2) 法律知识和技能如果没有法律职业伦理的约束,也会成为损害社会的工具。在这方面,我国台湾地区学者史尚宽有一段非常深刻的论述,他说:"虽有完美的保障审判独立之制度,有彻底的法学之研究,然若受外界之引诱,物欲之蒙蔽,舞文弄墨,徇私枉法,则反而以其法学知识为作奸犯科之工具,有如虎附翼助纣为虐,是以法学修养虽为要,而品格修养尤其为重要。"[①](3) 知识和技能与思维水平成正比,伦理认识水平与思维水平成正比。思维水平越高,伦理判断力也越高,伦理判断水平的高低对伦理行为的选择有重要制约作用。因此,必须注意到,遵守法律职业的专业行为准则是建立法律专业判断力的必备条件。我们常说的专业态度和敬业精神,很大一部分就是指职业伦理。因此,法律职业知识和技能,是法律职业人员生存的基础,是其生存的力量源泉。但是,这种生存的力量要想转化为现实的生存来源就必须取得社会的认可和信任,只有谨守职业伦理的职业人才能够在职业中生存和发展,法律职业更是如此。

因此,法律职业人员担负着正确适用法律、公正解决纷争、有效维护社会秩序的重要职责。司法的最终目的是使法律得到严格遵守,司法正义得以完全实现,作为司法活动行为者的人的因素至关重要,因为法律的成效最终取决于法律职业人员的素养。一般而言,现代法治社会都要求法律职业人员必须具备较高的职业素养,包括对法律知识的掌握,具有法治意识、法律理念。同时,还必须具备处理法律事务中所必需的社会知识和人文素养,具有文化修养和广博知识。此外,要对法律有着深刻的理解和准确的把握,并具备将其灵活地运用到具体案件中的技术化的高素养,包括法律思维与推理能力、对法律规范的理解与解释技能、法律意识、掌握证据和事实的能力、思辨能力、辩论能力和撰写法律文书的能力等。

法律教育是从事法律职业的必经之路,法律教育提供的系统的法律学问为法律职业技能和职业伦理铺设了专业基础。法律职业技能与职业伦理的统一主要靠法律教育的统一。法律职业伦理,需要在法律专业学习过程中结合法律原理加以理解和培养。因此,培养学生的职业伦理意识、职业伦理推理技能和职业伦理选择能力至关重要。

(二) 促进法律职业人员个体职业伦理的内化

法律职业是一个需要高度自治的职业,而这种自治主要是一种道德意义上的自治。只有将法律职业伦理内化为法律职业人员的品德,内化为法律职业人员的自觉意识,才会有稳定的道德行为,即只有将法律职业伦理内化以后,才可以做到道德观念与道德行为的有机

---

① 史尚宽:《宪政论丛》,台湾荣泰印书馆 1973 年版,第 336 页。

统一。

"内化"是被心理学界广泛使用的一个概念,它最初是由法国社会学派杜克海姆(E.Durkheim)等人提出的,指社会意识向个体意识转化,亦即意识形态的诸要素移置于个体意识之内。这一思想后来为许多心理学家所采用并拓宽。美国心理学家 H.B. 英格利希与 A.C. 英格利希(H.B.Engling & A.C.Engling)将内化理解为把某些东西结合进心理或身体中去,采纳别人或社会的观念、实际做法、标准或价值观为自己的东西。而心理学家凯尔曼(H.C.Kelman)认为,内化是指个体的行为受到与价值观体系相一致的诱因所驱使的状态。简言之,内化就是一个过程,一个将某种社会准则逐渐变成个体价值的一部分的过程,表现为主体与外在于主体的规范或准则的要求相互作用的过程,通过主体内在的心理变化而实现。这个过程也可以叫做构建品德心理结构。

所谓法律职业伦理内化,就是指法律职业伦理对法律职业人员的道德约束由他律向自律转化,使法律职业伦理成为法律职业人员道德意识组成部分的过程。这一过程受法律职业人员自身内外各种因素的影响。正因如此,不同法律职业人员因自身内外因素不同,在法律职业伦理内化过程中常常表现出不同的状态,这也使得法律职业伦理内化问题成为一个看似简单,而一旦追问起来却难以回答的极为复杂的问题。

法律职业伦理内化的过程表现为,法律职业人员对于法律职业伦理的认识逐渐由表层认知转化为深层价值观念,由强迫性遵守的消极情感转化为自觉遵守的积极情感,由被动的他律转化为主动的自律。而一旦内化,法律职业人员对于法律职业伦理的遵守就处于思想和行为完全一致的状态。法律职业伦理内化的过程是十分复杂的,要经过了解和认知法律职业、感受法律职业的地位和价值、反复体验和感悟法律职业伦理对于法律职业的意义等一系列过程,才能够把法律职业的伦理要求融化为法律职业人员个人意识和品格的一部分。而这种内化过程发生在法律职业人员这一内化主体的头脑里,不能从外部直接观察到是否内化以及内化的程度如何,只能根据主体的行为进行推断。一般来说,行为的稳定性与内化的程度是一致的,内化程度越深、接受得越好,行为越稳定。

(三) 培养法律职业人员的法治观念和程序正义观念

法律职业的最高品格是公平、公正,对法律职业人员而言,这不仅是执法的技术问题,更是一种道德要求。尤其是司法官员所从事的司法活动常常被视为主持公道、伸张正义、惩恶扬善、抑浊扬清的行为,是社会正义的最后一道防线。这就要求他们在个人品行方面必须具有不可动摇的正直品格,能够成为社会公众依赖的楷模。维护公正首先被视为对法律职业人员职业道德品质方面的要求。鉴于法律职业人员的活动具有较大的独立性和自治性,相对于外在的监督制约,职业道德和行业自律是更为重要和有效的保证机制,它是内部控制"司法腐败"的重要防线。通过法律职业伦理教育培养法律职业人员的法治观念,使之在司法工作和法律服务工作中真正做到依法独立行使职权,公正地裁决或者提供优质的法律服务,从而树立法治社会的良好形象。

法律职业伦理除普通职业伦理中共通的要求外,还包括法律职业特殊的伦理要求。这些法律职业特殊的伦理要求主要表现在法律程序中,常常被称为"法律家在法律程序内的伦理",亦可简称"程序伦理"。程序伦理是法律职业伦理的主要构成部分,它不同于普通的社会道德或职业道德,二者甚至相互"抵触"。在法律适用活动中,追求公平正义是法律职业人员永恒的目标,实质正义反映的是普遍的道德要求,而程序正义反映的则主要是职业伦理要求,两者的有机结合使正义不仅应当得到实现,还应以人们能够看得见的方式得到实现。正义是人类社会一直追求的美德和理想,也是古往今来各种法律的基本价值之一。可以说,法律的最高境界就是正义,正义也是社会公众对法律职业人员的基本期待。维护正义、伸张正义是法律职业人员的天职。

程序正义,又可称作程序公正,它是一个道德评价范畴。这个词产生于 20 世纪六七十年代,主要源于美国罗尔斯的《正义论》。罗尔斯提出了三种正义形态:第一种是纯粹的程序正义,第二种是完善的程序正义,第三种是不完善的程序正义。这些观点在政治学、法学、社会学、经济学、伦理学等诸多领域产生了广泛的影响。到现在为止,程序正义已经成为一个蔚为壮观的理论,在英美法系甚至一些大陆法系国家,如法国、德国、日本等,程序正义的观念已经根深蒂固,成为宪法学、刑事法学、行政法学的基础理论。可以说,程序正义已经成为现代世界各国在实现法治的过程中普遍接受的基本价值观念,它不仅是司法程序、立法程序、行政程序,也是政治程序和社会其他程序都要普遍遵循的价值标准。因此,程序正义的适用对象不仅限于法官、检察官、律师等与司法程序有密切关系的典型法律职业人员,对于所有法律职业人员都是非常重要的。

一个民族能否树立程序正义的文化理念,关系到其能否实现法治,这一点对于当今之中国尤为重要。我国过去高度重视实体正义问题,忽视程序正义,尤其是在司法实践中,表现为高度重视审判结果的公正性,将程序公正与实体公正截然对立,并将程序问题简单地理解为“形式主义”。事实上,这是对程序公正的误解。

程序正义不同于实体正义和形式正义。程序正义优于实体正义,表现在三个方面:一是程序先行,即在立法上事先要设置程序,执法时要严格按照程序办事;二是程序优越,即在程序正义与实体正义发生冲突的情况下,应当选择程序正义而不惜牺牲实体正义;三是程序对实体的否定,即违反程序将导致实体无效的法律结果,而无论这种实体处理是否正义,一个法治的社会不允许通过非程序手段获取实体价值,违反程序的正义同样是不正义的。有这样一个例子,日本 60 多年前用绞刑对某人执行死刑后,发现此人没有死,最后没有再执行死刑,而是赦免了这个死刑犯。[①]这里就出现了程序正义和实体正义的冲突。因为执行死刑要求的结果是剥夺人的生命,既然生命没有被剥夺,实体的正义就没有实现。但是,已经完全按照法律规定执行了死刑的程序,还应不应该再执行一次死刑呢? 这很值得思考。对此,中国人或者持有中国传统伦理文化的人是很难作答的。但是,一个经受过严格法律职业教育和培训的法律职业人员应该理性地接受这个结果。道理很简单,如果再执行一次死刑就违反了程序。同样,大多数国人对于美国辛普森案件刑事无罪和民事巨额赔偿大相径庭的审判结果也不能接受。可以说,这是我国法律职业人员学习和体会程序正义的一个极佳案例。

(四) 反思和自觉抵制司法腐败现象

进入 21 世纪之后,法律职业人员的职业伦理问题,与对司法改革的质疑声交织在一起,成为我国社会公共生活中的重要话题。继 2004 年一系列“律师参与腐败案”“刘涌案”等事件引发的“律师整顿”运动之后,2008 年、2009 年又因一系列涉及从业面广泛、级别高

---

① 陈兴良主编:《法治的使命》,法律出版社 2003 年版,第 75 页。

的"法律人腐败窝案",如"黄松有案""郭京毅案"等,和一些具有争议性的案件,如"李庄案""彭宇案""许霆案",以及 2013 年"李天一案"辩护律师无罪辩护质疑等案件,间接或直接地触发了社会各界对于法律职业伦理的讨论和反思。

　　一切社会腐败的危害莫过于司法腐败的危害。屡治不禁的司法腐败现象,迫使人们反思和关注法律教育体制和传统存在的问题。我们长期以来没有把握法律教育的职业性特点,忽视法律职业伦理教育,法律职业伦理是法律职业产生与存在的重要标志。如果没有法律职业伦理,那么法律职业人员纯粹技术性的作用不仅难以正确体现出来,还会变异出背离法律职业要求的非职业化行为。司法体制的改革,不仅是对制度的变革,更是对法律职业人员素养的提升,良好的立法如果不能通过具备良好素养的法官、检察官、律师甚至广大行政执法人员适用和执行于社会生活,落实于每一个具体的司法和执法行为之中,也只能是一纸空文。法律职业的特殊性对于法律职业人员的素养和职业操守提出了超出其他职业的特殊要求。

　　我国法治建设和司法改革能否走上可持续发展道路,在很大程度上取决于以培养法律职业人员为使命的法学教育的改革、发展,取决于通过法学教育培养的法律职业人员的职业道德素养。对此,培育这一特殊职业素养和职业伦理的大学法律教育责无旁贷。

第三节　法律职业伦理教育的途径和方法

一、加强法律职业伦理教育的制度设计

(一) 将法律职业教育落实到有关政策文本中

　　尽快强化对法律职业伦理教育紧迫性的认知,并切实落实到政策文本之中,这是当前的重中之重。[①] 在国家层面,有一些政策文本规定了法律职业伦理的要求,如《国家统一法律职业资格考试实施办法》。以往国家统一司法考试制度每年仅对法律职业伦理设置 10 分左右的分值,使之成为一门或可放弃的课程。从行业发展看,一方面,我国的法律职业行业,尤其是律师行业组织受到诸多限制,无力对违反行业道德规范的行为展开有足够力度的惩戒,从而使得商业主义主导了行业的发展状况;另一方面,法律职业和法学教育的脱节也使得行业对法学教育的介入不够,准入制度成为引导法学教育发展的唯一中介,而行业在这一中介上的影响微乎其微,这就使得法律职业群体对法学教育,尤其是在法律职业伦理教育要求方面的影响微乎其微。因此,教育管理部门在相关规制政策中,应明确法律职业伦理的地位,将法律职业伦理课程明确列入国家法学教育的规范文本中。可喜的是,2017 年,教育部高等学校法学学科教育指导委员会、全国法律专业学位研究生教育指导委员会分别修订了《法学本科指导性培养方案》和《法律硕士专业学位研究生指导性培养方案》,将法律职业伦理课程纳入法学本科 10 门核心课程和法律硕士必修课程,从制度设计上明确了法律职业伦理的重要性。这种自上而下的课程改革,有助于各具体的教学单位在法律职业伦理教育上

---

① 刘坤轮:《加强法律职业伦理教育》,载《中国社会科学报》2014 年 8 月 13 日,第 A8 版。

形成统一的认识,并按照制度设计认真贯彻执行。

(二) 严格法律职业准入制度

法律职业人员不仅应具有专业知识和专业技能,还必须具有很高的法律职业伦理素养和深厚的文化内涵,正因如此,当今世界几乎所有国家都有严格的法律职业准入制度。法律专业知识考试和律师职业伦理规范考试是法律职业资格考试的重要内容。应从从业资格考试、选任、培训、纪律和职业伦理惩戒各个环节加以规范,以保证法律职业人员的基本素质,维护法律职业的声誉。我国对法治队伍正规化、专业化、职业化的要求越来越高,这就促使法律职业资格考试也要提高报名条件,严把入口第一关。根据国家有关规定和法律部门选人用人的条件来调整报考条件,让真正在法学院校受过培养的考生进入法治队伍。2018 年通过的《国家统一法律职业资格考试实施办法》规定,具备全日制普通高等学校法学类本科学历并获得学士及以上学位;或者全日制普通高等学校非法学类本科及以上学历,并获得法律硕士、法学硕士及以上学位;或者全日制普通高等学校非法学类本科及以上学历并获得相应学位且从事法律工作满 3 年,并具备其他报考条件的,才可以报名参加国家统一法律职业资格考试。这充分说明,时代在发展,教育在发展,法学教育也在发展,法学教育培养出的人才应当有效地进入法律职业队伍当中。

(三) 制定完备的法律职业伦理规范

法律职业人员自中古时期开始就被视为专业人士,被赋予比较高的伦理要求,其本身也需要靠自己内部的自治自立建立起职业伦理,以维护行业的良好社会形象。职业伦理及行业规则构成了完整的法律职业伦理,两者相辅相成,共同维系着法律职业伦理体系。作为一个独立、自主、以评判正当性与合法性为责任的职业群体,职业水准的高下并不完全取决于专业知识的掌握,具有其他为人所尊崇的品质是法律正义的前提,因而必须强调群体成员的自律。而增强其自律意识的关键又在于自律机制的建立和完善。这种机制应该能够给职业地位与专门知识带来荣耀,具有可操作的制度与手段使其成员严格地执行规范,一旦违反必将受到惩戒。加上共同体成员之间相互熟知所产生的来自同事的关注和监督等,可以有效地维护这一群体的职业伦理。法律职业伦理是通过相当严格、非常详细和具体的职业法规来体现和实施的,这些职业规范并非仅是对法律职业的限制,还是对法律职业的一种建设性支持。它们保证了法律职业行为的规范化,保证了司法公正和社会公众的利益,同时也维护了法律职业共同体的存在和团体利益。

(四) 法学院校达成职业伦理教育的共识

在一些国家,法律职业伦理都是法学教育的重要内容。在考试制度方面,美国的大部分州要求学生在获得律师职业资格之前必须通过律师职业伦理考试,这无疑是促进法学院学生进行严格的职业伦理学习的有效措施。澳大利亚、加拿大、日本、韩国等也将法律职业伦理作为进入法律职业的重要条件。

鉴于我国法律职业伦理教育的紧迫性,解决方案可在两个层面展开:一是国家层面和行业层面;二是法学教育层面。相对于第一个层面,法学院校积极行动起来更容易取得良好的效果。通过对法学教育的职业教育属性达成共识,法学院校可以在职业教育的两个维度即职业技能和职业伦理方面同时发力,培养出真正"德才兼备"的法学人才。

二、完善高校法律职业伦理教育模式

(一)设置完善合理的法律职业伦理课程体系

法律职业是一个对于社会秩序有着特殊价值的公共职业,法律职业的各种技能不可能与法律职业伦理分割开来,法律职业的特殊性使得法律职业伦理教育有别于一般的思想伦理教育,法律职业伦理有其自身的特殊性。同时,法律职业伦理的技术化走向,更多地以法律行业的规范和准则的形式表现出来,技术知识日益占据大部分内容,这就决定了法律职业伦理教育可以通过课程设置的方式实现伦理知识的传授,培养学生的伦理认知。但与这种认识不相适应的是,目前各个法学院校在培养目标、教学大纲以及具体课程的开设与教学方法上都没有体现法律职业伦理教育的重要性。

例如,在具体教学层面。高校法学教育应开设专门的法律职业伦理课程,系统、全面地向法科学生教授法律职业伦理的内涵、原则和规范。课程设置的目标应该是使法科生完成对法律职业伦理的认知及掌握解决未来职业活动中可能遇到的价值对立、利益冲突的方法,提高其面对价值冲突的选择能力。在教材建设方面,应组织法学、伦理学和教育学等方面的学者,以及法律实务部门有着丰富实践经验的法官、检察官、律师、公证员,编写反映法律职业伦理最新理论研究成果以及实践经验总结的法律职业伦理与实践教材。教材的编写应该满足法律职业伦理教育的独特性,将法律职业伦理从普通伦理和公共伦理教育中独立出来,形成专门面向法科学生的教材。同时要从学生自身出发,编写的教材要更加实际,符合学生的思维能力,能够运用到学生学习法律职业伦理的过程当中。教材的编写要以基础厚实、知识面广、实践能力强、素质高为标准,合理确定教材内容的设置。此外,在教材体系的编写中,应该规划不同的课程类别,既应有总体阐释法律职业伦理的教材,也应有针对法官职业伦理、检察官职业伦理、律师职业伦理等的教材,以满足法律职业的多样性,对将来法科生毕业后从事不同的法律职业进行更加细致和差异化的法律职业伦理教育。在具体课程设置方面,可以在法学各科教学中渗透法律职业伦理教育。法律职业伦理教育不是开设一门法律职业伦理课程就足够的,只有与具体的法律原则和法律规范相结合,才是具体的、生动的法律职业伦理教育。事实上,在宪法、行政法、民法、刑法、诉讼法等部门法学中,许多有争论的问题往往属于伦理范畴,并且其中最能让人思考的论争最终往往会不自觉地引入伦理的视角或干脆进入伦理领域。法律职业伦理意识也离不开实践性活动,因此安排课程的时候要注重法律职业伦理课程的实践性,如组织、引导学生参加有关法律职业伦理和社会伦理区别的讨论,参加实际案例中伦理取舍问题的评判,同优秀专业人士交流座谈,观看或收听先进模范报告,以及直接为社会提供咨询的服务等,使学生在亲身体验中不断提高法律职业伦理的素养。

(二)加强法律职业伦理师资队伍建设

法学专业教师是学生走入法学殿堂的领路人。法学专业教师的职业伦理素养直接影响了法科学生的职业伦理水平。加强法律职业伦理教育师资队伍建设是法科生法律职业伦理教育取得良好实效的前提和保障。法律职业伦理课程的特殊性决定了法律职业伦理教师仅仅具备法学的基本理论素养是不够的,还需要具备一定的社会实践经验和较为丰富的法律职业经历,能够感知各种法律实践中的伦理问题,经历过处理法律职业伦理冲突的情感体验。只有这样,才能够使学校的教育与法律职业实践相联系,使学生相信而不仅仅是理解教师讲授的内容,教师也才能够灵活运用法律职业伦理的各种教学方法。法学教师要分析法律职业伦理的内在结构,将法律判断建立在法律职业伦理分析的基础上。

法学教师要不断提高自身的法律职业伦理素养。"正人先正己",法学教师要以自己的行为做示范感染学生,使学生内心产生认同,躬身示范远比言语宣教更有效。法律职业伦理的内涵是发展变化的,要不断对法学教师提出新的要求,这也包含对法学教师提出不断加强自身法律职业伦理素养的要求。因此,法学教师在教授法律职业伦理时要体现对法律的信仰和尊重,对公平正义的追求。法学教师要有意识地培养学生对法律的信仰和敬畏,树立远大的法律理想、坚定的法律信念、高尚的法律品德、求实的法律精神和科学的法律态度,做到既教书又育人。强化法律职业伦理的师资建设,还要为教师营造一个良好的教育环境,改变对教师的学术评价机制上过度强调量化指标的现状。同时要着力提高教师的社会地位和经济收入,避免因为市场经济的影响、物质待遇的降低而使法学教师丧失职业荣誉感,产生职业挫败感,否则必定影响法学教师职业伦理素养的提高,使法学教师队伍不稳定。

(三) 完善法律职业伦理教育的评估机制

法律职业伦理教育的教学效果评价与其他法学课程,尤其与实体法和程序法不同,并非学生在考试中能够取得高分或者能够将法律知识放到实践中某个个案的架构中就可以了。考试的分数无法反映学生的真实伦理素养,也不能说明学生毕业后在法律实践中的职业伦理状况,甚至可以说学生考试分数的高低与学生将来在法律实践中的伦理素养也许并无多大关联。以我国的法律实践为例,随着法学教育的发展,法学院毕业生的知识无疑是越来越丰厚,但是,法律职业伦理水平并没有随着知识的增加而越来越高。职业伦理教育,或者职业人格的培养的确是一个非常复杂的过程,很难以分数或其他具体的指标及时验证教学效果。完善法律职业伦理教育的评估机制能起到一种导向作用,有效促进法律职业伦理教育向有序、健康、科学的方向发展。应当探索法律职业伦理教育的评估体系和办法,明确评估指标,制定科学的评估程序,强化这一教学环节培养效果。评估内容包括两个方面:一是法律职业伦理教育过程评估;二是法律职业伦理教育效果评估。其中,教育过程的评估可以借鉴目前我国正在实行的大学本科教学评估的做法。对于教育效果的评估,难度则较大,因为法律职业伦理教育的效果主要体现在受教育者的法律职业伦理素养上,而职业伦理素养作为学生个体思想伦理层面的事物,只能对其作出定性的判断,而很难作出定量的描述,所以需要建立科学、可行的法律职业伦理教育评估机制。

(四) 注重对法律职业伦理教育体系成熟国家经验的借鉴

法治成熟国家,因为在其法治发展的过程中也经历了法律职业伦理教育由忽视到重视、由起步到成熟的阶段,所以一般会有一套成熟的法律职业伦理教育体系。其在教育目标、课程体系、师资队伍、教育方法、教育评估机制、规制体系等方面都已经发展到相当完善的阶段。我国法学院校要紧跟世界潮流,学习国外先进的、有效的、经过历史检验的经验和模式,按照最新法学学科人才培养的理念和方式提升法律职业伦理教育水平。

三、开展高校法律职业伦理教育教学方式的改革

法学教育中开设法律职业伦理课程,培养学生对法律职业伦理的认知,只是实现对学生伦理人格教育的前提。法律职业伦理教育的本质与知识、技能教育不同,从本质属性上说,它应归属于态度或情感教学。基于法律职业伦理自身的特有属性,法律职业伦理教育的整个过程可分为两个阶段:第一个阶段就是对法律职业伦理知识的学习阶段,即法科学生通过对法律职业伦理的内涵、原则、内容等的系统学习,实现认知法律职业伦理的目的;第二个阶段则是法科学生法律职业伦理内化形塑阶段,即将职业伦理知识转化为一种态度与情感,使之真正内化为法科学生的行为标准和内心伦理准则。第二个阶段是法律职业伦理教育最关键、最复杂、教育方法最特殊的阶段。态度或情感教学与伦理规范知识教学的区别,就在于后者可以以口授的方式直接地教,而法律职业伦理作为一种态度有别于普通的知识,也不同于普通的技能,只能间接地教。学生在情感或态度上的"所知""所会"即认同感的形成需要诉诸学生在学与用中对所学和所用的知识和技能价值的一种亲身体验。伦理学研究表明,伦理道德本身所反映的是人与人的关系,人与人之间彼此理解对方的需要、愿望和观点,这是建立合乎伦理关系的根本。只有在这种理解的基础上,每个个体才能产生合乎他人的、社会的观点、期待、利益的伦理意识、判断和行为。职业伦理知识对于个体的价值不仅在于实现从"不知"到"知"的跨越,更在于从"知"到"信"的提升,单靠一般课程讲授的教学方法和职业伦理规则宣讲的影响,显然不足以形成学生对职业伦理价值的坚实深厚的理解。法律职业伦理的教学本身具有的情感、态度教育的性质决定了高校法学院在教学过程中必须展开多元化的教育方式。

1. 贯穿式教学法

贯穿式教学法,是在所有的实体法中系统地教授学生法律职业伦理问题。法律职业伦理是包含在任何一门法律专业课中的,任课教师对于法律专业课的讲授都会直接或者间接地涉及法律内在的制度伦理。任课教师对法律专业课的透彻讲授会深化学生对于法律专业与法律职业特殊性的认识,从而对这个职业共同体产生更深刻的认同感。这些都会促进学生对于法律职业伦理规范的内化,为职业伦理规范转化为具体的实践行动打下良好的心理基础。这种教学方法颇具难度,成功与否取决于法学院校师资对这一方法的致力程度,尽管对于这种方法存在着诸多批评,但只要合作恰当,就能够最大限度地教授学生如何把握和解决各个法学领域的法律职业伦理问题。贯穿式教学法的优势就在于它实现了不同部门法和法律职业伦理的融合,充分体现了法律职业伦理的技术性和公共性。

2. 法律诊所式教学法

法律职业技能的培养和法律职业伦理的塑造绝非传统的"填鸭式"的教育方式所能实现的,注重培养学生实际操作能力的教学方式应运而生。其中法律诊所式教学法就是一种新模式。法律诊所式教学法又称为诊所式法律教育,是指效仿医学院利用诊所实习培养医生的方式,在法学院建立法律诊所,通过诊所教师指导学生参与法律的实际运用,培养学生的法律实践能力,缩小学校专业知识教育与法律职业技能要求之间的差距。作为一种成功的教育方法,法律诊所式教学法具有多方面的积极作用:首先,学生可以通过法律实践,以律

师的思维方式学习律师的职业技能,把握律师职业伦理;其次,学生在办理真实案件的过程中,需要开展一系列的法律实务活动,包括会见当事人、调查取证、查阅资料、参加庭审等,这有助于提高他们的法律能力;最后,学生在给社会弱势群体提供免费法律援助的过程中,不仅可以维护当事人的合法权益,伸张正义,而且能够确立公平正义的法律理念,增强社会公益心,从而为以后从事法律职业奠定良好的伦理基础。

一些有条件的法学院校,应当运用诊所式教学法进行法律职业伦理的讲授工作。诊所式教学法以客户为中心,具体效果取决于学生对客户的负责程度。但最终而言,诊所式教学法在法律职业伦理教育中成功与否取决于诊所所接受的案件类型,案件类型的宽度也就直接决定了法律职业伦理教学的内容范围。美国学者波顿·格尔认为,在诊所式法律教育中,人们持有的基本观念是,伦理问题来自我们的生活和我们学生的工作,出现在我们客户案件的真实背景中,也因此应通过磨练判断力予以解决。学生在办理案件的过程中不得不面对不确定的事实、矛盾,面对残缺的记忆、判断和直觉,面对当事人并不清晰的、零散和可变的目标,面对当事人或者证人的情绪和意见等,而且,必须针对这些变化不定的情况作出决策。这些经历让学生体会到那些复杂的主观性和人性、不确定的事实情况、实物判断以及法律、伦理、情感的矛盾与冲突的互动经验。学生在办理案件过程中不仅可以加深对法学理论知识的理解,还可以培养其正义感和法律职业伦理素养。因而应用诊所式教学法强化法律职业伦理的教学,是我国法学院应该予以充分考虑的。

3. 案例教学法

案例教学法又称个案分析法,是法律教学中常用的方法,也是学生比较喜欢的方法。其在实体法和程序法的教学中常常被使用。在法律职业伦理的教学中,也可以经常使用此方法。任课老师可以结合不同的教学内容,选取司法实践中新出现的典型案例,引导学生关注个案的处理过程,发现和关注个案中反映的社会和法律问题,并鼓励学生深入研究这些问题。设置案例可以使学生处于对利益忠诚和对法律忠诚的伦理两难境地,在解决伦理两难的问题中,去领悟法律职业伦理的品格。案例教学法对于法律职业伦理教学来讲,如果案例选择适当,效果是明显的,但是比较费时。目前开设法律职业伦理课程的各法学院校能够给予法律职业伦理的课时很少,一般是32课时。在课时非常有限的情况下,只能选择实践中最不容易把握的和比较常见的情形,精心设计成可以进行课堂分析的案例。对于办学力量和师资力量较弱的法学院校,无法开展贯穿式教学法和法律诊所式教学法,那么案例教学法就是一个次佳的选择。在有条件开展贯穿式教学法和法律诊所式教学法的法学院校,在操作层面,法律职业伦理的讲授也可以以案例教学法开展,以强化情感性输入,努力内化法学院学生对法律职业伦理的切身体验。

4. 案例辩论法

辩论式教学,就是以学生为主体,以反向思维和发散性思维为特征,教师、学生就某一教学内容以问题为纽带展开分析、讨论、辩驳及总结,从而获得真知的教学方法。辩论式教学法是一个将课前准备、课堂教学和课后总结有机结合起来的教学过程,包含了"导读—提问—分析、辩论—总结"这样一个基本的思维过程。

作为辩论式教学的一种类型,案例辩论法是经过教学验证的对法律职业伦理教育较为有效的教学方法。在课堂上使用案例辩论法时应做到:教师挑选的辩论案例要有吸引力,要与授课内容紧密相关并且在学生的可知范围内;教师提出的问题要有可辩论性;组织讨论时要做好充分的安排,教师应对焦点问题及时总结与归纳;教师应该根据教学进度、学生的兴趣、知识经验选择合适的问题,并用恰当的语言表达相应的问题。案例辩论的方式可以多种多样,可以全班共同参与讨论,也可以小组进行。时间可以自由控制,几分钟或几节课都可以。案例辩论法意在使学生对法律职业伦理形成深刻的观点和感知能力,能够促使学生在课堂上产生独特的看法和观点,还可以锻炼学生的口才和应变能力。课堂上通过教师的引导、学生的质问与辩论会形成热烈的气氛,激发学生的热情,训练其思维能力,逐步培养其不断探究、独立思考的学习兴趣。同一个辩论题目,不同的人从不同的角度总会有不同的看法和观点,课堂教学中不同观点的争论、认识,最能培养学生发散性思维和训练学生多角度思考问题。案例辩论法以其真实案例的现实性、争议性,以课堂讨论、激烈争辩的直观性和师生互动共同参与的有机结合,促使学生在学习过程中不断地发现问题,提高其分析问题、解决问题的能力,同时优化知识结构。从实际作用来看,案例辩论法有助于培养学生对于法律职业伦理的认知、推理和选择能力,形成正确的法律职业伦理观,从而奠定良好的法律职业伦理行为基础。

5. 问题中心法

在法学院校中,问题中心法是最广泛运用于法律职业伦理教学的教学方法。通过问题中心法,学生要面对涉及伦理难题的假设事实情景,使用他们的伦理知识和伦理标准,应用法律行为规范和规则去分析、解决伦理问题。问题中心法直接、快速,能够快速应用于一门新生学科的讲授中。对于我国法律职业伦理教育而言,如果教师能够较为全面地掌握法律职业伦理技术性知识和伦理性知识需求,那么,问题中心法就能够迅速成长为有效的主导型教学方法,能够很快地建立法律职业伦理教育的有效模式,因而值得予以关注和推广。

思考题:

1. 法律职业伦理教育的原则和目的各是什么?

2. 在法律职业伦理教育改革中,你觉得哪种教学方法让你最受益?为什么?

拓展学习

延伸阅读

本章推荐书目

分 论 篇

第四章　法官职业伦理

【案例引入】

案例一:漳浦一法官 KTV 亲吻陪酒女被撤销庭长职务

2014 年 4 月,漳浦县人民法院少年庭庭长陈某某接受案件当事人邀请到 KTV 唱歌、喝酒,并接受当事人安排的一名坐台小姐陪喝陪唱。2015 年 11 月 19 日,新浪网曝光了陈某某在 KTV 包厢内与陪侍小姐的不雅照片,在社会上造成不良影响。2015 年 12 月,陈某某受到留党察看 1 年处分;漳浦县人民法院党组副书记、副院长林某某因履行主体责任不力,受到党内严重警告处分;县人民法院纪检组长蔡某某因履行监督责任不到位,被诫勉谈话。2015 年 12 月 24 日上午,漳浦县第十六届人大常委会举行第三十一次会议,根据漳浦县人民法院院长提请,经审议、表决,决定撤销陈某某漳浦县人民法院少年庭庭长职务。

案例二: 最高人民法院审判监督庭原正处级审判员左某干预过问案件案

2014 年 1 月至 10 月,左某多次私下接触案件当事人及请托人,多次接受案件当事人及请托人的宴请和所送财物,利用职务影响向下级法院审判执行人员介绍贿赂、为案件当事人说情打招呼,并将其他法官退回的贿赂款用于个人理财。目前,左某已被开除党籍、开除公职。

思考:法官职业伦理有哪些具体要求,法官职业伦理的"雷区"有哪些? 如果法官违反了法官职业伦理的要求有何惩戒?

第一节　法官职业伦理概述

一、法官职业伦理的概念

法官职业伦理,是指员额法官在审判执行活动、履行司法职能相关活动及法官个人生活、社会交往中,逐步形成的各种行为规范、道德理念与司法习惯等的总和。法官职业伦理是法官应当遵循的职业操守,是法官各方面的行为准则,也是评价法官职业行为好坏的尺度与标准,对于法官这一特殊的群体具有普遍的约束力。

正确理解法官职业伦理的概念,应当注意以下几个方面:

第一,法官职业伦理的主体是员额法官与人民陪审员。2017 年 7 月 3 日,最高人民法院首批员额法官宪法宣誓仪式在北京举行。至此,全国共计 120 138 名法官入额,标志着员额制①改革在全国法院已经完成。截至2021年11月,全国共有员额法官约12.7万人。在研究法官职业伦理时,应当强调其对象是员额法官及法官助理。我国的人民陪审员实行的是参审制,在审理案件中与审判员具有同等的权利,也应当承担同等的义务,因此人民陪审员在依法履行职务期间,也应当遵守法官职业伦理。

第二,法官职业伦理规范的对象是法官的审判执行活动、履行司法职能相关活动以及法官个人生活。既包括诉前调解、立案、开庭、判决、执行中的法官行为,也包括法官发表评论、撰写文章、参加学术交流、发表网络言论等行为,甚至还包括法官的非职务活动,如参加宴会、商场消费、网上购物、汽车驾驶等。司法外的活动在一定程度上也影响着法官职业的形象,也应受到职业伦理规范的约束。

2017年2月26日上午,云南省丽江市中级人民法院(简称"丽江中院")法官李某祥在个人微博转发并评论人民网微博《一位57岁民警的雪中坚守》。人民网微博内容为:"21日,陕西潼关,57岁老民警张某仓冒雪执勤,白发与白雪混在一起,背影感动路人。转发致敬!"李某祥评论称:"每一个故事背后就有一个故事。57岁老民警在风雪中执勤,有三种情况:一种是犯错误被罚,一种是作秀,还有一种是作秀!"之后,该微博被删除。当晚7时35分,丽江中院官方微博通报,李某祥转发人民网微博《一位57岁民警的雪中坚守》时作出错误评论,伤害了奋战在冰雪一线的人民警察及广大网民。对此,丽江中院非常重视,及时对其批评教育,责令作出深刻检讨。李某祥认识到自己的错误,当即删除评论,并作出道歉。鉴于其错误言论性质严重,经丽江中院党组讨论研究,决定对李某祥停职检查,调查后作严肃处理。李某祥再次发布长篇微博文章,表示对自己的错误言论真诚认错,希望社会各方谅解并接受其道歉。"今后我一定严格要求自己,严肃自己的言行,绝不传播与党和国家利益不一致的言论!"

第三,法官职业伦理的外延有行为规范、职业道德理念与司法习惯等。法官职业伦理体现法官的本质特征。法官职业伦理行为规范直接表现为行为准则、规范等,如《法官职业道德基本准则》(以下简称《准则》)、《法官行为规范》(以下简称《规范》)等。法官职业伦理还表现为观念层面的法官职业道德理念,如独立行使审判权、公开公正公平司法等。此外,法官职业伦理也包含司法习惯。例如,法官助理刚到法院参加工作时,老法官都会教导其要注重司法礼仪,做到稳重、中立、谦虚,男法官不要留长发、胡须,除特殊情况不得剃光头,这些都是司法习惯。

二、法官职业伦理的特征

法官职业伦理与法官的审判执行活动紧密相连。与社会公德以及其他职业伦理相比,新时代法官职业伦理表现为以下几个方面的特征:

第一,职业的特殊性。法官是依法行使审判权、执行权的人员,其选任条件比较严格,在

---

① 法官员额制是指人民法院在编制内根据办案数量、辖区人口、经济发展水平等因素确定法院法官的人员限额,员额一旦确定,在一定时期内不能改变,没有缺额就不能递补。法官员额制按照司法规律配置审判人力资源,是实现法官队伍正规化、专业化、职业化的重要制度,也是法院人员分类管理改革的重要组成部分。根据改革方案,法院人员包括法官、审判辅助人员、司法行政人员三类,按照各自的特点进行科学规范的管理。履行法院内部不同职责的人员所遵守的行为准则,有些是共性的,但更多是不同的。

教育背景、专业知识与工作经历方面均有较高要求。法官是社会的"医生",其职责是通过准确适用法律来调整社会关系,矫正社会的不公和秩序的失衡,预防和化解社会矛盾,定分止争,对症下药医治社会"疾病"。正如医生应当具有精湛的医术一样,法官应当受过法律知识的系统训练,具备良好的法律适用能力。但这些还不够,法官还应当具备优良的品行、高尚的道德情操,这对确保公正司法意义重大。美国联邦法官的任命过程非常复杂,在总统提名新的联邦法官尤其是联邦最高法院大法官之前,联邦调查局(FBI)和美国律师协会都会对候选人进行调查和评估,提名人选正式公布后,内含反对党的参议院司法委员会对调查和评估结论予以审查,并组织召开听证会,对被提名者和相关证人进行质询,最后由其投票决定被提名者能否正式成为联邦法官。这个过程足以保证被任命者在职业能力、思想观念和个性举止等方面均完全适合、胜任法官这个职业。[①]

第二,伦理的高标准化与示范化。在西方有些国家的特定时期,法官由贵族担任。法官被认为是最具道德示范作用的群体,法官道德标准远远高于一般人的道德标准。"法官绝不能将自己独立于道德规则之外。法官遵守道德规则标准对于构建全社会的司法信心至关重要。无论法官个人还是法官职业共同体,所有一切都与那种构成法官职业生活具体内容的行为规范直接相关。司法伦理这一主题涉及对高标准的司法行为的检验,社会希望为法官设立超过一般人的更高的道德标准。"[②]要树立司法权威,提高司法公信力,关键是使人们去仰慕法官、信任法官。当前司法需要一个崭新的、高标准的法官伦理秩序。

第三,伦理的高度成文化与强制性。"在法治社会中,法官道德作为一种特殊的职业伦理类型,是以法官美德、法官责任和义务为核心内容构建起来的。司法伦理以司法道德律为基础,而这种道德律被认为是一种人为的规范与命令,是根据审判的专业知识,经过历史演化而形成的法官行为规范。"[③]法官职业伦理的核心是司法公正,各种具体的伦理都围绕着司法公正展开。法官通过司法裁判解决矛盾纠纷,在司法过程中要让当事人和社会公众感受到公平正义从而信赖司法,必须要有成文化与强制性的法官职业伦理予以支撑。我国大部分法官职业伦理均以准则或规范的方式出现,对刑事、民事、行政等审判领域及执行领域的法官均具有约束力。对于违反职业伦理行为的惩戒,也是极其严厉的。《准则》第28条规定,各级人民法院负责督促实施本准则,对于违反本准则的行为,视情节后果予以诫勉谈话、批评通报;情节严重构成违纪违法的,依照相关纪律和法律规定予以严肃处理。

三、法官职业伦理的作用

司法是维护社会公平正义的最后一道防线。亚里士多德认为:"在争论不休的时候,人们就诉诸裁判者,去找裁判者就是找公正。裁判者被当作公正的化身。"[④]英国哲学家培根认为:"一次不公正的裁判,其恶果甚至超过十次犯罪,因为犯罪虽然无视法律——好比污染了水流,而不公正的审判则毁坏法律——好比污染了水源。"[⑤]法官是社会公平正义与良知的捍

[①] 刘练军:《法官只服从法律》,载《检察日报》2013年6月6日,第3版。
[②] 王申:《从"法官集体嫖娼事件"看司法伦理规范建设的重要性》,载《法学》2013年第8期。
[③] 王申:《司法职业与法官德性伦理的建构》,载《法学》2016年第10期。
[④] [古希腊]亚里士多德:《尼各马科伦理学》,田力苗译,中国人民大学出版社2003年版,第100页。
[⑤] 《培根论说文集》,水天同译,商务印书馆1983年版,第193页。

卫者。没有法官职业伦理的规范,法官就如同裸奔在公权力的大道上。康德曾说,世界上唯有两样东西能让我们的内心受到深深的震撼:一是我们头顶上灿烂的星空,二是我们内心崇高的道德法则。法官职业伦理就是法官心中的道德法则,其作用包括以下几个方面:

第一,有利于实现司法公正。法官职业伦理是实现司法公正的重要保障。法官职业伦理要求法官深学笃行习近平法治思想,公正、廉洁、为民,忠诚于司法事业,保证司法公正,确保司法廉洁,坚持司法为民,维护司法形象。这些要求是司法公正的根基。事在人为,案由人办,法官是实现司法公正的关键一环。只有遵守职业伦理的法官,才能肩负起司法公正的重担,法治的秩序才能得到维护,判决的正当性才能得到保障。法官应当自觉遵守法官职业伦理,在本职工作和业外活动中严格要求自己,维护人民法院的形象和司法公信力,如此司法公正才能实现。

第二,有利于维护司法权威。司法权威要求司法具有至上的地位,司法应该受到绝对的尊重。一方面,司法机关在实现其解决纠纷职能过程中将国家的意志施加于诉讼参与人及其他社会公众;另一方面,诉讼参与人及其他社会公众服从于司法机关所代表的国家的意志。司法权威是代表国家意志的司法机关行使权力与诉讼参与人及其他社会公众服从的统一,是司法的外在强制力与人们内在服从的统一。我国目前的司法权威状况较之以前已有较大的改善,案件数量持续增长[①]表明越来越多人在遇到利益纷争时首先选择将纠纷诉诸法院。但司法权威不足、司法公信力缺失仍是司法实际运行时必须面对的社会现实:裁判终局性难实现、判决执行到位率难提高、腐败存量难清除。司法的权威性有赖于司法的公正性,而司法的公正性维系于法官的高素质。因此,应当加强法官职业伦理建设,强化法官职业伦理修养,展现法官高尚的人格魅力,维护其裁判的正当性和权威性。人们对于法官具有信任感和依赖感,司法权威自然会树立起来。

第三,有利于树立良好的法官形象。民众对法院和法官的评价,往往并不来源于对审判工作的全面认识和了解,而来源于对案件处理的直观感受,这也是当前法院自我评价与社会评价存在较大反差的原因。法官职业伦理要求法官必须具有良好的法律教育背景、坚定的法律信仰和崇高的道德品质。通过加强法官职业伦理教育,法官将成为社会道德的楷模,进而在人民群众中树立良好的形象。

第二节　我国法官职业伦理的内容

不同国家法官职业伦理的内容不尽相同,一个国家法官职业伦理的内容从一个角度反映出该国的法治建设水平与法治文明程度。在我国,法官职业伦理主要体现在《法官法》《人民法院组织法》《准则》《规范》,近期的司法改革过程中出台的一些文件也有法官职业伦理的内容,如《最高人民法院关于完善人民法院司法责任制的若干意见》《最高人民法院关于落实司法责任制完善审判监督管理机制的意见(试行)》等。下文将结合上述法律法规、司法解释和司法实践,从五个方面阐述法官职业伦理的主要内容。

---

① 据新华社 2023 年 1 月 6 日报道,新时代十年,全国法院结案量年均增长 11%,法官人均办案量从 2013 年的 65.1 件增至 2021 年的 238 件,在案件压力持续增大的情况下,审判质效指标保持稳中向好。

一、忠诚司法事业

法治社会的建成有赖于全体法官对司法事业的忠诚。忠诚司法事业,首先表现为对司法事业的献身精神和忠诚意识。它要求法官热爱自己所从事的审判执行工作,竭诚为之奋斗,并将自己的一生与其所从事的司法事业联系起来,在每一件司法个案的判决执行中实现人生的价值。其次表现为对司法事业执着追求的责任心和使命感。它要求法官始终视司法事业为神圣,视法官职业为生命的一部分,对工作极端负责任,坚决谴责任何不负责任、偷奸耍滑、马虎草率、玩忽职守、敷衍塞责的态度和行为。最后还表现为精益求精的职业品质和刻苦钻研法律的精神。它要求在法律业务上精益求精,始终做到学而不厌、习而不倦、勤苦钻研。忠诚司法事业是法官对审判执行工作发自内心的尊重、热爱等情感及终生愿意为之献身的精神的有机统一,是法官职业伦理的综合表现。因此,忠诚司法事业不是空洞的口号,而是每个法官的司法箴言。

(一) 树立社会主义法治理念

法治理念是指人们关于法治的理论、理想和信念。社会主义法治理念是人们对什么是法治、什么是社会主义法治、为什么实行社会主义法治、怎样实行和实现社会主义法治的认识,是全面推进依法治国、建设社会主义法治国家的美好理想,是尊重法治、崇尚法治、积极参与法治实践的坚定信念。社会主义法治理念有着丰富而深刻的内涵,概括起来主要包括以下七项内容:坚持党的领导,坚持人民民主,坚持依法治国,尊重和保障人权,维护社会公平正义,遵循正当程序,实行和谐善治。[①] 社会主义法治理念是审判规律的客观反映,也是审判工作的指导思想和行动指南。《准则》第 4 条规定:"牢固树立社会主义法治理念,忠于党、忠于国家、忠于人民、忠于法律,做中国特色社会主义事业建设者和捍卫者。"法官作为社会主义法治理念的践行者,要认真学习贯彻习近平法治思想,做到四个"忠于",真正成为法治事业的建设者和捍卫者。[②]

(二) 尊崇、信仰宪法与法律

法律信仰是指人们对法律规则发自内心深处的认同和自觉自愿的服从,其实质是对公平正义理念的维护和对公民基本人权的保障。法律信仰是司法权威的基础和保障,虽然司

---

① 张文显:《树立社会主义法治理念》,载《中国纪检监察报》2006 年 12 月 28 日,第 4 版。

② 邹碧华,法学博士,高级法官,曾任上海市长宁区人民法院院长、上海市高级人民法院副院长等职务。2014 年 12 月 10 日下午,在赴徐汇区法院参加司法改革座谈会途中突发心脏病,经抢救无效去世。2015 年 1 月 6 日,习近平总书记对邹碧华同志先进事迹作出重要批示指出,邹碧华同志是新时期公正为民的好法官、敢于担当的好干部。他崇法尚德、践行党的宗旨,捍卫公平正义,特别是在司法改革中,敢啃硬骨头,甘当"燃灯者",生动诠释了一名共产党员对党和人民事业的忠诚。广大党员干部特别是政法干部要以邹碧华同志为榜样,在全面深化改革、全面依法治国的征程中,坚定理想信念,坚守法治精神,忠诚敬业、锐意进取、勇于创新、乐于奉献,努力作出无愧于时代、无愧于人民、无愧于历史的业绩。2015 年 1 月 24 日,最高人民法院与中共上海市委联合召开命名表彰大会,追授邹碧华"全国模范法官""上海市优秀共产党员"荣誉称号。2015 年 3 月 2 日,中共中央组织部追授邹碧华"全国优秀共产党员"荣誉称号。3 月 3 日,中共中央宣传部追授其"时代楷模"荣誉称号。2015 年 9 月 17 日,在"光荣力量·2015 感动上海年度人物"评选中,邹碧华被评为"2015 感动上海年度人物";2015 年 12 月 4 日,在"宪法的精神·法治的力量——CCTV2015 年度法治人物"评选中,邹碧华被评为"2015 年度致敬英雄"。

法权是司法权威的前提,但权威的维持必须要有民众的认可和服从。任何一种制度的长久运行,都不可能仅靠强制力的约束。法治不仅需要有制定的良好的法律,还要得到人们的普遍服从。司法具有权威最终是因为民众的选择,司法权威因为民众的认同而稳固,也因为民众的质疑和不信服而受减损。因此,要弘扬法治精神,增强社会公众的法治意识,要在全社会形成崇尚宪法和法律权威、崇尚法治与司法权威的社会氛围。要形成全社会的法律信仰,首先法官要有法律信仰。法官在司法过程中应突出司法的裁判性和专一性,始终坚持严格公正司法,坚守法律底线,确保司法公正,保护人民权益,伸张社会正义,不唯权、不唯上。《准则》第5条规定:"坚持和维护中国特色社会主义司法制度,认真贯彻落实依法治国基本方略,尊崇和信仰法律,模范遵守法律,严格公正司法,自觉维护法律的权威和尊严。"法官在审判实践中严格公正司法,促进全社会形成正确的价值导向,增强社会公众的规则意识、诚信意识,形成全社会维护法律权威和尊严的良好氛围。①

(三)热爱司法事业,认真履职

因为热爱,所以坚持! 因为热爱,所以执着! 做法官是辛苦的,做法官是清贫的,还承受着一定的压力与风险。法官只有从内心热爱司法事业,才能守得住清贫,耐得住寂寞,顶得住花花世界的利益诱惑。如果不具备这方面的法官职业伦理,在法官职业生涯中,就可能被大浪淘沙,可能成为法官队伍的"逃兵"。《准则》第6条规定:"热爱司法事业,珍惜法官荣誉,坚持职业操守,恪守法官良知,牢固树立司法核心价值观,以维护社会公平正义为己任,认真履行法官职责。"②

(四)保守审判秘密,维护国家利益和司法权威

审判秘密,是指关系人民法院审判执行工作公正与安全,涉及当事人切身利益,依照法定程序确定,在一定时间只限一定范围的人知悉的事项。根据最高人民法院、国家保密局《人民法院工作中国家秘密及其密级具体范围的规定》,人民法院的审判委员会、合议庭讨论案件的具体情况和记录,以及其他虽不属于国家秘密,但一旦公开会造成不良影响和后

---

① 湖南省高级人民法院审监一庭原副庭长周春梅始终坚守法治信仰,刚正不阿、秉公办案,严格执行防止干预司法"三个规定"要求。因多次拒绝为案件打招呼的非法要求,2021年1月12日,周春梅被人行凶报复,不幸遇害。

② 詹红荔系福建省南平市延平区人民法院党组成员、少年审判庭庭长。詹红荔从事少年审判工作9年来,始终坚持忠诚履职,公正办案,所结办的500多个涉及1140多人的未成年人犯罪案件,无一发回重审、无一错案、无一投诉、无一上访;她心系社会和谐稳定,努力化解矛盾纠纷,以耐心细致的工作,使许多当事人或其亲属带着怨气而来,带着满意而归,先后化解了40多起敏感性、苗头性案件,挽救了70余个濒临破碎的家庭;她关爱失足少年,尽自己最大努力教育、挽救失足少年,先后帮助1100多名少年犯走向新生,帮助315名失足少年重返课堂,帮助70多名刑满释放的新生少年找到工作;她勇于开拓进取,积极推进社会管理创新,探索出了符合少年审判工作规律的"三三九不工作法",即三个不开庭:对案件的关键问题没有梳理清楚的,不开庭;对被告人成长背景没有调查清楚的,不开庭;被告人对犯罪危害没有足够认识的,不开庭。三个不轻易:被告人没有真诚悔过的,不轻易下判;被害方没有得到精神抚慰、达成和解的,不轻易下判;可以判非监禁刑而没有落实帮教措施的,不轻易下判。三个不松手:入监后延伸帮教不到位的,不松手;回归社会的问题没有妥善解决的,不松手;发出的司法建议没有落实的,不松手。她积极探索青少年法治宣传教育新模式,用自己的实际行动践行了"一个共产党员,无论分内分外,如果需要,都义无反顾;一个人民法官,无论庭内庭外,如果需要,都责无旁贷"的庄重承诺,集中体现了共产党员和人民法官忠诚于党、牢记使命的崇高品质,以人为本、全心为民的公仆情怀,勇于开拓、锐意进取的创新精神,清正廉洁、健康向上的高尚情操,被人们称为"爱民为民、情铸和谐"的好党员、好法官。江宝章:《詹红荔用爱托起折翼的天使》,载《人民日报》2011年11月7日,第6版。

果的事项,应当按照审判工作秘密进行保守,不得擅自公开扩散。我国《保密法》也将审判秘密纳入其调整范畴,泄露审判秘密不仅会给审判工作带来种种困难,情节严重的,还会构成犯罪。[1]《准则》第 7 条规定:"维护国家利益,遵守政治纪律,保守国家秘密和审判工作秘密,不从事或参与有损国家利益和司法权威的活动,不发表有损国家利益和司法权威的言论。"[2]

二、保障司法公正

一个社会若不公正,生活于其中的人必备受其苦,个性遭扭曲,精神被压抑,自由被剥夺,人格受摧残。公正之于民众,如同每日之食、渴饮之水和呼吸之气,须臾不可或缺。追求公正,就是追求自己独特的个性得以自由发展的机会,就是追求每一个人在机会均等的条件下去实现自己幸福生活的权利,就是为了使自己及后世子孙能够生活在一个充满平等、自由、宽容、民主精神的社会。从正面言之,公正象征着和平、公正、自由、宽容、平等、秩序等价值追求,尽管这些价值经常处于一种紧张而冲突的状态中,以致人们对公正的看法各不相同;从反面言之,公正无不意味着消除强权、暴力、恐惧、饥饿、奴役、歧视性的差别对待等。司法公正对国家生活和社会生活起着重要的保障作用。因此,司法公正是法官一切工作的本质特征与生命线,也是法官首先必须遵循的基本准则。我国《准则》的第三章标题为"保证司法公正",包括第 8 条至第 14 条共 7 条,包含以下几个方面的内容:

(一) 独立行使审判权

在我国,人民法院是唯一代表国家行使审判权的机关,其独立行使审判权受到法律保护。我国《宪法》第 131 条规定:"人民法院依照法律规定独立行使审判权,不受行政机关、社会团体和个人的干涉。"法官在个案审理中,应当忠于宪法和法律,自觉抵制外部干扰,应当坚持和维护人民法院依法独立行使审判权的原则,客观公正审理案件,在审判活动中独立思考、自主判断,敢于坚持原则,不受任何行政机关、社会团体和个人的干涉,不受权势、人情等因素的影响。《领导干部干预司法活动、插手具体案件处理的记录、通报和责任追究规定》第 4 条规定:"司法机关依法独立公正行使职权,不得执行任何领导干部违反法定职责或法定程序、有碍司法公正的要求。"对领导干部干预司法活动、插手具体案件处理的情况,法官

---

[1] 尹某某系株洲市天元区法院知识产权庭原副庭长,2012 年,在担任金某某挪用资金罪一案的主审法官期间,收取金某某所送现金 1 万元并接受其请吃请喝,向金某某泄露案件审理的内部情况,为其介绍律师和商量如何花钱作无罪申诉。这些情况被金某某录像录音并在网上发帖披露,造成了极坏的社会影响。尹某某被开除党籍、开除公职,依法移送司法机关处理。叶俊:《中央政法委再揭"家丑"》,载《民主与法制时报》2014 年 7 月 14 日,第 2 版。

[2] 2008 年至 2018 年,王某某利用担任最高人民法院民一庭助理审判员职务上的便利或职权、地位形成的便利条件,单独或伙同他人,为相关单位和个人在案件审理等事项上提供帮助,非法收受榆林市凯奇莱能源投资有限公司(以下简称凯奇莱公司)等 2 个单位和律师程杰、律师杨铭等 11 人给予的财物,折合人民币 2190 万余元。其中,2011 年至 2018 年,为凯奇莱公司在案件审理、执行等事项上提供帮助,收受该公司法定代表人赵某某给予的美元 5 万元和价值人民币 5 万元的购物卡,折合人民币 35 万余元。2018 年 6 月至 8 月,被告人王某某在赵某某的唆使下,与其商定由王某某获取凯奇莱公司与陕西省地质矿产勘查开发局西安地质矿产勘查开发院合作勘查合同纠纷一案的卷宗材料。王某某先后采用借阅、骗取案卷材料后偷拍等方式,非法获取凯奇莱公司案件的大量卷宗材料,通过手机微信或者电子邮件等方式将所拍摄材料提供给赵某某。经国家保密局鉴定,王某某伙同赵某某非法获取的材料中有 5 份属机密级国家秘密。

应当全面、如实记录,做到全程留痕,有据可查。以组织名义向法院发文发函对案件处理提出要求的,或者领导干部身边工作人员、亲属干预司法活动、插手具体案件处理的,法官均应当如实记录并留存相关材料。法官如实记录领导干部干预司法活动、插手具体案件处理情况的行为,受法律和组织保护,领导干部不得对法官打击报复。非因法定事由,非经法定程序,不得将法官免职、调离、辞退或者作出降级、撤职、开除等处分。独立审判具有重要的程序价值,能够保证程序的自治性、中立性与参与性,有助于纠纷的最终解决。独立审判旨在确保法院公正无私地进行审判,防止法官受到外界的非法干涉,使法院真正成为维护社会正义的最后一道防线。如果不能实现法官独立审判,就意味着法院的审判权受到了干涉甚至损害,裁判过程失去了自主性,不符合司法规律,裁判结果自然也谈不上公正。

(二) 以事实为根据,以法律为准绳

"以事实为根据,以法律为准绳"是我国三大诉讼法规定的基本原则。人民法院、人民检察院和公安机关进行刑事诉讼,必须依靠群众,必须以事实为根据,以法律为准绳;同样,人民法院审理民事案件,必须以事实为根据,以法律为准绳。因此,在诉讼活动中,法官应当努力查明案件事实,准确把握法律精神,正确适用法律,合理行使裁量权,避免主观臆断、超越职权、滥用职权,确保案件裁判结果公平公正。

"以事实为根据,以法律为准绳"是指人民法院在办理案件时,应查清案件事实,正确适用法律,以案件事实作为唯一依据,把法律作为处理案件的唯一尺度。法官应当努力查明案件事实,这里的事实并非案件的全部客观事实,而是诉讼中的"法律真实"。在适用法律的过程中,法官应当准确把握法律的精神,而不是机械司法,正如罗尔斯的差异正义原则:忽视个体因素的差异而给予不同的人完全等量的正义,带来的结果仍旧没有改变社会的正义现状;相反,针对个体的差异而给予相对应的正义则能弥补短板实现共同正义。机械化的"一断于法"能够带来鲜明的治理导向,但灵活性不足势必在个案中造成偏失,因此才赋予法官一定的自由裁量权。在行使自由裁量权的过程中,法官不得主观臆断,不得超越职权,不得滥用职权,应当确保案件裁判结果公平公正。

(三) 坚持程序正义

正义不仅应得到实现,而且要以人们看得见的方式加以实现。法院审理案件不仅要判得正确、公平,符合实体法的规定和精神,还应当使人感受到判决过程的公平性和合理性,使人们自觉服从法院判决,胜败皆明。也就是说,法院对于一个案件的判决,即使非常公正、合理、合法,这也仅是一个方面;要使裁判结论得到人们的内心服从与普遍认可,法官应当确保判决的整个过程符合公正、正义的要求。影响人们在案件审理过程中主观感受到公平正义的因素,除了案件审判结果外,还有裁判过程的合法性、公正性,公正的裁判过程通过确保诉讼各方对裁判过程的参与以及对裁判结果的积极影响,使他们的人格尊严和自主意志得到保障。试想一下,法官在开庭审理案件中基于各种原因对一方诉讼当事人笑容可掬,对另一方当事人冷若冰霜、横眉冷对,即使判决结果合乎法律规定,被横眉冷对的当事人也恐难信服。因此,法官应该牢固树立程序意识,坚持实体公正与程序公正并重,严格按照法定程序执法办案,充分保障当事人和其他诉讼参与人的诉讼权利,避免执法办案中的随意行为。程序公正作为司法公正的一部分,不仅是实现实体公正的重要保障,更具有独立的人权保障

意义。

以我国刑事诉讼程序为例,庭审过程中,法官应首先核对诉讼参与人的身份,然后告知诉讼参与人的诉讼权利。如下所示:

根据《中华人民共和国刑事诉讼法》第29条、第30条、第33条、第197条、第198条的规定,被告人与辩护人在庭审中享有以下权利:

1. 申请回避的权利。如果被告人、辩护人认为本合议庭组成人员、书记员、检察人员与本案有利害关系,可能会影响到本案的公正处理,可以申请其回避。通俗地讲,就是换人审理,但是必须要有法定理由。

2. 辩护的权利。被告人在法庭上可以就本案的事实、性质、情节提出自己的辩解意见,也可以委托辩护人为自己辩护。

3. 在法庭审理过程中,被告人、辩护人有提出证据的权利,有申请新的证人到庭、调取新的物证、申请重新鉴定或勘验的权利,但是否同意由法庭决定。

4. 最后陈述的权利。被告人在法庭辩论终结后,还可以就本案的处理,向法庭作最后陈述。

有人可能认为这些是庭审中无足轻重的程序,与裁判结果的公正与否关系不大。实则不然,这些庭审程序关系到裁判行为是否公正,关系到当事人程序权利是否得到保障。没有程序上的公正,实体公正就会成为一句空话。有些国家的司法制度对程序公正和确凿证据的重视程度,甚至超过了对寻求案情真相和把罪犯绳之以法的重视程度。美国最高法院大法官道格拉斯(Douglas)精辟地指出:"正是程序决定了法治与随心所欲或反复无常的人治之间的大部分差异。坚定地遵守严格的法律程序,是我们赖以实现法律面前人人平等的主要保证。"[①]

(四) 提高司法效率

迟来的正义非正义。效率作为法的价值之一,与法的公平价值在表现形式上也有冲突之处,有时两者的矛盾还会表现得非常剧烈。关于效率与公正的关系,有公正优先说与效率优先说。公正优先说认为,效率与公平是两个不同形态的独立价值体系,当两者发生矛盾冲突时,应当优先选择公正。"正义是社会制度的首要价值,正像真理是思想体系的首要价值一样……同样,某些法律和制度,不管它们如何有效率和有条理,只要它们不正义,就必须加以改造和废除。每个人都拥有一种基于正义的不可侵犯性,这种不可侵犯性即使以社会整体利益之名也不能逾越。因此,正义否认为了一些人分享更大利益而剥夺另一些人的自由是正当的,不承认许多人享受的较大利益能绰绰有余地补偿强加于少数人的牺牲……作为人类活动的首要价值,真理和正义是绝不妥协的。"[②] 在公正优先说看来,公正价值是价值位阶中的首要价值目标,它是人类原始的、永恒的自然价值理念,是社会资源配置的基本原则,不允许因为效率而损害公正。效率优先说则认为,只有一个有效率的社会,其资源配置、管理体制、运作机构才能达到合理、公正,才能实现公平。效率优先原则意味着以效率为中心,经济效率提高了,社会财富增多了,蛋糕做大了,人们享有社会公平的机会就更多了。生产

① 沈海平:《回看辛普森案》,载《检察日报》2016年6月1日,第7版。
② [美]约翰·罗尔斯:《正义论》,何怀宏、何包钢、廖申白译,中国社会科学出版社2009年版,第3—4页。

力是否得到发展是衡量一切社会进步与否的标准,因而"效率优先、兼顾公平"是必要的、合理的。生产效率越高,社会财富越丰富,在社会物质文明增强的基础上构建的人类社会秩序就越完善,人们所享有的自由、民主、公平就越充分,能实现自我、完善自我的机会也就越多,效率优先原则符合市场经济规律。

效率作为法的价值,从根本上来说是正义观的一种体现,与公正在本质上是一致的,公正必须是有效率的公正。我们所讲的效率,指的是社会的整体效率。社会效率不仅是个别主体的微观经济效益,还是人们长远的经济效益、宏观经济成果以及社会福利、人文与自然环境、人的自由和自身价值等诸多因素的优化与发展。从亚里士多德的普通正义和分配正义的正义观开始,分配正义本身就体现了效率的观念和价值。因此法官应当严格遵守法律规定的各种时限,千方百计提高诉讼效率,防止案件久拖不决给当事人带来二次伤害。《准则》第 11 条规定:"严格遵守法定办案时限,提高审判执行效率,及时化解纠纷,注重节约司法资源,杜绝玩忽职守、拖延办案等行为。"

(五) 司法公开

古代神秘主义司法强调"刑不可知则威不可测",而现代司法制度建立在人民主权基础上,司法公开是现代法治国家在诉讼过程中应当普遍遵守的基本准则。阳光是最好的防腐剂,司法公开避免司法权力暗箱操作,促使法官自我约束,不敢也不能越权越位、不作为、乱作为,尽可能将司法权力运行的过程置于社会公众的全程监督之下,让公众看得见、摸得着。因此,司法过程的各方面,除了法律规定不予公开的情形外,均应向社会公开。《准则》第 12 条规定:"认真贯彻司法公开原则,尊重人民群众的知情权,自觉接受法律监督和社会监督,同时避免司法审判受到外界的不当影响。"根据《最高人民法院关于司法公开的六项规定》,我国司法公开的内容包括立案公开、庭审公开、执行公开、听证公开、文书公开、审务公开六个方面。从中可以看出我国司法公开制度的改革呈现出以下特点。

1. 在公开的环节上,实现了由单纯的庭审公开向全面审判公开的转变

审判公开作为司法公开的一个有机组成部分,既是世界各国公认的一项重要诉讼原则,也是实现司法公正和社会正义的重要保证。我国传统意义上的审判公开主要强调庭审活动和判决宣告活动的公开,由此导致案件公开审理的力度不够、审判信息公开不及时、公众及社会对审判活动的监督效果欠佳等问题,从而影响司法的公正性和权威性。近些年来,全国人大以及最高人民法院通过制定、完善有关法律规定和出台一系列有关司法公开制度改革的举措,促进了单纯的庭审公开向司法活动的全方位公开的转变,形成了审判程序公开和裁判结果公开并重的审判公开格局,使我国司法公开制度初步具有了统一性以及全面性的特点。

2. 在司法公开制度的内涵建设上,既强调具体环节的制度建设,又注重司法公开制度的整体改革和协调

2009 年 12 月之前,最高人民法院主要围绕解决审判实践中出现的以及社会关注的热点问题推动司法公开制度的改革,这种改革以及与之相适应所采取的各种具体措施主要以具体环节的制度建设为主,如出台了邀请人大代表旁听重大案件审理、进一步加强民意沟通工作以及人民法院执行公开等相关规定。尤其是最高人民法院《关于司法公开的六项规定》的发布,标志着审判公开制度改革由前一阶段的局部改革向注重整体设计和全面推进审判

公开思路的转变。该规定明确了审判过程中必须公开的内容、程序和方法,强调审判公开和审务公开必须协同推进。审务公开是人民法院在不违反保密原则的前提下,通过互联网平台、新闻发布等方式就审判管理工作以及其他有关管理活动所进行的公开,其内容涉及审判管理、行政管理和队伍建设管理方面的工作规范以及年收案量、年结案量、案件类型等审判业务信息。如果说审判公开是对案件审理的公开,那么审务公开则是对法院整体工作的公开,两者相辅相成,不可或缺。

3. 积极出台各种保障措施,不断巩固司法公开制度改革的成果

继《关于司法公开的六项规定》之后,最高人民法院又相继出台了其他相关保障措施,保障司法公开的持续、深入开展,如确立人民法院工作年度报告发布制度;全面改版和规范人民法院政务网站,不断拓展司法公开的广度,强化司法公开的深度;完善群众案件庭审旁听、裁判文书网上发布、诉讼档案查询、庭审活动录音录像等制度,为实现司法公开提供切实保障;树立"司法公开示范法院",推进司法公开规范化;总结推广各地法院推行"阳光司法"的经验做法,增强法院审判工作的透明度。

为进一步深化司法公开,依托现代信息技术,打造阳光司法工程,全面推进审判流程公开、裁判文书公开、执行信息公开三大平台建设,增进公众对司法的了解、信赖和监督,最高人民法院下发了《关于推进司法公开三大平台建设的若干意见》。该意见分为推进司法公开三大平台建设的意义、目标和要求,推进审判流程公开平台建设,推进裁判文书公开平台建设,推进执行信息公开平台建设,以及工作机制五个部分。三大平台建设的主要内容有:

1. 审判流程公开平台

人民法院应当加强诉讼服务中心(立案大厅)的科技化与规范化建设,利用政务网站、12368司法热线平台、手机短信平台、电子公告屏和触摸屏等现代信息技术,为公众提供全方位、多元化、高效率的审判流程公开服务。

人民法院应当通过审判流程公开平台向公众公开以下信息:(1)法院地址、交通图示、联系方式、管辖范围、下辖法院、内设部门及其职能、投诉渠道等机构信息;(2)审判委员会组成人员、审判人员的姓名、职务、法官等级等人员信息;(3)审判流程、裁判文书和执行信息的公开范围和查询方法等司法公开指南信息;(4)立案条件、申请再审与申诉的条件及要求、诉讼流程、诉讼文书样式、诉讼费用标准、缓减免交诉讼费用的程序和条件、诉讼风险提示、可供选择的非诉讼纠纷解决方式等诉讼指南信息;(5)审判业务文件、指导性案例、参考性案例等审判指导文件信息;(6)开庭公告、听证公告等庭审信息;(7)人民陪审员名册、特邀调解组织和特邀调解员名册以及评估、拍卖及其他社会中介入选机构名册等名册信息。

人民法院应当整合各类审判流程信息,方便当事人自案件受理之日起,凭密码从审判流程公开平台获取以下信息:(1)案件名称、案号、案由、立案日期等立案信息;(2)合议庭组成人员的姓名、承办法官与书记员的姓名、办公电话;(3)送达、管辖权处理、财产保全和先予执行情况;(4)庭审时间、审理期限、审限变更、诉讼程序变更等审判流程节点信息。

人民法院应当积极推进诉讼档案电子化工程,完善转化流程、传送机制和备份方式,充分发挥电子卷宗在提高效率、节约成本、便民利民方面的功能。

人民法院应当积极创新庭审公开的方式,以视频、音频、图文、微博等方式适时公开庭审过程。人民法院的开庭公告、听证公告,至迟应当于开庭、听证3日前在审判流程公开平台

上公布。

人民法院应当加强科技法庭建设,对庭审活动全程同步录音录像,做到"每庭必录",并以数据形式集中存储、定期备份、长期保存。当事人申请查阅庭审音像记录的,人民法院可以提供查阅场所。

2. 裁判文书公开平台

最高人民法院建立中国裁判文书网,作为全国法院统一的裁判文书公开平台。地方各级人民法院应当在政务网站的醒目位置设置中国裁判文书网的网址链接,并严格按照《最高人民法院关于人民法院在互联网公布裁判文书的规定》,在裁判文书生效后7日内将其传送至中国裁判文书网公布。人民法院可以通过政务微博,以提供链接或长微博等形式,发布社会关注度高,具有法治教育、示范和指导意义的案件的裁判文书。

在互联网上公布裁判文书应当以公开为原则,以不公开为例外,不得在法律和司法解释规定之外设置任何障碍。各级人民法院对其上传至中国裁判文书网的裁判文书的质量负责。

人民法院应当严格把握保障公众知情权与维护公民隐私权、个人信息安全之间的关系,结合案件类别,对不宜公开的个人信息进行技术处理。因网络传输故障或技术处理失误导致当事人信息被不当公开的,人民法院应当依照程序及时修改或者更换。

中国裁判文书网应当提供便捷有效的查询检索系统,方便公众按照关键词对在该网公布的裁判文书进行检索,确保裁判文书的有效获取。

最高人民法院率先推动本院裁判文书在互联网上公布,并监督指导地方各级人民法院在互联网上公布裁判文书的工作。各高级人民法院监督指导辖区内法院在互联网上公布裁判文书的工作。各级人民法院应当指定专门机构,负责在互联网上公布裁判文书的组织、管理、指导和监督工作,并完善工作流程,明确工作职责。①

3. 执行信息公开平台

人民法院应当规范执行信息的收集、交换和使用行为,在确保信息安全的前提下,实现上下级法院之间,异地法院之间,同一法院的立案、审判与执行部门之间的执行信息共享。

人民法院应当整合各类执行信息,方便当事人凭密码从执行信息公开平台获取以下信息:(1)执行立案信息;(2)执行人员信息;(3)执行程序变更信息;(4)执行措施信息;(5)执行财产处置信息;(6)执行裁决信息;(7)执行结案信息;(8)执行款项分配信息;(9)暂缓执行、中止执行、终结执行信息等。

人民法院应当通过执行信息公开平台,向公众公开以下信息:(1)执行案件的立案标准、启动程序、执行收费标准和根据、执行费缓减免的条件和程序;(2)执行风险提示;(3)悬赏公告、拍卖公告等。

人民法院应当对重大执行案件的听证、实施过程进行同步录音录像,并允许当事人依申请查阅。有条件的人民法院应当为执行工作人员配备与执行指挥中心系统对接的信息系统,

---

① 针对一些当事人反映的不了解案件进度、审判不够透明等问题,全国法院系统以信息化建设为抓手,全面推进司法公开,让诚实守信行为受到褒奖,让各种违法犯罪在阳光下现形,让暗箱操作没有空间,让正义以看得见的方式实现。大力实施"天平工程",实现法院专网全连通、数据全覆盖。建成近2万个科技法庭,把案件审判过程纳入信息化管理。建成人民法院数据集中管理平台,实时统计、实时更新、动态管理。深入推进审判流程、裁判文书、执行信息三大公开平台建设,实现全国法院全覆盖、各项工作全覆盖、人员岗位全覆盖。改版中国裁判文书网,增加公开5种民族语言裁判文书,提供全网智能化检索服务。

将执行现场的视频、音频通过无线网络实时传输回执行指挥中心,并及时存档,实现执行案件的全程公开。

人民法院应当充分发挥执行信息公开平台对失信被执行人的信用惩戒功能,向公众公开以下信息,并方便公众根据被执行人的姓名或名称、身份证号或组织机构代码进行查询:(1)未结执行实施案件的被执行人信息;(2)失信被执行人名单信息;(3)限制出境被执行人名单信息;(4)限制招投标被执行人名单信息;(5)限制高消费被执行人名单信息等。

人民法院应当为各类征信系统提供科学、准确、全面的信息,实现执行信息公开平台与各类征信平台的有效对接。

以上内容均是法官贯彻司法公开原则,接受社会与法律监督,尊重人民群众知情权的职业伦理要求。

（六）自觉遵守回避制度,保持客观中立

回避,是指审判人员或与审判有关的其他人员由于对案件处理有利害关系或其他关系而不参加或已参加而退出案件审判执行等活动。法谚云:"任何人不应成为自己案件的法官。"回避制度是现代法治国家通行的一项诉讼原则,其意义在于确保法官处于中立地位,防止裁判人员先入为主与带有明显倾向的偏见。我国古代唐律《唐六典》曰:"凡鞫狱官与被鞫人有亲属仇嫌者,皆听更之。"当前我国对于法官回避制度规定得比较细致、完备,具体规定如下:

当事人如果认为审判人员对本案有利害关系或者其他关系不能公平审判,有权请求审判人员回避。审判人员是否应当回避,由本院院长决定。审判人员如果认为自己对本案有利害关系或者其他关系,需要回避时,应当报告本院院长决定。

刑事案件中,审判人员有下列情形之一的,应当自行回避,当事人及其法定代理人也有权要求他们回避:(1)是本案的当事人或者是当事人的近亲属的;(2)本人或者他的近亲属和本案有利害关系的;(3)担任过本案的证人、鉴定人、辩护人、诉讼代理人的;(4)与本案当事人有其他关系,可能影响公正处理案件的。审判人员不得接受当事人及其委托的人的请客送礼,不得违反规定会见当事人及其委托的人。审判人员违反前述规定的,应当依法追究法律责任。当事人及其法定代理人有权要求他们回避。审判人员的回避,应当由院长决定;院长的回避,由本院审判委员会决定。对驳回申请回避的决定,当事人及其法定代理人可以申请复议一次。上述关于回避的规定适用于书记员、翻译人员和鉴定人。辩护人、诉讼代理人可以依照本章的规定要求回避、申请复议。

民事案件中审判人员有下列情形之一的,应当自行回避,当事人有权用口头或者书面方式申请他们回避:(1)是本案当事人或者当事人、诉讼代理人近亲属的;(2)与本案有利害关系的;(3)与本案当事人、诉讼代理人有其他关系,可能影响对案件公正审理的。审判人员接受当事人、诉讼代理人请客送礼,或者违反规定会见当事人、诉讼代理人的,当事人有权要求他们回避。审判人员有前款规定的行为的,应当依法追究法律责任。上述规定,适用于书记员、翻译人员、鉴定人、勘验人。当事人提出回避申请,应当说明理由,在案件开始审理时提出;回避事由在案件开始审理后知道的,也可以在法庭辩论终结前提出。被申请回避的人员在人民法院作出是否回避的决定前,应当暂停参与本案的工作,但案件需要采取紧急措施的除外。院长担任审判长时的回避,由审判委员会决定;审判人员的回避,由院长决定;其他人员的回避,由审判长决定。人民法院对当事人提出的回避申请,应当在申请提出的 3 日内,以口头或者书面形式作出决定。申请人对决定不服的,可以在接到决定时申请复议一次。复议期间,被申请回避的人员,不停止参与本案的工作。人民法院对复议申请,应当在 3 日内作出复议决定,并通知复议申请人。

行政案件中,当事人认为审判人员与本案有利害关系或者有其他关系可能影响公正审判的,有权申请审判人员回避。审判人员认为自己与本案有利害关系或者有其他关系的,应当申请回避。上述规定,适用于书记员、翻译人员、鉴定人、勘验人。院长担任审判长时的回避,由审判委员会决定;审判人员的回避,由院长决定;其他人员的回避,由审判长决定。当事人对决定不服的,可以申请复议一次。

法官应自觉遵守司法回避制度,审理案件时保持中立公正的立场,平等对待当事人和其他诉讼参与人,不偏袒或歧视任何一方当事人,不私自单独会见当事人及其诉讼代理人、辩护人。遇到法定回避情形或者认为自己应当回避时,法官要自觉主动回避,主动要求退出诉讼活动。在审判实践中,诉讼参与人滥用回避权利的现象也时有发生,这种现象应引起重视。诉讼参与人为了拖延诉讼或者扩大舆论影响而恶意申请回避时,审查主体应严格依照法律规定和最高人民法院的有关规定进行审查,让该回避的回避,凡不符合回避条件的,应予以驳回,以体现法律的严肃性和权威性。

近年来,特别是法院机构改革后,各地法院有一些法官及其他工作人员退休,还有一批干部因调离、辞职等原因离开法院工作岗位。其中一部分转做与法律事务有关的工作,给法院执行回避制度带来了新情况和新问题。对此,为防堵制度漏洞,以全国政法队伍教育整顿为契机,各地法院针对离岗退养、退休人员执行回避制度作出规定,主要包括:离任人员不得利用自己的身份和影响为当事人拉关系、打招呼,不得向案件承办人了解、打听有关案件的处理情况或查阅相关的档案材料,不得对案件处理提出具体意见、进行不正当干预;离岗退养人员在离岗期内不得担任诉讼代理人和辩护人。退休、辞职、调离等人员在离任后两年内,不得以律师身份担任诉讼代理人或者辩护人;离任两年后担任原任职法院所审理案件的诉讼代理人或者辩护人,对方当事人认为可能影响公正审判而提出异议的,人民法院应当支持,不准予其担任诉讼代理人或者辩护人。

除了遵守回避制度外,法官在对案件事实进行认定、对法律规范进行解释时,还要保持一种中立客观的态度,从一名公正无私的旁观者的角度来处理问题。作为一名中立的公正无私的旁观者,法官应努力做到不偏不倚、一视同仁。法官不能因为被告人出身高贵就对其特殊照顾,不能因为被告人颜值较高就对其多加关注,更不能因为被告人相貌丑陋就对其表示厌恶。法官在裁判的过程中,应努力使自己不受羞恶之心、好恶之心等各种主观倾向的影响,确保法官所具有的偏见不会影响到公正判决的作出。法官被喻为"把手指放在善恶交界之处,就可以碰触上帝的袍服"的人,是非之间的定夺、善恶之间的判断、生死之间的决策,简直需要神明般的人物。正因如此,法官更应避免在作出判断时受到各种主观偏见、好恶的影响。法官必须从一名公正无私的旁观者的角度审理案件。这个公正无私的旁观者就是亚当·斯密所说的"理性、道义、良心、内心中的那个人、判断我们行为的伟大法官和仲裁者"。亚当·斯密指出,"无论何时,当我们将要采取的行动会影响到他人的幸福时,他就会用一种足以威慑我们心中最冲动的激情的声音向我们高喊:我们仅仅是芸芸众生中的一粒微尘,并不比任何人高贵一丝一毫;如果我们如此可耻地看重自己而盲目地看轻别人,就会成为愤恨、厌恶和诅咒的合宜对象。我们只有从他那里才知道自己以及与自己有关的事的确是微不足道的,而且我们要想纠正自爱之心的天然曲解,也必须借助公正的旁观者的判断,正是他向我们指出慷慨行为的合宜性和不义行为的丑恶;指出牺牲自己最大的利益来换取他人更大的利益是合宜的做法;指出以伤害他人——哪怕是最低程度的——为代价来获得自己的利益,是卑劣的恶行。在许多场合,并非我们对周围人的爱,也并非对人类的爱,促使我们去实践神那般的美德。它通常是在这样的情形下产生的一种更强烈的爱,一种更有力的温情,一种对光荣而又崇高的东西的敬爱,一种对伟大和尊严的敬爱,一种对自己品质中那些优点的热爱。"[①]

法官正是这样,摈除自己自私自爱之心的影响,作为一名中立的旁观者来审判案件。对法官来说,保持中立、维护不偏不倚的公正形象至关重要。法官不中立,何以辨是非? 法官不中立,何以决狐疑? 法官不中立,何以无偏袒? 法官不中立,其判决结果何以令人信服? 中立意味着不偏不倚,意味着超然事外,意味着一视同仁,意味着客观公正。一名中立的法官,不会在庭上喋喋不休,对两造意见指手画脚,而是有序组织庭审,使两造意见自由绽放,竞相迸发;一名中立的法官,不会私下会见一方当事人,对一方当事人秋波暗送,以致自毁形象,丧失立场,自降法官身份,改扮律师角色,破坏平等对抗;一名中立的法官,会时时处处维护自己的公正形象,慎言慎行,不以任何形式破坏自己客观超然的地位和立场。

对于法庭正在审理的案件,如果法官丧失立场,私下为一方当事人提供咨询意见,简直就是对法庭的蔑视和对另一方当事人权利的冒犯。丹宁(Denning)大法官认为:"法律是十分明确的,当诉讼案还未了结而法庭正在积极审理的时候,任何人不得对案件加以评论,因为这样做实际上会给审案工作带来不利的影响,如影响法官、影响陪审员或影响证人,甚至会使普通人对参加诉讼一方产生偏见。即使某人确信自己的评论是诚实的,但只要是在法庭审定以前过早地说出真情,也仍然是一种蔑视法庭行为。"[②]身为法官,更不应有此不当行为。

若令此方当事人知晓法官在法庭审理之前、之外,即与对方当事人有过接触,并为对方当事人提供过法律上的咨询意见,在此方当事人心中,法官如何有公正可言? 法官为对方当事人提供过咨询意见,势必让此方当事人产生合理怀疑:法官是否有腐化行为? 若判令对方胜诉,势必给了此方当事人最好的上诉、上访、缠诉的理由;若判决与法官之前发表的意见不一,对方当事人必定会对法官的公正性提出法官何以前后不一的质疑。一旦法官的公正性遭受质疑,法官的判决结果就不可能令两造信服。法官言行不当的恶果是丧失中立性,自毁公正形象。

法官与律师,虽同为法律职业人员,然因立场不同,言行亦有别。律师以维护一方当事人的利益为目的,法官以公正为目的。在法庭上,律师各展所能,有时针锋相对,唇枪舌剑,皆为履行其职责,维护当事人利益之最大化。对律师的发言,除重复及明显与案件无关的言论外,法官应予以最大限度的尊重与容忍。法官则以客观中立的态度听审旁观,以四两拨千斤的姿态令争论得以有序顺畅进行,因为客观情况最易为争论双方所供出;法官一旦介入争论中,无异于丧失立场,放弃法官身份。法官的公正形象要求法官与律师保持一定距离,以

[①]　[英]亚当·斯密:《道德情操论》,王秀莉译,上海三联书店 2011 年版,第 153–154 页。

[②]　[英]丹宁勋爵:《法律的正当程序》,李克强、杨百揆、刘庸安译,法律出版社 1999 年版,第 50 页。

避免将来争讼中另一方当事人及律师产生对法官行为不端的合理怀疑。如果法官与律师交往过密,甚至就争讼中的案件向一方律师发表自己的观点和看法,无异于不公正地将天平向一方当事人倾斜。

法官应牢记自己的身份职责,自觉维护自己客观、中立、公正的裁判者地位和形象。实现公正是法官的职责,保持一个中立的不偏不倚的裁判者形象是实现公正的前提。没有公正的形象就不可能有公正的法官。借用罗尔斯分蛋糕的例子来诠释公正形象对实现公正的重要性:一些人要分一个蛋糕,假定公平的划分是人人平等的一份,什么样的程序将给出这一结果呢? 我们把技术问题放在一边,明显的办法就是让一人来划分蛋糕并得到最后的一份,其他人都被允许在他之前拿。此时,他将平等地划分这蛋糕,因为这样他才能确保自己得到可能有的最大一份。[①]同分蛋糕的人只有自己最后拿蛋糕,才能确保分配的公正性一样,只有法官永葆中立、客观、公正的形象,才可能实现程序公正与结果公正! [②]

(七) 避免干扰其他法官审理案件

法官应当避免对法院系统内部造成不当影响和压力。尊重其他法官对审判职权的依法行使,除履行工作职责或者通过正当程序外,不过问、不干预、不评论其他法官正在审理的案件。法官应当依法履行职责,严格遵守纪律,不得违反规定过问和干预其他人员正在办理的案件,不得违反规定为案件当事人转递涉案材料或者打探案情,不得以任何方式为案件当事人说情打招呼。[③]法官遇有案件当事人及其关系人请托过问案件、说情打招呼或者打探案情的,应当予以拒绝。法院领导干部和上级人民法院工作人员因履行法定职责提出监督、指导意见的批示、函文、记录等资料应当存入案卷备查。法官在办案工作中遇有司法机关内部人员在法定程序或相关工作程序之外过问案件情况的,应当及时将过问人的姓名、单位、职务以及过问案件的情况全面、如实地录入司法机关内部人员过问案件信息专库,并留存相关资料,做到有据可查。法官为案件当事人及其关系人请托说情、打探案情、通风报信,邀请办案人员私下会见案件当事人及其关系人,不依照正当程序为案件当事人及其关系人批转、转递涉案材料,非因履行职责或者非经正当程序过问他人正在办理的案件的,均属于违反规定过问案件的行为,应当依照《人民法院工作人员处分条例》第 33 条给予纪律处分;涉嫌犯罪的,应当移送司法机关处理。

法官也不能评论其他法官正在审理的案件,而应当尊重同行,维护其他法官的裁判权威。法官的身份容易导致公众与媒体对生效裁判的质疑夸大,有损其他法官的形象。当法官评论其他法官正在审理的案件时,民众就有理由认为,评论案件的法官抛弃了其应有的中

[①] [美]约翰·罗尔斯:《正义论》,何怀宏、何包钢、廖申白译,中国社会科学出版社 1988 年版,第 85–86 页。

[②] 周新华系永州市冷水滩区人民法院法官,是冯迪诉成森林离婚纠纷案一审阶段的承办法官。二审判决生效后,冯迪向永州市冷水滩区人民法院申请强制执行。此时,周新华已调入执行局工作,在与冯迪结婚后仍积极参与案件执行,应当回避而不回避,造成恶劣影响,其行为已构成违纪,且情节较重,中共永州市冷水滩区纪委决定给予周新华开除党籍处分。永州市冷水滩区人民法院提请永州市冷水滩区人大常委会撤销周新华的审判员职务,冷水滩区人大常委会已于 2014 年 8 月 22 日撤销周新华的审判员职务。冷水滩区人力资源和社会保障局已将周新华调离法院。艾民:《永州被处分法官缘于违反回避规定》,载《人民法院报》2014 年 8 月 27 日,第 2 版。

[③] 对于任何单位、个人在诉讼程序之外递转的涉及具体案件的函件、信件或者口头意见,法官应当按照《领导干部干预司法活动、插手具体案件处理的记录、通报和责任追究规定》《司法机关内部人员过问案件的记录和责任追究规定》及其实施办法予以记录。

立角色,成了某一方论点的代言人。

三、确保司法廉洁

廉洁是所有公职人员的基本职业伦理要求。司法是社会公平正义的最后一道防线,更容不得铜臭味的玷污与腐蚀。建设一支清正廉洁的法官队伍,是全面依法治国、建设社会主义法治国家的重要保障。

(一)端正三观,坚守廉洁底线

习近平指出,司法是否具有公信力,主要看两点:一是公正不公正,二是廉洁不廉洁。[①]在物质世界让人眼花缭乱的今天,法官稍有不慎就会突破底线,就会使公众逐渐失去对司法的信任和信心,也就难以培育公众的法律信仰。法官应当树立正确的权力观、地位观、利益观,坚持自重、自省、自警、自励,坚守廉洁底线,依法正确行使审判权、执行权,杜绝以权谋私、贪赃枉法行为。

所谓权力观,就是法官对权力问题的认识和态度。司法权是法律生命之所系,是权利保障和社会公正的最后防线。一切权力属于人民,宪法赋予法官以判决的形式将相关法律适用于具体案件,以对社会矛盾纠纷作出裁决的权力。法官要正确对待手中的权力,运用人民赋予的司法权为人民伸张正义,维护社会秩序。法律是人民意志的体现,法官应当坚持严格依法审判,坚持程序公正,健全和完善公正、公开、民主、高效的审判程序和审判方式,确保裁判公正。

所谓地位观,是指法官对自身在社会关系中所处位置的看法。法官作为社会矛盾的最终判断者,其理想的状态是其应该具有崇高的社会地位。随着司法改革与全面依法治国的推进,我国法官的社会地位随着法治的强化而得到了很大的提高,职业尊荣感不断增强,员额制法官工资高于当地同级其他公务员人均工资收入,建立了法官等级晋升机制。国家与社会给法官创造了良好的环境与条件,就法官自身而言,应当坚持人民法官为人民,树立司法为民的理念。法官地位的高低,不在于职务与等级,不在于工资与奖金,而在于法官公平公正地处理了多少案件、调处了多少社会矛盾纠纷,为法治社会的建设贡献了多少力量。很多法官退休时,虽然还是一名普通的法官,没有庭长、副庭长职务,却带着微笑与满足离开了审判台,这就是法官应当具有的地位观。为鼓励人民法院工作人员长期投身于人民司法事业,增强职业尊荣感和自豪感,激励干部新时代新担当新作为,积极为中国特色社会主义法治建设作出贡献,最高人民法院根据《国家功勋荣誉表彰条例》,为从事人民法院工作累计满 30 年、为人民法院工作作出贡献的各级人民法院(含直属事业单位)在编人员颁发荣誉天平纪念章。

所谓利益观,就是对利益的看法和态度。有什么样的世界观就有什么样的利益观,法官从事的是公共事业,最终目的是保障所有社会成员的共同幸福。法官应当从内心深处解决好市场经济条件下思想道德防线问题。法律职业人员在进行职业选择时,应结合自身的实际情况慎重选择从事法官这一神圣职业。一旦选择,就要不忘初心,无怨无悔。

---

① 中共中央文献研究室编:《习近平关于全面依法治国论述摘编》,中央文献出版社 2015 年版,第 71 页。

法官出了问题,走入歧途,归根到底是上述三观出了问题,没有做到自珍自爱、自我反省、自我批评、自我调控和自我教育,最后突破了廉洁的底线,滥用审判权、执行权,以权谋私、贪赃枉法。法官遵守职业伦理,应始终保持如履薄冰、如临深渊的心态,要对法律常怀敬畏之心,时时警醒自己,处处约束自己,自觉成为严守法纪的表率。

(二) 遵守廉洁规定,不利用职权谋取私利

俗话说:"小时偷针,大时偷金。"其寓意是一般违法与犯罪之间没有不可逾越的鸿沟,不良行为,如不注意,都有可能发展为违法犯罪,减少违法犯罪重在防微杜渐。须知千里之堤,溃于蚁穴,所以要未雨绸缪,防患未然,因此,我国对法官制定了一系列廉洁规定。

我国《法官法》第 5 条规定,法官应当勤勉尽责,清正廉明,恪守职业道德;《准则》第 15 条规定,法官应树立正确的权力观、地位观、利益观,坚持自重、自省、自警、自励,坚守廉洁底线,依法正确行使审判权、执行权,杜绝以权谋私、贪赃枉法行为。《准则》第四章其他各条也要求法官当保持清正廉洁。《规范》第 4 条也作了与此类似的规定。

《准则》第 16 条同时规定:"严格遵守廉洁司法规定,不接受案件当事人及相关人员的请客送礼,不利用职务便利或者法官身份谋取不正当利益,不违反规定与当事人或者其他诉讼参与人进行不正当交往,不在执法办案中徇私舞弊。"在被称为"礼仪之邦"的中国,当请客送礼成为一种传统文化与社会现象时,法官尤其要提高警惕,防止"温水煮青蛙式腐败"。腐败行为时常披上"人情往来"的外衣,在"略表寸心""盛情难却"中明修"风俗礼仪"的栈道,暗度以权谋私的陈仓。个别法官在充满温情的拜访和问候中放松了警惕,进而积小贪为大贪,最后身不由己地滑向了腐败的深渊,最后倒在了这种温水煮青蛙式的腐败下。法官的亲朋好友出于亲情或者友情,相互之间在法律规定的范围内请客送礼,应当说是正常的人际关系和礼尚往来。但是,应当警惕有人以亲朋好友的名义,借请客送礼之名行行贿之实。区分的关键,一是看请客送礼是否与职务有关;二是看接受请客送礼之后,是否为其谋取了利益;三是看请客送礼是否达到了追究法律责任的数额标准。如果是法官利用职务之便,接受请客送礼,数额巨大达到追诉标准并且为其亲朋好友谋取了利益,即便有亲戚朋友关系也不影响受贿罪的构成。

(三) 不得有营利性经营活动

所谓营利性经营活动,是指参与的活动或参加的组织所从事的活动是以营利为目的的。法官不得从事或者参与营利性的经营活动,不在企业及其他营利性组织中兼任法律顾问等职务,不就未决案件或者再审案件给当事人及其他诉讼参与人提供咨询意见。禁止法官兼任一切营利性组织的职务,并不等于禁止法官的一切经济行为,而是严格限制法官参与经营活动。比如,法官可以依照规定在证券市场上进行购买股票等有价证券的活动,但是不准其参与上市企业的日常经营管理活动等。

(四) 妥善处理个人和家庭事务

从一些被查处的案件来看,有一部分法官违法违纪是因为对配偶、子女、亲属等家庭成员要求不严,利用自身的权力为亲人谋取私利,最终毁了一家人。法官应当树立正确的亲情观,坚决管住自己,管住亲属,管住身边工作人员,绝不允许利用职务便利为自己和家庭成员

谋取利益,坚决筑牢拒腐防变的底线,确保廉洁司法,防止为情所累、为情所误。《准则》第18条规定:"妥善处理个人和家庭事务,不利用法官身份寻求特殊利益。按规定如实报告个人有关事项,教育督促家庭成员不利用法官的职权、地位谋取不正当利益。"

根据《领导干部报告个人有关事项规定》,各地法院针对法官职业特点,制定了专门性的法官个人重大事项报告制度,主要包括以下内容:配偶、父母、子女从事律师或法律事务相关职业的情况;本人、配偶、子女受到执法执纪机关查处或涉及犯罪的情况;本人、配偶、共同生活的子女营建、买卖、出租私房的情况;在公共场所和社会交往中与他人发生纠纷造成影响的情况;本人婚姻关系发生变化的情况;因私出国(境)和在国(境)外活动的情况;本人、子女与外国人通婚以及配偶、子女出国(境)定居的情况;本人私人购买汽车的情况;本人借他人汽车使用2个月以上的情况;副处级以上领导干部参与操办的本人及近亲属婚丧喜庆事宜的办理情况;其他事关党风廉政建设、法官职业道德、法院声誉、法官名誉的事项。

四、坚持司法为民

党的二十大报告提出,江山就是人民,人民就是江山。司法为民是我国具有时代特色的现代司法理念,其具体要求是法官在适用法律过程中实现平等、公平、正义等价值目标,让司法服务于人民大众。人民法院是国家审判机关,但对于诉讼当事人来讲,也是窗口单位、服务部门,法官应该把群众呼声作为工作的第一信号,把群众需求作为工作的第一选择,把群众满意作为工作的第一标准,一心为民,让人民群众感受到司法的人文关怀。根据最高人民法院《关于切实践行司法为民大力加强公正司法不断提高司法公信力的若干意见》与《准则》的要求,坚持司法为民方面的法官职业伦理包含以下内容:

(一) 强化群众观念

人民群众对法治进步和公正司法的热切期盼,为人民法院开展工作提供了不竭的动力。法官应当充分认识到践行司法为民对于树立人民法院良好形象、维护司法权威、保障宪法法律有效实施、推进全面依法治国、建设法治中国的重大现实意义,将司法为民、公正司法和司法公信力提高到新的水平。因此,《准则》第19条规定:"牢固树立以人为本、司法为民的理念,强化群众观念,重视群众诉求,关注群众感受,自觉维护人民群众的合法权益。"

(二) 积极为民化解矛盾纠纷

《准则》第20条规定:"注重发挥司法的能动作用,积极寻求有利于案结事了的纠纷解决办法,努力实现法律效果与社会效果的统一。"针对我国经济社会发展不平衡的实际,法官要不断创新符合审判规律、简单易行、便民利民的审判方式方法,满足有效化解各类矛盾纠纷的要求。在维护法治统一的前提下,妥善处理因发展不平衡和利益格局调整而产生的法律适用难题,注重司法政策、司法解释对不同地区不同情况的包容性,注重司法规则对不同阶层社会成员适用的公平性。

坚持能动司法,发挥司法职能,恪守司法本职,用好司法手段,努力服务大局。正确处理能动司法、服务大局与依法履行审判职能的关系,不断增强大局意识,自觉把人民法院的工作置于党和国家的工作大局之中。通过制定和实施司法解释、司法政策，努力实现审判工作与大局工作的有机结合；通过个案裁判，审慎、妥善处理经济社会发展失衡、社会建设滞后、社会管理缺失引发的各种纠纷，全面考量案件涉及的各种因素和裁判对各方面的影响，防止因个案处理失当激化社会矛盾，影响社会稳定。严禁法官参与地方招商、联合执法，严禁提前介入土地征收、房屋拆迁等具体行政管理活动。

注重司法审判工作与社会生活的融合。准确把握人民群众对法院工作的需求与期待，高度重视人民群众对法院工作的关切和评价，切实尊重人民群众对司法公正的普遍认知和共同感受。不断加强对社会生活的调查研究，认真了解各类社会关系和社会交往的主要方式与规则习惯，善于总结和运用人民群众公认的常识与经验，努力使司法过程和处理结果在法律规定的范围内贴近人民群众的公平正义观念。利用诉讼活动和司法裁判，加大对诚信行为的保护力度和对失信行为的惩罚力度，提高诚信效益，增大失信成本，严格防范并依法制裁当事人利用诉讼手段逃避责任或谋取不正当利益的行为。

(三) 便民利民措施

创新和落实便民利民措施，增强司法为民的实际效果。认真执行司法便民规定，努力为当事人和其他诉讼参与人提供必要的诉讼便利，尽可能降低其诉讼成本。

加强诉讼服务窗口建设。建设好、管理好、运用好诉讼服务中心、立案大厅以及涉诉信访接待窗口，完善各类窗口的实际功能，严格执行统一的工作流程和服务规范。切实改进工作作风，善于用人民群众听得懂、易接受的语言和方式进行沟通交流，坚决避免对诉讼参与人冷硬横推的现象，坚决消除门难进、脸难看、话难听、事难办等不良作风，坚决杜绝任何刁难诉讼参与人或应当作为而不作为的现象，努力为人民群众参与各项诉讼活动提供热情、合法、高效的服务。

提高便民利民措施实效。根据人民群众的需求和审判工作的实际需要，因地制宜地开展好节假日预约办案、巡回办案、网上立案、网上办案等便民利民举措。进一步细化和完善立案、审判、执行和信访等环节的便民利民措施，提高便民利民实效。注重发挥人民法庭接近基层、了解民情的特殊优势，强化人民法庭在解决民间纠纷中的作用，赋予人民法庭作为法院诉讼服务点的职能，方便基层群众起诉、应诉及参与其他诉讼活动。

加强对当事人的诉讼指导与帮助。从现阶段当事人参与诉讼的能力和条件差异较大的实际出发，在保证程序公正和平等对待的前提下，注意为当事人特别是没有委托律师辩护、代理的当事人参与诉讼提供必要的程序性指导与帮助。强化诉讼权利义务、举证责任、诉讼风险等事项告知工作。当事人提出调取证据申请且符合法律规定的，或者法庭认为有必要调查、核实的证据，应当依职权调取、核实。要确保诉讼程序及诉讼活动专业化、规范化的不断提升，始终与人民群众诉讼能力的不断提高相适应。要让有理无钱的当事人打得起官司，让有理有据的当事人打得赢官司，让打赢官司的当事人及时实现权益。

降低当事人的诉讼成本。在保证审判质量的前提下，依法选择并适用更为经济的诉讼程序，积极引导当事人理性选择诉讼成本低、负面作用小的诉讼程序，尽可能避免诉讼过程对当事人正常生产生活造成不应有的消极影响，杜绝滥用强制措施损害当事人合法权益的现象。推动将司法救助纳入社会救助制度体系，拓宽司法救助资金筹集渠道，完善诉讼费缓减免制度，不断扩大司法救助的受惠范围。

（四）尊重诉讼参与人

切实保障当事人行使诉讼权利。贯彻尊重和保障人权的原则,切实保证当事人依法自由表达诉求、充分陈述理由、适时了解审判进程以及批评、控告侵犯诉权行为等权利。尊重当事人的程序选择权,对依法可以由当事人自主或协商决定的程序事项,应当尽量让当事人自主或协商决定。加强对法律适用的解释、对程序问题的释明和对裁判活动的说理,裁判文书要认真对待、全面回应当事人提出的主张和意见,具体说明法院采纳或不采纳的理由及依据。在诉讼过程中,对当事人提出的申请或质疑,应及时给予回应并说明理由。《准则》第22条规定,应尊重当事人和其他诉讼参与人的人格尊严,避免盛气凌人、"冷硬横推"等不良作风;尊重律师,依法保障律师参与诉讼活动的权利。

高度重视律师作用的发挥。理解并尊重律师的职业立场和关切重点,切实保障律师在审判过程中依法履行职责,保障律师依法行使阅卷、举证、质证、辩护等诉讼权利,认真对待并全面回应律师对案件处理的主张和意见。进一步规范法官与律师的关系,二者在诉讼活动中应当各司其职、彼此尊重、互相监督,法官与律师应当交流交心不交易、互利互补不互黑。完善律师对法官违法行为的投诉及反馈机制。依法处理律师违反法庭纪律,恶意投诉,诋毁法官、法院声誉等不当行为。有的地方法院曾经发布了《法官尊重律师的十条意见》,从保障知情权、申请权、诉讼权以及加强释法析理、提升诉讼便利、参与矛盾化解等十个方面,通过制度化安排,深入推进法官与律师良性互动,获得司法界特别是律师界的广泛好评。重点从以下四个方面保障律师权利:

1. 聚焦律师诉讼权利保障,进一步优化律师执业环境,支持律师依法履职

深刻认识加强律师权利保障的重要性,切实维护律师依法履行辩护和代理职责,保障律师在庭审准备和庭审过程中的诉讼权利。例如,在保障申请权上,明确律师申请调查令、诉前调查令,申请法院调查取证,申请变更强制措施,申请重新鉴定或者勘验、检查,申请证人出庭作证等的,法官应在规定时间内作出决定:合理正当的,应予许可;依法驳回的,应说明理由。

2. 聚焦律师诉讼服务便捷,进一步推进信息技术与司法审判的深度融合

明确要依托律师服务平台、移动"微法院"和互联网在线诉讼平台等,推进一站式多元解纷、一站式诉讼服务,为律师办理立案、参与庭审、申请执行等提供更专业、更便捷、更高效的服务,确保诉讼便捷,减轻律师讼累。

3. 聚焦司法公信力提升,进一步加强司法裁判释法说理,充分发挥律师在公正司法中的重要作用

切实贯彻"以公信力提升为根本"的工作思路,案件审理裁判过程中专注、充分听取律师辩护意见、代理意见,全面归纳当事双方争议焦点,根据案件情况,进行繁简适度的说理,简案略说、繁案精说,全面提高律师对诉讼全过程的参与度,提高裁判的可接受性。要健全律师参与调解、参与涉诉信访化解工作机制,充分发挥律师在预防和化解矛盾纠纷中的作用。

4. 聚焦法官律师良性互动,进一步推进沟通交流常态化

明确搭建常态化互动交流平台,建立健全与司法行政机关、律师协会联席会议、业务交流、专题研讨机制,加强工作交流。规范法官与律师的接触交往行为,坚持对法官与律师交

往中各种违纪违法及违反"负面清单"行为"零容忍",共守司法廉洁、共守公平正义。

五、维护司法形象

当前我国处于全面深化改革的社会转型期,利益格局、舆论生态纷繁复杂,法官为维护司法形象而自我约束尤显重要。从社会舆论关注的各种司法个案来看,社会对典型司法个案的关注程度比过去任何时候都强烈,司法本身也吸引着社会各界的目光。作为法律事实的最终判断者和利益裁量者,法官时刻受到来自各个方面的关注。"公正不但必须做到,为了令人信服,它还必须被人看到",维护司法形象是法官的义务、责任与道德坚守。

(一) 精通业务、弘扬正义

社会不断发展变化,新类型的矛盾纠纷以诉讼的形式涌入法院。再完备的、再超前的法律,也不可能在立法时涵盖所有事件。准确适用法律,以应对法律实施中遇到的新情况、新型、疑难、复杂案件,只能依赖高素质、高水平的法官。素质和水平的提高,又只能依赖法官不断地学习:学业务和职业技能,提高业务素质;学审判、调解、执行技巧和艺术,提高实际工作能力;学写作和调研,提高裁判文书质量和调研水平。"业精于勤,荒于嬉"[1],法官提高自身业务能力和审判技巧是正确适用法律的前提和保证。《准则》第 23 条规定:"坚持学习,精研业务,忠于职守,秉公办案,惩恶扬善,弘扬正义,保持昂扬的精神状态和良好的职业操守。"

(二) 模范遵守司法礼仪

法官就应该有法官的样子。法官必须要威严、严谨,威风八面、刚正不阿、滴水不漏,有一定的生活品位和一丝不苟的工作品质,表达准确,态度诚恳。也就是说,法院应该遵守司法礼仪。

司法礼仪是对法官语言、服饰、仪容、举止等方面的要求。礼仪的"礼"字指的是指礼节,表示尊敬、尊重,即在人际交往中既要尊重自己,也要尊敬别人。从内容上看,司法礼仪包括:(1) 司法形象,如司法从业人员的仪容仪表、法袍与徽章等;(2) 司法行为,如法官在法律规定的权责范围内的活动、行为举止、语言等;(3) 司法文书,其基本要求是格式规范,整洁美观,遣词造句准确妥当,尽量使用法言法语,叙述事实清楚,援引法律准确,注重以理服人;(4) 司法仪式,主要包括一些特别设计的、既定的、程序性的操作范式。

司法礼仪是一门司法艺术,法官则是这门艺术的表演者。可以说,司法礼仪是法官内在修养和素质的外在表现,可以展示法官的学识、风度、气度、教养与魅力等个人涵养。法官的个人涵养,不是来自神意或者传奇经历,而来自高尚的人格、渊博的学识、简洁准确的语言、庄重的举止等,因此,法官的举手投足都应符合司法礼仪,一言一行都要体现法的精神,保持庄重、文雅、得体、大方的仪容举止,把司法礼仪浸透于自身的血液之中,随时随地都要体现司法礼仪的精神。[2]

---

[1]《新唐书·韩愈传》。
[2] 邓志伟:《符号学视角下的司法礼仪透视——法院文化的表达与实践》,载《河北法学》2014 年第 4 期。

　　司法实践中,少数法官不注重司法礼仪,如庭审中抽烟、使用通信工具、当庭换法袍或挂法袍、随意离开审判席等,这些不良举动会让当事人产生一种不信任感。当事人身处案件利益之中,比其他人更加敏感。也许法官不经意接听一个电话,当事人会觉得法官注意力不集中,认为法官不负责,在不负责情况下判处的案件会被认为是不公正的案件;法官四处张望,当事人可能会误以为法官偏向另一方,法律的威严和公正因此受到不同程度的影响和损害。《准则》第24条规定:"坚持文明司法,遵守司法礼仪,在履行职责过程中行为规范、着装得体、语言文明、态度平和,保持良好的职业修养和司法作风。"

　　根据《人民法院审判制服着装管理办法》,穿着审判制服,应当做到服装整齐洁净,仪表端庄得体,注重礼仪规范,严格遵守以下要求:(1)不得披衣、敞胸露怀、趿鞋、挽袖、卷裤腿和外露长袖衬衣下摆。(2)不得系扎围巾,不得染彩发,不得留怪异发型。男性人员不得留长发(发长侧面不过上耳沿,后面不过衣领)、蓄胡须,非特殊原因不得剃光头;女性人员留长发者不得披散发,不得染指甲、化浓妆,不得佩戴耳环、项链等首饰。(3)不得在外露的腰带上系挂钥匙或者其他饰物。(4)除工作需要或患有眼疾外,不得戴有色眼镜。(5)不得穿着审判制服从事与法院工作性质和工作人员品行不符的活动。

　　法官出庭时的注意事项有:(1)准时出庭,不迟到,不早退,不缺席;(2)在进入法庭前必须更换好法官服或者法袍,并保持整洁和庄重,严禁着便装出庭;合议庭成员出庭的着装应当保持统一;(3)设立法官通道的,应当走法官通道;(4)一般在当事人、代理人、辩护人、公诉人等入庭后进入法庭,但前述人员迟到、拒不到庭的除外;(5)不得与诉讼各方随意打招呼,不得与一方有特别亲密的言行;(6)严禁酒后出庭。[①]

　　法官庭审中的言行规范有:(1)坐姿端正,杜绝各种不雅动作;(2)集中精力,专注庭审,不做与庭审活动无关的事;(3)不得在审判席上吸烟、闲聊或者打瞌睡,不得接打电话,不得随意离开审判席;(4)平等对待与庭审活动有关的人员,不与诉讼中的任何一方有亲近的表示;(5)礼貌示意当事人及其他诉讼参加人发言;(6)不得用带有倾向性的语言进行提问,不得与当事人及其他诉讼参加人争吵;(7)严格按照规定使用法槌,敲击法槌的轻重应当以旁听区能够听见为宜。

　　(三)加强业外约束

　　法官业外活动,是指法官司法职务以外的所有活动,又称职务外活动。法官的工作生活有内外之分,但是法官形象却没有内外之分。法官的业外活动关系到法官形象,是法官职业伦理规范不可或缺的内容,必须切实加强对法官业外活动的约束。当前,社会公众对法官形象有着较高的期许,因此,法官在业外活动中必须维护公正的形象,特别是在人际交往、社会经济活动、生活休闲娱乐、矛盾纠纷处理等可能因行为不当引起当事人合理怀疑的领域。法官应当加强自身修养,培育高尚道德操守和健康生活情趣,杜绝与法官职业形象不相称、与

[①] 2017年8月22日中午,湖南永州市东安法院芦洪市人民法庭原副庭长魏某某应同学杨某某邀请,陪同从广州回东安的同学邓某某、唐某饮酒,导致下午开庭不能正常进行,且宣布休庭后醉倒在审判席上休息。魏某某的行为严重违反了公职人员工作期间严禁饮酒的规定,影响了庭审工作,损害了法官形象,造成恶劣的社会影响。东安法院决定报请县人大常委会免去其芦洪市法庭副庭长职务,对其违纪问题进一步立案审查。魏某某被给予行政记大过处分,并被免去法官职务,调离法院系统。江雪:《醉卧"庭场",咎由自取》,载《湖南日报》2017年11月8日,第2版。

法官职业道德相违背的不良嗜好和行为,遵守社会公德和家庭美德,维护良好的个人声誉。[①]

法官受邀请参加座谈、研讨活动时,对与案件有利害关系的机关、企事业单位、律师事务所、中介机构等的邀请应当谢绝;对与案件无利害关系的党、政、军机关,学术团体,群众组织的邀请,经向单位请示获准后方可参加。法官受邀请参加各类社团组织或者联谊活动时,确需参加在各级民政部门登记注册的社团组织的,及时报告并由所在法院按照法官管理权限审批;不参加营利性社团组织;不接受有违清正廉洁要求的吃请、礼品和礼金。

法官在不影响审判工作的前提下,可以利用业余时间从事写作、授课等活动;在写作、授课过程中,应当避免对具体案件和有关当事人进行评论,不披露或者使用在工作中获得的国家秘密、商业秘密、个人隐私及其他非公开信息;对于参加司法职务外活动获得的合法报酬,应当依法纳税。法官接受新闻媒体与法院工作有关的采访时,必须经组织安排或者批准;在接受采访时,不发表有损司法公正的言论,不对正在审理中的案件和有关当事人进行评论,不披露在工作中获得的国家秘密、商业秘密、个人隐私及其他非公开信息。

法官本人或者亲友与他人发生矛盾时,应保持冷静、克制,通过正当、合法途径解决;不得利用法官身份寻求特殊照顾,不得妨碍有关部门对问题的解决。法官本人及家庭成员遇到纠纷需通过诉讼方式解决时,对本人的案件或者以直系亲属代理人身份参加的案件,应当依照有关法律规定,平等地参与诉讼;在诉讼过程中不以法官身份获取特殊照顾,不利用职权收集所需证据;对非直系亲属的其他家庭成员的诉讼案件,一般应当让其自行委托诉讼代理人,法官本人不宜作为诉讼代理人参与诉讼。法官出入社交场所时,参加社交活动要自觉维护法官形象;严禁乘警车、穿制服出入营业性娱乐场所。

法官家人或者朋友约请参与封建迷信活动时,不得参加邪教组织或者参与封建迷信活动;向家人和朋友宣传科学,引导他们相信科学,反对封建迷信;对利用封建迷信活动违法犯罪的,应当立即向有关组织和公安部门反映。法官因私出国(境)探亲、旅游时,应如实向组织申报所去的国家、地区及返回的时间,经组织同意后方可出行;准时返回工作岗位;遵守当地法律,尊重当地民风民俗和宗教习惯;注意个人形象,维护国家尊严。

(四) 加强退休后约束

廉洁没有"退休日",法官不得在退休后"发挥余热",利用在任时的关系和影响力谋取利益。离退休法官利用过去的影响力,对司法人员产生不当影响的,被称为司法掮客。这类司法掮客实际是依附于司法肌体上的寄生虫,其不仅导致司法不公,影响司法公信力,对社会更是一种灾难。法官退休后应当遵守国家相关规定,不利用自己的原有身份和便利条件过问、干预执法办案,避免因个人不当言行对法官职业形象造成不良影响。

[①] 为规范、引导法官业外行为,督促法官管好自己的"生活圈""社交圈""娱乐圈",避免因不正当的或看似不正当的言行而与法官职务和身份发生冲突,从而给司法形象、法官个人和家庭带来损害,2014 年 9 月 23 日,浙江省高级人民法院编印了《浙江法官业外行为指引》,要求法官坚决避免出入有异性陪侍场所,尽量避免去高消费场所,不能上班期间炒股⋯⋯提醒法官时刻加强警惕。法官违纪违法行为的事例,大多数都滋生于法官 8 小时之外的"生活圈""社交圈"和"娱乐圈",大都由业外行为不检点、放纵业外活动逐步开始。有的律师利用与法官是同学、师生或同乡关系而向其"说情",他们常以"聚会娱乐""外出旅游"等看似"正常交往"的名头与法官接触,隐蔽性强、危害大。《浙江法官业外行为指引》通过梳理法官在现实业外活动中可能遭遇的各类具体情景,给法官一种明确的、可操作性强的指引、提示和警醒。

第三节　法官职业伦理实施机制

法官职业伦理实施机制是指法官的职业道德规范得以贯彻实施的机构、程序和其他工作制度的总称,[①]也就是保障法律职业伦理实施的程序和过程,即实施机制内部各要素之间彼此依存、有机结合和自动调节所形成的内在关联和运行方式。就法官职业伦理而言,建立一套培育、保障、督促法官遵守职业伦理的机制,规范相应的程序,设置相应的机构和人员,都是实施机制的构成部分。因此,总的来说,我国现行的法官职业伦理实施机制包括三个部分:法官职业伦理培育机制、法官职业伦理保障机制与法官职业伦理内部惩戒机制。

一、法官职业伦理培育机制

良好的法官职业伦理是法治文明程度的重要标志。不必讳言,在目前经济转轨、社会转型加速的背景下,法官职业伦理总体水平与社会的期盼还存在较大的差距。"从我国法官队伍建设的情况看,受历史、现实、客观、主观等诸多因素的影响,当前我国法官队伍的职业道德状态与社会的期盼还存在一定的差距,甚至个别法官践踏《准则》对法官职业道德的基本要求,尤其是近两年法官队伍中出现的一系列腐败问题,更是损害了整个法官队伍的声誉和形象。"[②]加强法官职业伦理建设,培育机制是基础。

(一) 以法官个体自律为基石

就法官职业伦理而言,法官个体道德品质和个人素养的提高,汇聚在一起,就是整体法官职业伦理水平的提升。就此而论,法官个体道德素养的提高,是整个法官职业伦理培育的基石。法官职业道德的本质含义,是指法官要有好的品行,行要正,相较于普通民众和其他国家机关工作人员,更要恪守法律正道和秉持良好德行。就法官职业伦理运行来说,法官个体的自律和制度的他律是互为条件、相辅相成的两种基本机制。法官职业伦理运行需要制度的刚性来规范,但制度的运行更多的是事后的监督。而法官个体的自律,是指法官在职业伦理意识支配下自觉规范和自觉约束自己的行为,具有高度的自觉性和内生性。只有法官个体道德素养和人格气质的塑造和升华汇聚在一起,为法治社会发展运行提供价值引导和道德约束,才能全面推进依法治国。

(二) 以法官教育培训为抓手

要根据法官队伍实际情况开展职业伦理培训教育,将职业伦理教育列入法官助理和初任法官、员额法官晋升教育培训的必选课程,培训范围覆盖人民陪审员。不少法院开设了"道德讲堂",以弘扬法官敬业精神,助推法官职业道德进一步提升,值得提倡。

(三) 以法官道德楷模为榜样

榜样的力量是无穷的,促进法官职业伦理建设同样可以借助榜样的力量,一些法院开展

---

① 曹建明主编:《法官职业道德教程》,法律出版社 2003 年版,第 200 页。

② 王玮主编:《法官职业道德与行为规范概论》,人民法院出版社 2011 年版,第 21 页。

"优秀法官""法官十杰"等评选活动,为广大法官树立了榜样。"见贤思齐",学习法官道德榜样是一种心理道德倾向的牵引,有助于引导法官从他律走向道德自律。要充分发挥先进典型的引领示范作用,向优秀法官学习,坚定理想信念,胸怀公平正义,坚持司法为民、公正司法,忠诚履职、奋发进取。

二、法官职业伦理保障机制

广义上的法官职业伦理保障机制是指保证法官职业伦理规范得以有效实施的一系列制度的总和,包括法官职业保障机制与法官惩戒机制。法官职业保障机制是法官依法履行职务、充分行使审判权的制度基础和物质性前提。"仓廪实则知礼节,衣食足则知荣辱"[1],若连法官的职业都无法得到保障,法官的职业伦理就更无从谈起。

法官职业保障机制从制度上确保法官依法独立公正行使职权,保障法官的职业收入,保护法官的人身安全及其他合法利益,维护法官职业的尊荣,包括法官职业权力保障、法官职业收入与职业安全保障、法官职业教育保障等内容。依照我国《法官法》《保护司法人员依法履行法定职责规定》《人民法院落实〈保护司法人员依法履行法定职责规定〉的实施办法》和《最高人民法院关于加强法官队伍职业化建设的若干意见》等文件的精神,法官职业保障机制有以下几方面的内容。

(一) 法官职业权力保障

法官应当具有履行法官职责的职权和工作条件,其依法审判案件不受行政机关、社会团体和个人的干涉,非因法定事由、非经法定程序,不被免职、降职、辞退或者处分。法官依法办理案件不受行政机关、社会团体和个人的干涉,有权拒绝执行任何单位、个人违反法定职责或者法定程序、有碍司法公正的要求。对于任何单位、个人在诉讼程序之外递转的涉及具体案件的函文、信件或者口头意见,法官应当按照《领导干部干预司法活动、插手具体案件处理的记录、通报和责任追究规定》《司法机关内部人员过问案件的记录和责任追究规定》及其实施办法予以记录。

各级人民法院应当设立法官权益保障委员会。法官权益保障委员会由本院院长、相关院领导、相关部门负责人和若干法官代表组成。主任由院长担任,法官代表由全体法官推选产生。法官权益保障委员会的职能是:(1)集中受理法官与依法履职保护相关的诉求和控告;(2)组织对法官或其近亲属可能面临的侵害风险进行评估,并采取相应措施;(3)组织对本人或其近亲属的人身、财产、住所安全受到威胁的法官提供援助;(4)组织对本人或其近亲属的人身、财产权益受到侵害的法官给予救助;(5)帮助法官依法追究侵犯其法定权利者的责任;(6)统筹安排对受到错误处理、处分的法官恢复名誉、消除不良影响、给予赔偿或者补偿;(7)指导法官正确有效维护自身合法权益,组织开展相关培训和心理疏导工作;(8)督促对本院安全检查设施、防护隔离系统、安全保障设备、安全保卫机制建设情况开展检查;(9)统筹指导本院司法警察部门、机关安全保卫部门做好庭审秩序维护、机关安全保卫、法官人身保护和各类应急处置工作;(10)与公安机关、新闻主管、网络监管等部门建立与法官依法履

---

[1]《管子·牧民》。

职保护相关的预警、应急和联动机制;(11)其他与法官和审判辅助人员依法履职保护相关的事务。

（二）法官职业收入与职业安全保障

法官享有获得劳动报酬,享受保险、福利待遇的权利,司法改革后进入员额内的法官的收入高于普通公务员。法官因依法履职遭受不实举报、诬告陷害,通过信息网络等方式被侮辱诽谤,致使名誉受到损害的,人民法院应当会同有关部门及时澄清事实,消除不良影响,维护法官良好声誉,并依法追究相关单位或者个人的责任。有关机关对法官作出错误处理的,应当恢复被处理人的职务和名誉,消除不良影响,对造成的经济损失给予赔偿,并依法追究诬告陷害者的责任。对干扰阻碍司法活动,威胁、报复陷害、侮辱诽谤、暴力伤害法官及其近亲属的行为,应当依法从严惩处。对以恐吓威胁、滋事骚扰、跟踪尾随、攻击辱骂、损毁财物及其他方式妨害法官及其近亲属人身自由和正常生活的,公安机关接警后应当快速出警、有效制止;对正在实施违法犯罪行为的,应当依法果断处置、从严惩处。法官办理恐怖活动犯罪、黑社会性质组织犯罪、重大毒品犯罪、邪教组织犯罪等危险性高的案件,应当对法官及其近亲属采取出庭保护、禁止特定人员接触以及其他必要的保护措施。对法官近亲属还可以采取隐匿身份的保护措施。办理危险性较高的其他案件,经法官本人申请,可以对法官及其近亲属采取上述保护措施。法官个人信息受法律保护。侵犯法官人格尊严,泄露依法不应公开的法官及其近亲属信息的,依照法律和相关规定追究有关人员的责任。依法保障法官的休息权和休假权。法官在法定工作日之外加班的,应当补休;不能补休的,应当在绩效考核与奖金分配时予以平衡。国家落实医疗保障办法,完善抚恤优待办法,为法官的人身、财产、医疗等权益提供与其职业风险相匹配的保障。

（三）法官职业教育保障

法官职业教育保障是指国家应为法官提供继续教育和职业培训的机会,并且提供相应的教育培训经费。通过对法官采取集中脱产培训、网络视频教学、巡回授课、岗位练兵等方式,加强对审判执行一线法官的续职培训。围绕全面依法治国对法院队伍提出的新要求,适应司法体制改革和深化司法公开、保证公正司法、提高司法公信力的需要,有针对性地加强司法能力培训,全面提高法官司法能力和办案水平。重点围绕新法律法规、司法解释、司法政策以及审判执行各业务领域的新型、疑难、复杂问题开展培训,帮助法官准确理解法律、正确适用法律,提高化解矛盾纠纷、解决实际问题的能力;根据以审判为中心的诉讼制度改革和裁判文书上网公开的要求,加强庭审驾驭、证据认定、裁判文书制作、司法礼仪、执行规范化等业务培训,提高审判质量和司法规范化水平;注重拓宽人权保护、公共安全、社会管理、舆情应对、心理调适等知识领域培训,提高法官综合素质。在教育培训的目标上,应当培养高素质的专家型、学者型职业法官,同时要不断完善法官继续教育培训的设施,加大经费投入,确保培训工作能够顺利进行。

三、法官职业伦理内部惩戒机制

法官职业伦理实施机制的最终保障,是法官职业伦理内部惩戒机制。法官违反职业伦理规范的,要承担相应的法律责任。"作为一种法官责任模式,职业伦理责任模式意味着主要将法官违反职业伦理规范的行为作为对其追责的依据。换言之,在这一模式下,对法官的责任追究将从以裁判结果为中心走向以法官职业伦理行为为中心,法官在案件审理和裁判过程中所实施的不当司法行为也不再成为追责的对象,真正成为追责事由的是法官有违职业伦理规范的不当行为"[1]。法院系统建立法官惩戒制度,设立法官惩戒委员会,既确保法官的违纪违法行为及时得到应有的惩戒,又保障其辩解、举证、申请复议和申诉的权利,确保法官职业伦理的有效实施。根据《法官法》、《人民法院审判人员违法审判责任追究办法(试行)》、《人民法院工作人员处分条例》(以下简称《处分条例》)、《最高人民法院关于完善人民法院司法责任制的若干意见》、《法官惩戒工作程序规定(试行)》等相关文件,法官职业伦理内部惩戒机制的主要内容有:

(一) 法官职业伦理内部惩戒的主体

目前,我国法官惩戒主体模式属于同体惩戒与异体惩戒混合模式,法院系统的监察部门和法官惩戒委员会属于法院内部的惩戒主体,各级人大及其常委会、纪委监委等则是法院外部的惩戒主体。法官惩戒委员会负责审查具体内容;各级人大及其常委会享有罢免法官的权力;根据《监察法》规定,我国监察机关也可以对法官职务违法行为进行监督和调查。

(二) 法官职业伦理内部惩戒的范围

法官违反职业道德准则和纪律规定,有下列情形之一的,应当依纪依法追究相关人员的违法审判责任:(1)审理案件时有贪污受贿、徇私舞弊、枉法裁判行为的;(2)违反规定私自办案或者制造虚假案件的;(3)涂改、隐匿、伪造、偷换和故意损毁证据材料的,或者因重大过失丢失、损毁证据材料并造成严重后果的;(4)向合议庭、审判委员会汇报案情时隐瞒主要证据、重要情节和故意提供虚假材料的,或者因重大过失遗漏主要证据、重要情节导致裁判错误并造成严重后果的;(5)制作诉讼文书时,故意违背合议庭评议结果、审判委员会决定的,或者因重大过失导致裁判文书主文错误并造成严重后果的;(6)违反法律规定,对不符合减刑、假释条件的罪犯裁定减刑、假释的,或者因重大过失对不符合减刑、假释条件的罪犯裁定减刑、假释并造成严重后果的;(7)其他故意违背法定程序、证据规则和法律明确规定违法审判的,或者因重大过失导致裁判结果错误并造成严重后果的。

例外地,具有下列情形,导致案件按照审判监督程序提起再审后被改判的,不得作为错案进行责任追究:(1)对法律、法规、规章、司法解释具体条文的理解和认识不一致,在专业认知范围内能够予以合理说明的;(2)对案件基本事实的判断存在争议或者疑问,根据证据规则能够予以合理说明的;(3)当事人放弃或者部分放弃权利主张的; (4)因当事人过错或者客观原因致使案件事实认定发生变化的;(5)因出现新证据而改变裁判的;(6)法律修订或者政策调整的;(7)裁判所依据的其他法律文书被撤销或者变更的;(8)其他依法履行审判职责不应当承担责任的情形。

---

[1] 陈瑞华:《法官责任制度的三种模式》,载《法学研究》2015 年第 4 期。

（三）违法审判责任追究程序

需要追究违法审判责任的,一般由院长、审判监督部门或者审判管理部门提出初步意见,由院长委托审判监督部门审查或者提请审判委员会进行讨论,经审查初步认定有关人员具有违法审判责任追究情形的,审判监督部门应当启动违法审判责任追究程序。审判监督部门应当对法官是否存在违法审判行为进行调查,并采取必要、合理的保护措施。在调查过程中,当事法官享有知情、辩解和举证的权利,审判监督部门应当对当事法官的意见、辩解和举证如实记录,并在调查报告中对是否采纳作出说明。审判监督部门经调查后,认为应当追究法官违法审判责任的,应当报请院长决定,并报送省(区、市)法官惩戒委员会审议。高级人民法院审判监督部门应当派员向法官惩戒委员会通报当事法官的违法审判事实及拟处理建议、依据,并就其违法审判行为和主观过错进行举证。当事法官有权进行陈述、举证、辩解、申请复议和申诉。法官惩戒委员会根据查明的事实和法律规定作出无责、免责或者给予惩戒处分的建议。

对应当追究违法审判责任的相关责任人,依照《法官法》等有关规定处理:(1)应当给予停职、延期晋升、退出法官员额或者免职、责令辞职、辞退等处理的,由组织人事部门按照干部管理权限和程序依法办理;(2)应当给予纪律处分的,由纪检监察部门依照有关规定和程序依法办理;(3)涉嫌犯罪的,由纪检监察部门将违法线索移送有关司法机关依法处理。免除法官职务,必须按法定程序由人民代表大会罢免或者提请人大常委会作出决定。

（四）法官职业伦理内部惩戒的措施

法官职业伦理内部惩戒的方式包括警告、记过、记大过、降级、撤职、开除。惩戒的期间为:(1)警告,6个月;(2)记过,12个月;(3)记大过,18个月;(4)降级、撤职,24个月。受惩戒期间不得晋升职务、级别。其中,受记过、记大过、降级、撤职处分的,不得晋升工资档次;受撤职处分的,应当按照规定降低级别。

法官职业伦理内部惩戒的具体情形包括:

1. 违反政治纪律的行为

这类行为主要表现为危害党的集中统一领导,损害国家声誉和利益。《处分条例》第22-28条对其进行了详细列举,主要包括:

散布有损国家声誉的言论,参加旨在反对国家的集会、游行、示威等活动的,给予记大过处分;情节较重的,给予降级或者撤职处分;情节严重的,给予开除处分。因不明真相被裹挟参加上述活动,经批评教育后确有悔改表现的,可以减轻或者免予处分。

参加非法组织或者参加罢工的,给予记大过处分;情节较重的,给予降级或者撤职处分;情节严重的,给予开除处分。因不明真相被裹挟参加上述活动,经批评教育后确有悔改表现的,可以减轻或者免予处分。

违反国家的民族宗教政策,造成不良后果的,给予记大过处分;情节较重的,给予降级或者撤职处分;情节严重的,给予开除处分。因不明真相被裹挟参加上述活动,经批评教育后确有悔改表现的,可以减轻或者免予处分。

在对外交往中损害国家荣誉和利益的,给予记大过处分;情节较重的,给予降级或者撤职处分;情节严重的,给予开除处分。

非法出境,或者违反规定滞留境外不归的,给予记大过处分;情节较重的,给予降级或者撤职处分;情节严重的,给予开除处分。

未经批准获取境外永久居留资格,或者取得外国国籍的,给予记大过处分;情节较重的,给予降级或者撤职处分;情节严重的,给予开除处分。

有其他违反政治纪律行为的,给予警告、记过或者记大过处分;情节较重的,给予降级或者撤职处分;情节严重的,给予开除处分。

2. 违反办案纪律的行为

这类违法行为较多,覆盖了案件办理的全过程。《处分条例》第29-54条对其进行了详细列举,主要包括:

违反规定,擅自对应当受理的案件不予受理,或者对不应当受理的案件违法受理的,给予警告、记过或者记大过处分;情节较重的,给予降级或者撤职处分;情节严重的,给予开除处分。

违反规定应当回避而不回避,造成不良后果的,给予警告、记过或者记大过处分;情节较重的,给予降级或者撤职处分;情节严重的,给予开除处分。

明知诉讼代理人、辩护人不符合担任代理人、辩护人的规定,仍准许其担任代理人、辩护人,造成不良后果的,给予警告、记过或者记大过处分;情节较重的,给予降级处分;情节严重的,给予撤职处分。

违反规定会见案件当事人及其辩护人、代理人、请托人的,给予警告处分;造成不良后果的,给予记过或者记大过处分。

违反规定为案件当事人推荐、介绍律师或者代理人,或者为律师或者其他人员介绍案件的,给予警告处分;造成不良后果的,给予记过或者记大过处分。

违反规定插手、干预、过问案件,或者为案件当事人通风报信、说情打招呼的,给予警告、记过或者记大过处分;情节较重的,给予降级或者撤职处分;情节严重的,给予开除处分。

依照规定应当调查收集相关证据而故意不予收集,造成不良后果的,给予警告、记过或者记大过处分;情节较重的,给予降级或者撤职处分;情节严重的,给予开除处分。

依照规定应当采取鉴定、勘验、证据保全等措施而故意不采取,造成不良后果的,给予警告、记过或者记大过处分;情节较重的,给予降级或者撤职处分;情节严重的,给予开除处分。

依照规定应当采取财产保全措施或者执行措施而故意不采取,或者依法应当委托有关机构审计、鉴定、评估、拍卖而故意不委托,造成不良后果的,给予警告、记过或者记大过处分;情节较重的,给予降级或者撤职处分;情节严重的,给予开除处分。

违反规定采取或者解除财产保全措施,造成不良后果的,给予警告、记过或者记大过处分;情节较重的,给予降级或者撤职处分;情节严重的,给予开除处分。

故意违反规定选定审计、鉴定、评估、拍卖等中介机构,或者串通、指使相关中介机构在审计、鉴定、评估、拍卖等活动中徇私舞弊、弄虚作假的,给予警告、记过或者记大过处分;情节较重的,给予降级或者撤职处分;情节严重的,给予开除处分。

故意违反规定采取强制措施的,给予警告、记过或者记大过处分;情节较重的,给予降级或者撤职处分;情节严重的,给予开除处分。

故意毁弃、篡改、隐匿、伪造、偷换证据或者其他诉讼材料的,给予记大过处分;情节较重的,给予降级或者撤职处分;情节严重的,给予开除处分。

指使、帮助他人作伪证或者阻止他人作证的,给予降级或者撤职处分;情节严重的,给予开除处分。

故意向合议庭、审判委员会隐瞒主要证据、重要情节或者提供虚假情况的,给予警告、记过或者记大过处分;情节较重的,给予降级或者撤职处分;情节严重的,给予开除处分。

故意泄露合议庭、审判委员会评议、讨论案件的具体情况或者其他审判执行工作秘密的,给予记过或者记大过处分;情节较重的,给予降级或者撤职处分;情节严重的,给予开除处分。

故意违背事实和法律枉法裁判的,给予降级或者撤职处分;情节严重的,给予开除处分。

因徇私而违反规定迫使当事人违背真实意愿撤诉、接受调解、达成执行和解协议并损害其利益的,给予警告、记过或者记大过处分;情节较重的,给予降级或者撤职处分;情节严重的,给予开除处分。

故意违反规定采取执行措施,造成案件当事人、案外人或者第三人财产损失的,给予记大过处分;情节较重的,给予降级或者撤职处分;情节严重的,给予开除处分。

故意违反规定对具备执行条件的案件暂缓执行、中止执行、终结执行或者不依法恢复执行,造成不良后果的,给予记大过处分;情节较重的,给予降级或者撤职处分;情节严重的,给予开除处分。

私放被羁押人员的,给予记大过处分;情节较重的,给予降级或者撤职处分;情节严重的,给予开除处分。

违反规定私自办理案件的,给予警告、记过或者记大过处分;情节较重的,给予降级或者撤职处分;情节严重的,给予开除处分。

内外勾结制造假案的,给予降级、撤职或者开除处分。

伪造诉讼、执行文书,或者故意违背合议庭决议、审判委员会决定制作诉讼、执行文书的,给予记大过处分;情节较重的,给予降级或者撤职处分;情节严重的,给予开除处分。

故意违反规定拖延办案的,给予警告、记过或者记大过处分;情节较重的,给予降级或者撤职处分;情节严重的,给予开除处分。

故意拖延或者拒不执行合议庭决议、审判委员会决定以及上级人民法院判决、裁定、决定、命令的,给予警告、记过或者记大过处分;情节较重的,给予降级或者撤职处分;情节严重的,给予开除处分。

送达诉讼、执行文书故意不依照规定,造成不良后果的,给予警告、记过或者记大过处分。

违反规定将案卷或者其他诉讼材料借给他人的,给予警告处分;造成不良后果的,给予记过或者记大过处分。

对外地人民法院依法委托的事项拒不办理或者故意拖延办理,造成不良后果的,给予警告、记过或者记大过处分;情节严重的,给予降级或者撤职处分。

阻挠、干扰外地人民法院依法在本地调查取证或者采取相关财产保全措施、执行措施、强制措施的,给予警告、记过或者记大过处分;情节较重的,给予降级或者撤职处分;情节严重的,给予开除处分。

有其他违反办案纪律行为的,给予警告、记过或者记大过处分;情节较重的,给予降级或者撤职处分;情节严重的,给予开除处分。

3. 违反廉政纪律的行为

这类违规行为主要表现为利用办案的职务之便,索取或以其他的非法手段获取不正当的财产利益。《处分条例》第 55~65 条进行了详细列举,主要包括:

利用职务便利,采取侵吞、窃取、骗取等手段非法占有诉讼费、执行款物、罚没款物、案件暂存款、赃款赃物及其孳息等涉案财物或者其他公共财物的,给予记大过处分;情节较重的,给予降级或者撤职处分;情节严重的,给予开除处分。

行贿或者介绍贿赂的,给予记过或者记大过处分;情节较重的,给予降级或者撤职处分;情节严重的,给予开除处分。向审判、执行人员行贿或者介绍贿赂的,依照前述规定从重处分。

挪用诉讼费、执行款物、罚没款物、案件暂存款、赃款赃物及其孳息等涉案财物或者其他公共财物的,给予记过或者记大过处分;情节较重的,给予降级或者撤职处分;情节严重的,给予开除处分。

利用司法职权或者其他职务便利,索取他人财物及其他财产性利益的,或者非法收受他人财物及其他财产性利益,为他人谋取利益的,给予记大过处分;情节较重的,给予降级或者撤职处分;情节严重的,给予开除处分。利用司法职权或者其他职务便利为他人谋取利益,以低价购买、高价出售、收受干股、合作投资、委托理财、赌博等形式非法收受他人财物,或者以特定关系人"挂名"领取薪酬或者收受财物等形式,非法收受他人财物,或者违反规定收受各种名义的回扣、手续费归个人所有的,依照前述规定处分。

接受案件当事人、相关中介机构及其委托人的财物、宴请或者其他利益的,给予警告、记过或者记大过处分;情节较重的,给予降级或者撤职处分;情节严重的,给予开除处分。

违反规定向案件当事人、相关中介机构及其委托人借钱、借物的,给予警告、记过或者记大过处分。

以单位名义集体截留、使用、私分诉讼费、执行款物、罚没款物、案件暂存款、赃款赃物及其孳息等涉案财物或者其他公共财物的,给予警告、记过或者记大过处分;情节较重的,给予降级或者撤职处分;情节严重的,给予开除处分。

利用司法职权,以单位名义向公民、法人或者其他组织索要赞助或者摊派、收取财物的,给予记过或者记大过处分;情节较重的,给予降级或者撤职处分;情节严重的,给予开除处分。

故意违反规定设置收费项目、扩大收费范围、提高收费标准的,给予警告、记过或者记大过处分;情节较重的,给予降级或者撤职处分;情节严重的,给予开除处分。

违反规定从事或者参与营利性活动,在企业或者其他营利性组织中兼职的,给予记过或者记大过处分;情节较重的,给予降级或者撤职处分;情节严重的,给予开除处分。

利用司法职权或者其他职务便利,为特定关系人谋取不正当利益,或者放任其特定关系人、身边工作人员利用本人职权谋取不正当利益的,给予记过或者记大过处分;情节较重的,给予降级或者撤职处分;情节严重的,给予开除处分。

有其他违反廉政纪律行为的,给予警告、记过或者记大过处分;情节较重的,给予降级或者撤职处分;情节严重的,给予开除处分。

4. 失职行为

这类违规行为主要表现为在案件办理过程中缺乏责任心,并造成严重后果。《处分条例》

第 82—90 条进行了详细列举,主要包括:

因过失导致依法应当受理的案件未予受理,或者不应当受理的案件被违法受理,造成不良后果的,给予警告、记过或者记大过处分。

因过失导致所办案件严重超出规定办理期限,造成严重后果的,给予警告、记过或者记大过处分。

因过失导致错误裁判、错误采取财产保全措施、强制措施、执行措施,或者应当采取财产保全措施、强制措施、执行措施而未采取,造成不良后果的,给予警告、记过或者记大过处分;造成严重后果的,给予降级、撤职或者开除处分。

因过失导致诉讼、执行文书内容错误,造成严重后果的,给予警告、记过或者记大过处分。

因过失导致国家秘密、审判执行工作秘密及其他工作秘密、履行职务过程中掌握的商业秘密或者个人隐私被泄露,造成不良后果的,给予警告、记过或者记大过处分;情节较重的,给予降级或者撤职处分;情节严重的,给予开除处分。

因过失导致被羁押人员脱逃、自伤、自杀或者行凶伤人的,给予记过或者记大过处分;造成严重后果的,给予降级、撤职或者开除处分。

因过失导致案卷或者证据材料损毁、丢失的,给予警告、记过或者记大过处分;造成严重后果的,给予降级或者撤职处分。

因过失导致职责范围内发生刑事案件、重大治安案件、重大社会群体性事件或者重大人员伤亡事故,使公共财产、国家和人民利益遭受重大损失的,给予记过或者记大过处分;情节较重的,给予降级或者撤职处分;情节严重的,给予开除处分。

有其他失职行为造成不良后果的,给予警告、记过或者记大过处分;情节较重的,给予降级或者撤职处分;情节严重的,给予开除处分。

5. 违反管理秩序和社会道德的行为

这类行为主要表现为违反工作纪律要求以及违背公序良俗。《处分条例》第 91—106 条进行了详细列举,主要包括:

因工作作风懈怠、工作态度恶劣,造成不良后果的,给予警告、记过或者记大过处分。

故意泄露国家秘密、工作秘密,或者故意泄露因履行职责掌握的商业秘密、个人隐私的,给予记过或者记大过处分;情节较重的,给予降级或者撤职处分;情节严重的,给予开除处分。

弄虚作假,误导、欺骗领导和公众,造成不良后果的,给予警告、记过或者记大过处分;情节较重的,给予降级或者撤职处分;情节严重的,给予开除处分。

因酗酒影响正常工作或者造成其他不良后果的,给予警告、记过或者记大过处分;情节较重的,给予降级、撤职处分;情节严重的,给予开除处分。

违反规定保管、使用枪支、弹药、警械等特殊物品,造成不良后果的,给予警告、记过或者记大过处分;情节较重的,给予降级或者撤职处分;情节严重的,给予开除处分。

违反公务车管理使用规定,发生严重交通事故或者造成其他不良后果的,给予警告、记过或者记大过处分;情节较重的,给予降级或者撤职处分;情节严重的,给予开除处分。

妨碍执行公务或者违反规定干预执行公务的,给予记过或者记大过处分;情节较重的,给予降级或者撤职处分;情节严重的,给予开除处分。

以殴打、辱骂、体罚、非法拘禁或者诽谤、诬告等方式侵犯他人人身权利的,给予记过或者记大过处分;情节较重的,给予降级或者撤职处分;情节严重的,给予开除处分。体罚、虐待被羁押人员,或者殴打、辱骂诉讼参与人、涉诉上访人的,依照前述规定从重处分。

与他人通奸,造成不良影响的,给予警告、记过或者记大过处分;情节较重的,给予降级或者撤职处分;情节严重的,给予开除处分。与所承办案件的当事人或者当事人亲属发生不正当两性关系的,依照前述规定从重处分。

重婚或者包养情人的,给予撤职或者开除处分。

拒不承担赡养、抚养、扶养义务,或者虐待、遗弃家庭成员的,给予警告、记过或者记大过处分;情节较重的,给予降级或者撤职处分;情节严重的,给予开除处分。

吸食、注射毒品或者参与嫖娼、卖淫、色情淫乱活动的,给予撤职或者开除处分。

参与赌博的,给予警告或者记过处分;情节较重的,给予记大过或者降级处分;情节严重的,给予撤职或者开除处分。

为赌博活动提供场所或者其他便利条件的,给予警告、记过或者记大过处分;情节较重的,给予降级、撤职处分;情节严重的,给予开除处分。

在工作时间赌博的,给予记过、记大过或者降级处分;屡教不改的,给予撤职或者开除处分。

挪用公款赌博的,给予撤职或者开除处分。

参与迷信活动,造成不良影响的,给予警告、记过或者记大过处分。

组织迷信活动的,给予降级处分;情节较重的,给予撤职处分;情节严重的,给予开除处分。

违反规定超计划生育的,给予降级处分;情节较重的,给予撤职处分;情节严重的,给予开除处分。

有其他违反管理秩序和社会道德行为的,给予警告、记过或者记大过处分;情节较重的,给予降级或者撤职处分;情节严重的,给予开除处分。

思考题:

1. 抖音、快手等是音乐创意短视频社交软件。用户可以通过这些软件选择歌曲,拍摄音乐短视频,形成自己的作品。不少法院也开设了抖音、快手等账号,请问法官可以以法官个人身份开设抖音、快手等账号,对个案发表评论吗?

2. 李法官审理了一起盗窃案,当场认出了嫌犯是自己的初中同学:"你是不是某某初中毕业的? 当年我们初中最好的学生呀,怎么变这样了?"初中毕业后两人随即没有了联系,请问李法官需要主动申请回避吗?

拓展学习

延伸阅读　　　本章推荐书目

第五章　检察官职业伦理

【案例引入】

2014 年 11 月,H 省某基层法院对被取保候审的涉嫌妨害信用卡管理罪、销售假药罪案的被告人陆某决定逮捕羁押。因陆某是白血病患者,所涉嫌的两罪都是白血病患者群体涉嫌购买未经批准进口的药品,所以该案被网络媒体跟踪热炒,备受社会广泛关注。

H 省人民检察院派员深入实地了解到,该案是由公安机关侦查,由检察院提起公诉的,经审查认定两罪的证据都严重不足,检察院依法予以撤回并进行自行补充侦查。法院查明:陆某通过网络 QQ 群等方式,联络其他白血病患者以团购模式从印度赛诺公司购买治疗白血病的药物,价格与购买国内进口的药物相比大幅下降,被查证的 21 名白血病患者通过陆某先后提供并管理的罗某某、杨某某、夏某某 3 个银行账户,向印度赛诺公司购买了价值约 120 000元的 10 余种抗癌药品,其中 3 种药品经食品药品监督管理局鉴定,系未经我国批准进口的药品,夏某某的银行账户系陆某通过淘宝网向他人购买的。陆某为病友们提供的帮助全是无偿的。据此认为,首先,陆某的行为不构成销售假药罪。陆某的行为是买方行为,并且是白血病患者群体购买药品整体行为中的组成部分,不是销售行为,没有侵犯他人的生命权、健康权,得到陆某帮助的白血病患者购买、服用了这些药品后,身体没有受到任何伤害,有的还有治疗效果。陆某的行为有违反国家药品管理法规定的地方,但在目前合法的对症治疗白血病的药品价格昂贵,使得一般患者难以承受的情况下,不得已才实施本案行为。其次,陆某通过淘宝网购买以他人身份信息开设的借记卡并使用户名为夏某某的借记卡的行为,违反了金融管理法规,但借记卡不具有透支功能,客观上也只使用了 1 张,且购买借记卡的动机、目的和用途是方便白血病患者购买抗癌药品,客观上为白血病患者提供了无偿的帮助,情节显著轻微,危害不大,不认为是犯罪。最后,对陆某依法作出了不起诉决定,在发布《不起诉决定书》的同时发布了《关于对陆某妨害信用卡管理和销售假药案决定不起诉的释法说理书》。检察院对陆某案的依法纠错赢得了社会的充分认同和媒体的一致好评。

思考:本案中省市县三级检察机关的办案检察官在办案过程中体现了哪些检察官独有的伦理行为? 本案是怎样让"看得见的公平正义"实现的?

第一节　检察官职业伦理概述

根据《宪法》和《人民检察院组织法》的规定,人民检察院是国家的法律监督机关。这说明,检察机关的性质是区别于权力机关、行政机关、审判机关、监察机关和军事机关的国家法律监督机关。基于这一宪法定位,检察官作为国家法律监督机关职能的履行者,在司法活动中代表的是国家利益、人民利益、全社会的利益,具有高度的公信力。社会公众对检察机关公信力的高度期待,集中体现于对检察官的职业伦理要求,并成为社会公众评价检察官称职与否的标准。检察官在职业伦理上能否做到以修善为目的,既做到独善其身意义上的修独,又做到与相关各方和谐相处意义上的修睦,进而促进法律职业共同体伦理水平的提高,也为其他法律职业人员所关注。[1]要理解检察官的职业伦理,就必须从检察制度和检察职能本身出发,辨析国内外检察官职业伦理的异同,进而探寻我国检察官职业伦理的理论和实践问题。

一、中国特色社会主义人民检察制度略览

(一)"检察"一词的由来

在汉语中,检察中的"检"是"考查、察验"和"约束、制止"之意,源于《藏书·外臣传》:"骠骑(东平王仓)执法以检下,故臣不敢不至。""察"是"细看、详审"和"考察、调查"之意,源于《论语·卫灵公篇》:"众恶之,必察焉;众好之,必察焉。"可见"检察"一词,既指检视察验,又指检举制止。[2]作为现代司法活动的"检察",是检察机关代表国家与社会公益所进行的一种以诉讼为主要职能、以监督为属性、以维护国家法治为目的的国家活动。

纵观历史,近现代意义上的检察制度引入我国已有百余年。检察制度形成于西方,其"检察"一词,系清朝末年由英语的 public prosecution 翻译而来。清朝末年,清政府迫于国外帝国主义和国内变法思潮的双重压力,开始学习西方的政治、法律制度,实行"变法立宪",将西方的检察制度引入中国。public prosecution 的原意为"告发、检举、指控、公共起诉"。然而,清末修律大臣沈家本及其团队在起草法律时,没有将英语的 public prosecution 直译成"指控"或"公共起诉",而是创造性地将其翻译为"检察",其原因在于西方特别是清廷主要借鉴的法国、德国等国的检察官,都履行对刑事案件提起公诉,监督、指挥警察侦查,以及监督法官审判等职能,这既与"检察"一词所包含的"检视、查验""检举、制止"的意思相近,又与我国封建社会御史的职能具有一定的相似之处。[3]

(二)人民检察制度简史[4]

从 1931 年 11 月 7 日,在江西瑞金召开中华工农兵苏维埃第一次全国代表大会,庄严宣告中华苏维埃共和国的成立,并组成临时中央政府——中央执行委员会和人民委员会,诞生了具有中国特色的检察机构以来,人民检察制度已走过了九十多年的风雨历程。人民检察机关是人民民主专政即无产阶级专政的重要工具之一,它是随着我国人民革命政权的建立而逐步发展的。

1932 年制定并公布了《裁判部暂行组织及裁判条例》,1934 年制定并公布了《中华苏维

---

① 张志铭、于浩:《国际检察官职业伦理评析》,载《国家检察官学院学报》2014 年第 1 期。

② 龙宗智:《检察制度教程》,法律出版社 2002 年版,第 1 页。

③ 朱孝清、张智辉主编:《检察学》,中国检察出版社 2010 年版,第 4 页。

④ 本部分内容转引自王桂五:《王桂五论检察》,中国检察出版社 2008 年版,第 3-17 页。

埃共和国中央苏维埃组织法》。当时的检察机关是作为裁判部（即法院）的一个组成部分而建立起来的。根据《中华苏维埃共和国中央苏维埃组织法》的规定，在中央执行委员会之下，设立最高法院；最高法院设检察长1人，副检察长1人，检察员若干人。检察长、副检察长由中央执行委员会主席团委任。根据《裁判部暂行组织及裁判条例》的规定，检察员的权责如下：管理案件的预审事宜，转交法庭审判；在处理案件中，检察员有预先逮捕人犯之权；在开庭审判时，检察员作为代表国家的原告人，出庭告发；案件经过两审终审后，检察员尚有不同意见时，可以向司法机关抗议，再行审判一次。法律还规定，国家政治保卫局的行动须受法律的限制，在法律范围内，检察员有检察国家政治保卫局各机关的案件之权。根据《中华苏维埃共和国地方苏维埃暂行组织法（草案）》的规定，当时的工农检察委员会担负着相当重要的法律监督任务。该法第28条规定的工农检察委员会的任务是，经常检查市区苏维埃与区属市苏维埃主席团、代表会议各委员会、赤卫军、少先队及国家企业是否完全遵照上级苏维埃的法令、指示进行工作，并且检举这些机关、企业中的"贪污腐化、消极怠工、压制强迫或其他违反选民群众公意，违反苏维埃法令的行为的分子"。

抗日战争时期，在中国共产党领导的陕甘宁、晋察冀等抗日根据地，都有检察机关的设置。当时实行"审检合署"制度，在边区高等法院内设立检察处。例如，《陕甘宁边区高等法院组织条例》规定："高等法院检察处，设检察长及检察员，独立行使其检察职权。"检察长指挥检察员的工作，检察员的职权则是："一、关于案件之侦查；二、关于案件之裁定；三、关于证据之搜集；四、提起公诉，撰拟公诉书；五、协助担当自诉；六、为诉讼当事人或公益代表人；七、监督判决之执行；八、在执行职务时，如有必要，得咨请当地军警帮助。"

到了解放战争时期，在东北新解放区，也有检察机关的设置。1947年制定的《关东各级司法机关暂行组织条例草案》规定："高等法院设首席检察官及检察官若干人，地方法院或司法处（科）设检察官。"这个规定扩大了检察机关的职权范围，除对刑事案件实施侦查、提起公诉、实行上诉、指挥刑事裁判之执行以外，还规定："关东所有各机关各社团，无论公务人员或一般公民，对于法律是否遵守之最高检察权，均由检察官实行之。"并规定，各级公安机关首长对解送法院之案件为当然检察官，并协助法院检察官执行其职务；已设检察官之法院，公安机关移送案件时须经由检察官交付审判，各级检察得调度司法警察。在领导体制上，检察机关虽设置于法院内，但独立行使职权，不受其他机关及审判机关之干涉，只服从上级检察机关首长之命令。

中华人民共和国成立后，党和国家就把人民检察机关的建设提到议事日程上来。1949年召开的第一届中国人民政治协商会议通过的《中央人民政府组织法》第28条规定："最高人民检察署对政府机关、公务人员和全国国民之严格遵守法律，负最高的检察责任。"在检察体制上，《中央人民政府组织法》改变了新民主主义革命时期"审检合署"的制度，检察机关不再设于法院内，而成为独立的国家机关。其职权可以概括为以下三个方面：一般监督，即对国家机关和公务人员是否遵守法律实行监督；参与刑事诉讼活动及实行司法监督；参与民事诉讼及行政诉讼。这标志着我国检察制度的建设进入了新的时期。

1949年12月，毛泽东批准《中央人民政府最高人民检察署试行组织条例》。1951年9月，中央人民政府委员会第十二次会议通过了《中央人民政府最高人民检察署暂行组织条例》和《各级地方人民检察署组织通则》。这两项关于检察工作的立法，执行了4年的时间，到1954年9月，即被第一届全国人民代表大会第一次会议通过的《人民检察院组织法》取代。

《人民检察院组织法》在以下几个方面吸取了列宁领导创建的社会主义检察制度的经验。一是运用列宁关于检察制度的指导思想,把维护法制统一的任务赋予检察机关,并且把检察机关作为一个独立的国家机关,即国家法律监督机关。二是按照列宁提出的检察机关实行垂直领导的原则,改变了《各级地方人民检察署组织通则》中双重领导的规定,新规定为:"地方各级人民检察院独立行使职权,不受地方国家机关的干涉。"① 三是规定了检察机关的一般监督职权,即对于有关国家机关的决议、命令和措施是否合法,国家机关工作人员是否遵守法律,实行监督。

受"文化大革命"影响,检察工作中断了10年(1968-1978年)之久。1966年"文化大革命"开始,各地掀起了砸烂"公检法"的恶浪,各级政法机关遭到严重破坏,其中尤以人民检察院受害最为严重。1967年,各级人民检察院被造反派组织夺权,检察工作陷于瘫痪,检察制度实际上被废弃。1968年12月,毛泽东主席批准了中央政法部门军代表联合提交的《关于撤销高检院、内务部、内务办三个单位,公安部、高法院留下少数人的请示报告》,这个文件下达后,先后撤销了最高人民检察院、军事检察院和地方各级人民检察院。至此,人民检察院从我国的国家机构体系中消失。1975年《宪法》规定,人民检察院的职权由各级公安机关行使。这一规定使林彪、"四人帮"等反革命集团彻底砸烂人民检察院的事实得到了宪法的承认。②

1978年,在第五届全国人民代表大会第一次会议后,党中央及时向各级党委发出了建立检察机关的通知。最高人民检察院于1978年12月召开了第七次全国检察工作会议,揭发批判了林彪、"四人帮"的罪行,初步总结了检察工作的历史经验,提出了新时期检察工作的方针任务,即"党委领导,依靠群众,执法必严,违法必究,保障民主,加强专政,实现大治,促进'四化'"。党中央在对最高人民检察院党组报告的批示中,强调指出各级检察机关的党组织和党员要敢于坚持原则,不畏权势,不徇私情,同各种违法乱纪行为作斗争。

1979年召开的第五届全国人民代表大会第二次会议修正通过了《中华人民共和国人民检察院组织法》,这是检察机关在新的历史时期行使职权的法律依据和建设检察制度的规范。新的《人民检察院组织法》根据党的十一届三中全会精神,总结二十多年来检察工作正反两方面的经验,旗帜鲜明地拨乱反正,澄清了被"左"倾错误搞乱了的检察工作上的一些重大是非问题。这主要表现在:一是重新肯定了人民检察院是国家的法律监督机关,规定了各项法律监督的职权;二是重新肯定了人民检察院依照法律规定独立行使检察权的原则;三是重新肯定检察机关对任何公民在适用法律上一律平等的原则,并且明文规定不允许有任何特权;四是在检察机关行使职权的程序中,继续体现了公、检、法三机关互相配合、互相制约的原则。新的《人民检察院组织法》自1980年实施以来,经过1983年、1986年两次修正,有力地促进了检察机关的建设和工作,我国的人民检察制度正在走向健全。1995年2月28日第八届全国人民代表大会常务委员会第十二次会议通过并经2001年6月30日、2017年9月1日、2019年4月23日三次修改的《中华人民共和国检察官法》等一系列涉及检察机关和检察官的法律制度出台,标志着检察官走上正规化、专业化、职业化的道路。

2014年6月,中央全面深化改革领导小组审议通过《关于司法体制改革试点若干问题

① 经过实践检验,垂直领导的原则不完全适合我国的情况,所以在1979年第五届全国人民代表大会第二次会议通过的《人民检察院组织法》中,又改为双重领导的原则。

② 韩大元主编:《中国检察制度宪法基础研究》,中国检察出版社2007年版,第58页。

的框架意见》,以司法责任制为核心的新一轮司法体制改革展开。以审判为中心的诉讼制度改革、检察人员分类管理、员额制、省以下人财物统筹管理等一批改革措施的推进,以及检察官权力清单、遴选制度、晋升制度的制定,让检察官职业化的道路越走越宽。与此同时,随着反腐败斗争的深入开展,监察体制改革也逐步开展,对于检察职能作出了新的调整。

我国《人民检察院组织法》第 20 条规定:"人民检察院行使下列职权:(一)依照法律规定对有关刑事案件行使侦查权;(二)对刑事案件进行审查,批准或者决定是否逮捕犯罪嫌疑人;(三)对刑事案件进行审查,决定是否提起公诉,对决定提起公诉的案件支持公诉;(四)依照法律规定提起公益诉讼;(五)对诉讼活动实行法律监督;(六)对判决、裁定等生效法律文书的执行工作实行法律监督;(七)对监狱、看守所的执法活动实行法律监督;(八)法律规定的其他职权。"

检察机关法律监督职能的作用,主要表现在三个方面:一是维护国家安全、经济安全和社会稳定。检察机关通过履行公诉等职能,追究犯罪嫌疑人的刑事责任,维护社会的安宁和秩序。二是保障国家权力的正确行使。检察机关通过参与反腐败斗争,对国家机关和国家工作人员遵守法律的情况进行监督,审查起诉贪污受贿、滥用职权、玩忽职守等犯罪行为,有利于保证国家机关和国家工作人员在法律范围内从事公务活动,促进廉政勤政建设。三是保障社会公平和正义的实现。检察机关通过履行对诉讼活动的监督职能,促使诉讼中的违法情况得到纠正,有利于维护公民和法人的合法权益,消除司法不公和司法腐败现象,维护司法公正和法制统一。[①]

二、对检察机关法律监督属性的理解

2018 年 3 月 11 日,十三届全国人民代表大会一次会议通过的《中华人民共和国宪法修正案》,对于人民检察院是国家的法律监督机关的表述没有改变。《宪法》第 134 条规定:"中华人民共和国人民检察院是国家的法律监督机关。"第 135 条第 1 款规定:"中华人民共和国设立最高人民检察院、地方各级人民检察院和军事检察院等专门人民检察院。"对此,应当从宪法的整体规定而非断章取义地理解"国家的法律监督机关"的含义。[②]

第一,检察机关是"国家的法律监督机关",并不意味着检察机关是一个全面监督国家法律实施的机关。宪法是在第三章"国家机构"中的第八节并列对审判机关、检察机关的地位和职权作出规定的,而在此之前已经对全国人大及其常委会以及国务院、中央军委、国家监察委等机构的地位和职权作出规定,更明确规定全国人大及其常委会有权对国务院、中央军委、国家监察委、最高人民法院和最高人民检察院实施宪法和法律的情况进行监督。这就清楚地表明,检察机关作为国家的法律监督机关有两个前提:(1)检察机关是在权力机关之下与行政机关、监察机关、审判机关和军事机关并列的法律监督机关;(2)检察机关不是全面监督法律实施的机关,也没有统揽法律监督权,只有人民代表大会才有这一权力,检察机关的法律监督权是由权力机关授予并受权力机关领导和监督的。这样,"国家的法律监督机关"就不是"宽泛和含混不清的定性"了,也不宜认为检察机关须摘掉法律监督机关这顶"沉

① 吴建雄:《检察工作科学发展机理研究》,中国检察出版社 2009 年版,第 110 页。

② 转引自韩大元主编:《中国检察制度宪法基础研究》,中国检察出版社 2007 年版,第 58—60 页。

重的帽子"了。[①]

第二,检察机关是"专门"的法律监督机关。在全面推进依法治国进程中,我国的监督制度日趋多元化,并已初步建立了国家监督制度体系,各类监督主体都从不同的角度、代表不同的利益实施监督。但是,检察机关的监督既不同于舆论监督、党的监督、群众监督等一般意义上的法律监督,也不同于税务、物价、审计、公安等行政机关的法律监督,它是由权力机关授权、由宪法规定的与行政权、监察权、审判权和军事权相平行的专门的司法监督,具有很高的权威性、严肃性和强制性。检察机关作为法律监督机关的专门性主要表现为监督主体的专门性和监督手段的专门性。监督主体的专门性强调法律监督机关只能是检察机关而不是其他机关,这是《宪法》第 134 条的明确规定。根据《宪法》的规定,全国人民代表大会及其常务委员会有权对"一府一委两院"执行法律和工作的情况进行监督,实践中也称之为法律监督和工作监督。但是,《宪法》没有将全国人民代表大会及其常委会称为法律监督机关,因为全国人民代表大会及其常委会除了行使法律监督权外,还行使立法权、任免权、重大事项决定权等重要权力,即使实施法律监督,全国人民代表大会及其常委会的法律监督也常常限于立法方面及执法方面的宏观监督,与检察机关的监督存在重要区别。检察机关是从事微观层面的法律监督的专门机关。

检察机关法律监督的专门性还表现在它具有法律规定的专门的监督手段。根据《人民检察院组织法》《刑事诉讼法》《民事诉讼法》《行政诉讼法》等法律的规定,检察机关的监督手段主要包括批准逮捕、提起公诉、对公安机关的立案侦查活动实施监督、对人民法院的判决裁定提出抗诉等。这些手段是其他任何国家机关所不具有的,也是保障检察机关行使法律监督权所必需的、专门的手段。

第三,检察机关是"国家"的法律监督机关。它代表国家,并以国家的名义对法律的实施和遵守进行监督。这就使得检察机关的监督并不是面面俱到,事必监督。它的监督应当以是否危害国家利益为标准,只有发生了危及国家利益的行为,检察机关才予以监督。而什么样的行为属于危害国家利益的行为,需要实行检察监督,由法律予以规定而非由检察机关随意决定。比如,《刑法》规定的国家工作人员职务犯罪的行为以及应当由检察机关提起公诉的犯罪,都是严重危害国家利益的行为,需要由检察机关代表国家予以监督。《刑事诉讼法》《民事诉讼法》和《行政诉讼法》规定的人民法院违法判决裁定的行为,也是严重危害国家利益的行为,需要由检察机关代表国家予以监督。说检察机关是"国家"的法律监督机关,并不是说其他机关(如人民代表大会及其常委会、行政机关和人民法院)行使监督权时就不是国家的法律监督机关,这些机关行使监督权的时候当然可以是国家的法律监督机关,但它们有各自的特点。比如,人民代表大会及其常委会除了监督国家法律的实施以外还可以对自身作出的各项决议和决定的实施情况进行监督,行政机关除了监督国家法律的实施以外还可以对有关政策和行政纪律等实施的情况进行监督,这些监督的情况比较复杂,而检察机关的法律监督仅仅针对在法律上破坏国家利益的行为,是代表国家利益的法律意义上的监督。

第四,检察机关是"法律"的监督机关。《宪法》第 134 条规定:"中华人民共和国人民检察院是国家的法律监督机关。"这一规定表明,人民检察院是对国家法律的遵守和执行情况实施监督的机关。《宪法》第 136 条规定:"人民检察院依照法律规定独立行使检察权,不受

---

① 蔡定剑:《司法改革中检察职能的转变》,载《政治与法律》1999 年第 1 期。

行政机关、社会团体和个人的干涉。"这一规定表明,人民检察院行使检察职权的依据是法律,这既包括实体上行使检察权的依据,也包括程序上行使检察权的依据。《宪法》的这两条规定说明,检察机关的职权在于依照法律的规定对法律的遵守和执行情况进行监督。

说检察机关是"法律"的监督机关,是强调检察机关的职权范围仅限于对法律的遵守和执行情况进行监督,目的是维护国家法制的统一。国家法制统一最根本的是要统一于宪法,在宪法之下要统一于法律,在法律之下还应当统一于行政法规、地方性法规、自治条例和单行条例以及政府和部门的规章。在这样的法制统一的要求下,从现行宪法和法律的规定来看,监督宪法遵守和实施的权力不属于检察机关,只有全国人民代表大会及其常委会才有权监督宪法的实施,对违反宪法的行为予以监督纠正。确立全国人民代表大会及其常委会监督宪法实施的权力,是我国人民代表大会制度的需要,是保证国家最高权力始终掌握在全国人民代表大会及其常委会这一代表全体人民意志的最高权力机关手中的需要。在宪法之下,有最高立法机关制定的法律,只有这些法律在全国得到一体的遵守和实施,宪法和法律才会有权威,才可以实现国家法制的统一,检察机关的监督就是在这一意义上的监督。当然,有关机关对行政法规、地方性法规以及政府和部门规章的执行情况也需要实施监督,但是,这种监督已不属于检察监督的范围,检察监督仅限于法律意义上的监督。

第五,检察机关是"具体"的法律监督机关。这使得检察监督与人大监督区别开来。根据《宪法》《人民检察院组织法》《刑事诉讼法》等法律对人大监督权和检察监督权的规定,检察监督与人大监督的区别是:检察机关的监督是针对具体案件的监督,是个案监督,主要是指在具体案件中,对公安机关的侦查活动、人民法院的审判活动等实施监督;而人大及其常委会不直接处理案件,在一般情况不宜从事个案监督,它主要通过听取报告、对执法活动进行检查、审查撤销规范性文件以及行使决定权、任免权和质询权等方式对"一府一委两院"实施间接的、宏观的和抽象的监督。

第六,检察机关是"程序性"的法律监督机关。从法律的规定可以看出,检察监督的程序性包括两个方面:一方面,检察权的行使必须依照法定的程序运行,这是法律的精神。当然,这并不是说现在每一项检察权的具体运作,都已经有了法律的明确规定。法律的规定还有需要进一步完善的地方。另一方面,检察权的行使仅仅具有程序意义,而不具有终局和实体意义。也就是说,检察机关的法律监督权实际上不包括实体处分权。比如,检察机关可以对法院判决提出抗诉,对违法的减刑、假释提出纠正意见,但这种抗诉和纠正意见并不具有终局性,实体结论还须经法院审理才能得出。检察监督权的本质在于通过程序性的制约权实现对实体的监督,这是检察权与行政权、审判权的重要区别。

三、检察官职业伦理产生的背景、国际规定及特征

检察官职业与检察制度紧密结合,随检察制度的产生而产生,并随检察制度的发展而发展。[①] 检察官与法官、律师等共同构成了法律职业共同体,检察官职业伦理是法律职业伦理的重要组成部分,是检察官在履行职责过程中应遵循的行为规范。[②] 在我国,检察官是法律

---

① 王新清主编:《法律职业道德》,法律出版社 2016 年版,第 148 页。
② 冷罗生主编:《法律职业伦理》,北京师范大学出版社 2014 年版,第 152 页。

监督职能的具体实施群体,这一特殊性决定了检察官职业伦理的内容有别于其他法律职业伦理。按照中央司法体制改革方案,检察院工作人员分为员额检察官、检察辅助人员、司法行政人员三类。其中,检察辅助人员是协助员额检察官履行检察职责的工作人员,包括检察官助理、书记员、司法警察、检察技术人员等。司法行政人员是从事行政管理事务的工作人员,主要负责检察院政工党务、行政事务、后勤管理等工作。本书所称的检察官泛指员额检察官和检察官助理。

(一) 检察官职业伦理产生的背景

20世纪90年代以来,国际社会关于检察官职业伦理的共识逐渐形成,即检察官除了应具备专业的知识和技能外,还应具备与自身职能相对应的职业伦理;检察官遵行职业伦理规范,有助于促进刑事司法的公平、公正,有效地保护公民免受犯罪行为的侵害。检察官的主要作用体现在刑事司法中,其"基本任务在于追求正义,而非仅仅追寻有罪判决"[①]。

检察官是一种专门的法律职业,应该对与自己扮演的制度角色相关的职业道德和职业伦理有所认识、有所理解。"理解产生认同,认同产生合意,合意建构规范,规范调整行为,行为构成关系,关系产生秩序。"[②] 只有当检察官依照其职业伦理规范行使检察权,处理好检察官自身的行为以及检察官与当事人、同行、法官、警察等主体的关系,一个井然有序而高效的检察官职业伦理秩序才会生成,司法公平正义的价值追求才有可能实现。[③]

检察官职业伦理是检察工作相关法定主体(主要包括立法机关、检察机关及其内部各职能部门等)按照一定的目的和程序,有意识地创建的一系列规则。检察官职业伦理具有激励性、引导性、凝聚性,也具有规范性和制约性等特点,它既关注检察官的职业行为,也关注检察官的内心道德和检察职责之外的非职务行为。一个合格的检察官应该从内心认知和外在行为两方面共同恪守和认可检察官职业伦理。反言之,没有检察官职业伦理的支撑,就无法塑造健全的检察官职业。探讨检察官职业伦理定位、审视和完善其职业伦理,是检察机关宪法地位回归和法治发展的共同需要,它既关系到检察官主体能动作用的发挥和检察职能的实现,也关系到我国法律监督的质量、社会公平正义的维护以及法治国家建设的进程。[④]

在我国的检察制度中,检察机关被《宪法》赋予了特有的法律监督职能,属于法律监督机关。这种特殊的职能定位决定了我国检察制度必须以法律监督为核心。检察官作为具体实现检察职能的主体,具有对犯罪行为提起公诉和对法律实施进行监督等职能,自然被赋予了法律监督者的身份以及法律监督的职权。因此,检察官职业群体,无论是具体的检察业务行为还是职业伦理规范,相较于其他法律职业共同体而言,都必须具备更高的专业性与规范性。基于检察官职能定位上的这种特殊性,社会公众也对其有着较高的预期,将其视为"正义的守护神""法律的捍卫者"。因此,检察官只有以规范的行为、专业的技能、优良的品行、高尚的道德为标志性的群体形象出现时,才能够树立检察权威,维护检察形象,坚守社会正义,使社会公众对检察官群体及其职业行为产生认同。

---

① 转引自张志铭、徐媛媛:《对我国检察官职业伦理的初步认识》,载《国家检察官学院学报》2013年第5期。

② 舒国滢:《法哲学沉思录》,北京大学出版社2010年版,第79页。

③ 张志铭、徐媛媛:《对我国检察官职业伦理的初步认识》,载《国家检察官学院学报》2013年第5期。

④ 冷罗生主编:《法律职业伦理》,北京师范大学出版社2014年版,第152页。

（二）检察官职业伦理的主要国际规定

检察官制度创设于大陆法系，其后成为现代法治国家诉讼程序中不可或缺的一环。对于大陆法系的检察官而言，其基本的职责业务是指挥侦查，成为侦查程序的主导者，以遏制警察国家的出现。另外，在大陆法系采行控诉原则的诉讼制度下，检察官还被赋予提起公诉、控制法官裁判的入口、避免裁判恣意的职责。从检察官的两项基本业务出发，可以梳理出在控权理念下，大陆法系检察官职业伦理的基本内涵是守护法律，使客观的法意公正地贯通整个刑事诉讼。现代检察官制度最早产生于法国，随着拿破仑的东征西讨逐渐散播于欧陆各国。而在英国，检察制度的形成和发展则走了另外一条道路，并影响到大洋彼岸的美国。无论是在大陆法系国家还是在英美法系国家，由于检察制度的生长环境和发展脉络不同，检察官的职业伦理都有着自身的特点。[①]

基于追诉犯罪、保障人权的立法理念，一系列国际条约和准则对检察官职业伦理作出了具体规定，包括信念伦理和责任伦理，既有关涉检察官自身行为的伦理规范，也有规制检察官与当事人、同行、法官、警察等主体关系的伦理规范。它们通过自律与强制的结合，为约束检察官行为提供了标准指引，以助推实现检察官职业活动的价值追求与职责要求。

下面选取有关检察官职业伦理的最具有代表性的4份规范性文件作一概括介绍，以期为我国检察官职业伦理的构建提供参考和借鉴。[②]

第一，《检察官角色指引》（Guidelines on the Role of Prosecutors）。该指引于1990年由第八届联合国预防犯罪和罪犯待遇大会通过，共24条，目的是协助会员国确保和促进检察官在刑事诉讼程序中发挥有效、不偏不倚和公正无私的作用。按照该指引的要求，任何人担任检察官的前提是受过适当的培训，具备适当资历，为人正直且有能力。鉴于检察官在刑事司法中的关键作用，对其职业伦理的要求十分严格。《检察官角色指引》规定，检察官应在任何时候都保持其职业荣誉和尊严；应始终一贯迅速而公平地依法行事，尊重和保护人的尊严以及维护人权；不偏不倚地履行职能，避免任何形式的歧视；保证公众利益，按照客观标准行事，适当考虑犯罪嫌疑人和被害人的立场，并注意到一切有关的情况，无论对犯罪嫌疑人有利或不利；对掌握的情况保守秘密；在受害者的个人利益受到影响时应考虑到其观点和所关心的问题，使受害者知悉其权利；拒绝使用通过非法手段获得的证据；即便在行使公民权利时，也应始终根据法律以及公认的职业标准和道德行事。除此之外，为了确保起诉公平而有效，检察官应尽力与警察局、法院、法律界、公共辩护人和政府其他机构进行合作。

第二，《检察官专业责任标准和基本职责及权利声明》（Standards of Professional Responsibility and Statement of the Essential Duties and Rights of Prosecutors）。该声明于1999年由国际检察官协会制定，并成为检察官起诉活动的国际标准，共6条。它依然重申了检察官在刑事司法中的关键作用，并从独立、公正、合作等多方面揭示了其职业伦理，为检察官行为明晰了标准。该声明第1条规定，检察官应在任何时候保持职业荣誉和尊严；依据法律、规则和职业伦理专业地行事；任何时候都应践行正直和谨慎的最高标准；保持信息灵通，了解相关法律的最新发展；力求言行一致，始终如一、独立和公正；保障被告人接受公平审判的权利，特别是确保依法提供有利于被告人的证据；服务和保护公众利益；尊重、保护和鼓励人

---

① 单民、董坤：《检察官职业伦理比较研究》，载《中国司法》2013年第9期。

② 张志铭、徐媛媛：《对我国检察官职业伦理的初步认识》，载《国家检察官学院学报》2013年第5期。

的尊严和人权的普遍观念。第 2 条涉及"独立",要求检察官行使职权不受政治干预。第 3 条涉及"公正",要求检察官不带畏惧、偏好和偏见地履行职责,不受个人或局部利益、公众或媒体的影响,只关注公众利益;客观行事,寻求真相,而无论对犯罪嫌疑人有利或不利。第 4 条涉及检察官在刑事诉讼中的作用,要求检察官应保守职业秘密,拒绝使用通过非法手段获得的证据,充分尊重犯罪嫌疑人和被害人权利。第 5 条专门列明了"合作"的要求,即检察官根据法律和合作的精神,要与警察、法院、法律界人士、辩护律师(包括公共辩护律师)及其他政府机构协作,并在国内和国际范围内协助其他辖区的同事,以完成相应的司法服务。

第三,《刑事司法体系中公诉之原则》(the Role of Public Prosecution in the Criminal Justice System)。该原则于 2000 年由欧洲理事会部长会议通过,共 39 条,涉及会员国检察官应遵循的共同原则。它既规定了检察官与法官的关系,也规定了检察官与警察的关系,对检察官自身行为亦作出了职业伦理上的规定。在与法官的关系方面,该原则要求检察官必须严格尊重法官的独立与公正,尤其不应怀疑司法判决、阻碍司法判决的执行,除非行使抗诉的权力或援引其他程序。检察官在法庭审理程序中应客观公正,特别是应确保已向法庭提交了司法公正所必需的所有相关的事实和法律论证。在与警察的关系方面,该原则要求当检察官决定是否开始或继续起诉时,通常应审视警察调查的合法性、遵守保障人权的情况。在自身行为方面,要求检察官应公平、公正、客观地履行职责;尊重和设法保护人权;设法确保刑事司法系统尽可能地高效运作;避免任何形式的歧视;确保法律面前人人平等;面对毫无根据的指控不应开始或继续起诉;不提交基于违法手段获得的证据,要求法院不予采信存在疑点的证据;保守秘密;保护证人利益;考虑受害人的意见和关注。该原则也要求加强检察官之间的国际司法合作。

第四,《检察官伦理及行为准则》(European Guidelines on Ethics and Conduct for Public Prosecutors),又称"布达佩斯准则"(the Budapest Guidelines)。该准则于 2005 年由欧洲检察长会议通过,不仅为检察官履行职责提供了一般原则,还提供了极为详尽的伦理规范指引。该准则主体部分共 4 条。第 1 条关于"基本职责"的规定要求检察官无论在任何时候,在任何环境下,都要依据国内和国际的法律履行职责;一贯地公平、公正和高效;尊重、保护和支持人的尊严和人权;代表社会和公众利益;努力达到社会一般利益和个人利益、权利之间的平衡。第 2 条关于"一般职业行为"的规定要求检察官在任何时候都坚持最高的职业标准,维护职业荣誉与尊严;总是表现出专业性;任何时候都要执行正直和谨慎的最高标准;依据法律和对事实的评估履行职责,不受不适当因素的影响;充实新知,紧跟法律和社会的发展;不带畏惧、偏好和偏见地公平地履行职责;不受个人、局部利益、社会和媒体的压力的影响;尊重所有人的权利以支持法律面前的平等和避免任何形式的歧视;保守职业秘密;带着尊重和礼貌与法院、警察、其他公共机构和法律界其他人士合作履行职责;为了在最大可能的程度上深化国际合作,依据法律协助其他管辖区域的检察官和公共部门;不允许检察官的个人或财务利益或检察官的家庭、社会或其他不正当关系影响到检察官的行为。第 3 条关于"刑事诉讼体系中的职业行为"的规定要求检察官在任何时候支持公平审判;公平、公正、客观、独立地履行职责;设法确保刑事司法尽可能高效地运作并符合正义;尊重无罪推定原则;确保作出起诉决定前正在或已经做了必要的、合理的调查和询问;考虑所有案件相关情况;不会以没有根据的指控开始或继续诉讼;在证据指明的范围内坚决、公平地起诉;检查证据是否通过非法手段获得,拒绝采用这样的证据,并将使用非法手段的人绳之以法;适当考虑证人和受害人的利益;协助法庭作出公正的判决。第4条关于"私人行为"的规定要求检察官在私人生活中仍应坚持正直、公平、公正;在任何时候都要尊重和遵守法律;检察官行事应保留和加深职业公信力;不得利用工作中获得的信息为自己或他人谋取不合理利益;不得接受任何馈赠或招待。

(三) 我国检察官职业伦理的特征

一般认为,检察官主要在刑事司法领域发挥至关重要的作用,但依据我国《宪法》《人民检察院组织法》和《检察官法》等法律的规定,我国的检察官并非仅承担刑事追诉的职能,他们在更为广泛的意义上还是国家专门的法律监督者,行使复合多样的职权,因而我国的检察官职业伦理必然具有自己的特色。

通过比较不难发现,有关检察官职业伦理的国际和国内的规范法文件,对检察官信念和责任两方面的伦理要求均有很大的共性。具体地说,检察官职业伦理中一些基本的信念伦理,均包括维护职业尊严和荣誉、追求公平正义、尊重和保障人权等。在责任伦理中,皆要求检察官依法履行职责且仅受法律约束,以及独立、客观、公正、保守秘密、排除非法证据、不谋私利、不接受任何馈赠或招待、充实新知、私人生活不得影响检察公信力等。[1] 下面,就我国检察官职业伦理中的特殊之处作一概括陈述。

第一,关于检察官自身行为。我国的检察官职业伦理除了要求检察官具有职业信仰以外,更要求其有坚定的政治信仰,即要坚持以马克思列宁主义、毛泽东思想、邓小平理论、"三个代表"重要思想、科学发展观、习近平新时代中国特色社会主义思想为指导,忠于党、忠于国家、忠于人民、忠于人民检察事业等。"检察官独立"在我国语境下的表述是"不受行政机关、社会团体和个人干涉,自觉抵制权势、金钱、人情、关系等因素干扰"。检察官的法律监督职权要求其"坚持强化审判监督与维护裁判稳定相统一,依法监督纠正裁判错误和审判活动违法,维护生效裁判既判力,保障司法公正和司法权威"。对于退休的检察官,亦要求他不得利用原身份影响、干预检察工作。这些要求皆颇具特色。与此密切相关的是,根据检察一体的要求,我国的检察官职业伦理还要求检察官服从上级决议和命令,服从指挥,令行禁止。

第二,关于检察官与当事人的关系。不同于国际规定区分犯罪嫌疑人或被告人、受害人、证人,并据此设定不同的检察官职业伦理规范,我国的检察官职业伦理只是简单地表述为"坚持为民宗旨,保障人民权益"。此外,我国检察官职业伦理要求检察官严格执法、文明执法,如禁止刑讯逼供;不得对证人采取强制措施或限制人身自由;不得包庇、放纵犯罪嫌疑人、被告人;不准为当事人打探案情、通风报信;不得私下会见案件当事人或其代理人、亲友,也不得接受他们的宴请、礼物和提供的娱乐活动;不得私下为所办案件当事人介绍辩护人或诉讼代理人等,这些内容颇具特色。

第三,关于检察官与同行的关系。相较国际规定积极倡导深化刑事司法的检察官国际合作,我国检察官职业伦理目前只要求国内检察官之间应团结协作,互相支持、互相配合和互相监督。此外,我国规定的"司法机关内部人员应当依法履行职责,严格遵守纪律,不得违反规定过问和干预其他人员正在办理的案件,不得违反规定为案件当事人转递涉案材料或

---

[1] 张志铭、徐媛媛:《对我国检察官职业伦理的初步认识》,载《国家检察官学院学报》2013年第5期。

者打探案情,不得以任何方式为案件当事人说情打招呼"也具有特色。

第四,关于检察官与法官、警察等的关系。上述《刑事司法体系中公诉之原则》比较明确地规定了处理检察官与法官、警察之间关系的职业伦理规范,其他相关国际文件也都主张检察官与法院、警察、法律界人士和政府机关合作。最高人民检察院于 2016 年 11 月通过的《检察官职业道德基本准则》第 4 条和第 5 条原则性地规定了检察官应当"维护法制统一"并"自觉接受监督"。

四、检察官职业伦理的作用

检察官职业伦理具有道德要求和行为规范相结合的性质,既有原则性、倡导性,也有可操作性、规范性,甚至许多要求还具有强制性。它既指引检察官的职业行为,也制约检察官与职责担当相关的职务外行为;既关注检察官内心对检察职责的认识和思维活动,也关注为检察官行使职权提供具体的行为标准。从功能角度讲,缺乏对检察官职业伦理的认知和恪守,算不上称职的检察官;没有检察官职业伦理的支撑,也无法塑造健全的检察官职业。[1]

第一,检察官职业伦理的价值内涵,很大程度上反映了社会公众对法律职业共同体的期望与要求。检察职业作为法律职业的重要分支,其所蕴含的伦理价值必然要遵循法律职业的核心准则,体现法律职业共同体的使命与追求。脱离了法律职业通行规律的检察官职业伦理,将会沦为无本之木、无源之水。同时,与法律职业共同体相比,职业分支对于时代发展的回应性往往会更敏锐。因此,检察职业往往能更及时地捕捉到时代发展对于法律职业群体的伦理性要求,并将其充实到检察官职业伦理中,这些充实的内容可为法律职业伦理的完善、发展提供新鲜的素材和不竭的发展动力。

第二,检察官职业伦理的受关注度,一定程度上体现了法律职业共同体在社会发展变迁中的地位与作用。检察官职业伦理解决的是检察官职业本色、价值追求、基本操守等涉及职业发展的基本问题,社会公众对这些问题的关注度反映出其对检察官的认知和重视程度。长期以来,检察官职业伦理建设相对滞后,一个重要原因是检察工作的职业化程度不高,检察官被作为普通国家工作人员而无职业特殊性,职业伦理的作用自然会被弱化。目前,检察官职业伦理受关注度的提升,不仅体现了社会公众对检察官的重视,更折射出民众对法律职业理念、执业方式、职业行为的认同与关切,表明法律职业共同体在现代社会分工体系中的地位及作用愈加明显。

第三,检察官职业伦理的恪守程度,影响着社会公众对法律职业群体的整体性评价。随着职业共同体的发展,其内部耦合性特征愈发明显,逐步发展成为一荣俱荣、一损俱损的整体。社会公众对包括检察官在内的法律职业人员的伦理定位,已然上升为社会伦理的坚守者、公序良俗的示范者、法律尊严的捍卫者以及守法、执法的表率者。因此,在信息化和法治化的时代背景下,检察官职业伦理会成为整个法律职业伦理的缩影,成为社会公众感受和评判法律职业人员的标尺之一。践踏检察职业伦理的行为,其影响并不限于个人和检察职业本身,更与法律权威和司法公信、与整个法律职业共同体在社会中的形象和地位息息相关。[2]

---

[1] 李江发:《中国检察文化的历史演进与当代建构》,湘潭大学 2012 年博士学位论文。
[2] 赵玮、王永:《检察官职业伦理的内涵与时代特色——以法律职业共同体为视角》,载《人民检察》2013 年第 19 期。

第二节　检察官职业伦理的内容

如前所述,法律职业伦理与法律职业道德并不存在本质上的区别,也不存在高低的区别,二者的区别主要是语境和范围上的区别。在研究领域,法律职业伦理的名称更合适。[1]1995年2月,八届全国人大常委会第十二次会议通过了《检察官法》,随后全国检察机关开展了以"秉公执法、清正廉明"为基本内容的检察官职业道德建设活动。2001年6月,九届全国人大常委会第二十二次会议通过《关于修改〈中华人民共和国检察官法〉的决定》,增设了检察官恪守职业道德的义务。2002年2月,最高人民检察院颁布了《检察官职业道德规范》,明确将"忠诚、公正、清廉、严明"作为检察官职业道德规范。2009年9月、2010年10月,最高人民检察院先后颁布了《检察官职业道德基本准则(试行)》和《检察官职业行为基本规范(试行)》,确定了"忠诚、公正、清廉、文明"四项基本要求。2016年11月,最高人民检察院第十二届检察委员会第五十七次会议通过《检察官职业道德基本准则》,将新时期检察官职业伦理的内容概括为"忠诚、为民、担当、公正、廉洁"十个字,这是对检察官职业伦理实践的总结和发展,也是开展检察官职业伦理建设的纲领。

一、坚持忠诚品格

忠诚,是指忠心与实在的良好品质,其具体含义可表述为真挚诚实、忠贞不贰、言而有信、一诺千金等。"忠诚"是我国的传统美德。远的如孔子的"言忠信,行笃敬",儒家所倡导的"仁、义、礼、智、信"等,几千年来一直被遵循和延续,并深深地扎根于民众的思想意识之中;近的如推翻反动统治制度的无数仁人志士,抛头颅、洒热血,忠诚于理想,忠诚于"主义"。忠诚既是对公职人员道德的一般倡导,也是对检察官的特别要求。自检察官职业诞生的那一天起,它就是国家利益、公共利益和人民利益的守护者。唯有忠诚,方能完成守护者的职责。也唯有忠诚,才能不辜负检察官的称号。[2]

(一)忠诚于党、国家和人民

首先,忠诚于党。中国共产党是全国各族人民利益的忠实代表,是中国特色社会主义事业的领导核心。要坚决维护党中央权威和集中统一领导,把党的领导落实到党和国家事业各领域各方面各环节。党的这种地位在宪法和法律上已经得到确认。忠诚于党,就是坚定对党的信念,执行党的指示,维护党的声誉,服从党的领导。

其次,忠诚于国家。国家是阶级社会的产物,是法律的制定者和权力的象征。国家的意志表现为法律,需要包括检察官在内的司法人员去执行。法律绝不能脱离国家而存在,检察官等司法人员是国家权力和意志的代表和具体执行者,因此,检察官必须无条件地、毫无保留地忠诚于国家。

最后,忠诚于人民。人民是国家的主人。忠诚于人民就是要顺乎民心民意,关心人民疾苦,给人民一个安全的生活环境,这是忠诚于人民最本质、最实际的内容。总之,一切以"人

---

[1] 李本森主编:《法律职业伦理》,北京大学出版社2016年版,第9—10页。

[2] 李本森主编:《法律职业伦理》,北京大学出版社2016年版,第150页。

民拥护不拥护、赞成不赞成、高兴不高兴、答应不答应"为检验检察官工作的标准和尺度。

忠诚于党、国家和人民是统一的,而非割裂的。党和国家、人民属于不同的法律范畴,但在具体执行中,三者又是统一的。党是国家的领导核心,是人民意志的集中代表。从政治学角度看,党和国家属于不同的范畴。但在我国,党作为国家的领导核心是具有宪法和法律依据的,而且党在国家生活中实际发挥着领导作用。而从人民的角度看,国家是人民的国家,人民是国家的主人,党又是人民利益的忠实代表,因此,三者联系密切,很难将它们割裂开。具体到检察官履行忠诚伦理义务时,自然也不能分割开。

(二) 忠诚于宪法和法律

宪法是国家的根本法,各项法律制度是宪法原则和精神的具体化。在我国,宪法和法律是党和人民意志的集中反映,是为维护国家、民族和人民利益,维护社会正常发展秩序服务的。宪法和法律的实施是通过包括检察官在内的司法人员进行的。从这个意义上讲,忠诚于宪法和法律就是忠诚于党和国家、人民,也是"忠诚"内容的更进一步具体化。

忠诚于宪法和法律是检察官的天职。宪法和法律是检察机关和检察官进行职务活动的依据。检察官的一切职务活动都与宪法和法律密不可分,时刻围绕着宪法和法律进行。宪法和法律是检察机关和检察官的工作武器和工具,也是其存在的根据。检察官作为法律的执行者和实施者,是法律的人格化或人格化的法律,其灵魂就是宪法、法律,思想就是宪法和法律条文。离开了宪法和法律,检察官就失去了灵魂,其职务活动就失去了意义。因此,忠诚于宪法和法律对检察官而言是毋庸置疑的。

在我国,检察官是法律和法律监督的具体实施者。也就是说,一方面,检察官自己在践行着宪法和法律的基本要求;另一方面,他还要检察和督促国家机关、团体、企事业单位和个人自觉地遵守和执行法律,如有违反,检察官将通过行使检察权纠正这种行为。检察官与宪法、法律的这种特殊关系进一步要求检察官忠诚于宪法和法律。

忠诚于宪法和法律在实施和操作中有具体的内容,这就是"有法可依,有法必依,执法必严,违法必究"。所谓"有法可依",是针对立法而言的,它要求有一个比较完备的法律体系。所谓"有法必依",是指检察官在实施其职务活动时,要按照国家法律法规进行。"执法必严"是指检察官严格按照法律规定履行职责,具体指依法立案、侦查、起诉以及进行法律监督。"违法必究"是指对违反法律的人,必须给予法律追究,绝不容许其逍遥法外,逃避法律的惩处。

(三) 忠诚于事实真相

对检察官的具体工作来说,除法律外,事实问题也是一个十分重要的问题。"事实"是检察官处理案件的依据,法律则是处理案件的准绳和尺度。离开了"事实",法律的适用就失去了对象和依据,法律的准绳和尺度作用也无从谈起。忠诚于事实真相,是指检察官处理案件时,应该按照法律事实所呈现的状态去认定,既不夸大,也不缩小。不能为满足一己之利或屈从于某种压力而人为地改变案件事实,或人为地进行淡化处理,"大事化小,小事化了",或人为地上纲上线、枉法追究。总之,事实是什么,就按什么去认定。

忠诚于事实真相是检察官基本的伦理要求。"说实话,办实事"是我国传统的做人的道德规范。脱离了事实真相去活动,无异于恣意妄为,使法律成为"玩偶",这是法律工作的大忌,也是检察官法律监督工作的大忌。离开了事实真相去适用法律,将是对法治的最大嘲弄和破坏。

当然,事实真相的客观问题不是一蹴而就的。在众多的案件中,事实真相往往和假象混同在一起。造成这种状况的原因有客观和主观两个方面:一方面,检察官的主要工作是侦查起诉,刑事诉讼中犯罪分子逃避打击心态的外化,常常给侦查起诉工作带来困难;另一方面,事实真相的认定过程是一个认识过程,而认识过程是一个十分复杂的思维活动,由于认识能力所限,对于某些案件,检察官常常力不从心,因此,呈现于检察官面前的常常是"真真假假、虚虚实实"的证据材料。在这种情况下,检察官需要具备许多素质条件,但最关键的还是作为司法人员的最基本的操守即忠诚于事实真相。实践证明,检察官认定案件可能是对的,也可能是错的,但他只要本着忠诚于事实真相的道德要求去做,就是最佳选择。

(四) 忠诚于检察事业

忠诚于检察事业,关键是要做到恪尽职守,乐于奉献。这不仅表现为检察官在行使检察权时忠于职守、严肃认真、积极勇敢的工作态度和公正无私、尽心尽责的工作责任心,还表现为检察官在日常工作中爱岗敬业、乐于奉献的敬业精神,其具体内容如下:一是热爱人民检察事业,珍惜检察官荣誉,认同检察职业的价值目标,自觉接受监督制约,严守检察工作秘密,主动维护检察机关、检察官的形象和检察权的公信力。二是坚持"强化法律监督,维护公平正义"的检察工作主题,忠实履行法律监督职责,努力实现执法办案政治效果、社会效果和法律效果的有机统一。三是热爱本职工作,对工作岗位不挑肥拣瘦、推诿逃避,勤勉敬业,尽心竭力,不因个人事务及其他非公事由而影响职责的正常履行。四是庄严宣誓,牢记检察官誓词,弘扬职业精神,践行从业誓言。[①]

二、坚守为民宗旨

检察权来源于人民,人民性是检察机关的根本属性,检察官首先承担的是对人民的责任。习近平强调:"政法机关的职业良知,最重要的就是执法为民。"[②]党中央一再强调坚持以人民为中心的发展思想,要求司法机关恪守司法为民的职业良知。这些都要求在检察官职业伦理中把"为民"突出出来。

(一) 检察官的人民性要求

人民检察就是检察工作的人民性,人民性也是对检察官的必然要求。社会主义制度的本质是人民当家作主,人民是社会主义国家的主人,是一切国家权力的来源。我国《宪法》第2条第1款明确规定:"中华人民共和国的一切权力属于人民。"因此,包括检察权在内的一切国家权力,都来源于人民,都是受人民委托而行使的。这就决定了检察工作必须立足于为人民服务,以实现好、维护好、发展好广大人民的利益为出发点和落脚点。检察机关维护

---

① 王新清主编:《法律职业道德》,法律出版社2016年版,第156页。
② 中共中央文献研究室编:《习近平关于全面依法治国论述摘编》,中央文献出版社2015年版,第97页。

人民利益就是通过法律手段维护人民权益。检察官在履行法律监督职能时,必须认真听取人民群众的意见和呼声,满腔热忱地对待人民群众的诉求,带着对人民群众的深厚感情执法,本着对人民群众的根本利益和对法律高度负责的精神办案,自觉接受人民群众的监督,为人民群众监督检察工作创造条件,把人民群众的监督意见作为改进工作的动力和公正司法的判断依据。立足检察职能,积极参加以改善民生为重点的社会建设,注意发现带有倾向性、苗头性的民生诉求,配合党委、政府和有关部门从源头上进行化解,使来源于人民的检察权更好地服务于人民,树立亲民、为民、护民的良好形象。

(二) 维护和保障人权

人权,就是人的权利。从人权的主体看,只要是人,他就有权享受法律和道德赋予的各种权利,而不论该人的民族、种族、年龄、贫富状况、人品、是非、功过等因素如何。人权作为人类进步的标尺,其实质意义并不在于维持生存或生活,而是要追求更高的品格和尊严,追求理性的生活方式。[①] 保障人权是世界各国检察机关的共同责任和使命。这不仅被大多数国家关于检察机关的立法所规定,而且被 1990 年《关于检察官作用的准则》所确认。该准则第 12 条规定:"检察官应始终一贯迅速而公平地依法行事,尊重和保护人的尊严,维护人权,从而有助于确保法定诉讼程序和刑事司法系统的职能顺利地运行。" 我国《宪法》规定:"国家尊重和保障人权。" 相对于其他功能而言,保障人权是检察机关的目的性功能,具有更加普遍的意义。[②]

以保障人权为核心的维护人权理念,是以人为本和执法为民要求在检察活动中的具体展现,也是检察官职业伦理的重要内容。检察官作为国家法律监督职能的执行者,必须提高保障人权的能力和水平,坚决制止刑事诉讼中的刑讯逼供等侵犯人权的行为,克服有违人权精神的执法习惯和做法,把保障人权落实到具体监督职能中。执法行为应以人为本,摒弃先入为主、有罪推定等执法理念。在诉讼中,不仅应充分尊重当事人的人格尊严与权利,还应保障当事人的权利最终得到有效救济,从而提高执法的正当性和可信度;切实尊重和保障犯罪嫌疑人、被告人的人权,监督纠正诉讼中侵犯人权的问题。并应当积极教育、挽救、感化犯罪嫌疑人、被告人,使他们反思、悔恨、自新,这是救济人心、恢复人性,关心他们个人发展的工作,体现着司法的理性和人文关怀。

(三) 维护和保障公民合法权益

对于公民来说,凡是法律没有禁止的都可以做;对于国家机关来说,凡是法律没有授权的都不能做。检察机关维护法制统一,是为了防止和纠正破坏法律秩序、损害人民合法权益的行为,从根本上说就是为了维护人民群众的正当权益。社会主义司法的真谛是让人民共享经济社会发展和民主法治建设的成果,让人民切身体会到社会主义司法的公正、高效与权威,让人民相信法治的力量,相信司法而不是私力。维护人民权益的基本途径,就是根据人民对司法需求的发展,形成动态的稳定观。针对不同发展阶段的形势和社会矛盾特点,依法追诉和纠正侵犯人民财产权利和人身权利的违法犯罪行为,充分保障人民当家作主和人民

---

① 李步云、邓成明:《论宪法的人权保障功能》,载《中国法学》2002 年第 3 期。
② 朱孝清、张智辉主编:《检察学》,中国检察出版社 2010 年版,第 234 页。

的合法权益,依法维护和保障诉讼当事人、诉讼参与人及其他有关人员的合法权益。立足检察职能,积极参加以改善民生为重点的社会建设,抓住关系民生的突出问题,加大法律监督力度,依法惩治发生在群众身边、损害群众切身利益的犯罪活动;加强对涉及劳动争议、保险纠纷、人身损害赔偿等的民事审判和行政诉讼的监督,依法监督纠正显失公平的裁判,维护弱势群体的合法权益;注意发现带有倾向性、苗头性的民生诉求,配合党委、政府和有关部门从源头上进行化解;努力创新便民信访方式,提高依法文明服务水平,对生活确有困难的被害人要探索实行个案救助,使改善民生的要求在检察环节更好地得以落实。[①]

(四) 加强和改进检察执法作风

作风是否文明、规范直接反映检察机关是否牢记执法为民的宗旨,关系到检察机关的形象和检察机关同人民群众的关系,改进执法作风是维护人民群众根本利益的内在要求。要充分认识司法权是维护社会公平正义的最后防线,关乎公民人身自由、生命财产权利,十分关键,十分重要。如果没有好的执法作风,这道防线就会被突破,就会给社会带来失序和混乱,使公众产生对法律的否定与蔑视、对社会公正的怀疑与失望。要牢记宗旨观念和服务意识,认真解决群众最关心、最直接、最现实的利益问题,实现好、维护好、发展好最广大人民的根本利益,始终保持党同人民群众的血肉联系,坚持热情服务,防止和纠正漠视群众利益,对群众求助视而不见、麻木不仁、推诿搪塞的现象,杜绝“门难进、脸难看、话难听、事难办”的工作作风。要摒弃特权思想和霸道作风,不要特权、逞威风、蛮横无理,本人或者亲属与他人发生矛盾、冲突时,应当通过正当合法的途径解决,不应以检察官身份寻求特殊照顾,不要恶化事态酿成事端,让人民群众切实感受到检察机关以人为本、执法为民的良好作风,树立“亲民、为民、利民、便民”的良好形象。

三、弘扬担当精神

“担当”,就是承担并负责任。法律监督是宪法赋予检察机关的基本职责,党的十八届四中全会强调检察机关应加强对司法活动的监督,检察官作为专司法律监督职责的司法人员,如果对执法不严、司法不公问题不闻不问、当老好人,不敢监督、不愿监督,就失去了最基本的职业伦理。因此,检察官要履行好职责,首先必须要有担当精神。

(一) 敢于监督

与审判行为的被动中立不同,法律监督行为具有积极主动性。检察官作为法律监督的实施者,首先要敢于监督。只有依法履行监督职能,才能切实维护国家利益和广大人民群众的合法权益。不敢监督、不愿监督,把监督当作“软任务”,是职业角色虚化、职业权能弱化、职业地位削化的表现。[②] 从根本上讲,敢于监督是对检察官担当精神的职业诠释,而敢不敢监督又是检验检察官是否忠诚履职的“试金石”,同时也包含了勇于行使权力清单规定的决定权或其他权限、勇于承担司法责任、坚守防止冤假错案底线等内容。

① 吴建雄:《检察工作科学发展机理研究》,中国检察出版社 2009 年版,第 65–66 页。
② 赵玮、王永:《检察官职业伦理的内涵与时代特色——以法律职业共同体为视角》,载《人民检察》2013 年第 19 期。

（二）善于监督

检察官履行法律监督职能的方式方法在很大程度上决定了其效果和权威性,注重采用最为有效的方式方法,是法律监督最大限度地取得成效的基础。检察官在履行法律监督职能的过程中,要讲究方式方法,要注意以下几点:一是突出重点。检察资源的有限性,决定了检察机关必须在全面履行检察职能的过程中,突出监督重点,把有限的检察资源更多地运用到人民群众反响强烈、党委和政府在大局统筹中高度关注、社会各界严重关切的执法不严、司法不公和司法腐败问题上,努力取得监督成效。二是正确处理增强法律监督有效性和树立司法权威的关系。在确定监督思路,选择运用监督措施,督促纠正执法不严、司法不公问题等方面,既要注重监督力度和监督效果,也要维护被监督的有关国家机关的权威,提高整体司法水平,增强司法公信力。三是坚持原则性和灵活性相结合。对于履职中发现的执法不严、司法不公等问题,不一定只采用抗诉这一种强硬方式,灵活运用包括协商在内的多种方式,力促监督效果事半功倍;对于执法犯法、严重违法甚至贪赃枉法、徇私舞弊等问题,在坚持严格依法履行职责的同时,及时联系相关部门协作配合,努力实现让人民群众满意的监督效果。四是积极争取党委、人大的支持,加强党委对检察活动的领导和支持,定期向人大报告检察活动(包括专项工作等)情况;虚心接受监察机关、人民法院、公安机关、行政执法部门等单位,以及新闻舆论、社会各界、人民群众的监督,促使法律监督更加科学、合理、有力地开展,确保检察官履行法律监督职能的质量和效果。[①]

（三）规范监督

规范监督是对检察官的职权、行为方式、作风和形象的伦理要求,是检察官应具备的基本职业素养。首先,要自觉端正执法思想,更新执法观念,坚持理性、平和、文明、规范的执法理念,坚决摒弃那些重打击轻保护、重实体轻程序、重惩罚轻教育等不合时宜的错误观念和做法,从源头上防止和减少执法不规范现象的发生。其次,重视对犯罪嫌疑人合法权益的保障,尤其是杜绝办案过程中的刑讯逼供、暴力取证以及其他不规范的现象,在执法方式、执法细节上注重人性化和人文关怀,用群众乐于接受的方式执法办案,使人民群众不仅能感受到法律的尊严和权威,还能感受到检察队伍高度的文明素养和职业素质。再次,要注重个人修养,杜绝粗鄙庸俗和污言秽语,不使用侮辱、谩骂、诋毁、蔑视、嘲讽、挖苦等伤害他人人格尊严的语言;在公共场合及新闻媒体上,不发表有损法律严肃性、权威性,有损检察机关形象的言论;未经批准,不对正在办理的案件发表个人意见或者进行评论,避免使公众对检察官公正执法和清正廉洁产生合理怀疑,避免对履行职责产生负面作用,避免对检察机关的公信力产生不良影响。最后,还要注重职业礼仪约束,在出庭、着装、仪容、举止等方面都要遵从相应的礼仪规范。尤其是执行公务、参加政务活动时,要按照着装规定穿着检察制服、佩戴检察标识徽章,严格守时,遵守活动纪律,不穿着检察正装、佩戴检察标识到营业性娱乐场所进行娱乐、休闲活动或者在公共场所饮酒,不参与赌博、色情、封建迷信活动。

[①] 朱孝清、张智辉主编:《检察学》,中国检察出版社2010年版,第448页。

(四) 理性监督

在弘扬"担当"精神,强化"监督"责任的同时,也要避免夸大检察功能,摒弃"包打天下"的错误思想,防止权力扩张的不理性做法。检察官的履职活动作为一种司法活动,对执行和遵守法律的活动实行监督的效力都是有限度的,检察机关只能在法律授权的范围内从事检察活动,并且检察权不是一种终极性的权力,检察机关履行法律监督职责的检察活动所能发挥的主要作用是启动程序和提出追诉或纠错建议。检察官的履职活动必须遵循这个规律,理性地履行法律监督职责。[①]加强对检察职能的理性认识,以便正确定位、量力而为,这对于检察机关开展检察活动是十分重要的:既可以纠正运用检察职能解决所有社会问题和矛盾纠纷的想法与做法,也可以避免对检察活动定位的虚假张扬,乃至产生检察制度无法承受之重等负面后果。

理性监督还包括权力行使理性,其核心内容就是谦抑与平和。所谓谦抑,就是检察官的法律监督要遵循"必要性和最低限度"原则,从司法工作和检察监督规律出发,运用恰当监督方式和方法,选择合理的监督时机,确保监督取得良好效果,并非刚性越强、监督越早,法律监督的效果就越好。法律监督必须保持刚性监督与柔性监督的衔接互动,积极推动检察监督与监督对象(特别是其他法律职业群体)内部纠错机制的紧密衔接,实现监督效果最优化。平和要求检察官不能以监督者自居,行使权力要以法为据、以理服人、以情待人,要注意与其他法律职业群体的平等相待和良性互动,相互尊重、相互学习、相互协作,促进司法和谐。[②]

四、强化公正理念

公正是司法工作的灵魂和最高价值追求,是检察官职业伦理的核心内容。检察机关作为国家的法律监督机关,担负着打击敌人、惩治犯罪、保护人民、维护社会稳定、维护法律尊严的神圣使命,检察人员只有切实做到公正执法,才能确保国家法律统一正确实施,才能有效地遏制直至消除人民群众所深恶痛绝的司法腐败。因此,公正既是履行检察职能的根本要求,又是每一名检察官在职业活动中必须严格遵守的最重要的行为准则。[③]

(一) 公正执法是法律监督的目标追求

公正执法是全面依法治国在检察活动中的体现。它既是全面依法治国的核心原则,又是法律监督的目标追求。推进全面依法治国过程中,完善的法律体系、硬性的制度规定、复杂的工作机制等并不是法治的全部,法治更深层次的意义在于公平正义的精神和价值在法律条文、制度规定、工作机制及执法实践中得到体现和实现。如果没有公平正义的内涵,实行法治的结果不能导致公平正义在全社会的实现,法治也就徒具形式,失去了存在的意义。公正执法是社会主义法治大厦的基石和精神支柱,也是衡量法治实现程度的重要标尺。检察机关和检察人员要牢固树立公正执法的理念,让公正执法的精髓渗透在法律监督的全过

① 朱孝清、张智辉主编:《检察学》,中国检察出版社 2010 年版,第 447 页。

② 赵玮、王永:《检察官职业伦理的内涵与时代特色——以法律职业共同体为视角》,载《人民检察》2013 年第 19 期。

③ 吴建雄:《检察工作科学发展机理研究》,中国检察出版社 2009 年版,第 63 页。

程,使人民群众从公正公平的执法活动中切身感受到法律正义和法治权威,确立法治信仰,使社会主义法治真正成为吸引并惠及广大人民群众的伟大实践。

(二) 公正执法是司法活动的本质属性

司法就是要公正地解决社会矛盾。矛盾双方存在着利益的差异或分歧,如果仅依单方面的意愿裁决,就会导致不公正。司法不公,不仅不可能平息纠纷,还可能激化矛盾。司法公正是维护和实现社会公平正义的重要环节,检察机关担负着重要责任。最高人民检察院确定的"强化法律监督,维护公平正义"的工作主题,充分体现了公正执法的检察理念。

(三) 公正执法是检察活动的根本原则

公正执法是法律监督的生命线。检察机关在履行职责时,要立场客观,态度端正,不能因为检察机关是国家的公诉机关,在刑事诉讼中就一味地强调追诉犯罪。公正要求检察机关公正无私且不怀偏见,对各种不同的意见给予同等的关注。例如,在审查案件时,既要审查证明嫌疑人有罪的材料,又要审查证明嫌疑人无罪的材料。检察机关不仅自己要坚持公正执法,还要监督其他司法机关在诉讼活动中公正执法、文明办案,实现公平与正义,消除社会存在的各种不公正因素。检察机关的监督职能是防止司法不公的法律屏障。对司法不公加强监督、及时纠正,正是检察机关的职责。公正执法的理念要求检察人员认识到职业赋予自己的崇高责任,认识到自己的行为能折射出社会正义,以自己的良心对法律负责,对事实负责,对社会负责,对当事人负责,虚心听取各方当事人的陈述和意见,认真分析证据,采纳律师的正确意见等;要求检察人员对正义的追求不屈不挠,坚定不移,有极大的勇气,不屈于淫威,不移于富贵,不困于情感。

(四) 公正执法是检察官客观公正义务的具体表现

自检察制度产生至今,检察官的角色从"国王的守护人"转变为"法律的守护者""公共利益的看护人"。[1]在我国,法律不仅明确了检察机关的法律监督职能,而且制定了履行检察职能的法律规范,强调检察官在行使检察权的过程中,必须站在客观公正的立场,以强化法律监督、维护司法公正、维护社会和谐稳定为价值追求。但司法实践中,在行使侦查、公诉等职能时,一些检察人员往往自觉或不自觉地偏离"法律守护人"的基本立场,产生片面追诉的"当事人化"倾向,因此,要坚持检察机关法律监督的宪法定位和公平正义的价值目标,就必须强调检察人员客观公正的执法意识和执法行为,构建检察价值保障的制度规范,这个制度规范就是中国特色的检察官客观公正义务。[2]检察官客观公正义务是一种原则,检察官既是审判等诉讼活动的参与者,又是法治的维护者,检察机关的主要任务是代表国家履行公诉等职责,确保法律得到公正的执行,人权得到尊重和保障。因此,检察机关必须站在客观公正的立场上查明案件真相,准确地执行法律。这是检察机关应当履行的客观公正义务,也是检察机关在行使检察权过程中必须遵循的客观公正原则。[3]其内涵具体体现

---

① Council of Europe, *The Role of Public Prosecution Office In A Democratic Society*, Manhattan Publishing Company, 1997.
② 吴建雄:《检察工作科学发展机理研究》,中国检察出版社 2009 年版,第 272 页。
③ 孙谦主编:《中国检察制度论纲》,人民出版社 2004 年版,第 203–204 页。

在以下三个方面：

第一，坚持客观立场。首先，检察机关及检察官必须站在法律监督者的立场而不是当事人的立场上，以保障法律的正确、统一实施为目标而不是以胜诉为目标，客观公正地履行各项检察职能。如果判决违反了法律，不管该判决结果对被告人有利还是不利，都应当依法提出抗诉，以维护司法公正。其次，检察官是回避的对象而不是享有回避申请权的当事人。回避就是为了实现客观公正的诉讼结果，检察官负有依法回避的义务就意味着检察官不是一方当事人。这也是检察机关及检察官客观公正义务的重要体现。

第二，追求客观公正。检察机关和检察官在行使检察权的过程中，必须以事实为根据，以法律为准绳，努力做到实体公正与程序公正并重，力求法律真实与客观真实统一。在刑事诉讼中，对于符合法定起诉标准的案件，检察机关必须履行起诉的义务。相反，对于犯罪情节轻微、依照《刑法》规定不需要判处刑罚或者可以免除刑罚的案件，检察机关可以作出相对或酌定不起诉决定；对于不构成犯罪的案件，应当作出绝对不起诉决定；对于证据不充分的案件，应当作出存疑不起诉决定。坚持客观公正的自由裁量原则，凸显相应的司法公正效果，是检察官客观义务的应有之义。

第三，强调程序正义。在诉讼活动中，应当确立当事人的主体地位，承认并保障其独立的人格、尊严和意志自由；深刻理解实质正义和形式正义的关系，既正确执行实体法，又认真贯彻程序法。面对程序公正与实体公正的冲突，要慎重处理，除特殊情况外，应当采取程序公正优先、兼顾实体公正的处理方式。检察官应当尊重和保障犯罪嫌疑人、被告人和受害人的人权，不偏不倚地履行职能，防止当事人受到任何形式上的歧视和不公正待遇。在许多情况下，由于检察机关具有相对的优势，为了保障辩护方有效行使辩护权，保护被追诉人的合法权益，必要时可以在程序上适当向辩护方倾斜，实现公权力与私权利之间的合理平衡。[①]

五、保持廉洁操守

廉洁涉及检察官处理公职与私利时的态度，以及如何对待外部的不当利益和维持检察公职的公信力。检察机关作为法律监督机关，是国家反腐倡廉的重要力量，较之其他法律职业群体，更要做到自身正、自身净、自身硬，把强化自身监督放到与强化法律监督同等重要甚至更加突出的位置来抓，这样才能赢得社会的尊重，获得监督对象的认可。近年来，社会上时常会出现关于"谁来监督监督者"的讨论，之所以会出现这类讨论，并不是说检察官不受监督，而是现有监督机制没有发挥应有的作用，部分检察官对自身监督还不够重视。因此，必须强化和提升自身监督的突出地位，并在这个向度上去理解"廉洁"对检察官的特殊要求，进一步把握检察职业的廉洁本色。[②]

（一）筑牢廉洁防线

无数案例表明，腐化总是从思想上放松警惕、放松对世界观的改造开始的。面对各种利益诱惑，检察官能否保持清廉美德，杜绝不清廉行为，最根本的是看他能否筑牢思想道德上

---

① 吴建雄：《检察工作科学发展机理研究》，中国检察出版社 2009 年版，第 274 页。
② 赵玮、王永：《检察官职业伦理的内涵与时代特色——以法律职业共同体为视角》，载《人民检察》2013 年第 19 期。

的防线。这需要个人强化意识,通过自觉学习反思、对照检查、组织教育等,时刻警惕不良的思想倾向,提高思想道德素质。要以社会主义核心价值观为根本的职业价值取向,常修为检之德、常思贪欲之害、常怀律己之心,提高自我约束能力,坚决反对拜金主义、享乐主义和奢靡之风,坚持高尚的精神追求,时刻自重、自省、自警、自励,不该去的地方不去,不该交的朋友不交,甘于清贫,耐得住寂寞,经得起诱惑,遵纪守法,严格自律,并教育近亲属或者其他关系密切的人员模范执行有关廉政规定,秉持清正廉洁的情操。[①]

(二) 模范遵守法纪检规

检察官要保持廉洁,就必须坚持用比监督别人更严格的要求来监督自己。监督别人做到的,自己必须模范做到;监督别人不做的,自己坚决防范,对违规者保持"零容忍",始终做法律职业群体中恪守职业伦理的表率。如果不这样,损害的将不仅是检察职业的公信权威,更会动摇甚至颠覆检察权的正当性基础。

(三) 妥善处理情法关系

一方面,处理好法律与人情的关系。对于生活在社会之中并面对诸多社会关系的检察官来说,怎样处理好人情与法律的关系是一个经常面临的棘手问题。检察官也是普通人,同样有人际交往链条。但是,在人情与法律之间,检察官应当时刻将法律放在首位,一切以不违法为处事原则。检察官的情应表现为对国家、对人民的热爱和对法律的敬畏。将情置于法之上,徇情枉法,则是对职业的亵渎。另一方面,处理好法律与权力的关系。法律赋予了检察官权力,履行检察职务的过程就是运用权力的过程。判断权力运用得正确与否的标准就是法律。也就是说,权力的运用要依法进行,并时刻限定在法律规定的权限范围内,做到不专权、不越权、不弃权;在其位,谋其政,守其位,尽其责。要注意防止两种倾向出现:一是滥用权力,耍特权;二是放弃权力使用,行使权力失职。[②]

(四) 自觉接受监督制约

检察官要保持廉洁本色,就必须牢固树立监督者更要自觉接受监督的意识。被监督是一种约束性行为,从人的本性来看,很难成为自觉性选择。但是,检察官必须努力克服这种人性的弱点,使接受监督成为自觉的、经常性的行为。自觉接受监督就是要自觉接受内部、外部监督,从力的反作用角度进一步明晰法律监督权的边界,明确法律监督职权运行的最大范围。从接受内部监督层面看,就是下级检察院要自觉接受上级检察院的监督,自觉接受检察机关相关业务部门的监督,自觉接受纪检监察机构的监督。从接受外部监督的层面看,就是要在司法活动中坚持分工负责、互相配合、互相制约,自觉接受其他法律职业群体的制约,自觉接受人大权力监督、政协民主监督、社会公众监督和舆论媒体监督,在更加广泛、严密的监督体系下切实保障检察权依法、正确行使。

---

① 王新清主编:《法律职业道德》,法律出版社 2016 年版,第 159 页。
② 李本森主编:《法律职业伦理》,北京大学出版社 2016 年版,第 160 页。

第三节 检察官职业伦理实施机制

保障检察官职业伦理的内容得以落实,需要依靠一系列检察官职业伦理的实施机制,即保障检察官职业伦理得到遵守和践行的一系列制度机制体系。检察官职业伦理的实施,是一个职业伦理从意识、行为养成到固化、践行的过程,前提和基础在于教育引导检察官内化和固化职业伦理规范,形成高度自觉的道德自律。同时,必须借助一系列培育养成机制、监督管理机制、考核评价机制、责任追究机制等,引领、约束和促进检察官严格践行职业伦理规范。

一、检察官职业伦理培育机制

检察官职业伦理的培育和养成,是检察官职业伦理的学习、内化、固化的过程,是检察官职业操守从培养到不断提高的过程。养成检察官职业伦理,关键是使职业伦理融入检察官的思想理念、深植于其心田,让遵从职业伦理规范成为检察官发自内心的道德自觉,成为其工作生活和职业发展的一种行为方式、行为习惯、行为常态。[1]

(一)职业准入专业化

"法治社会是建立在法律至上观念、法律权威的信仰之上的,没有法律职业共同体的形成和专业化,没有专业知识和不经过专业培训就可以从事法律职业,就不能保证法律的严谨性,法律的权威就无法体现。"[2] 因此,要充分发挥检察机关在建设社会主义法治国家中的作用,就必须提高检察官的专业素质,其前提之一就是要规范并完善检察官的职业准入制度。在检察官独立、公正行使职权时,检察官本人的资质和素质起着重要的作用。为保障检察官的正规化、专业化、精英化,各国制定了严格的甄选和培训程序。例如,联合国《关于检察官作用的准则》在有关检察官的"资格、甄选和培训"中规定"获选担任检察官者,均应为受过适当的培训并具备适当资历,为人正直而有能力的人";在法国,预备司法官(包括法官、检察人员)要接受四个阶段(分别为社会活动、职业培训、审判和检察业务实习、毕业考试)长达31个月的职业培训,检察官由司法部长提名,并由共和国总统任主席的最高司法会议对检察官的任命提出意见,才能得到任命;在德国,大学法律专业毕业,通过国家考试,接受为期2年的实务训练,通过第二次国家考试并试用合格者,才可被正式任命为检察人员;在日本,设立了司法研修所,专门培训法官、检察人员、律师,自1999年开始,司法研修生要在研修所里进行1年半的专门培训,通过毕业考试后,方能从事法官、检察人员、律师的工作。在我国,选任、招录检察官基本由省级检察机关负责审查、把关,统一组织实施,但是,我国检察官的考录基本上参照了公务员考录的程序,在结合自身实际、选拔适岗人才方面仍需改进。

本轮司法体制改革以来,为切实贯彻中央强调"司法体制改革要牵住司法责任制这个牛鼻子,凡是进入法官、检察官员额的,要在司法一线办案,对案件质量终身负责"的精神,最高人民检察院提出员额检察官要"以是否具备独立办案能力,能否独立对办案负责"为遴选

---

[1] 李本森主编:《法律职业道德概论》,高等教育出版社2015年版,第177页。
[2] 孙谦:《检察:理念、制度与改革》,法律出版社2004年版,第172页。

标准,其基本的选拔条件为:具有良好的政治素质和检察职业道德,品行端正;具有中央政法专项编制且完成公务员登记的在职在岗检察人员;具有助理检察员以上法律职务;符合相应的司法办案工作年限(省、市检察院 3 年以上,基层检察院 2 年以上)要求;近 3 年度考核均为称职以上等次;身体健康、具备正常履职的身体条件。这 6 项基本条件进一步提高了检察官选任的门槛,从职业准入制度上严把检察官人选的基本道德素质关和知识素养关,确保人选从进入检察官职业开始就具有较高的道德素质和文化素养,为检察官职业伦理的养成和强化打下良好的基础。

(二) 教育培训常态化

掌握新知识、应对新情况除加强自我学习外,组织系统内的教育培训尤为重要。加强检察官职业伦理教育学习,必须加强对新进检察机关人员特别是拟任、初任检察官人员的教育,将检察官职业伦理纳入新进人员岗前培训内容,教育引导其熟悉并牢记检察官职业伦理规范,为今后自觉严格践行职业伦理奠定基础。除此之外,加强对全体检察官的职业伦理强化教育和培训,将职业伦理作为各类检察官培训的必修课,并建立有效的职业伦理日常教育制度,帮助检察官不断强化职业伦理意识,不断提高遵守职业伦理的自觉性和职业自律能力,注重引导检察官坚持和加强职业伦理学习,不断强化自我修养。同时,要及时注入检察官职业伦理教育和培训的时代内涵,丰富教育和培训的形式手段,在搞好检察官职业伦理规范的学习、教育、培训的同时,要注意运用典型案例开展以案论德,分专题组织学习研讨,举办先进事迹报告,加强正面教育引导,运用反面事例进行警示教育,结合岗位工作开展遵守职业伦理情况对照检查,让检察官在对职业伦理生动实践的感知中加深对职业伦理规范的认识与内化[1],使常态化的教育培训制度成为检察官践行检察官职业伦理的有效途径。

(三) 法律思维习惯化

法律思维方式,是一种以法律为坐标,按照法律观念逻辑来理性地观察问题、分析问题和解决问题的思维定势或思维习惯。这种思维方式意味着将法律作为我们审视他人和自身行为合法还是违法、是否应当受到法律的保护或者是否具有法律上的意义等的独特标准与内容。[2]这种思维方式是一种从法律的角度、用法律的眼光来看问题、想事情的思维方式,也就是遇到问题时首先想到用法律来衡量、依法律来处理。法律思维总体上是一种以形式推理和辩证推理为主的理性思维,其主要表现形式有法律解释、法律推理和法律推定。法律思维方式是检察官素养的重要体现,也是检察执法的履职之本。这就要求检察官,在适用法律时不应仅凭借逻辑,而应以常人的心态和情感来体味法治内涵和常人需求,倾听社会公众的呼声,在"兼听"的基础上凭借重构的事实决断。同时,理性思维与感性思维相互矫正是法律思维的又一特点,没有理性思维指导的感性思维,必然会陷入盲目与妄动;没有感性思维矫正的理性思维,也必然会走向理性狂妄症的歧途。作为法律监督者的检察官应该具备更高的法律思维素养,只有具备这样的思维能力,才能在执法中把握法律监督的本质特征。法律思维的养成,是一个累积和渐进的过程,其中法律知识是客观要素,法治观念是主观要素。

---

① 李本森主编:《法律职业道德概论》,高等教育出版社 2015 年版,第 177–178 页。
② 胡平仁:《法理学基础问题研究》,中南大学出版社 2001 年版,第 2 页。

一名合格的检察官要适应社会主义法治实践的需要,养成用法律思考的习惯,培养和提高用法律方法判断、处理和解决问题的能力和水平,努力成为依法处理各种复杂事务的专家。此外,法律思维的习惯化也是践行检察官职业伦理的重要表现形式。

(四)检察文化规范化

过去我们仅仅将检察权的运作当作一种国家活动与法律制度来研究和认识,如今,我们还要将其作为一种文化现象,特别是法律文化现象来对待。这样做有几方面的意义:首先,有利于准确把握检察权运作问题的总体性和层次性;其次,能拓展视野,为我们研究检察法治提供更新颖的、更深刻的认识;最后,有助于我们关注作为一种职业文化的检察文化,关注检察官的活动方式、价值观念、心理特征,进而有助于我们更加深入地认识检察官职业,以便调整职业心理,增强职业精神。[①] 检察官职业伦理与检察权的运行相交织,构成了检察制度的基础,它反映了检察机关的宗旨和形象,检察官群体的价值取向、执法理念、道德规范、行为方式和精神风貌等也因此得以体现,它推动并保证了检察实践前进的正确方向,还为检察实践活动提供了强大的精神动力,这种现象就是检察文化的内涵所在。

检察文化可以分为精神文化、制度文化、物质文化以及行为文化四个方面。精神文化除了包括法治文化的基本概念外,还包括检察文化体系中特有的基本概念、基本关系、基本理论、基本要求,同时也涵盖了检务活动过程中所使用的语言,以及运用文学、艺术的手段和表现方法来反映检察系统的工作与生活、弘扬法治精神的文艺作品等;制度文化包括检察机关依据法律规定,在长期实践中形成的体制、运作机制和管理方法所具有的文化内涵;物质文化包括与行使检察权相关的带有与检察权、检察官密切联系的标志性符号的一切物质形态,如办公大楼、办公用品、车辆、检徽、检察官制服等;行为文化是检察行为所具有的精神内涵、所秉持的价值取向、所体现的文化特征,包括心理状态、家庭环境、工作环境、社会环境、历史传统、相互关系、民族性格、思维方式、行为方式等。

检察文化在检察官职业伦理中具有导向、凝聚、辐射、约束、激励的功能。其导向功能表现在:检察官职业伦理所包含的理想信念、价值观念、职业道德、思维方式、行为规范、群体精神等层面的要素具有很强的意向性特征,从检察实践活动中凝练出的这种价值追求,无时无刻不在引导检察官运用科学的世界观和方法论去思考执法行为,增进检察官对检察工作的政治认同、观念认同和感情认同,不断推进检察官职业伦理的塑造与发展。其凝聚功能表现在:检察文化是检察队伍的精神血脉,它能够将检察官的思想意识与各项检察工作有机统一起来,产生一股积极向上的合力,形成凝聚作用,使检察机关的法律监督职能得以充分发挥。[②] 其辐射功能表现在:检察官在检察文化的熏陶下,通过摒弃过时的执法理念,强化依法履职的责任感,切实维护和促进司法公正,真正做到敢于监督、善于监督、依法监督、规范监督,在社会上树立公正、高效、廉洁、文明的良好检察形象,提升检察机关的社会知名度。其约束功能表现在:检察文化对检察官有一种无形的精神约束力,能够在制度层面和理念层面使检察官从内心深处审视自身的言行,检察官在接受职业文化熏陶和影响后,对检察机关

---

① 李江发:《中国检察文化的历史演进与当代建构》,湘潭大学 2012 年博士学位论文。

② 徐苏林:《检察文化的界定、结构与功能》,载《北京政法职业学院学报》2008 年第 1 期。

及检察官的社会责任以及检察事业的发展目标等精神要素会有更透彻的领悟和理解,从而自觉地约束个人的言行,使自己的思想感情和言行与检察机关整体目标保持相同的价值取向。[1]其激励功能表现在:检察文化可以激发检察官潜在的或者已经表现出来的对检察工作有促进作用的驱动力,会让人懂得他所在的组织及本人存在的意义和社会价值,并因此产生职业尊荣感和崇高的使命感,从而自觉地为国家、为人民、为社会、为实现自己的人生价值而勤奋工作。检察官职业伦理通过培育检察文化,进而规范化地引领执法实践,不断地将检察理念、检察制度、检察道德等传导给检察官职业群体,形成一个强大的检察官职业伦理场。

二、检察官职业伦理监督管理机制

缺失了监督管理制度,将会使预设制度的实现大打折扣,这是管理学上的通识。检察官职业伦理,既要靠检察官的高度自律,又离不开监督管理机制的保障。而且,这种机制既要符合检察官职业和检察制度预设的特点,又要从管理的实效出发,实现有效管理和监督,还要探寻一条有利于检察官队伍稳定、检察官职业尊崇、检察事业长足发展的道路。

(一) 遵循“检察一体”体现服从

《宪法》第 137 条第 2 款规定:“最高人民检察院领导地方各级人民检察院和专门人民检察院的工作,上级人民检察院领导下级人民检察院的工作。”检察机关不同于审判机关,上下级检察机关之间通过指令权、职务移转和继承,形成一个有机整体,此即“检察一体”。检察一体是大陆法系检察机关的重要组织原则,我国法律对此虽没有明确的表述,却规定了该原则的核心内容。检察一体原则直接影响着检察机关的外部和内部关系。就外部关系而言,检察一体强调检察机关的整体独立性,排斥其他权力对具体检察事务的非法干涉。同时,它也表明在刑事诉讼过程中,中途更换检察人员不会影响刑事诉讼的进程。就内部关系而言,检察一体调整上下级检察机关之间的关系以及同一级检察机关内部上下级检察官之间的关系,通过上命下从的领导关系,检察系统形成了一个统一的命运共同体。[2]虽然检察活动应遵循司法活动的一般规律,但从检察活动的组织方式上看,其仍具有一定的行政特征,这决定了检察活动在组织方式上应借鉴行政活动集中统一和上命下从的特征。必须肯定和保障上下级检察机关之间以及检察长与检察官之间的纵向领导关系,肯定检察一体原则,保证检察机关的集中统一性,以满足检控犯罪和有效实施法律监督之要求。因此,集中统一和上命下从的行政特征使得检察官职业伦理的监督管理变得有力而有效。

(二) 健全“职业保障”实现尊崇

完备的检察人员职业保障制度是检察人员专业素能管理可持续发展的现实要求。[3]检察官的职业保障制度包含三个方面的内容,即职务保障、待遇保障、晋升保障。建立健全检

---

① 陈剑虹:《检察文化的价值功能与实现路径》,载《人民检察》2008 年第 4 期。

② 吴建雄:《检察工作科学发展机理研究》,中国检察出版社 2009 年版,第 118 页。

③ 郑青:《检察官队伍的专业化建设》,载刘佑生、石少侠主编:《检察官职业素养》,中国检察出版社 2010 年版,第 45 页。

察官职业保障制度是监督管理检察官遵循检察官职业伦理的有益途径。2019年《检察官法》增设专章即第七章"检察官的职业保障"分14条给予了检察官必要且急需的职业保障。

1. 职务保障

和国外的检察人员身份保障制度相比,2019年《检察官法》第11条规定了检察官享有的权利,其中第2项规定,非因法定事由、非经法定程序,检察官不被调离、免职、降职、辞退或者处分;第3项规定,履行检察官职责,应当享有职业保障和福利待遇。该条对检察人员的职务给予了充分保障,但在实践中,其保障作用仍需加强。我们要建立完善的检察人员职务保障制度,首先应保持检察人员职务的稳定,检察人员一经正式任命,无法律规定的免职事由,可以一直任职到法律规定的退休年龄。根据中共中央办公厅、国务院办公厅《保护司法人员依法履行法定职责规定》,在检察官任职期间,只有具备下列情形之一的,方可将检察官调离:按规定需要任职回避的;因干部培养需要,按规定实行干部交流的;因机构调整或者缩减编制员额需要调整工作的;受到免职、降级等处分,不适合在司法办案岗位工作的;违反法律、党纪处分条例和检察纪律规定,不适合在司法办案岗位工作的其他情形。只有具备下列情形之一的,方可将检察官免职:丧失中华人民共和国国籍的;调出本检察院的;职务变动不需要保留原职务的;经考核确定为不称职的;因健康原因超过1年不能正常履行工作职责的;按规定应当退休的;辞职或者被辞退的;因违纪违法犯罪不能继续任职的;违反法律、党纪处分条例和检察纪律规定,不适合继续担任检察官职务的其他情形。只有具备下列情形之一的,方可将检察官辞退:在年度考核中,连续两年被确定为不称职的;不胜任现职工作,又不接受另行安排的;因机构调整或者缩减编制员额需要调整工作,本人拒绝合理安排的;旷工或者无正当理由逾假不归连续超过15天,或者1年内累计超过30天的;不履行检察官法定义务,经教育仍不改正的;违反法律、党纪处分条例和检察纪律规定,不适合继续担任公职的其他情形。只有具备下列情形之一的,方可对检察官作出降级、撤职处分:违犯党纪,受到撤销党内职务及以上处分的;违反检察纪律,情节较重的;存在失职行为,造成严重后果的;违反法律、党纪处分条例和检察纪律规定,应当予以降级、撤职的其他情形。

2. 待遇保障

检察人员有别于普通的公务员,要树立社会对检察人员的尊崇,必须给予检察人员较高的社会地位,而物质待遇总是要与社会地位相称的。国家要吸引高素质的法律人才从事检察职业、稳定检察人员队伍,应当给予检察人员比较优厚的物质待遇保障,此举有利于强化检察人员的职业荣誉感和职业操守。

3. 晋升保障

《检察官法》《最高人民检察院关于建立健全检察人员职务序列的指导意见》等规定,我国检察官实行单独职务序列,分为首席大检察官、一级大检察官、二级大检察官,一级高级检察官、二级高级检察官、三级高级检察官、四级高级检察官,一级检察官、二级检察官、三级检察官、四级检察官、五级检察官3个层次12个等级。检察官一般采取按期晋升、择优选升相结合的方式逐级晋升。对特别优秀或者工作特殊需要的一线办案岗位检察官可以特别选升,特别选升的可以突破任职资格规定或者越级晋升。晋升检察官,应当具备以下基本条件:(1)具备良好的思想政治素养和职业操守,为人公道正派,清正廉洁;(2)具备相应的业务能力,能熟练、正确运用法律专业知识解决检察工作中遇到的实际问题;(3)在现任检察官等级任职年限内年度司法绩效考核合格以上、年度考核结果称职以上;(4)按要求完成了相应的检察官培训任务;(5)具备履职所需要的身体条件。具备以下条件的,可在择优选升中优先考虑:(1)长期在基层和一线办案岗位工作,司法绩效考核特别优秀,为检察事业作出突出贡献的;(2)获得省级以上劳动模范等荣誉称号的;(3)有其他特别优秀表现或突出贡献的。晋升检察官等级,应当同时符合晋升年限要求:晋升一级、二级高级检察官,应当任二级、三级高级检察官 5 年以上;晋升三级、四级高级检察官,应当任四级高级检察官、一级检察官 3 年以上;晋升一级、二级、三级、四级检察官,应当任相应低一级检察官 2 年以上。

(三) 运用“检务公开”倒逼规范

检察权来自人民,只有自觉接受人民的监督,才能保证检察权为人民所用,防止检察权的滥用。人民群众要有效监督检察权,就必须使检察权的运行公开透明,使其运用情况让人民群众知晓。“检务公开这一制度的设立,就是要把检察机关使用权力的过程、结果等公之于众,让检察权置于人民的监督之下,确保检察权的人民属性。”[1] 在检务公开方面,有的检察机关和检察人员对检务公开的思想认识还存在偏差,认为检务公开的实施会干扰检察工作的正常开展,束缚检察人员的手脚,特别是向当事人公开了程序,告知了权利义务,教会了犯罪嫌疑人、被告人反侦查的方法,会导致当事人“挑刺儿”的机会增加,助长他们的对抗心理,加大办案难度,降低检察机关的威慑力。有的认为检务公开后检察工作没有秘密可言,一旦家丑外扬,对检察权威会造成很大影响,有损检察机关整体形象,挫伤检察人员的工作积极性。有的从事一线办案的检察人员认为实行检务公开仅仅是反腐倡廉、加强党风廉政建设、加强宣传的一项措施,是纪检监察、宣传部门的事,不是自己的本职工作,检务公开挤占了用于检察业务的时间和精力,对检务公开抱应付、敷衍的态度,存在“说时重要、忙时不要”的思想。

但从检察官职业伦理监督管理的角度讲,检务公开制度有着独特的意义。应当从全面推进依法治国,保证公正司法,提高司法公信力,保障人民群众参与司法的高度,充分认识检务公开的重要意义。应当充分认识到,除了作为防止检察权被滥用的有效举措和检察权接受监督制约的制度保障外,检务公开还是社会主义民主法治建设的必然要求,是检察权依法独立公正行使的重要保证,是尊重和满足人民群众司法需求、落实权利保障的有效途径,是推进国家治理体系和治理能力现代化的客观需要,是提升检察机关执法公信力的必由之路,是遏制司法腐败、提升检察队伍整体素质的有力武器。

三、检察官职业伦理考察评价机制

检察官考察评价机制是激发检察官履行职责的积极性、创造性,引导追求事业、积极向上的心理和行为的重要机制,对于检察官职业伦理的建构也具有重要意义。目前,我国以《检察官法》为核心的检察人员考察评价体系具体包括《检察人员考核工作指引》《保护司法人员依法履行法定职责规定》《检察官、检察辅助人员绩效考核及奖金分配指导意见(试行)》《关于完善人民检察院司法责任制的若干意见》以及各省级检察院根据实际制定的员额检察官管理办法、员额检察官退出办法等相关法律、规定。

---

[1] 天津市津南区人民检察院课题组等:《完善检务公开机制研究》,载《黑龙江省政法管理干部学院学报》2015 年第 2 期。

（一）突出司法属性

长期以来,对检察人员的管理沿用党政干部(主要是行政机关工作人员)的单一管理模式,套用行政机关职务级别划分检察人员职务的职级层次,淡化了检察人员职务的司法属性。客观公正地评价检察官的德才表现和工作实绩,关键是要建立严格、规范、符合司法规律和检察工作规律的检察官考评制度,具体就是要"以职定岗,以岗定人",完善以司法办案权限、司法办案权力清单、职位说明书为基础的分层分类的考核指标体系。以"职位说明书"为例,其又称岗位职能、权力清单,是检察官管理的基础性文件和重要信息来源,是考核指标和标准的重要依据。因此,制定科学的职位说明书是检察官管理最基础的工作,职位说明书的制定必须依据检察工作的特点,突出其司法属性。根据《公务员法》和《检察官法》,对于检察人员的考核内容为"德、能、勤、绩、廉"五个方面。在设定考核指标时,必须合理确定这五个方面的权重,其中,考"绩"是重点,应侧重于考核检察人员的办案数量、办案质量、办案效率和办案效果,体现"强化法律监督,维护公平正义"的检察工作主题。同时,既要"分类"也要"分层","分类"为员额检察官、检察辅助人员;以员额检察官为例,又要"分层"为基层、市级、省级检察院,检察长、副检察长、主任检察官等。以司法办案为重点,同时对研修成果、职业操守及承担工作总体情况进行全面评价。

（二）优化考评方式

考察评价方式的科学与否,直接决定着制度预设的效果。考察评价检察官遵行职业伦理的情况,是加强检察官职业伦理管理的有效手段,也是推进检察官队伍建设的重要内容,应当将其纳入检察人员考察评价的"大盘子",纳入检察官管理总体制度建设之中。《检察官法》第六章规定了对检察官的考核,明确对检察官的考核内容包括:检察工作实绩、职业道德、专业水平、工作能力、工作作风,重点考核检察工作实绩。其中,职业道德包含了检察官遵行职业伦理的状况。总的来说,要建立健全包含年终考核等定期考核与日常考核相结合、职业伦理考核与执法考评及案件质量评查等相结合在内的职业伦理考察评价体系,重点加强对检察官遵行职业伦理情况的日常考核;细化检察官职业伦理考察评价的内容、标准,健全考察评价的指标体系,完善考察评价的方法手段,增强考察评价的科学性和可操作性;加强对检察官职业伦理考察评价结果的运用,把检察官遵行职业伦理的情况作为评先表彰的重要依据,作为检察官任用特别是职务晋升的重要依据,作为绩效考核奖金分配的重要依据,作为是否退出员额等事项的重要依据,强化考察评价的效力。考察评价应由专门的考评委员会负责,按照年初制定目标,明细岗位职责;对目标完成情况和履职情况进行自评;结合案件质量评查情况、司法档案等进行考核评分并提出等次意见;征求纪检监察部门的意见;提交会议讨论;保证公示等程序有序实施。

（三）严格奖惩制度

实践证明,科学适度的奖励和惩戒措施,是检察官恪守职业伦理的精神动力。通过重视培养、塑造和宣扬检察官群体中模范践行职业伦理的先进典型,对模范践行检察官职业伦理,品德高尚,业绩突出的,予以表彰奖励,充分发挥典型的示范引领作用,使检察官群体成为全体检察人员遵行职业伦理的典范。同时,要加大检察机关内部执规执纪力度,对违反职业伦理的行为,予以批评谴责,构成违法违纪的,依照法律和检察人员纪律规定予以惩戒。《检察官法》第六章也规定了对检察官的奖励和惩戒。根据该法第45条、第46条的规定,检察官在检察工作中有显著成绩和贡献的,或者有其他突出事迹的,应当给予奖励。对检察官的奖励,坚持精神奖励和物质奖励相结合的原则。检察官有下列表现之一的,应当给予奖励:公正司法,成绩显著的;总结检察实践经验成果突出,对检察工作有指导作用的;在办理重大案件、处理突发事件和承担专项重要工作中,做出显著成绩和贡献的;对检察工作提出改革建议被采纳,效果显著的;提出检察建议被采纳或者开展法治宣传、解决各类纠纷,效果显著的;有其他功绩的。

奖优的同时必须罚劣,这样才能有效用好奖惩制度。《检察官法》第47-52条是有关检察官惩戒制度的条文,有关检察官职业伦理考察评价中的惩戒制度,将在后续的检察官职业伦理的责任追究机制中进一步论述。

四、检察官职业伦理责任追究机制

本章所指的检察官职业伦理的责任追究机制,主要是指对违法违纪违规的检察官依照有关法律和规定进行惩戒的程序与方式等。对于刑事责任追究以及对过错行为导致国家赔偿的检察官的追偿,按照有关法律规定和最高人民检察院有关规范性文件规定的程序、方式进行,本章不再展开。有关检察人员纪律要求的规章制度比较繁杂,其中关于检察官职业伦理的责任追究的主要有:最高人民检察院于2020年10月19日印发的《人民检察院司法责任追究条例》、最高人民检察院于2016年10月20日修订的《检察人员纪律处分条例》、最高人民法院、最高人民检察院于2016年10月12日联合印发的《关于建立法官、检察官惩戒制度的意见(试行)》、最高人民检察院于2022年3月5日印发的《检察官惩戒工作程序规定(试行)》。这些文件基本可以分为检察官政治失格、行为失范、廉洁失守、执法失当四个方面。为行文需要,本章主要援引了相关条文规定。

(一) 政治失格

政治失格主要包括发表不当言论,实施或参与反党、反政府、反社会主义的行为,实施或参与拉帮结派、破坏团结、信仰缺失、封建迷信等违反政治纪律的行为,以及违反组织原则、不服从组织安排、不执行组织决定、不按照规定报告等违反组织纪律的行为。《检察人员纪律处分条例》中典型的条文如:第43条第1款规定,通过信息网络、广播、电视、报刊、书籍、讲座、论坛、报告会、座谈会等方式,公开发表坚持资产阶级自由化立场、反对四项基本原则、反对党的改革开放决策的文章、演说、宣言、声明等的,给予开除处分。第50条规定,有下列行为之一的,对直接责任者和领导责任者,给予记过、记大过或者降级处分;情节严重的,给予撤职或者开除处分:(1)拒不执行党和国家的方针政策以及决策部署的;(2)故意作出与党和国家的方针政策以及决策部署相违背的决定的;(3)擅自对应当由中央决定的重大政策问题作出决定和对外发表主张的。第60条规定,违反民主集中制原则,拒不执行或者擅自改变组织作出的重大决定,或者违反议事规则,个人或者少数人决定重大问题的,给予警告、记过或者记大过处分;情节严重的,给予降级或者撤职处分。第61条规定,下级检察机关拒不执行或者擅自改变上级检察机关决定的,对直接责任者和领导责任者,给予警告、记过或者记大过处分;情节严重的,给予降级或者撤职处分。

（二）行为失范

行为失范主要表现为:态度蛮横恶劣等违反群众纪律的行为;履职不及时、不完整、不规范,插手经济活动,违反出国管理规定,违反禁酒令及影响检察官形象等违反工作纪律的行为;生活奢靡腐化,违反职业道德、社会公德、家庭美德等违反生活纪律的行为。在《检察人员纪律处分条例》中典型的条文如:第126条规定,在从事涉及群众事务的工作中,刁难群众、吃拿卡要的,给予警告、记过或者记大过处分;情节严重的,给予降级、撤职或者开除处分。第127-128条规定,对群众合法诉求消极应付、推诿扯皮,损害检察机关形象,以及对待群众态度恶劣、简单粗暴,造成不良影响,情节较重的,给予警告、记过或者记大过处分;情节严重的,给予降级或者撤职处分。第137条规定,违反有关规定干预和插手市场经济活动,有下列行为之一,造成不良影响的,给予警告、记过或者记大过处分;情节较重的,给予降级或者撤职处分;情节严重的,给予开除处分:(1)干预和插手建设工程项目承发包、土地使用权出让、政府采购、房地产开发与经营、矿产资源开发利用、中介机构服务等活动的;(2)干预和插手国有企业重组改制、兼并、破产、产权交易、清产核资、资产评估、资产转让、重大项目投资以及其他重大经营活动等事项的;(3)干预和插手经济纠纷的;(4)干预和插手集体资金、资产和资源的使用、分配、承包、租赁等事项的;(5)其他违反有关规定干预和插手市场经济活动的。第132条规定,在工作中不负责任或者疏于管理,有下列情形之一的,对直接责任者和领导责任者,给予警告、记过或者记大过处分;造成严重后果或者恶劣影响的,给予降级、撤职或者开除处分:(1)不传达贯彻、不检查督促落实党和国家以及最高人民检察院的方针政策和决策部署,或者作出违背党和国家以及最高人民检察院方针政策和决策部署的错误决策的;(2)本系统和本单位发生公开反对党的基本理论、基本路线、基本纲领、基本经验、基本要求,或者党和国家以及最高人民检察院方针政策和决策部署行为的;(3)不正确履行职责或者严重不负责任,致使发生重大责任事故,给国家、集体利益和人民群众生命财产造成较大损失的。第147条规定,违反有关规定,有下列行为之一的,给予警告、记过或者记大过处分;情节严重的,给予降级、撤职或者开除处分:(1)工作时间或者工作日中午饮酒,经批评教育仍不改正的;(2)承担司法办案任务时饮酒的;(3)携带枪支、弹药、档案、案卷、案件材料、秘密文件或者其他涉密载体饮酒的;(4)佩戴检察标识或者着司法警察制服在公共场所饮酒的;(5)饮酒后驾驶机动车辆的。第151条规定,生活奢靡、贪图享乐、追求低级趣味,造成不良影响的,给予警告、记过或者记大过处分;情节严重的,给予降级或者撤职处分。第153条规定,违背社会公序良俗,在公共场所有不当行为,造成不良影响的,给予警告、记过或者记大过处分;情节较重的,给予降级或者撤职处分;情节严重的,给予开除处分。

（三）廉洁失守

廉洁失守主要表现为谋取不当利益,收受财物,敛财营利,违反财经纪律进行权钱、权色交易等违反廉洁纪律的行为。在《检察人员纪律处分条例》中典型的条文如:第101-104条规定,利用职权或者职务上的影响为他人谋取利益,本人的配偶、子女及其配偶等亲属和其他特定关系人收受对方财物;相互利用职权或者职务上的影响为对方及其配偶、子女及其配偶等亲属、身边工作人员和其他特定关系人谋取利益搞权权交易;纵容、默许配偶、子女及其配偶等亲属和身边工作人员利用本人职权或者职务上的影响谋取私利;以及收受可能影响公正执行公务的礼品、礼金、消费卡等,情节较轻的,给予警告、记过或者记大过处分;情节较重的,给予降级或者撤职处分;情节严重的,给予开除处分。收受其他明显超出正常礼尚往来的礼品、礼金、消费卡等的,依照上述规定处理。第109条第1款规定,违反有关规定从事营利活动,有下列行为之一,情节较轻的,给予警告、记过或者记大过处分;情节较重的,给予降级或者撤职处分;情节严重的,给予开除处分:(1)经商办企业的;(2)拥有非上市公司(企业)的股份或者证券的;(3)买卖股票或者进行其他证券投资的;(4)兼任律师、法律顾问、仲裁员等职务,以及从事其他有偿中介活动的;(5)在国(境)外注册公司或者投资入股的;(6)其他违反有关规定从事营利活动的。第110条规定,领导干部的配偶、子女及其配偶,违反有关规定在该领导干部管辖的区域或者业务范围内从事可能影响其公正执行公务的经营活动,或者在该领导干部管辖的区域或者业务范围内的外商独资企业、中外合资企业中担任由外方委派、聘任的高级职务的,该领导干部应当按照规定予以纠正;拒不纠正的,其本人应当辞去现任职务或者由组织予以调整职务;不辞去现任职务或者不服从组织调整职务的,给予撤职处分。领导干部或者在司法办案岗位工作的检察人员的配偶、子女及其配偶在其本人任职的检察机关管辖区域内从事案件代理、辩护业务的,适用前款规定处理。第123条规定,搞权色交易或者给予财物搞钱色交易的,给予记过或者记大过处分;情节较重的,给予降级或者撤职处分;情节严重的,给予开除处分。

(四) 执法失当

检察官履行法律监督职能的最主要表现就是执法办案。执法办案过程也最能体现检察官遵守职业伦理的情况。检察官既是司法办案的主体,也是司法责任的主体,完善司法责任制,建立公平合理的司法责任认定、追究机制,使检察官对其履行检察职责的行为承担司法责任,在职责范围内对办案质量终身负责,并通过严格司法责任认定和追究,将司法责任落到实处,增强检察官司法办案的责任心,监督检察官依法公正履行职责,促进提高司法办案的质量和效率,努力让人民群众在每一个司法案件中感受到公平正义。这一精神主要表现在以下几项规定中:

1.《关于完善人民检察院司法责任制的若干意见》

该文件指出:"完善人民检察院司法责任制的目标是:健全司法办案组织,科学界定内部司法办案权限,完善司法办案责任体系,构建公正高效的检察权运行机制和公平合理的司法责任认定、追究机制,做到谁办案谁负责、谁决定谁负责。"该文件明确规定,检察人员在司法办案工作中,故意实施下列行为之一的,应当承担司法责任:包庇、放纵被举报人、犯罪嫌疑人、被告人,或使无罪的人受到刑事追究的;毁灭、伪造、变造或隐匿证据的;刑讯逼供、暴力取证或以其他非法方法获取证据的;违反规定剥夺、限制当事人、证人人身自由的;违反规定限制诉讼参与人行使诉讼权利,造成严重后果或恶劣影响的;超越刑事案件管辖范围初查、立案的;非法搜查或损毁当事人财物的;违法违规查封、扣押、冻结、保管、处理涉案财物的;对已经决定给予刑事赔偿的案件拒不赔偿或拖延赔偿的;违法违规使用武器、警械的;其他违反诉讼程序或办案规定,造成严重后果或恶劣影响的。检察人员在司法办案工作中有玩忽职守、滥用职权,违反程序,办理冤、假、错案,以及违反办案纪律等行为的,应当承担司法责任。

　　在程序上,《人民检察院司法责任追究条例》作了具体规定:一是受理线索。由检务督察部门统一受理司法责任追究线索。人民检察院其他内设机构在工作中发现检察人员违反检察职责需要追究司法责任的线索,应当移送本院检务督察部门。二是分析研判。检务督察部门应当对司法责任追究线索及时进行分析研判,视情形按照谈话函询、初步核实、暂存待查、予以了结等方式进行处置。对需要初核的线索,应当报检察长批准。初核后应当与派驻纪检监察组协商提出是否立案的意见,报请检察长批准。三是立案和调查。检务督察部门在立案后应当成立调查组,依照《人民检察院检务督察工作条例》规定的方式展开调查。四是作出处理决定。调查终结后,认为检察官存在违反检察职责的行为需要追究司法责任的,按照检察官惩戒工作程序,报检察长批准后提请检察官惩戒委员会审议,由其提出构成故意违反职责、存在重大过失、存在一般过失或者没有违反职责的意见。对于检察官惩戒委员会审查认定检察官构成故意违反职责、存在重大过失的,以及其他检察人员需要追究司法责任的,按照干部管理权限和职责分工,由检务督察部门商相关职能部门提出处理建议,征求派驻纪检监察组的意见后,党组研究作出相应的处理决定。涉嫌职务犯罪的,应当将犯罪线索及时移送监察机关或者司法机关处理。对经调查属实应当承担司法责任的人员,根据《检察官法》《检察人员纪律处分条例》《人民检察院司法责任追究条例》等有关规定,分别按照下列程序作出相应处理:(1)应当给予停职、延期晋升、调离司法办案工作岗位以及免职、责令辞职、辞退等处理的,由组织人事部门按照干部管理权限和程序办理;(2)应当给予纪律处分的,由人民检察院纪检监察机构依照有关规定和程序办理;(3)涉嫌犯罪的,由人民检察院纪检监察机构将犯罪线索移送司法机关处理。

　　2.《人民检察院司法责任追究条例》

　　错案追究最早源于法院系统,1998年8月最高人民法院发布《人民法院审判人员违法审判责任追究办法(试行)》。但地方不少法院在贯彻时变了形、走了样,形成了今天褒贬不一的"错案追究制"。[①]那么检察官怎样的行为才算是僭越了法律的雷池,需要追究责任呢?这主要通过两个标准予以界定:一是程序性标准。"刑事案件是过去发生的事情,根本无法使之再现、重演,而且人们去认识它、调查它还要受到种种条件的限制,客观真实只能成为刑事案件证明的一个要求,它告诫办案人员要奋力地接近它。"[②]在事实真相无法还原导致以事实错误为基准的责任追究失灵的情况下,可以制定并完善诉讼程序规则以及检察官办案规范,并将违反这些程序性规范作为检察官责任追究的量化标准。二是职业伦理标准。检察官职业伦理作为重要的衡量标准,被很多国家用作检察官责任追究的依据。"需要我们筑起另一道屏障,它是无形的、内在的,它要挡住来自另一方的,来自一个灵魂的隐蔽角落的利剑,这就是道德的屏障"[③]。《人民检察院司法责任追究条例》基本考量了这两个标准。该条例在第2条规定,本条例所称司法责任包括故意违反法律法规责任、重大过失责任和监督管理责任。

　　3.《检察人员纪律处分条例》

　　该条例开宗明义地指出,为了严肃检察纪律,规范检察人员的行为,保证检察人员依法

---

①　张清、武艳:《检察职业责任体系的理性构建》,载《法学》2015年第12期。

②　樊崇义:《客观真实管见——兼论刑事诉讼证明标准》,载《中国法学》2000年第1期。

③　曹刚、戴木才:《论司法正义及其保障》,载《中共中央党校学报》2002年第2期。

履行职责,确保公正廉洁司法,根据《人民检察院组织法》《公务员法》《检察官法》等法律法规,参照《中国共产党纪律处分条例》等党内法规,结合检察机关的实际,制定本条例。其中比较典型的条文如:第76—79条规定,故意伪造、隐匿、损毁举报、控告、申诉材料,包庇被举报人、被控告人,或者对举报人、控告人、申诉人、批评人打击报复;泄露案件秘密,或者为案件当事人及其近亲属、辩护人、诉讼代理人、利害关系人等打探案情、通风报信;擅自处置案件线索、随意初查或者在初查中对被调查对象采取限制人身自由强制性措施;违反有关规定搜查他人身体、住宅,或者侵入他人住宅的,给予记过或者记大过处分;情节较重的,给予降级或者撤职处分;情节严重的,给予开除处分。第83条规定,殴打、体罚虐待、侮辱犯罪嫌疑人、被告人及其他人员的,给予记过或者记大过处分;造成严重后果或者恶劣影响的,给予降级、撤职或者开除处分。第84条规定,采用刑讯逼供等非法方法收集犯罪嫌疑人、被告人供述,或者采用暴力、威胁等非法方法收集证人证言、被害人陈述,给予记过或者记大过处分;情节较重的,给予降级或者撤职处分;情节严重的,给予开除处分。第86条规定,违反有关规定,有下列行为之一的,对直接责任者和领导责任者,给予记过或者记大过处分;情节较重的,给予降级或者撤职处分;情节严重的,给予开除处分:(1)在立案之前查封、扣押、冻结涉案财物的;(2)超范围查封、扣押、冻结涉案财物的;(3)不返还、不退还扣押、冻结涉案财物的;(4)侵吞、挪用、私分、私存、调换、外借、压价收购涉案财物的;(5)擅自处理扣押、冻结的涉案财物及其孳息的;(6)故意损毁、丢失涉案财物的;(7)其他违反涉案财物管理规定的。第87条,违反有关规定阻碍律师依法行使会见权、阅卷权、申请收集调取证据等执业权利,情节较重的,给予警告、记过或者记大过处分;情节严重的,给予降级或者撤职处分。第90条规定,有重大过失,不履行或者不正确履行司法办案职责,造成下列后果之一的,给予警告、记过或者记大过处分;情节较重的,给予降级或者撤职处分;情节严重的,给予开除处分:(1)认定事实、适用法律出现重大错误,或者案件被错误处理的;(2)遗漏重要犯罪嫌疑人或者重大罪行的;(3)错误羁押或者超期羁押犯罪嫌疑人、被告人的;(4)犯罪嫌疑人、被告人串供、毁证、逃跑的;(5)涉案人员自杀、自伤、行凶的;(6)其他严重后果或者恶劣影响的。第95条规定,违反有关规定对司法机关、行政机关违法行使职权或者不行使职权的行为不履行法律监督职责,造成严重后果或者恶劣影响的,给予警告、记过或者记大过处分;情节严重的,给予降级或者撤职处分。第96条规定,违反有关规定干预司法办案活动,有下列行为之一的,给予警告或者记过处分;情节较重的,给予记大过处分或者降级处分;情节严重的,给予撤职处分:(1)在初查、立案、侦查、审查逮捕、审查起诉、审判、执行等环节为案件当事人请托说情的;(2)邀请或者要求办案人员私下会见案件当事人或者其辩护人、诉讼代理人、近亲属以及其他与案件有利害关系的人的;(3)私自为案件当事人及其近亲属、辩护人、诉讼代理人传递涉案材料的;(4)领导干部授意、纵容身边工作人员或者近亲属为案件当事人请托说情的;(5)领导干部为了地方利益或者部门利益,以听取汇报、开协调会、发文件等形式,超越职权对案件处理提出倾向性意见或者具体要求的;(6)其他影响司法人员依法公正处理案件的。第99条规定,违反办案期限或者有关案件管理程序规定,情节较重的,给予警告、记过或者记大过处分;情节严重的,给予降级或者撤职处分。

4. 有关检察官惩戒工作的制度要求

最高人民法院、最高人民检察院印发的《关于建立法官、检察官惩戒制度的意见(试行)》,要求成立检察官惩戒委员会,成立以检察官惩戒委员会为主体的中立性惩戒机构,协调处理好检察院检务督察部门与惩戒委员会的关系。惩戒委员会将负责对检察官涉嫌违反职业道德或职业纪律行为进行审议，并提出是否惩戒的专门意见。继 2014 年上海成立国内首个法官、检察官遴选（惩戒）委员会后，各地按照要求，结合本地实际，纷纷成立了法官、检察官惩戒委员会。首先，明确了检察机关检务督察部门与检察官惩戒委员会相结合的主体部署，即人民检察院检务督察部门受理检举控告并开展调查核实，经报请检察长决定后，移送惩戒委员会审议。其次，在人员组织上，鉴于惩戒委员会相对超脱的地位及组成人员业务上的专业要求，应当坚持广泛性与专业性相结合，充分体现客观性与权威性的特点，淡化行政化、部门化色彩，从资深检察官、法官、法学专家、律师代表、人民监督员以及人大代表中择选，委员会组成人员为兼职，从委员人才库中随机抽取组成，体现中立性。再次，在职能分工上，借助惩戒委员会的独立地位屏蔽、排除来自各方面的不当干扰，同时充分发挥检察机关检务督察部门专门监督、专业监督的作用，共同推动检察责任追究的落实。惩戒委员会及其办公室的职责是：受理对检察官惩戒的事项，并予以登记；受理人民检察院、当事检察官对审查意见的异议申请，并予以登记；根据事实证据材料，依据司法责任追究相关规定，向检察官惩戒委员会提出对当事检察官惩戒的审查报告；组织听证；制作并送达检察官惩戒委员会文书；起草惩戒工作的相关制度；承担检察官惩戒委员会交办的其他工作。最后，在处理结果上，依分工依职权进行，应当给予批评教育、责令检查、通报批评等组织措施的，由有关党组织负责办理；应当给予停职、延期晋升、免职、责令辞职、辞退等组织处理的，由政工部门按照干部管理权限和程序依法办理；应当给予纪律处分的，由检务督察部门、有关党组织依照有关规定和程序办理；涉嫌犯罪的，由检务督察部门将违法线索移送有关机关处理；免除检察官职务的，由政工部门按法定程序提请人民代表大会常务委员会作出决定。

思考题：

1. 我国《宪法》明确规定，全国人民代表大会及其常务委员会有"监督宪法和法律实施"的职权，《宪法》同时规定，"中华人民共和国人民检察院是国家的法律监督机关"。因此，有人认为，人民代表大会本身就是法律监督机关，法律监督权应当由人民代表大会来行使；有人认为把检察机关作为国家的法律监督机关，由检察机关行使法律监督权是最佳的选择；有人认为应当另外设立一个法律监督机关，专门行使法律监督权。如何看待这一问题？

2. "忠诚、为民、担当、公正、廉洁"不仅是检察官职业伦理的内容，也是政法机关提倡的核心价值观，如何理解和区分这种内容上的同一性？检察官职业伦理又有哪些不同于其他政法机关职业伦理的要求？

拓展学习

延伸阅读　　　本章推荐书目

第六章　律师职业伦理

【案例引入】

　　2021 年 5 月 25 日,在北京市第四中级人民法院审理的北京银行股份有限公司建国支行等与天津金吉房地产开发有限责任公司金融借款合同纠纷一案中,北京银行北京分行及建国支行的代理人明显不熟悉案件基本事实,对于法院询问的大部分问题都回应"需向当事人核实",且核实后也仅是简单将回复讯息转递法院,其间未进行任何梳理工作。因此,北京市第四中级人民法院对北京分行及建国支行所提出的要求金吉公司承担律师费用的诉讼请求不予支持。合议庭认为,律师的基本工作职责至少应当包括协助当事人梳理案件基本事实并提出法律解决方案,即便根据案件具体情形无法起到引导诉讼思路的效果,也至少应当做到拾遗补阙,避免出现重大偏差。北京分行及建国支行依据合同约定有权要求金吉公司承担本案中发生的律师费,但基于公平原则,也应当承担审慎选择律师使得相应费用支出物有所值的附随义务。据此,合议庭一致认为,结合本案具体情况,不能认定北京分行及建国支行履行了审慎选择律师的附随义务,故对其要求金吉公司承担律师费用的诉讼请求不予支持。[1]

　　思考:本案中律师的行为是否符合律师职业伦理? 为什么?

第一节　律师职业伦理概述

一、律师职业伦理的概念

　　与其他职业一样,律师也必须遵循职业伦理准则。在世界历史上,律师行为标准尽管经历了 800 年的演变,[2]但直到 1887 年美国阿拉巴马州律师协会(Alabama State Bar Association)才出台了第一部伦理准则。随着 1908 年美国律师协会一字不漏地将其搬抄过来,律师职业伦理逐渐在各地建立起来。西方学者认为,无论经过多长时间的演变,传统上律师的 6 个核心职责并没有变化,即诉讼公正(litigation fairness)、能力(competence)、忠诚(loyalty)、机密性(confidentiality)、合理的费用(reasonable fees)以及公共服务(public

---

① 北京市第四中级人民法院(2020)京 04 民初 579 号民事判决书。

② See Carol Rice Andrews, "Standards of Conduct for Lawyers:an 800-Year Evolution",57 *Southern Methodist University Law Review*(2004)1385.

service)。^① 关于律师职业伦理,许多评论者认为,刑事辩护律师应该适用比其他律师更低的伦理标准。^② 很多讨论关注刑事辩护律师是否对委托人负热情和忠诚的责任——这些责任允许律师在刑事被告人的代理中符合职业伦理地使用误导的、不可靠的或虚假的证据。例如,有学者认为,辩护律师可以传唤旨在制造虚假印象的证人,而检察官却不可以,民事诉讼中的律师也不可以。^③ 当然,也有学者认为对刑事辩护律师适用不同标准的建议似乎是不合情理的(implausible),没有职业伦理允许律师为了抑制暴力犯罪而进行欺骗、伪造和欺诈。^④ 实际上,伦理标准的高低是很难比较的,并且需要结合具体的情形。刑事诉讼有其特殊性,涉及被告人的宪法权利(如生命权)。法律对被告人设置不同于其他诉讼中当事人的权利,目的是在刑事诉讼中让被告能均衡地对抗强大的国家权力,而不是基于伦理的考虑。这一特殊性导致在法律设计上给予刑事辩护律师更消极的证据权利,但这并不意味着辩护律师伦理标准的降低。

　　律师职业伦理是法律职业伦理的重要组成部分。律师职业伦理在调整律师执业活动、保证法律服务质量方面具有重要作用。随着我国律师制度的发展,律师职业伦理规范的建设也在不断完善,我国 2017 年修正的《律师法》,2010 年颁布的《律师和律师事务所违法行为处罚办法》,2017 年修正的《律师执业行为规范(试行)》,2017 年修订的《律师协会会员违规行为处分规则(试行)》,2014 年制定的《律师职业道德基本准则》,以及 2017 年审议通过的《律师协会维护律师执业权利规则(试行)》,都分别对律师和律师事务所的职业伦理以及违反职业伦理的责任作出了规定。

二、律师职业伦理的演变

　　任何一种职业的产生都会同时伴随着伦理问题。律师登上我国历史舞台的起点可以追溯到清末。当时清廷无人熟习现代国际法律,只能依赖外国律师处理外交事务。中国历史上的第一任对外全权使节便是由美国律师蒲安臣担任的。在他的主持下,中国和美国签订了相对平等的《蒲安臣条约》(即《中美天津条约续增条约》)。随着不平等条约对于领事裁判权的确认,在通商口岸也逐渐由外国律师代表华人处理纠纷。由于对外国律师操持国务怀有疑惧,接受西方法律教育的华人逐渐受到清廷的重视。在这一背景下,毕业于英国林肯律师会馆、获大律师资格的伍廷芳被延揽加入李鸿章幕府,后在清廷历任要职。在伍廷芳等人的推动之下,清廷开办法政学堂,派遣留学生修习法律,设立法政科举人、法政科进士,为中国本土律师群体打下了基础。1911 年 10 月 10 日,辛亥革命爆发。同年,江苏都督程德全宣布江苏独立,不久便在省内颁布了《律师暂行章程》。1912 年,蔡寅等 14 名留日法科学生提请上海都督陈其美准设"中华民国辩护士会"。其他如苏杭辩护士会、江宁律师会、南京

---

① See Carol Rice Andrews, "Standards of Conduct for Lawyers:an 800-Year Evolution",57 *Southern Methodist University Law Review* (2004)1387.

② See Monroe H.Freedman, *Lawyers' Ethics in an Adversary System*, Bobbs-Merrill,1975,37 ;Murray L. Schwartz, "On Making the True Look False and the False Look True",41 *Sw. L. J.* (1988)1145–1147 ;Charles W. Wolfram, "Client Perjury",50 *S. Cal. L. Rev.* (1977)854–855.

③ See William H. Fortune *et al.*, *Modern Litigation and Professional Responsibility Handbook:the Limits of Zealous Advocacy*, Aspen Law & Business, 1996,369.

④ J. Alexander Tanford, "The Ethics of Evidence",25 *Am. J. Trial Advoc.* (2002)507.

律师公会等亦纷纷设立。律师制度在缺乏中央立法的情形下,于地方层面运作起来。1912年1月,南京临时政府司法部提法司任命陈则民等32名法政学堂毕业生为公家律师,并指出如有原告或被告聘请他们,他们便可上法庭为其辩护。这是最早由中华民国政府公布的中国本土律师名单,他们可谓近代中国律师业的拓荒者。1912年9月,北洋政府司法部颁布了《律师暂行章程》,标志着中国律师制度的正式建立。此后,全国律师人数逐年增长。以北平为例,从1912年至1937年,北平律师公会的成员从41人发展至1261人。1945年,南京国民政府制定了《律师法》《律师法实施细则》,奠定了民国律师制度的基础。

新中国成立后,于1950年7月颁布的《人民法庭组织通则》规定被告人有辩护权。1956年1月,司法部向国务院呈送的《关于建立律师工作的请示报告》得到了批准。1957年,整风反右运动后期出现反右斗争扩大化,很多律师被认为立场有问题而被错划成右派,律师制度被否定。1978年《宪法》恢复了被告人有权获得辩护的规定。1980年8月26日,我国正式颁布了《律师暂行条例》,律师制度在我国正式建立。1996年5月15日,我国颁布了《律师法》,并分别于2001年12月29日、2007年10月28日、2012年10月26日、2017年9月1日进行了四次修改。同时,司法行政部门也开始强化对律师执业的监督与管理。1990年11月司法部印发了《律师十要十不准》,其目的在于"促进律师从业清廉,树立良好的律师形象"。该文件以宣言的形式对律师的职业伦理进行了原则性规定。例如,要求律师坚持社会主义方向,不准单纯追求经济利益;不准抬高自己,贬低他人。随后,司法部出台了一系列关于律师执业行为的规范,如1992年10月出台了《律师惩戒规则》,1993年12月颁布了《律师职业道德和执业纪律规范》。1996年《律师法》明确了律师协会在律师执业行为监管中的职能作用,有鉴于此,1996年10月中华全国律师协会制定了《律师职业道德和执业纪律规范》。此后,律师协会开始制定一系列行业规范,例如,2004年制定了《律师执业行为规范(试行)》,2014年制定了《律师职业道德基本准则》,2017年审议通过了《律师协会维护律师执业权利规则(试行)》,2017年修订了《律师协会会员违规行为处分规则(试行)》。我国律师职业伦理规范体系正趋于完善。

三、律师职业伦理的特征

作为法律职业伦理中最为重要的一部分,律师职业伦理除了法律职业共同具备的职业伦理特征外,其独有的特征还具体表现在以下几个方面:

1. 律师职业伦理约束的主体是律师和律师事务所

此处的律师不仅指律师事务所的律师,还包括在国家机关中任职的公职律师以及在企业中任职的公司律师,此外还包括申请律师执业的实习人员和律师助理等。当前我国法律不允许律师直接以个人名义执业,而必须在律师事务所执业,律师承办业务由律师事务所统一收案、统一收费,因此律师职业伦理规范也同样适用于律师事务所,以约束其执业行为。

2. 律师职业伦理以律师执业为基础,规范的对象主要是律师的执业行为

律师职业伦理不是全体社会成员共有的伦理,它以独特的律师执业行为为对象。《律师法》第28条专门对律师可以从事的业务范围进行了规定,包括以下几类:(1)接受自然人、法人或者其他组织的委托,担任法律顾问;(2)接受民事案件、行政案件当事人的委托,担任代理人,参加诉讼;(3)接受刑事案件犯罪嫌疑人、被告人的委托或者依法接受法律援助机构

的指派,担任辩护人,接受自诉案件自诉人、公诉案件被害人或者其近亲属的委托,担任代理人,参加诉讼;(4)接受委托,代理各类诉讼案件的申诉;(5)接受委托,参加调解、仲裁活动;(6)接受委托,提供非法律服务;(7)解答有关法律的询问、代写诉讼文书和有关法律事务的其他文书。律师在开展上述业务时必须遵守律师职业伦理规范的有关规定。此外,律师的一些非执业活动在一定程度上也影响着律师的职业形象,因此一些与律师职业形象直接相关的执业活动以外的活动,也应受到律师职业伦理的约束,如律师的言论、律师广告、律师宣传等。

3. 良好的律师职业伦理对社会具有正面影响

良好的律师职业伦理可以促进律师行业的整体进步,有利于律师人才素质的提高以及法律理想的重建,也有利于提升律师行业的伦理水平,减少律师违法违规执业行为的发生,从而有利于重塑和提升律师在社会公众心中正面的职业形象,还有利于树立律师正确的职业观和正义观,帮助律师在纷繁复杂的利益格局中明确自身定位,依法履行自身的职责和使命,合法、合理、合情地维护当事人的权益,从而促进社会整体的稳定与和谐。律师为社会提供法律服务,其在执业活动中与国家机关及其工作人员、企事业单位、社会团体以及当事人和其他诉讼参与人有着广泛的接触甚至直接的委托受托关系,律师的一言一行都代表着律师职业的形象,反映着律师队伍的素质。因此,良好的律师职业伦理对于提高公民的法律意识、推动国家的法治建设都有着十分重要的作用。

四、律师职业伦理的作用

律师职业伦理是社会伦理体系的重要组成部分,它一方面具有社会伦理的一般作用,另一方面又具有自身的特殊作用。基于法律职业的价值判断和共同理想构建的律师职业伦理,至少可以发挥如下作用:

1. 有助于维护和提高律师职业的信誉

一个行业的信誉,也就是它们的形象、信用和声誉,是指其服务在社会公众中的受信任程度。提高律师职业的信誉主要靠服务质量,而从业人员良好的职业伦理水平是服务质量的有效保证。若从业人员职业伦理水平不高,则很难提供优质的服务。律师职业伦理不但能够激发律师群体对于律师职业的价值感和尊荣感,也能促进社会公众对律师职业甚至是法治事业的信任和认同。

2. 促进律师行业的发展

行业的发展有赖于高的经济效益,而高的经济效益源于高的从业人员素质。从业人员的素质主要包含知识、能力、责任心三个方面,其中责任心是最重要的。而职业伦理水平高的从业人员,其责任心是极强的,因此,良好的律师职业伦理能促进律师行业的发展。

3. 有助于提高全社会的伦理水平

职业伦理是整个社会伦理的主要内容。其一方面涉及每个从业者如何对待职业,如何对待工作,是一个从业人员的生活态度、价值观念的表现,是一个人的伦理意识、伦理行为发展成熟的表现,具有较强的稳定性和连续性。另一方面,职业伦理也是一个职业集体甚至一个行业全体人员的行为表现,如果每个行业、每个职业集体都具备优良的伦理,那么整个社会伦理水平肯定会得到提高。

4. 律师职业伦理可以对律师的执业活动起到规范和保护作用

与一般社会伦理不同的是,律师职业伦理是对外在行为的有形约束,其规范的是律师的言行而非思想。一方面,明确的职业伦理规范可以作为律师执业行为的标准与界限,明确告诉律师哪些行为可以做,哪些行为不可以做,以及相应的行为后果。它不但是律师职业的理想追求,更是律师职业的行为底线。另一方面,律师也不应仅仅把职业伦理规范视为对自己的约束,而应该看到其保护律师权益的作用。如果没有职业伦理规范的明确规定,律师往往不知道行为的界限,而可能直接面对民事责任甚至是刑事责任的追究。因此,职业伦理规范以及行业纪律惩戒,在某种程度上可以起到对律师的提醒和保护作用。[①]

5. 律师职业伦理对律师的执业行为具有评价和矫正作用

如果没有明确的职业伦理规范,律师的很多做法可能违背社会伦理,但因没有明确的评价依据,无法对其进行行业纪律制裁。职业伦理规范可以使这种评价标准明确化,将直觉的伦理评价要件化。正是这种明确的伦理规范,使得法律群体和社会公众在一些具体细节上达成伦理共识,使得律师心悦诚服地接受行业纪律的处罚,并根据规范的内容调整自己的行为。职业伦理规范如果仍然停留在主观评价的模糊认知阶段,就无法对律师群体起到评价和矫正的作用。[②]

6. 律师职业伦理规范对律师群体具有约束和强制作用

在没有律师伦理规范时,律师采取某些行为可能会存在侥幸心理,但一旦建立了明确的规范要求并与纪律惩戒建立了联系,律师在实施违反职业伦理要求的行为时就不得不顾虑可能产生的法律后果了。比如,如果私下收费被发现,将被处以停业或吊销律师资格的处罚,因此,律师一定会权衡私下收费的利弊并最终选择合规、合理地建立委托关系。而且,与社会伦理规范不同的是,律师职业伦理规范并非依靠公民自律实现的,而是依靠外在有形的强制力实现的。因此,其在执行效果上要远远优于普通的社会伦理规范。[③]

第二节 律师执业行为规范

律师职业伦理主要是通过一系列律师执业行为规范来实现的。从规范意义上看,律师执业行为规范是律师职业伦理的具体体现,依其内容可以大致分为两种类型:一是期待性规范(aspiration codes),是律师执业行为的最高伦理标准,是期待律师职业能够努力实现的理想,一般比较抽象;二是惩戒性规范(disciplinary codes),是对律师执业行为的最低要求,规定了对于违反者的惩戒措施,一般比较具体。[④] 期待性规范是律师职业伦理伦理性的体现,而惩戒性规范则是律师职业伦理非伦理性的体现,二者共同构成了律师职业伦理,缺一不可。律师执业行为规范可分为强制性规范和任意性规范。违反强制性规范将依据相关规范性文件给予处分或惩戒;而对于任意性规范,律师应当自律遵守。[⑤] 本节将从律师执业的政治要求、律师业务推广行为规范、律师与委托人的关系规范、律师在诉讼和仲裁活动中的规范、律师职

---

① 许身健主编:《律师职业伦理》,北京大学出版社 2017 年版,第 20 页。

② 许身健主编:《律师职业伦理》,北京大学出版社 2017 年版,第 20 页。

③ 许身健主编:《律师职业伦理》,北京大学出版社 2017 年版,第 20 页。

④ 参见台北律师公会主编:《法律伦理》,五南图书出版股份有限公司 2011 年版,第 17 页。

⑤ 参见中华全国律师协会 2017 年修正的《律师执业行为规范(试行)》第 4 条。

业内部规范以及律师与行业管理机构关系的规范等方面介绍律师执业行为规范的具体内容。

一、律师执业的政治要求

首先,律师的定位决定了其具有政治性。《律师法》对律师职业的定位包括三个方面的内容:(1)律师是法治工作者。律师应当维护社会公平和正义,律师办案应以事实为根据,以法律为准绳,宏观上维护了国家法律的权威和实现了社会的正义。(2)律师是当事人的代理人。律师是受当事人委托,为当事人提供法律服务并维护当事人合法权益的执业人员。(3)律师是独立执业的法律工作者。在西方国家,律师是国家政治生活的参与者,直接参与国家民主政治制度的运行过程并在其中发挥着不可忽视的作用,如在美国,历任的总统、议员、部长及州长中有一半以上是律师出身。

其次,律师行业的使命表明了其存在的政治属性。根据我国《律师法》,律师的使命体现在三个方面:(1)维护当事人的合法权益;(2)通过维护当事人的合法权益达到“维护法律正确实施”的目的;(3)维护社会公平和正义。由此可见,律师使命是通过具体业务来实现的,而这些具体业务正是搭建律师使命与国家上层建筑的桥梁。即通过保障公民权利与法律的正确、有效实施,最终实现国家政治的稳定与积极发展。

最后,律师制度的存在是由法律确定并规范的,它的执业范围、权利义务、依靠的法律条文均由国家予以规定和调整。换言之,律师行业是国家维护其统治秩序的工具。

2017年《律师执业行为规范(试行)》修正案新增加了一条:“律师应当把拥护中国共产党领导、拥护社会主义法治作为从业的基本要求。”所以,律师不得发表、散布否定宪法确立的根本政治制度、基本原则和危害国家安全的言论,不得利用网络、媒体挑动对党和政府的不满,不得发起、参与危害国家安全的组织或者支持、参与、实施危害国家安全的活动,不得利用律师身份和以律师事务所名义炒作个案,攻击社会主义制度,从事危害国家安全的活动。由此可见,对于律师政治上的要求有进一步强化的趋势。

二、律师业务推广行为规范

(一) 律师业务推广概述

随着律师和律师事务所数量的逐步增长,律师为获得业务所进行的宣传推广行为日渐普遍且形式多样。律师的宣传和推广行为使需要法律帮助的社会公众能通过多种渠道了解律师和律师事务所提供的法律服务,获得有益的信息。但是,有些内容和形式不当的宣传推广也会造成律师和律师事务所之间的不正当竞争,导致社会公众的错误选择和对律师职业形象的损害。中华全国律师协会《律师执业行为规范(试行)》第三章对律师的业务推广行为作出了一些规范,但是,随着律师业务推广逐步走上商业化、多元化的道路,《律师执业行为规范(试行)》已经不能满足对律师业务推广行为进行规制的需要。2018年1月6日第九届全国律协第十二次常务理事会审议通过的《中华全国律师协会律师业务推广行为规则(试行)》对律师业务推广进行了全面的规范。

以往的执业规范对律师业务推广的定义仅限于律师为承揽业务而提供法律服务信息的

行为。《中华全国律师协会律师业务推广行为规则（试行）》将业务推广定义为"律师、律师事务所为扩大影响、承揽业务、树立品牌，自行或授权他人向社会公众发布法律服务信息的行为"。同时，将业务推广的方式作为判断律师业务推广的依据。除了广告、名片、宣传册等传统推广方式外，还增加了网站、博客、微信公众号等新形式的业务推广方式。

律师和律师事务所律师业务推广应当遵循的基本原则包括守法原则、真实严谨原则、得体适度原则、公平竞争原则等，并以不得有损职业尊严和律师形象作为兜底原则。也就是说，律师和律师事务所推广律师业务，应当遵守平等、诚信原则，遵守律师职业伦理和执业纪律，遵守律师行业公认的行业准则，公平竞争，不得为不正当竞争行为。例如，律师、律师事务所不得以支付案件介绍费、律师费收入分成等方式与第三方合作进行业务推广。

按照《中华全国律师协会律师业务推广行为规则（试行）》的要求，律师个人发布的业务推广信息应当醒目标示律师姓名、律师执业证号、所任职律师事务所名称，也可以包含律师本人的肖像、年龄、性别、学历、学位、执业年限、律师职称、荣誉称号、律师事务所收费标准、联系方式，以及依法能够向社会提供的法律服务业务范围、专业领域、专业资格等。律师事务所发布的业务推广信息应当醒目标示律师事务所名称、执业许可证号，也可以包含律师事务所的住所、电话号码、传真号码、电子信箱、网址、公众号等联系方式，以及律师事务所荣誉称号、所属律师协会、所内执业律师、律师事务所收费标准、依法能够向社会提供的法律服务业务范围简介。律师、律师事务所业务推广信息中载有荣誉称号的，应当载明该荣誉的授予时间和授予机构。

律师服务广告是律师业务推广的主要途径。律师服务广告是指律师、律师事务所通过广告经营者发布的法律服务信息。公司律师、公职律师和公职律师事务所是不允许发布律师服务广告的。兼职律师发布律师服务广告时应当载明兼职律师身份。律师、律师事务所进行业务推广的基本要求是遵守法律法规和执业规范，公平和诚实竞争，推广内容应当真实、严谨，推广方式应当得体、适度，不得含有误导性信息，不得损害律师职业尊严和行业形象。《中华全国律师协会律师业务推广行为规则（试行）》对律师服务广告的主体也进行了限制。该规则第 5 条规定，未参加年度考核或者未通过年度考核的，或者处于中止会员权利、停止执业或者停业整顿处罚期间，以及前述期间届满后未满 1 年的，或者受到通报批评、公开谴责未满 1 年的律师、律师事务所不得发布律师服务广告。

（二）律师业务推广的方式

作为一种专业服务，律师业务的推广不同于一般的产品和服务推广。依照《律师执业行为规范（试行）》和《中华全国律师协会律师业务推广行为规则（试行）》，律师、律师事务所的宣传方式可以有以下几种。

第一，可以以广告方式宣传律师、律师事务所以及自己的业务领域和专业特长。

第二，律师可以通过出版书籍、发表文章、案例分析、专题解答、授课、普及法律等活动宣传自己的专业领域。

第三，律师或律师事务所可以通过举办或者参加各种形式的专题、专业研讨会宣传自己的专业特长。

第四，律师可以以自己或者其任职的律师事务所名义参加各种社会公益活动。

第五，建立、注册和使用网站、博客、微信公众号、领英等互联网媒介。

第六,印制和使用名片、宣传册等具有业务推广性质的书面资料或视听资料。

第七,举办、参加、资助会议、评比、评选活动。

(三) 律师业务推广的限制

1. 禁止虚假宣传

律师业务推广广告应当遵守国家法律、法规、章程和其他相关规范。可以发布使社会公众了解律师个人和律师事务所法律服务业务信息的广告,但不得进行虚假、误导性或者夸大性宣传。不得进行歪曲事实和法律,或者可能使公众对律师产生不合理期望的宣传。不得以有悖律师使命、有损律师形象的方式制作广告,不得采用一般商业广告的艺术夸张手段制作广告。广告应当具有可识别性,应当能够使社会公众辨明是律师广告,以区别于其他商业广告。律师个人广告的内容应当限于以下几个方面:(1)律师的姓名、肖像、年龄、性别、学历、学位、专业、律师执业许可日期、所任职律师事务所名称、在所任职律师事务所的执业期限。(2)案件的收费标准、律师及律师事务所的联系方法。(3)律师依法能够向社会提供的法律服务业务范围。律师和律师事务所可以宣传所从事的某一专业法律服务领域,但不得自我声明或者暗示其被公认或者证明为某一专业领域的权威或专家,也不得进行律师之间或者律师事务所之间的比较宣传。(4)律师从业后的执业业绩。

2. 禁止特定地域宣传

律师业务推广广告不是随处都可以发布的,而是受到一定的限制,尤其是有些地方不允许发布律师业务推广广告。例如,《中华全国律师协会律师业务推广行为规则(试行)》禁止在公共场所粘贴、散发业务推广信息,禁止在法院、检察院、看守所、公安机关、监狱、仲裁委员会等场所附近以广告牌、移动广告、电子信息显示牌等形式发布业务推广信息。

3. 禁止比较宣传

律师和律师事务所在业务推广过程中进行律师之间或者律师事务所之间的比较宣传,往往容易陷入通过贬低同行专业能力和水平的方式招揽业务的误区:一方面,可能误导有潜在法律需求的当事人,构成不正当竞争行为;另一方面,可能造成对其他律师和律师事务所声誉的损坏,构成民事侵权行为。所以,《中华全国律师协会律师业务推广行为规则(试行)》禁止贬低其他律师事务所或者律师,也不允许与其他律师事务所、其他律师之间进行比较宣传。

4. 禁止恶意竞争

律师业务作为市场化的产物,不可避免地会在律师之间产生竞争。为了规范律师之间的业务竞争行为,《中华全国律师协会律师业务推广行为规则(试行)》规定,律师、律师事务所进行业务推广时,不得有下列行为:(1)明示或者暗示与司法机关、政府机关、社会团体、中介机构及其工作人员有特殊关系;(2)当事人承诺办案结果;(3)明示或者暗示向当事人或顾问单位提供回扣或者其他利益;(4)不收费或者减低收费(法律援助案件除外);(5)律师在非履行律师协会任职职责的活动中使用律师协会任职的职务。《律师职业道德和执业纪律规范》第21条也规定,律师不得向委托人宣传自己与有管辖权的执法人员及有关人员有亲朋关系,不能利用这种关系招揽业务。

5. 禁止使用特定名称

律师和律师事务所不得擅自或者非法使用社会专有名称或者知名度较高的名称以及代

表其名称的标志、图形文字、代号以误导委托人。这里的"社会专有名称或者知名度较高的名称"是指:(1)有关政党、司法机关、行政机关、行业协会名称;(2)具有较高社会知名度的高等法学院校或者科研机构的名称;(3)为社会公众共知、具有较高知名度的非律师公众人物名称;(4)知名律师以及律师事务所名称。《中华全国律师协会律师业务推广行为规则(试行)》还规定,不得使用中国、中华、全国、外国国家名称等字样,或者未经同意使用国际组织、国家机关、政府组织、行业协会名称。《律师执业行为规范(试行)》还规定,律师和律师事务所不得伪造或者冒用法律服务荣誉称号。使用已获得的律师或者律师事务所法律服务荣誉称号的,应当注明获得时间和期限。律师和律师事务所更不得变造已获得的荣誉称号用于广告宣传。律师事务所已撤销的,其原取得的荣誉称号不得继续使用。

三、律师与委托人的关系规范

律师与委托人的关系规范是指律师就委托事项在与委托人谈判、接受委托及处理委托事务过程中应当遵循的行为规范。《律师执业行为规范(试行)》用很大的篇幅对律师与委托人的关系规范进行了详尽的规定。

(一) 避免利益冲突

1. 避免利益冲突规范的目的

利益冲突,是指在专业服务领域,委托人的利益与提供专业服务者本人或者其所代表的其他利益之间存在某种形式的对抗,进而有可能导致委托人的利益受损,或者有可能带来专业服务品质的实质性下降。专业服务过程中存在利益冲突必将伤及专业服务的职业精神和特定职业的社会公信力,因此,无论立法还是职业伦理规范均要求专业服务业者或机构采取有效措施避免出现利益冲突。法律服务行业也不例外,其中律师职业中的利益冲突现象尤其突出。律师职业中的利益冲突,是指律师在为委托人提供法律服务的执业过程中,因自身利益(即直接利益冲突)或者受当事人之间利害关系影响(即间接利益冲突),可能损害当事人权益的情形。这里所说的法律服务,包括各种委托代理事项,如诉讼代理、仲裁代理、非诉讼代理、常年或者专项法律顾问以及法律没有明文禁止的可由律师从事的其他法律业务。[①]避免利益冲突,不仅是为了维护整个律师制度的公信力,更重要的是为了维护委托人的利益。如果律师从事了具有利益冲突的代理,则必然产生"一仆分侍二主"的伦理困境,势必侵害委托人的利益,最终侵害律师制度的公信力。

2. 利益冲突的情形

没有哪一种职业比律师职业更加关注利益冲突问题。律师职业利益冲突问题非常复杂,内容繁多。律师职业利益冲突一般分为直接利益冲突与间接利益冲突,《律师执业行为规范(试行)》规定的直接利益冲突情形主要有以下几种:(1)律师在同一案件中为双方当事人担任代理人,或代理与本人或者其近亲属有利益冲突的法律事务的。在这一情形中,双方当事人完全处于对立状态,均致力于各自诉讼利益的实现,势必形成紧张态势,会导致律师无法处理自身角色的分裂,也就无法实现律师维护己方当事人利益的基本执业要求。(2)律

---

① 许身健主编:《律师职业伦理》,北京大学出版社 2017 年版,第 115 页。

师办理诉讼或者非诉讼业务,其近亲属是对方当事人的法定代表人或者代理人的。例如,如果刑事案件中被告人的代理律师是受害人的近亲属,那么基于一般人的情感判断,代理律师将难以采取公正、客观、理性的态度为自己的当事人进行辩护,充分维护当事人的合法权益。(3)曾经亲自处理或者审理过某一事项或者案件的行政机关工作人员、审判人员、检察人员、仲裁员,成为律师后又办理该事项或者案件的。这主要是为了避免上述人员在先前的审理过程对当事人的行为产生预断,导致其后续作为当事人律师时,无法从最大限度有利于客户的角度出发维护当事人利益。(4)双方当事人律师就职于同一律师事务所,该情形包括:同一律师事务所的不同律师同时担任同一刑事案件的被害人的代理人和犯罪嫌疑人、被告人的辩护人,但在该县区域内只有一家律师事务所且事先征得当事人同意的除外;在民事诉讼、行政诉讼、仲裁案件中,同一律师事务所的不同律师同时担任争议双方当事人的代理人,或者本所或其工作人员为一方当事人,本所其他律师担任对方当事人的代理人的;在非诉讼业务中,除各方当事人共同委托外,同一律师事务所的律师同时担任彼此有利害关系的各方当事人的代理人的;在委托关系终止后,同一律师事务所或同一律师在同一案件后续审理或者处理中又接受对方当事人委托的。但是,《律师法》第 39 条仅规定了律师不得在同一案件中为双方当事人担任代理人,而并未就同一律师事务所的不同律师不得担任争议双方当事人的代理人作出禁止性规定。最高人民法院在审理一起再审申诉的裁决中认为,《律师执业行为规范(试行)》虽然对于双方当事人就职于同一律所作出禁止性规定,但该文件系全国律师协会制定的行业性规范,不属于法律法规的强制性规定。再审当事人主张双方的代理律师由同一律师事务所的不同律师担任严重违反法律规定的理由不能成立。[1] 也即,目前诉讼中双方当事人的代理律师就职于同一律师事务所的情形并不违反法律法规的强制性规定,不属于严重违反法律规范的情形。但作为行业规范之一,律师在代理业务的过程中,仍然需要尽量避免该类代理情形的出现。除以上情形外,该规范还留了一个兜底条款,即其他与以上情形相似,且依据律师执业经验和行业常识能够判断为应当主动回避且不得办理的利益冲突情形。[2]

办理委托事务的律师与委托人之间存在利害关系或利益冲突的,律师应当回避。在一些情形下律师应当告知委托人并主动提出回避,但委托人同意其代理或者继续承办的,律师可以继续代理。这类利益冲突行为在实践中通常被称为间接利益冲突,主要包括以下四种:(1)律师在接受委托时,同所的其他律师是该案件中对方当事人的近亲属的。该类情形包括:接受民事诉讼、仲裁案件一方当事人的委托,而同所的其他律师是该案件中对方当事人的近亲属的;担任刑事案件犯罪嫌疑人、被告人的辩护人,而同所的其他律师是该案件被害人的近亲属的。(2)同一律师事务所接受正在代理的诉讼案件或者非诉讼业务当事人的对方当事人所委托的其他法律业务的。(3)律师事务所与委托人存在法律服务关系,在某一诉讼或仲裁案件中该委托人未要求该律师事务所律师担任其代理人,而该律师事务所律师担任该委托人对方当事人的代理人的。(4)在委托关系终止后 1 年内,律师又就同一法律事务接受与原委托人有利害关系的对方当事人的委托的。[3] 在间接利益冲突情形中,利益冲突程度明显低于直接利益冲突,但上述利益冲突情形同样可能会影响到律师的代理活动,因而只有当

① 最高人民法院(2016)最高法民申 3404 号民事裁定书。
②《律师执业行为规范(试行)》第 50 条。
③《律师执业行为规范(试行)》第 51 条。

事人明知且同意,才可以继续实施代理行为。

3. 利益冲突的预防

为了避免出现利益冲突,必须有一套前置的预防机制。这套预防机制的基本内容至少包括以下几个方面:

第一,应当建立律师的立案申请制度。律师在接收案件的时候,必须向律师事务所统一申报,以确保由律师事务所进行集中信息检索,确保在不存在利益冲突的前提下接受案件,或者在律师接收案件之前,强制进行利益冲突检索。未经立案申请与利益冲突审查的案件不得允许立项。

第二,应当建立完整的客户资料数据库,并开发全体律师和员工具有不同权限的即时利益冲突检索系统。有条件的律师事务所应当设置专人负责输入所有案件详细的业务信息,将诸如原告、被告、第三人、各方承办律师等可能涉及利益冲突的主要项目一一登记,统一录入系统。

第三,应当设置专门的利益冲突查证程序。有条件的律师事务所应当设置专人在接案前统一负责进行利益冲突查证,并及时将情况通报相关人员。如果确实存在利益冲突,则通知行政人员不得接受案件委托,或者按照律师事务所的专门规定进行相应处理。如果存在利益冲突的可能但暂时无法确定的,应采取一定措施避免律师接触委托人的关键和保密信息,以防止潜在利益冲突发展成为真正的利益冲突。

第四,应当完善对转所律师代理案件进行利益冲突审查的制度。当前律师在律师事务所之间进行转所调动已经非常频繁,在接受业务时并不在一个律师事务所,因而不存在利益冲突,但在转所时该业务仍在进行之中,代理原告的律师转入代理被告的律师所在的律师事务所,就会出现同一律师事务所的律师代理双方当事人的情况。所以,律师事务所在接受新的律师转入时可以要求律师提供其正在办理和已经终结委托关系的业务信息,以便律师事务所查证。

4. 利益冲突的处理

利益冲突是律师执业活动中的常见现象,一旦确认存在利益冲突的情形,应该如何处理呢?按照《律师执业行为规范(试行)》的规定,办理委托事务的律师与委托人之间存在利害关系或利益冲突的,不得承办该业务并应当主动提出回避。也就是说,法律规定的主要处理方式是"回避"。回避的具体操作如下[1]:

第一,按时间优先和事务所整体利益优先的原则进行协商,以确定只接受一方的委托。一般是已建立的委托优于拟建立的委托,先建立的委托先于后建立的委托。委托关系的成立时间,以律师事务所和委托人签订委托合同的时间,或者虽未签订委托合同但委托人实际支付委托费用的时间,或者律师和当事人的函件足以证明委托关系成立的时间为准。

第二,在发生利益冲突后,律师和律师事务所发现存在利益冲突情形的,应当告知委托人利益冲突的事实和可能产生的后果,由委托人决定是否建立或维持委托关系。律师取得当事人间接利益冲突的有效豁免后,在各方当事人之间又形成直接利益冲突的,必须及时告知各方当事人。

---

[1] 许身健主编:《律师职业伦理》,北京大学出版社 2017 年版,第 130—131 页。

第三,在接受委托后发现存在利益冲突的,专业服务业者或机构必须向委托人说明情况并主动辞去委托。律师和律师事务所发现存在上述情形的,应当告知委托人利益冲突的事实和可能产生的后果,由委托人决定是否建立或维持委托关系。委托人决定建立或维持委托关系的,应当签署知情同意书,表明当事人已经知悉存在利益冲突的基本事实和可能产生的法律后果,以及当事人明确同意与律师事务所及律师建立或维持委托关系。委托人知情并签署知情同意书以示豁免的,承办律师在办理案件的过程中应对各自委托人的案件信息予以保密,不得将与案件有关的信息披露给相对人的承办律师。

第四,律师事务所中数个律师分别接受同一案件双方或多方委托人委托的,律师事务所应当商请各方委托人签发豁免函;委托人拒绝签发豁免函的,应保留一方委托人的委托,解除与其他委托人的代理或委托关系,退还解除委托关系委托人已交纳的代理费用。律师事务所在两个或者两个以上有利害关系的案件中分别接受委托人委托,或办理的后一个法律事务与前一个法律事务存在利益冲突的,应当协商解除其中一个案件的代理或委托关系,退还该委托人已交纳的代理费用;协商不成的,应当解除后一个案件的代理或委托关系,退还该委托人已交纳的代理费用。

第五,本所律师代理与本人或其近亲属有利益冲突的法律事务的,应当解除委托关系或将案件移交本所其他律师办理。

5. 利益冲突的豁免

在某些国家,实行利益冲突不得豁免的指导原则,不允许存在任何例外。但是,如果我们也实行同样严格的利益冲突禁止规范,在实施中则可能出现如下问题:(1)我国很多地区律师事务所和律师数量都十分有限,一旦存在利益冲突就绝对禁止代理,实际上会剥夺委托人得到律师代理的机会。(2)在一些规模较大的律师事务所,因为律师人数较多,利益冲突的现象不可避免,绝对禁止利益冲突的代理,实际上对大所的发展极为不利,也剥夺了当事人获得优质法律服务的权利。(3)绝对的利益冲突禁止还会带来不正当竞争问题。某些大型企业为了防止一些大型律师事务所为将来可能存在的对手提供法律服务,事先将自己的各项法律服务进行拆解,并分别委托不同的律师事务所,因为存在着这种在先的委托关系,实际上排除了将来竞争对手获得称职律师代理的机会,垄断了法律服务。有的律师可能会为了更有利可图的委托人而从先前委托中退出,或把现行委托人转变为前委托人,从而规避更为严格的同时性利益冲突规则。

因此,必须对利益冲突禁止规范设置若干必要的例外。在某些情形下,经过委托人的同意(通常要求书面形式),专业服务业者或机构可以豁免此项义务,如利益冲突并不显著的情形、专业服务业者或机构为与委托人有利益冲突的前委托人提供的服务已经超过了一定的年限等。委托人决定建立或维持委托关系的,应当签署知情同意书,表明当事人已经知悉存在利益冲突的基本事实和可能产生的法律后果,以及当事人明确同意与律师事务所及律师建立或维持委托关系。需要注意的是,委托人的豁免必须满足以下条件:(1)必须采用书面形式;(2)必须说明已向委托人说明利益冲突的基本事实和代理可能产生的后果;(3)委托人需要签字,明确要求或同意承办律师继续代理。还必须注意的是,即使得到了委托人的书面豁免,律师仍然应当对各方当事人的案件信息承担保密义务。《律师执业行为规范(试行)》第 53 条规定:"委托人知情并签署知情同意书以示豁免的,承办律师在办理案件的过程中应对各自委托人的案件信息予以保密,不得将与案件有关的信息披露给相对人的承办律师。"因而,在获得当事人的豁免后,有利害关系的律师之间不得交流、披露经办案件的相关信息。[①]

(二) 委托关系规范

1. 委托的建立

律师接受当事人委托,必须按照规定流程办理相关手续。律师应当与委托人就委托事项范围、内容、权限、费用、期限等进行协商,经协商达成一致后,由律师事务所与委托人签署委托协议,而不是以律师个人名义与委托人签署协议。同时,律师事务所、律师在其住所地以外,特别是在相关司法、行政机关附近私设办公室、接待室承揽业务、违法违规宣传等都属于违反律师职业伦理的行为。

例如,2021 年广州市律协发布惩戒通报称,律师李某在该区看守所旁边的广州市某物业公司门口设立刑事法律咨询广告宣传牌进行宣传,广告牌上印有李某的联系电话,且李某在现场。广州市律师协会认为,李某作为广东某律师事务所执业律师,其在看守所周边设立刑事法律咨询广告牌,存在不适当宣传、违规招揽业务的行为,给予李某通报批评的行业处分。[②]

委托事项违法、委托人利用律师提供的服务从事违法活动或者委托人故意隐瞒与案件有关的重要事实的,律师有权告知委托人并要求其整改,有权拒绝辩护或者代理,或以其他方式终止委托,并有权就已经履行的事务取得律师费。

2. 委托关系的终止与解除

接受委托后,律师应当严格依法履行职责,但在有些情形下,应当终止或解除委托关系。依据相关规定,律师事务所终止委托关系的情形包括:(1)委托人提出终止委托协议的。(2)律师无法继续委托的,该情形包括:律师受到吊销执业证书或者停止执业处罚,经过协商,委托人不同意更换律师的;受委托律师因健康状况不适合继续履行委托协议,经过协商,委托人不同意更换律师的。(3)其他不适宜继续委托的情形,包括:发现有利益冲突情形的;继续履行委托协议违反法律、法规、规章或者其他相关规范的。

另外,有下列情形之一,经提示委托人不纠正的,律师事务所可以解除委托协议:(1)委托过程中存在不合法情形的。例如,委托人利用律师提供的法律服务从事违法犯罪活动的。(2)委托过程中存在不合理情形的,包括:委托人要求律师完成无法实现或者不合理的目标的;在事先无法预见的前提下,律师向委托人提供法律服务将会给律师带来不合理的费用负担,或给律师造成难以承受的、不合理的困难的。(3)委托人没有履行委托合同义务的。(4)有其他合法的理由的。此外,律师作为证人出庭作证的,不得再接受委托担任该案的辩护人或者代理人出庭。律师事务所与委托人解除委托关系后,应当退还当事人提供的资料原件、物证原物、视听资料底版等证据,但可以保留复印件存档。

---

① 因同意的豁免并非在任何场合下都能成立,如果法律本身作出了明确的禁止性规定且没有设置例外,即使当事人同意,也不得进行利益冲突的代理。最典型的如《最高人民法院关于适用〈中华人民共和国刑事诉讼法〉的解释》第43条第2款规定,在刑事辩护中,一名辩护人不得为两名以上的同案被告人,或者未同案处理但犯罪事实存在关联的被告人辩护。

② 《广州市律协通报一惩戒案例:律师在看守所附近打广告,被通报批评》,载澎湃新闻。

3. 转委托

一般情况下,未经委托人同意,律师事务所不得将委托人委托的法律事务转委托其他律师事务所办理,但在紧急情况下,为维护委托人的利益可以转委托,但应当及时告知委托人。但是,受委托律师遇有突患疾病、工作调动等紧急情况不能履行委托协议的,应当及时报告律师事务所,由律师事务所另行指定其他律师继续承办,并及时告知委托人。无论何种情况下的转委托,非经委托人的同意,均不能因转委托而增加委托人的费用支出。

(三)合理收费

律师属于自由职业者,其生活来源主要是在向当事人提供法律服务时从当事人那里收取的律师费。但律师不可乱收费,需要遵循相关的收费标准和程序。

1. 收费方式

按照《律师服务收费管理办法》的相关规定,律师服务收费可以根据不同的服务内容,采取计时收费、计件收费、按标的额比例收费和风险代理收费等方式。

计时收费,是指律师根据其提供法律服务耗费的有效工作时间,在规定的标准范围内,按确定的每小时收费标准向委托人收取律师服务费的计价方式。计时收费可适用于全部法律事务,是西方国家律师收费的主要方式。

计件收费,是指以每一委托法律事务为基本单位,按规定的数额或在规定的范围、幅度、限额内具体商定收取律师服务费的计价方式。计件收费一般适用于不涉及财产关系的法律事务。

按标的额比例收费,是指以诉讼请求所涉及的数额为基数,按照一定比例收取律师费的计价方式。按标的额比例收费适用于涉及财产关系的法律事务。

风险代理收费,是指律师在接受委托时,只收取较低的基础费用,其余服务报酬由律师与委托人就委托事项应实现的目标、效果和支付律师服务费的时间、比例、条件等先行约定,达到约定条件的,按约定收取费用;不能实现约定条件的,不再收取任何费用。按照《律师服务收费管理办法》的相关规定,禁止刑事诉讼案件、行政诉讼案件、国家赔偿案件以及群体性诉讼案件实行风险代理收费。因此,风险代理收费主要适用于办理涉及财产关系的民事案件,且风险代理的比例不得超过案件标的的30%。但以下案件不能实行风险代理收费:(1)婚姻、继承案件;(2)请求给予社会保险待遇或者最低生活保障待遇的;(3)请求给付赡养费、抚养费、扶养费、抚恤金、救济金、工伤赔偿的;(4)请求支付劳动报酬的;等等。

总的来说,以上收费方式只是作为参考,具体由律师和委托人根据具体情况协商确定。各省市律师协会根据实际情况制定了律师收费标准的指导价格,供律师参考适用。从各地的情况看,律师收费有更加放开的趋势。例如,2018年3月,北京市司法局、北京市律师协会联合发布《关于全面放开我市律师法律服务收费的通知》,自2018年4月1日起,全市律师法律服务收费全面实行市场调节价。

2. 收费禁止性规范

律师收费的市场化趋势日趋明显,但并不意味着想怎么收就怎么收,仍然要遵循相关的收费规范,尤其是一些禁止性规范。这些禁止性规范包括:

(1)禁止私自收费。根据《公司律师管理办法》及《公职律师管理办法》的规定,公司律师和公职律师必须要根据所在单位的委托或指派办理法律业务，不得从事有偿法律服务。^①这就意味着公职律师及公司律师不得在所在单位之外，私自接洽业务、协商收费并私自收取费用。专职律师和兼职律师可以与委托人协商收费，但并不意味着可以让委托人直接将费用交给律师个人。《律师法》第 40 条规定，律师在执业活动中不得有私自收取费用、接受委托人的财物或者其他利益的行为。按照这一规定，律师承办业务，应当由律师事务所向委托人统一收取律师费和有关办案费用（如代委托人支付的费用和异地办案差旅费），不得让委托人将律师费直接付给律师个人，律师也不得接受委托人的财物或者其他利益。律师违反相关规定私自收费的将受到相应处罚或处分。某些案件中律师私下收费不入账，委托人事后指控律师诈骗，甚至存在律师构成刑事犯罪的风险。禁止律师私自收费，不单是律师职业伦理的基本要求，也是保障律师切身利益的需要。

（2）禁止违规超额、降低收费或不收费。《律师服务收费管理办法》《国家发展和改革委员会关于放开部分服务价格意见的通知》划分了实行政府指导价和市场调节价的律师服务范围，各省、自治区、直辖市价格主管部门和司法行政部门基本都制定了所在地区的律师服务政府指导价标准。按照规定，律师事务所应当严格执行价格主管部门和司法行政部门制定的律师服务收费管理实施办法和收费标准。另外，《中华全国律师协会律师业务推广行为规则（试行）》还规定，律师、律师事务所进行业务推广时，不得不收费或者减低收费（法律援助案件除外）。故对实行政府指导价的法律服务，律师事务所、律师都应当在指导价的范围、幅度内收费。

（3）禁止部分案件风险代理收费。《律师服务收费管理办法》禁止刑事诉讼案件、行政诉讼案件、国家赔偿案件以及群体性诉讼案件实行风险代理收费；禁止婚姻、继承案件，以及请求支付劳动报酬、工伤赔偿、赡养费、抚养费、扶养费、抚恤金、救济金等涉及社会保障和弱势群体保护的案件实行风险代理收费。律师事务所、律师对前述案件实行风险代理收费的，构成《律师协会会员违规行为处分规则（试行）》第 27 条规定的"违反风险代理管理规定收取费用"的情形。同时，如果律师事务所与委托人就律师收费问题发生争议，双方关于风险代理收费的约定也可能因违反《律师服务收费管理办法》的规定而被认定为无效。对于禁止实行风险代理收费的案件，律师事务所、律师应合理选择收费方式，避免收费风险。

（4）禁止利用法律服务谋取当事人争议的权益。律师、律师事务所可以依法与当事人或委托人签订以回收款项或标的物为前提，按照一定比例收取货币或实物作为律师费用的协议，但不得利用提供法律服务的便利牟取当事人争议的权益，不得违法与委托人就争议的权益产生经济上的联系，包括：不得与委托人约定将争议标的物出售给自己；不得委托他人为自己或为自己的近亲属收购、租赁委托人与他人发生争议的标的物。律师事务所受委托保管委托人财产的，应当将委托人财产与律师事务所财产、律师个人财产严格分离。律师在执业过程中牟取当事人争议的权益，不仅违背律师执业的宗旨，也会损害社会对律师行业的价值认同。禁止律师利用提供法律服务的便利牟取当事人争议的权益，是律师忠诚义务和利益冲突回避规则的基本要求。而从律师收费的角度看，则表现为律师不得从委托人处牟取律师服务费以外的其他任何经济利益。实践中，"利用提供法律服务的便利牟取当事人争

---

① 参见《公司律师管理办法》第 14 条第 2 款；《公职律师管理办法》第 14 条第 2 款。

议的权益"可能表现为以下几种形式:第一,违法与委托人就争议的权益产生经济上的联系,与委托人约定将争议标的物出售给自己;第二,委托他人为自己或为自己的近亲属收购、租赁委托人与他人发生争议的标的物;第三,采用诱导、欺骗、胁迫、敲诈等手段获取委托人与他人发生争议的标的物;第四,指使、诱导委托人将争议标的物转让、出售、租赁给他人,并从中获取利益;等等。

(5) 禁止办理法律援助案件向受援人收费。《律师法》第42条规定,律师、律师事务所应当按照国家规定履行法律援助义务,为受援人提供符合标准的法律服务,维护受援人的合法权益。《法律援助条例》第22条也规定,办理法律援助案件的人员,应当遵守职业道德和执业纪律,提供法律援助不得收取任何财物。《法律援助条例》第28条规定,律师办理法律援助案件违反上述规定,将承担警告、退还违法所得、罚款甚至停止执业1个月以上3个月以下的处罚。概言之,办理法律援助案件是律师事务所、律师履行社会责任的一种方式。在办理法律援助案件的过程中,律师应严格遵守各项规定,不得向受援人收取任何费用,不得从事有偿法律服务。

(四) 最大限度地维护委托人的合法利益

律师接受委托的目的就是维护当事人的合法权益。律师在代理过程中,一个总的原则是充分运用专业知识,依照法律和委托协议完成委托事项,维护委托人或者当事人的合法权益。但由于案件类型复杂,情况各异,律师有权根据案件的需要,依据法律规定、公平正义及律师职业伦理标准,选择实现委托人或者当事人目的的方案。律师承办案件必须严格依法,尤其是要严格按照法律规定的期间、时效以及与委托人约定的时间办理委托事项。对委托人了解委托事项办理情况的要求,应当及时给予答复。对已经出现的和可能出现的不可克服的困难、风险,应当及时通知委托人,并向律师事务所报告。最大限度地维护委托人的合法利益主要体现在以下方面:

第一,律师应当充分运用自己的专业知识和技能,尽心尽职地根据法律的规定完成委托事项,尤其是律师不应接受自己不能办理的法律事务。作为一种专业服务,法律服务的特征是没有一种具体标准来衡量服务质量的优劣。仅从专业的角度看,不同律师对同一案件的办理,结果也不尽相同。因此,为了最大限度地维护委托人的合法利益,律师必须首先要从专业知识和技能上提高自己。

第二,律师应当遵循诚实守信原则,客观地告知委托人所委托事项可能出现的法律风险,不得故意对可能出现的风险做不恰当的表述或作虚假承诺。为维护委托人的合法权益,律师有权根据法律的要求和伦理的标准,选择实现委托目的的方法。律师根据委托人提供的事实和证据,依据法律规定进行分析,可以向委托人提出分析性意见。律师的辩护、代理意见未被采纳的,不属于虚假承诺。

第三,律师接受委托后应当在委托授权范围内从事代理活动,不得超越委托权限。如需特别授权,应当事先取得委托人的书面确认。不得利用委托关系从事与委托代理的法律事务无关的活动。律师接受委托后无正当理由不得拒绝为委托人代理。律师接受委托后未经委托人同意,不得擅自转委托他人代理。无正当理由不得拒绝辩护或者代理,或以其他方式终止委托。

第四,律师应当谨慎保管委托人提供的证据和其他法律文件,保证其不丢失或毁损。在接受委托人提供的材料时,尽量只接受复印件,但必须与原件核对一致。

第五,禁止非法牟取委托人的权益。不得挪用或者侵占代委托人保管的财物,不得从对方当事人处接受利益或向其要求或约定利益,更不得与对方当事人或第三人恶意串通,侵害委托人的权益。

第六,律师不得在同一案件中为双方当事人担任代理人。同一律师事务所双方代理行为主要有四种表现:一是同一律师事务所的一名律师在同一案件的同一程序中代理当事人双方;二是同一律师事务所的同一律师在同一案件的不同程序中分别为双方当事人提供诉讼代理服务;三是在一审程序中同一律师事务所的不同律师代理同一案件的原、被告双方;四是在一审程序中该律师事务所已有律师代理了案件一方当事人,而在二审或再审程序中,同一律师事务所的另一律师又代理另一方当事人。

(五) 保守职业秘密

1. 律师保密义务的理论基础

在 1973 年的美国"快乐湖(Lake Pleasant)遗尸案"[①] 中,律师职业伦理和民众朴素伦理观发生正面冲突,该案堪称美国律师职业伦理第一大案。在此案中,律师发现受害人遗体后,足足半年时间未向警方披露实情。两位律师坚持认为,保守当事人秘密的职责要求他们保持沉默。著有《一个律师的良心》的法学教授戴维(David)在书中感慨:"律师身负两种相互冲突的义务:一方面他要对当事人所告知自己的全部罪行保密;另一方面他不能对检方隐藏涉案证据,比如,武器以及本案中的尸体。"法律伦理学专家门罗 (Monroe) 则主张:"如果律师被要求泄露严重罪行,那么保守秘密的义务就会被毁灭,一同被毁灭的,还有对抗制本身。"如果允许律师泄露当事人的秘密,无异于公民以放弃免于自证其罪的权利来换取获得律师辩护的权利。而律师的职业伦理必须同当事人的伦理区分开来,否则其效果如同外科医生只有在拿到病人品德良好的官方证明后,才能为他接上断肢。1975 年,法官撤销对律师贝尔格的指控:"律师的行为受律师职业规范中律师—客户关系的约束,律师负有对客户信息保密的义务。"纽约州律师协会认为"保证对当事人秘密的保守有助于促进律师更好

---

① 1973年夏季,美国纽约一位名叫苏珊·波兹(Susan Petz)的年轻女郎在露营时突然失踪。不久,一个38岁名叫罗伯特·格鲁(Robert Garrow)的机械师被捕,他被指控谋杀了一名名叫菲力普·敦布普斯基(Philip Donblewdki)的年轻人,此人的死亡时间与女郎失踪时间大致相同。法院指定了富兰克·阿玛尼(Frank Armani)及法兰西斯·贝尔格(Francis Belge)充当罗伯特的辩护律师。警方怀疑格鲁与谋杀、失踪案均有关,但苦于无证据证明。当苏珊的父亲与两位律师见面,试图查明女儿下落时,律师对此只字不提。事实上,他们在与罗伯特秘密交谈时,罗伯特已向他们坦白了自己两次作案的详情:在奸杀了苏珊后,他把尸体丢进了一个废弃的矿坑口里。带着当事人画的地图,两位律师很快找到了那个坑口,并拍了尸体照片。在后来的审判中,律师试图与检察官进行协商,通过提供这两个未结谋杀案的信息要求检察官对格鲁从轻发落,但遭到检察官的拒绝。法院最终判决格鲁终身监禁(至少服刑25年方可假释)。地方警察局长则要求检察官以妨碍司法为由起诉律师。此事在媒体、公众及律师界引起了极大的震动。人们纷纷谴责律师的行为,要求取消他们的从业资格。后来其中一位律师被提起诉讼,理由是他违反了州刑法关于任何人知道某人非正常死亡的消息都应报告给有关当局的规定。(参见查尔斯·柯蒂斯:《辩护的伦理》,载 [美]博西格诺等:《法律之门》,邓子滨译,华夏出版社 2002 年版,第 448 页。)1978 年,格鲁越狱时被警察击毙,媒体对他没有表示任何怜悯。贝尔格后来完全放弃法律职业,1989 年去世。重回老本行的阿玛尼,只拿到纽约州给本案公共辩护人的微薄报酬(不到 1 万美元)。由于受到民众抵制,他从昔日的律所合伙人(5 位助理)沦为个人律师(1 个助理),婚姻也差点破裂。2007 年,美国律师全国职业责任会议召开快乐湖案 30 周年纪念会,美国律师界的英雄阿玛尼现身会场,全体律师起立鼓掌。快乐湖案是律师面对的伦理困境之最佳例证,无数的美国法学评论文章、书籍及法院意见对此加以讨论。阿玛尼后来与他人合著《特权信息》,1987 年他和贝尔格的故事被改编为电影《发誓沉默》。

地代理委托人,因为这种代理需要全面了解委托人的相关事实,即使该事实涉及之前的犯罪行为"。①

2. 律师保密义务的性质

律师保守职业秘密是一种义务,但同样也是一种权利,即律师作证特免权。特免权,是指基于特定身份或具有某种法律关系的人享有的就特定事项免于提供证据或阻止他人提供证据的权利。②特免权制度旨在保护一些重要的社会关系和利益,如国家与被告人的关系、委托人和受托人的关系、亲属之间的关系。这些关系包含了人格尊严、交谈秘密、亲情和公共利益方面的伦理。这些伦理是维系社会价值的重要基础。前面的几个案例反映的都是律师忠于当事人的义务与律师遵守法律的冲突。③律师与委托人之间的特免权强调的是律师忠于当事人或保守当事人秘密的伦理责任,它产生于两个方面——证据与伦理。在证据法中,目前许多国家都已建立了特免权制度。④例如,美国《职业伦理准则》(Canons of Professional Ethics)第 37 条要求律师为了当事人的利益保守他们之间的秘密;1983 年的《职业行为示范规则》(Model Rules of Professional Conduct)建立了现代律师与委托人之间秘密沟通的伦理标准。尽管我国古代就有"亲亲相隐"的思想,⑤但过去一段时间"大义灭亲"一直在司法中占据主导地位。⑥目前的立法中仍没有完整的特免权制度。⑦可喜的是,我国《律师法》第 38 条体现了律师与委托人之间特免权的思想。⑧《刑事诉讼法》第 48 条也规定:"辩护律师对在执业活动中知悉的委托人的有关情况和信息,有权予以保密。但是,辩护律师在执业活动中知悉委托人或者其他人,准备或者正在实施危害国家安全、公共安全以及严重危害他人人身安全的犯罪的,应当及时告知司法机关。"这些规定体现了刑事诉讼被告人特免权和职业关系特免权。

---

① [美]博西格诺等:《法律之门》,邓子滨译,华夏出版社 2002 年版,第 448 页。

② 吴丹红:《特免权制度研究》,北京大学出版社 2008 年版,第 11 页。

③ 理论上来说,关于律师与委托人秘密通信的规则只能在法律程序中适用。例如,当律师被要求提供涉及其委托人的证据或证言时,该规则就可以适用。而秘密通信的伦理规则在所有情形下都适用,不仅适用于律师和委托人之间的秘密通信,还适用于所有的信息,而不论是不是秘密。因此,相比较而言,特免权证据规则的适用范围要窄,保护当事人的秘密不在法庭上被律师披露,但不能限制律师在司法以外的环境中披露当事人的秘密。但是,在实践中这种区别是没有意义的:在法庭外,没有类似法庭这样的机构来保证,保守秘密的伦理将被束之高阁。参见 Julie Peters Zamacona, "Evidence and Ethics: Letting the Client Rest in Peace:Attorney-Client Privileges Death of the Client",21 *Ualr L. Rev.* (1999)280,283.

④ 关于美国证据法中特免权的详细论述,参见[美]罗纳德·J. 艾伦等:《证据法:文本、问题和案例》,张保生、王进喜、赵滢译,高等教育出版社 2006 年版,第 905-1040 页。

⑤ 例如,孔子在《论语·子路》中就提出了"父子相隐"的思想。

⑥ 例如,2010 年 10 月河北省高级人民法院通过了《〈人民法院量刑指导意见(试行)〉实施细则》(已失效),规定为鼓励被告人亲属"大义灭亲",被告人亲属举报被告人犯罪,提供被告人隐匿地点或带领司法人员抓获被告人,以及有其他协助司法机关侦破案件、抓获被告人情形的,"可以酌情减少被告人基准刑的 20% 以下"。2010 年 12 月 28 日,最高人民法院发布了《关于处理自首和立功若干具体问题的意见》。根据该意见,犯罪嫌疑人被亲友采用捆绑等手段送到司法机关,或者在不明知的情况下被亲友带领侦查人员前来抓获的,尽管不宜认定为自动投案,但是对这种"大义灭亲"的行为应予以充分肯定和积极鼓励,在量刑时一般应当考虑犯罪嫌疑人亲友的意愿,参照法律对自首的有关规定酌情从轻处罚。在司法实践中,大义灭亲也不乏其例。例如,安徽省砀山县原房产局长刘江辉被妻儿联名举报贪污嫖娼,一审获刑 19 年半。

⑦ 我国目前有关特免权制度设立的障碍分析,参见吴丹红:《特免权制度研究》,北京大学出版社 2008 年版,第 219-240 页。

⑧ 《律师法》第 38 条规定:"律师应当保守在执业活动中知悉的国家秘密、商业秘密,不得泄露当事人的隐私。律师对在执业活动中知悉的委托人和其他人不愿泄露的情况和信息,应当予以保密……"

3. 保密义务的范围

从主体上讲,尽管法律规定的保密义务主体是委托律师,但依据保密的延伸理论,所有因辅助委托律师完成相关委托工作而知悉委托人秘密的人员都是保密义务的主体,包括委托律师所在律师事务所之外的人员。比如,受托律师需要对案件中的会计信息和委托人单位的账目进行审计时,会和会计师事务所的相关专业人士进行合作,后者自然会接触到委托人的核心资料,在这种情况下,会计师受到本行业的职业伦理约束,理应保守职业秘密。

从对象上讲,依照《律师法》的规定,律师保密的对象包括在执业活动中知悉的国家秘密、商业秘密、当事人的隐私,以及委托人和其他人不愿泄露的有关情况和信息。

4. 保密义务的例外

《律师法》第38条规定了律师保密的范围,但同时也规定,委托人或者其他人准备或者正在实施危害国家安全、公共安全以及严重危害他人人身安全的犯罪事实和信息属于保密义务的例外。另外,在纪律惩戒程序和刑事追诉程序中,律师可以援引与委托人的交流信息为自己进行辩护或抗辩。因为如果不允许设置保密义务的例外,律师便无法为自己提供有效的辩护。除了针对律师提出的投诉或指控程序以外,即使在律师作为原告起诉他人的程序中,也应当允许律师在合理必要的范围内公开与委托人有关的信息。①

四、律师在诉讼和仲裁活动中的规范

(一) 处理职业关系

律师作为法律职业共同体的一员,在执业过程中不可避免地与职业共同体的其他成员发生各种关系。如何处理律师与职业共同体其他成员之间的关系,是律师职业伦理的重要内容。《律师执业管理办法》第36条规定,律师与法官、检察官、仲裁员以及其他有关工作人员接触交往,应当遵守法律及相关规定,不得违反规定会见法官、检察官、仲裁员以及其他有关工作人员,向其行贿、许诺提供利益、介绍贿赂,指使、诱导当事人行贿,或者向法官、检察官、仲裁员以及其他工作人员打探办案机关内部对案件的办理意见以及承办其介绍的案件,不得利用与法官、检察官、仲裁员以及其他有关工作人员的特殊关系,影响其依法办理案件。这是一般性的职业规范。由于律师在诉讼中与法官的职业关系最为突出,因此,这里重点介绍律师与法官的职业关系。根据《律师执业行为规范(试行)》和《最高人民法院、司法部关于规范法官和律师相互关系维护司法公正的若干规定》的规定,律师在处理和法官的关系过程中,应当严格遵守下列行为规范:

第一,律师在代理案件之前及代理过程中,不得向当事人宣称自己与受理案件法院的法官具有亲朋、同学、师生、曾经同事等关系,并不得利用这种关系或者以法律禁止的其他形式干涉或者影响案件的审判。

第二,律师不得假借法官的名义或者以联络、酬谢法官为由,向当事人索取财物或者其他利益。

① 许身健主编:《律师职业伦理》,北京大学出版社2017年版,第168页。

第三，律师不得违反规定、以不正当动机单方面会见法官。律师在执业过程中，对事实真假、证据真伪及法律适用是否正确与诉讼相对方意见不一，或向案件承办人提交新证据的，应当选择在工作时间在办公场所约见法官或仲裁员。即使律师平时与法官、仲裁员私交较好，也不可渲染其特殊关系，一旦因为代理案件而可能产生利益关系，应尽量避免与其私下接触，确有必要在非工作时间、非工作场所会见法官、仲裁员的，应尽量避免单独会见，并应对会见过程进行录音或文字记录。

第四，律师不得明示或者暗示法官为其介绍代理、辩护等法律服务业务。律师不得向司法机关和仲裁机构人员馈赠财物，更不得以许诺回报或提供其他便利（包括物质利益和非物质利益）等方式，与承办案件的司法或仲裁人员进行交易。

第五，律师不得借婚丧喜庆事宜向案件承办法官或者其近亲属馈赠礼品、金钱、有价证券等；不得向法官请客送礼、行贿或者指使、诱导当事人送礼、行贿；不得出资邀请法官进行娱乐、旅游活动；不得为法官报销装修住宅、购买商品等费用；不得向法官出借交通工具、通信工具或者其他物品。律师应把握好人情往来和利益输送之间的合理界限，不得以影响法官办案为目的为法官提供各种物质利益或非物质利益。

（二）律师办案规范

1. 律师办案的一般性要求

（1）遵守庭审秩序。律师代理参与诉讼、仲裁或者行政处理活动，应当遵守法庭、仲裁庭纪律和监管场所规定、行政处理规则。例如，在庭审过程中，律师应当遵守法庭、仲裁庭纪律，遵守出庭时间、举证时限、提交法律文书期限及其他程序性规定。不得聚众哄闹、冲击法庭，侮辱、诽谤、威胁、殴打司法工作人员或者诉讼参与人，否定国家认定的邪教组织的性质，或者有其他严重扰乱法庭秩序的行为；也不得无正当理由，拒不按照人民法院通知出庭参加诉讼，或者违反法庭规则，擅自退庭。律师在庭审过程中应当将注意力集中在事实和法律问题上，举证、质证以及辩论都应注意用语规范，陈述事实必须真实准确，不得渲染煽情；遣词造句应当平和中正，而不应哗众取宠；肢体语言应当合理适度，而不宜强烈夸张；任何时候都不能使用对法官或者仲裁员以及其他诉讼参与人无礼和侮辱性的言辞。例如，在2022年2月广州市律师惩戒通报中，广东一律师在代理邱某等系列当事人房屋合同纠纷多案中，存在中途退庭、未遵守仲裁庭纪律，私自接案，未就群体性案件进行备案等违规行为，情节严重。又因该律师曾因违规执业被广州市律师协会给予过行业纪律处分，因此广州市律师协会给予该律师中止会员权利9个月的行业处分。[1]

（2）不得提供虚假证据。在诉讼活动中，律师调查取证应当严格依法，不得向司法机关或者仲裁机构提交明知是虚假的证据；不得伪造证据；不得怂恿委托人伪造证据、提供虚假证词；不得暗示、诱导、威胁他人提供虚假证据；不得妨碍对方当事人合法取得证据；不得煽动、教唆当事人采取扰乱公共秩序、危害公共安全等非法手段解决争议；不得利用律师身份教唆、指使当事人串供、伪造证据，干扰正常司法活动。

（3）依法维护当事人权益。律师承办业务，应当引导当事人通过合法的途径、方式解决争议，不得采取煽动、教唆和组织当事人或者其他人员到司法机关或者其他国家机关静坐、

---

[1]《刚刚，全国律协公布9起律师惩戒案例+6起维权案例》，载澎湃网。

举牌、打横幅、喊口号、声援、围观等扰乱公共秩序、危害公共安全的非法手段,聚众滋事,制造影响,向有关部门施加压力。①《律师执业管理办法》第38条规定了律师不得以下列不正当方式影响依法办理案件:第一,未经当事人委托或者法律援助机构指派,以律师名义为当事人提供法律服务、介入案件,干扰依法办理案件;第二,对本人或者其他律师正在办理的案件进行歪曲、有误导性的宣传和评论,恶意炒作案件;第三,以串联组团、联署签名、发表公开信、组织网上聚集、声援等方式或者借个案研讨之名,制造舆论压力,攻击、诋毁司法机关和司法制度;第四,违反规定披露、散布不公开审理案件的信息、材料,或者本人、其他律师在办案过程中获悉的有关案件重要信息、证据材料。针对近来有部分律师将案件公布到互联网上,通过引起舆论发酵等方式达成其影响案件办理结果目的的行为,全国律协在2021年发布《中华全国律师协会关于禁止违规炒作案件的规则(试行)》。该规则第4条明确规定律师及其所在律师事务所应当依法依规履行职责,不得以违规炒作的方式办理案件。该条文进一步细化了《律师执业管理办法》第38条规定的不正当方式,例如,不得利用媒体、自媒体平台就案件进行歪曲、有误导性的宣传、评论,以转发评论等方式炒作误导性、虚假性、推测性的信息;禁止违规披露未成年人信息,或在非未成年人案件中以未成年人案件为噱头进行宣传,煽动舆论,制造影响;禁止煽动教唆当事人或其他人员通过网络等传播媒介对案件发表不当评论、制造影响,向办案机关施压等。②该规则进一步明确了律师在案件办理中依法维护当事人权益的合理界限。

(4) 不得发表不实言论。律师对案件公开发表言论,应当依法、客观、公正、审慎,不得以歪曲事实真相、明显违背社会公序良俗等方式,发表恶意诽谤他人的言论,或者发表严重扰乱法庭秩序的言论。

此外,律师在办案过程中,不得介绍贿赂或者指使、诱导当事人行贿;律师不得以影响案件的审理和裁决为目的,与本案审判人员、检察人员、仲裁员在非办公场所接触,不得向上述人员馈赠钱物,也不得以许诺、回报或提供其他便利等方式与承办案件的执法人员进行交易。对事实真假、证据真伪及法律适用是否正确与诉讼相对方意见不一致,或者向案件承办人提交新证据的,应当在司法机关内指定场所与案件承办人接触和交换意见。

2. 刑事案件办案规范

全国律师协会印发的《律师办理刑事案件规范》对律师办理刑事案件中的收案和结案,会见和通信,查阅、摘抄、复制案卷材料,调查取证,申请变更、解除强制措施,庭审,公诉案件各阶段的辩护,自诉案件的代理和辩护,刑事附带民事诉讼的代理,简易程序中的辩护,认罪认罚从宽制度中的辩护,死刑复核案件的辩护,未成年人案件的辩护和代理,当事人和解的公诉案件的辩护和代理,违法所得没收程序中的代理,强制医疗程序中的代理和申诉案件的代理工作规范进行了详细规定。主要包括以下几个方面:

(1) 律师参与刑事诉讼在法庭上发表的辩护、代理意见不受法律追究。但是,发表危害国家安全、恶意诽谤他人、严重扰乱法庭秩序的言论除外。

(2) 律师参与刑事诉讼活动,不得帮助犯罪嫌疑人、被告人隐匿、毁灭、伪造证据或者串

---

① 参见《律师执业管理办法》第37条。
② 参见《中华全国律师协会关于禁止违规炒作案件的规则(试行)》第4条。

供,不得威胁、引诱证人作伪证以及进行其他干扰司法机关诉讼活动的行为。

(3) 同一名律师不得为两名或两名以上的同案犯罪嫌疑人、被告人辩护,不得为两名或两名以上的未同案处理但涉嫌的犯罪存在关联的犯罪嫌疑人、被告人辩护。同一律师事务所接受两名或两名以上的同案犯罪嫌疑人、被告人的委托,分别指派不同的律师担任辩护人的,须告知委托人并经其同意。

(4) 辩护律师会见在押犯罪嫌疑人、被告人应当遵守看守所依法作出的有关规定。未经允许,不得直接向犯罪嫌疑人、被告人传递药品、财物、食物等物品,不得将通信工具提供给犯罪嫌疑人、被告人使用,不得携犯罪嫌疑人、被告人亲友会见。

(5) 律师参与刑事诉讼获取的案卷材料,不得向犯罪嫌疑人、被告人的亲友以及其他单位和个人提供,不得擅自向媒体或社会公众披露。

(6) 辩护律师制作调查笔录不得误导、引诱证人。不得事先书写笔录内容;不得先行向证人宣读犯罪嫌疑人、被告人或其他证人的笔录;不得替证人代书证言;不得擅自更改、添加笔录内容;向不同的证人调查取证时应当分别进行;调查取证时犯罪嫌疑人、被告人的亲友不得在场。

五、律师职业内部规范

1. 律师与同行之间的职业关系

随着律师执业人数的增加及法律服务市场化程度越来越高,律师之间的竞争也越来越激烈,导致律师与同行之间的伦理问题越来越突出。律师与其他律师之间应当相互尊重与合作,不得采用不正当手段进行业务竞争,损害其他律师及律师事务所的声誉或者其他合法权益。即使在庭审或者谈判过程中,各方律师也应当互相尊重,不得使用挖苦、讽刺或者侮辱性的语言。不得在公众场合及媒体上发表恶意贬低、诋毁、损害同行声誉的言论。《律师执业管理办法》第42条规定,律师不得以诋毁其他律师事务所、律师,支付介绍费,向当事人明示或者暗示与办案机关、政府部门及其工作人员有特殊关系,或者在司法机关、监管场所周边违规设立办公场所、散发广告、举牌等不正当手段承揽业务。

那么,哪些方式属于律师执业不正当竞争行为呢? 依据《律师执业行为规范(试行)》的规定,以下行为属于律师执业不正当竞争行为:(1)诋毁、诽谤其他律师或者律师事务所信誉、声誉;(2)无正当理由,以低于同地区同行业收费标准为条件争揽业务,或者采用承诺给予客户、中介人、推荐人回扣、馈赠金钱、财物或者其他利益等方式争揽业务;(3)故意在委托人与其代理律师之间制造纠纷;(4)向委托人明示或者暗示自己或者其所属的律师事务所与司法机关、政府机关、社会团体及其工作人员具有特殊关系;(5)就法律服务结果或者诉讼结果作出虚假承诺;(6)明示或者暗示可以帮助委托人达到不正当目的,或者以不正当的方式、手段达到委托人的目的。

同时,《律师职业道德和执业纪律规范》第44条进一步细化律师不正当竞争的方式。例如,不得以贬低同行的专业能力和水平等方式,招揽业务;不得利用新闻媒介或其他手段向其提供虚假信息或夸大自己的专业能力;不得在名片上印有各种学术、学历、非律师业职称、社会职务以及所获荣誉等。

除此之外,律师和律师事务所在与行政机关、行业管理部门以及企业的接触中,也不得采用下列不正当手段与同行进行业务竞争:(1)通过与某机关、某部门、某行业对某一类的法律服务事务进行垄断的方式争揽业务;(2)限定委托人接受其指定的律师或者律师事务所提供法律服务,限制其他律师或律师事务所正当的业务竞争;(3)利用律师兼有的其他身份影响所承办业务正常处理和审理的手段进行业务竞争;(4)限制委托人接受经过法定机构认可的其他律师或律师事务所提供法律服务;(5)强制委托人接受其提供的或者由其指定的律师提供的法律服务;(6)对抵制上述行为的委托人拒绝、中断、拖延、削减必要的法律服务或者滥收费用;(7)串通抬高或者压低收费;(8)为争揽业务,不正当获取其他律师和律师事务所收费报价或者其他提供法律服务的条件;(9)泄露收费报价或者其他提供法律服务的条件等暂未公开的信息,损害相关律师事务所的合法权益。

2. 律师与律师事务所之间的管理规范

律师事务所作为律师的执业机构,在实践中对律师的监督管理主要通过审批合同、出具所函、资金管理和档案管理等来实现。首先,律师只能在一个律师事务所执业,而且在执业期间不得以非律师身份从事法律服务。律师不得在受到停止执业处罚期间继续执业,或者在律师事务所被停业整顿期间、注销后继续以原所名义执业。其次,律师不得以个人名义私自接受委托,不得私自收取费用,也不得违反律师事务所收费制度和财务纪律,挪用、私分、侵占业务收费。再次,受到 6 个月以上停止执业处罚的律师,处罚期满未逾 3 年的,不得担任合伙人。最后,公司律师和公职律师根据《公司律师管理办法》及《公职律师管理办法》的规定,不得在律师事务所等法律服务机构兼职。①

六、律师与行业管理机构的关系规范

(一) 司法行政机关对律师的监督管理

根据《律师法》第 4 条的规定,法律赋予司法行政部门通过对律师事务所的监管实现对律师行业进行监督管理的职能。按照相关规定,司法行政部门对律师执业活动进行日常监督管理,履行下列职责:(1) 监督律师事务所在开展业务活动过程中遵守法律、法规、规章的情况。(2) 监督律师事务所执业和内部管理制度的建立和实施情况。(3) 监督律师事务所保持法定设立条件以及变更报批或者备案的执行情况。(4) 监督律师事务所进行清算、申请注销的情况。(5) 监督律师事务所开展律师执业年度考核和上报年度执业总结的情况。(6) 受理对律师事务所的举报和投诉。(7) 监督律师事务所履行行政处罚和实行整改的情况。

司法行政机关在开展日常监督管理的过程中,对发现、查实的律师事务所在执业和内部管理方面存在的问题,应当对律师事务所负责人或者有关律师进行警示谈话,责令改正,并对其整改情况进行监督;对律师事务所的违法行为认为依法应当给予行政处罚的,应当向上一级司法行政机关提出处罚建议;认为需要给予行业惩戒的,移送律师协会处理。

---

① 参见《公司律师管理办法》第 14 条第 2 款;《公职律师管理办法》第 14 条第 2 款。

（二）律师协会对律师的监督管理

律师协会是律师的行业自治组织。按照《律师法》的规定，所有律师都应加入律师协会，成为律师协会会员。律师协会负责对律师执业的日常监管。

1. 律师协会的职责

《律师法》第46条第1款规定，律师协会应当履行的职责包括：保障律师依法执业，维护律师的合法权益；总结、交流律师工作经验；制定行业规范和惩戒规则；组织律师业务培训和职业道德、执业纪律教育，对律师的执业活动进行考核；组织管理申请律师执业人员的实习活动，对实习人员进行考核；对律师、律师事务所实施奖励和惩戒；受理对律师的投诉或者举报，调解律师执业活动中发生的纠纷，受理律师的申诉等。其中，"制定行业规范和惩戒规则"以及"对律师、律师事务所实施奖励和惩戒"赋予了律师协会对律师的行业处分权。所以，在某种程度上，律师协会对律师的监督管理的核心在于监管机制的健全完善和对违规违纪行为的惩戒查处。比如，对律师承办重大案件情况和有不良执业记录律师执业活动的指导监督，对有违反职业伦理行为的律师加强批评教育，对有违法违纪行为的律师及时给予行业处分。

2. 律师和律师事务所应当遵守律师协会制定的律师行业规范和规则

律师和律师事务所享有律师协会章程规定的权利，履行律师协会章程规定的义务。律师应当参加、完成律师协会组织的律师业务学习及考核。积极参加律师协会组织的律师业务研究活动，完成律师协会布置的业务研究任务，参加律师协会组织的公益活动。律师和律师事务所因执业行为成为刑、民事被告人，或者受到行政机关调查、处罚的，应当向律师协会书面报告。律师参加国际性律师组织并成为其会员的，以及以中国律师身份参加境外会议等活动的，应当报律师协会备案。

3. 律师应当妥善处理执业中发生的纠纷，履行经律师协会调解达成的调解协议

律师应当执行律师协会就律师执业纠纷作出的处理决定，也应当遵守律师协会依照法律、法规、规章及律师协会章程、规则作出的处分决定。

第三节　律师职业伦理实施机制

一、律师职业伦理培育机制

在现实生活中，人们越来越重视追求物质生活，却忽视了自身的精神追求和伦理修养，这也是律师职业伦理存在问题的重要原因。一方面，法律职业伦理专门教育没有一席之地，缺乏教学依据和课程支撑，从而成为其他课程教学的附庸。自2018年开始，法律职业伦理成为法学院的必修课程，这一现象得到明显改善。另一方面，律师事务所是律师执业的基本单位，管理部门应当从律师事务所抓起，加强对律师的教育，律师自己也要自觉接受职业伦理和执业纪律的教育。但目前律师管理部门对律师的教育培训不够重视，很多都流于形式，导致一些律师因为没有受到律师职业伦理方面的教育而追求片面的经济利益，最终造成律师职业伦理的弱化。

现阶段,我国普遍实行一种"两结合"的行业管理模式,也就是"司法行政机关行政管理"和"律师协会行业自律"相结合的律师管理体制。司法行政机关和律师协会对律师的职业伦理培育主要是通过监督和引导来实现的。

第一,司法行政机关与律师协会的工作协调机制。各级司法行政机关通过健全完善司法行政机关律师管理机构与律师协会之间的重要决策会商、重要情况沟通、重要信息共享的工作机制,不断提高管理工作水平和律师协会行业自律能力,为监督和引导律师职业伦理创建一个良好的制度环境和信息共享机制,弥补各种管理能力的不足。

第二,司法行政机关与律师协会对律师事务所的管理。为引导律师事务所及其律师加强自律管理,依法、诚信、尽责执业,各级司法行政机关、各地律师协会不断加强对律师和律师事务所的监督管理。这些工作主要体现在:依法组织开展律师事务所年度检查考核,加强对律师事务所执业和管理活动的监督;建立健全密切配合、有机衔接的流动律师管理工作机制;推动律师事务所建立健全科学合理的人员管理、业务管理、收入分配、风险防范等内部管理制度,强化自我教育、自我管理和自我约束。通过对律师事务所管理制度的完善为律师职业伦理的监督和引导提供一个良好的微观制度环境。

第三,司法行政机关和律师协会联合或分别出台一些行业自律规则和业务指引,对律师职业伦理进行具体微观层面的引导。全国律师协会先后制定出台了一系列行业自律规则,以及一批专业法律服务领域的业务指引,确保律师执业行为有规可依、有章可循。各地律师协会还普遍设立了维护律师执业合法权益、制定律师行业规则等的专门委员会和刑事、民事、行政法等专业委员会,积极开展律师业务研究、交流和指导,推动律师服务专业化、规范化。

第四,司法行政机关、律师协会还可以通过业务培训和教材编写加大对律师职业伦理和工作作风的引导。同时,严格律师执业许可条件和程序,依法开展律师及律师事务所执业申请的审核工作,加强对申请律师执业人员思想政治素质和职业道德素质的考察。

律师行业是一个实施自律管理的特殊行业,要管理好律师,就必须有一个良好的自律管理体系。所以,应充分发挥全国律师协会的职能,加紧制定律师行业规则和审查的原则、目标、程序等,审查已经通过的行业规则,并将其纳入行业规则体系。可以扩充律师协会现有的职权范围,强化律师自律管理机制,通过《律师法》授权的形式,将司法行政机关对律师、律师事务所违纪的处罚,将年检注册、律师事务所登记管理、律师执照领取等具体事务纳入律师协会的职责范围,使律师协会的行业管理由柔性走向刚性,真正明确律师协会参与律师职业伦理建设的职能。律师职业伦理作为一种行业规范,应当用来约束律师的职业行为,严肃职业纪律。只有规范了律师职业队伍中的伦理素质问题,我国法治建设才能取得突出的成绩。

二、律师职业伦理保障机制

律师职业伦理保障机制主要是通过对律师执业的保障来实现的。对律师执业的保障主要体现在司法机关对律师权利的保障、律师协会对律师执业的保障、律师事务所对律师执业的保障和社会对律师执业的保障四个方面。

(一)司法机关对律师权利的保障

如果律师自身的权利都得不到保障,他如何去维护委托人的合法权益?律师权利保障问题曾经是一个很沉重的话题。随着我国法治建设的进一步发展和人们法治观念的进一步加强,这一问题正在逐步得到解决。2015年9月,最高人民法院、最高人民检察院、公安部、国家安全部、司法部印发的《关于依法保障律师执业权利的规定》明确了各项律师执业权利保障措施。2023年3月,最高人民检察院、司法部、中华全国律师协会联合印发《关于依法保障律师执业权利的十条意见》,进一步强调加强接待律师平台建设、充分保障律师对案件办理重要程序性事项的知情权、充分保障律师查阅案卷的权利、充分保障律师反映意见的权利、及时向律师反馈意见采纳情况、认真听取律师对认罪认罚案件的意见、加强对律师会见权的监督保障、畅通权利救济渠道、严肃责任落实、强化沟通协调。保障律师执业权利的措施主要包括:

第一,保障律师的知情权。明确了律师向办案机关了解案件情况时办案机关应当依法告知的范围,明确了办案机关作出重大程序性决定时应当及时告知的范围。强调办案机关作出移送审查起诉等重大程序性决定的,应当依法及时告知辩护律师。

第二,保障律师的会见权。明确了律师会见在押的犯罪嫌疑人、被告人的权利。辩护律师会见在押的犯罪嫌疑人、被告人,看守所能当时安排的,应当当时安排;不能当时安排的,看守所应当向辩护律师说明情况,并保证辩护律师在48小时以内会见到在押的犯罪嫌疑人、被告人。律师会见犯罪嫌疑人、被告人时不被监听,办案机关不得派员在场。辩护律师在侦查期间要求会见危害国家安全犯罪、恐怖活动犯罪、特别重大贿赂犯罪案件在押的犯罪嫌疑人,向侦查机关提出申请的,侦查机关应当依法及时审查,不得随意解释和扩大该三类案件的范围,限制律师会见。

第三,保障律师通信权。明确了除特殊情形以外,办案机关不得对辩护律师同犯罪嫌疑人、被告人的往来信件进行截留、复制、删改等。

第四,保障律师阅卷权。辩护律师提出阅卷要求的,人民检察院、人民法院应当当时安排辩护律师阅卷,无法当时安排的,应当向辩护律师说明并安排其在3个工作日以内阅卷,不得限制辩护律师阅卷的次数和时间。

第五,保障律师申请收集、调取证据权。律师有权向办案机关提交自行收集的证据材料,有权申请调取办案机关未提交的证据材料,有权申请向被害人等收集案件相关材料,有权申请人民检察院、人民法院收集调取证据,有权申请向正在服刑的罪犯收集案件相关材料等。

第六,依法听取律师意见。侦查机关在案件侦查终结前,人民检察院、人民法院在审查批准、决定逮捕期间,最高人民法院在复核死刑案件期间,辩护律师提出要求的,办案机关应当听取辩护律师的意见。人民检察院审查起诉、第二审人民法院决定不开庭审理的,应当充分听取辩护律师的意见。辩护律师申请排除非法证据的,办案机关应当听取辩护律师的意见,按照法定程序审查核实相关证据,并依法决定是否予以排除。

第七,保障律师庭审权利。保障律师庭审前的申请权,保障律师参加庭审和安全检查、出庭便利的权利,保障律师在庭审过程中的诉讼权利,保障律师申请休庭、发表辩护代理意见的权利,保障律师向法庭提出异议的权利,保障律师申请查阅庭审录音、录像以及与庭审相关的通知和文书等的权利。辩护律师在开庭以前提出召开庭前会议、回避、补充鉴定或者重新鉴定以及证人、鉴定人出庭等申请的,人民法院应当及时审查并作出处理决定,告知辩护律师。法庭审理过程中,法官应当注重诉讼权利平等和控辩平衡。对于律师发问、质证、辩论的内容、方式、时间等,法庭应当依法公正保障。律师申请查阅人民法院录制的庭审过程的录音、录像的,人民法院应当准许。

第八,侦查机关对律师采取强制措施时,应当在规定时间内通知其所在的律师事务所或者所属的律师协会。

(二) 律师协会对律师执业的保障

律师是专门帮助他人维权的专业人士,但现实当中,律师也有被侵权的时候。律师协会作为"律师之家",在维护律师执业权利问题上责无旁贷。中华全国律师协会 2017 年制定的《律师协会维护律师执业权利规则(试行)》明确规定,律师在执业过程中遇有知情权、申请权、申诉权、控告权,以及会见、通信、阅卷、收集证据和发问、质证、辩论、提出法律意见等合法执业权利受到限制、阻碍、侵害、剥夺的;受到侮辱、诽谤、威胁、报复、人身伤害的;在法庭审理过程中,被违反规定打断或者制止按程序发言的;被违反规定强行带出法庭的;被非法关押、扣留、拘禁或者以其他方式限制人身自由的;以及遇到其他妨碍其依法履行辩护、代理职责,侵犯其执业权利的情形的,有权向所属的律师协会申请维护执业权利,律师协会应当受理。

2017 年 2 月,中华全国律师协会下发通知,要求各律师协会在 2017 年第一季度建立维护律师执业权利中心,作为律师协会认真履行维护律师权益、规范律师行为法定职责的重要平台。2017 年 2 月 22 日,第一家省级律师协会维权中心——广东律协维权中心揭牌成立。2017 年 3 月 24 日,全国律协维权中心正式揭牌成立。2017 年 3 月底,全国 31 个省级律师协会和新疆生产建设兵团律师协会维权中心全部建成,设区的市除了没有设立律师协会的外,大部分也建立了维权中心,基本实现全覆盖。这标志着一个完整的律师自身权利保障机制正式建成。

(三) 律师事务所对律师执业的保障

律师事务所有义务对律师、申请律师执业实习人员在业务及职业伦理等方面进行管理。律师事务所应当依法保障律师及其他工作人员的合法权益,为律师执业提供必要的工作条件。

第一,律师事务所应建立并落实统一收案收费、结算和风险告知、利益冲突审查制度;收费标准公开;业务委托合同内容合法,形式完备、规范、公平。

第二,律师事务所应建立并落实服务公示、业务工作规程、质量标准、重大事项报告、重大案件集体讨论研究、质量控制、反馈、评价、执业行为监督检查、过错责任追究和赔偿等制度;确保档案管理、登记统计等制度完备,管理规范;应依法纳税,按规定交纳会费。

第三,律师事务所应确保政治、业务学习制度和财务管理制度、分配制度、奖惩制度合法、规范、完备,岗位责任制、内部组织机构设置和管理职责分工明确,律师事务所所务信息公开,合伙人会议制度落实并依协议行使权利、履行义务;应建立健全内部人事管理和监督机制,依法与聘用人员、行政辅助人员签订劳动合同并交纳保险金;落实教育培训、执业保险、社会保障和事业发展基金制度;健全实习律师管理制度,落实培训内容,确保实习时间和效果。

第四,律师事务所应履行法律援助义务,对法律援助机构指派的法律援助事务予以支持和配合,高质量完成法律援助事项。

第五,律师事务所应建立健全投诉案件受理、调查、处理长效机制;对查实的违规、违纪行为依法、及时、准确作出处理;杜绝出现到省厅、司法部和省、全国律师协会上访的案件。

(四) 社会对律师执业的保障

社会对律师执业的保障主要体现为律师职业责任保险,即律师在执业中处理大量诉讼和非诉讼事务,很可能基于过错致使委托人遭受经济损失,存在着较大的民事责任风险。律师职业责任保险的推出,对推动我国律师服务业健康有序地发展具有重要作用。一般来说,律师职业责任保险属于职业责任保险范畴,赔偿责任包括三项:(1)在保险单规定的期间,被保险人在中华人民共和国境内从事诉讼或非诉讼业务时,由于疏忽或过失给委托人造成经济损失,依法应承担的经济赔偿责任,由保险公司赔偿;(2)保险事故发生后,律师事务所和委托人不能通过协商解决,可能引起诉讼,如果在诉讼前律师事务所征得了保险公司的书面同意,那么产生的有关费用由保险公司承担,包括案件受理费、鉴定费、律师费等;(3)发生保险责任事故后,被保险人为缩小或减少赔偿责任所支付的必要的、合理的费用,保险公司负责赔偿,如抢救费等。但对于战争、自然灾害等不可抗力因素造成的损害、被保险人无有效执业证书和故意行为所产生的责任,保险人不负责赔偿。此外,精神损害也不属于赔偿范围。律师职业责任保险可以解决律师执业过程中的后顾之忧,让律师能全心全意为委托人服务,无论是对律师职业伦理的培育还是对委托人合法权益的维护都有非常积极的意义。

三、律师职业伦理内部惩戒机制

不言而喻,律师职业伦理是一种规范,所有律师在执业过程中都应当遵守。对于违反职业伦理的行为必须进行惩戒,否则伦理规范就失去了存在的意义。对律师违反职业伦理的惩戒除了行政处罚外,还包括行业处分。

(一) 行业处分概述

《律师法》第 46 条第 1 款规定,律师协会应当履行"制定行业规范和惩戒规则"以及"对律师、律师事务所实施奖励和惩戒"的职责。这实际上赋予了律师协会对律师的行业处分权。律师协会对会员的违规行为实施纪律处分的种类包括:

第一,训诫。训诫是一种警示性的纪律处分措施,是最轻微的惩戒方式,适用于会员初次过失违规或者违规情节显著轻微的情形。训诫采取口头或者书面方式实施。采取口头训诫的,应当制作笔录存档。

第二,警告。警告是一种较轻的纪律处分措施,适用于会员的行为已经构成了违规,但情节较轻,应当予以及时纠正和警示的情形。

第三,通报批评。适用于会员故意违规、违规情节严重,或者经警告、训诫后再次违规的行为。

第四,公开谴责。公开谴责也适用于会员故意违规、违规情节严重,或者经警告、训诫后再次违规的行为。

第五,中止会员权利 1 个月以上 1 年以下。

第六,取消会员资格。

《中华全国律师协会章程》和《律师协会会员违规行为处分规则(试行)》对各级律师协

会的行业处分权作出了具体规定:训诫、警告、通报批评、公开谴责、中止会员权利1个月以上1年以下的纪律处分由省、自治区、直辖市律师协会或者设区的市律师协会作出;取消会员资格的纪律处分由省、自治区、直辖市律师协会作出;设区的市律师协会可以建议省、自治区、直辖市律师协会依《律师协会会员违规行为处分规则(试行)》给予会员取消会员资格的纪律处分。省、自治区、直辖市律师协会或者设区的市律师协会拟对违规会员作出中止会员权利1个月以上1年以下的纪律处分决定的,可以事先或者同时建议同级司法行政机关依法对该会员给予相应期限的停业整顿或者停止执业的行政处罚;会员被司法行政机关依法给予相应期限的停业整顿或者停止执业行政处罚的,该会员所在的律师协会应当直接对其作出中止会员权利相应期限的纪律处分决定;省、自治区、直辖市律师协会拟对违规会员作出取消会员资格的纪律处分决定时,应当事先建议同级司法行政机关依法吊销该会员的执业证书;会员被司法行政机关依法吊销执业证书的,该会员所在的省、自治区、直辖市律师协会应当直接对其作出取消会员资格的纪律处分决定。在行业处分的适用过程中,律师协会通常会结合违规会员的实际情况,作出处分决定。

(二) 行业处分类型

1. 违规收案、收费的处分

律师违规收案、收费的情形主要包括:不按规定与委托人签订书面委托合同的;不按规定统一接受委托、签订书面委托合同和收费合同,统一收取委托人支付的各项费用,或者不按规定统一保管、使用律师服务专用文书、财务票据、业务档案的;私自接受委托,私自向委托人收取费用,或者收取规定、约定之外的费用或者财物的;违反律师服务收费管理规定或者收费协议约定,擅自提高收费的;执业期间以非律师身份从事有偿法律服务的;不向委托人开具律师服务收费合法票据,或者不向委托人提交办案费用开支有效凭证的;在实行政府指导价的业务领域违反规定标准收取费用,或者违反风险代理管理规定收取费用的。

律师事务所、律师超出政府指导价范围或幅度收费,构成不执行政府指导价的价格违法行为,可能承担没收违法所得、罚款甚至责令停业整顿的行政责任。同时根据《律师协会会员违规行为处分规则(试行)》的相关规定,还可能承担训诫、警告、通报批评、公开谴责、中止会员权利1个月以上1年以下或者取消会员资格的纪律处分。律师事务所、律师对禁止风险代理的案件实行风险代理收费的,构成《律师协会会员违规行为处分规则(试行)》第27条规定的"违反风险代理管理规定收取费用"的情形,可能承担训诫、警告、通报批评、公开谴责、中止会员权利1个月以上1年以下或者取消会员资格的纪律处分责任。

另外,《法律援助条例》第22条规定:"办理法律援助案件的人员,应当遵守职业道德和执业纪律,提供法律援助不得收取任何财物。"《律师服务收费管理办法》也重申了这一要求。律师办理法律援助案件违反上述规定,将承担警告、退还违法所得、罚款甚至停止执业1个月以上3个月以下的处罚。

2. 违反利益冲突规定的处分

律师违反利益冲突的情形主要包括:在同一案件中为双方当事人担任代理人,或代理与本人或者其近亲属有利益冲突的法律事务的;律师办理诉讼或者非诉讼业务,其近亲属是对方当事人的法定代表人或者代理人的;曾经亲自处理或者审理过某一事项或者案件的行政机关工作人员、审判人员、检察人员、仲裁员,成为律师后又办理该事项或者案件的;同一律师事务所的不同律师同时担任同一刑事案件的被害人的代理人和犯罪嫌疑人、被告人的辩护人,但在该县区域内只有一家律师事务所且事先征得当事人同意的除外;在民事诉讼、行政诉讼、仲裁案件中,同一律师事务所的不同律师同时担任争议双方当事人的代理人,或者本所或其工作人员为一方当事人,本所其他律师担任对方当事人的代理人的;在非诉讼业务中,除各方当事人共同委托外,同一律师事务所的律师同时担任彼此有利害关系的各方当事人的代理人的;在委托关系终止后,同一律师事务所或同一律师在同一案件后续审理或者处理中又接受对方当事人委托的;担任法律顾问期间,为顾问单位的对方当事人或者有利益冲突的当事人代理、辩护的;曾经担任法官、检察官的律师从人民法院、人民检察院离任后,两年内以律师身份担任诉讼代理人或者辩护人的;担任所在律师事务所其他律师任仲裁员的仲裁案件代理人的;其他依据律师执业经验和行业常识能够判断为应当主动回避且不得办理的利益冲突情形。具有以上利益冲突行为之一的,将受到训诫、警告或者通报批评的纪律处分;情节严重的,将受到公开谴责、中止会员权利 3 个月以下的纪律处分。

另外,根据《律师协会会员违规行为处分规则(试行)》第 21 条的规定,未征得各方委托人的同意而从事下列代理行为之一的,将受到训诫、警告或者通报批评的纪律处分:接受民事诉讼、仲裁案件一方当事人的委托,而同所的其他律师是该案件中对方当事人的近亲属的;担任刑事案件犯罪嫌疑人、被告人的辩护人,而同所的其他律师是该案件被害人的近亲属的;同一律师事务所接受正在代理的诉讼案件或者非诉讼业务当事人的对方当事人所委托的其他法律业务的;律师事务所与委托人存在法律服务关系,在某一诉讼或仲裁案件中该委托人未要求该律师事务所律师担任其代理人,而该律师事务所律师担任该委托人对方当事人的代理人的;在委托关系终止后 1 年内,律师又就同一法律事务接受与原委托人有利害关系的对方当事人的委托的;其他依据律师执业经验和行业常识能够判断的情形。

3. 代理不尽责的处分

律师代理不尽责行为通常包括以下几种情形:超越委托权限,从事代理活动的;接受委托后,无正当理由,不向委托人提供约定的法律服务,拒绝辩护或者代理,如不及时调查了解案情,不及时收集、申请保全证据材料,或者无故延误参与诉讼、申请执行,逾期行使撤销权、异议权等权利,或者逾期申请办理批准、登记、变更、披露、备案、公告等手续,给委托人造成损失的;无正当理由拒绝接受律师事务所或者法律援助机构指派的法律援助案件,或者接受指派后,拖延、懈怠履行或者擅自停止履行法律援助职责,或者接受指派后,未经律师事务所或者法律援助机构同意,擅自将法律援助案件转交其他人员办理的;因过错导致出具的法律意见书存在重大遗漏或者错误,给当事人或者第三人造成重大损失,或者对社会公共利益造成危害的。律师具有以上情形之一的,将受到训诫、警告或者通报批评的纪律处分;情节严重的,将受到公开谴责、中止会员权利 3 个月以上 1 年以下或者取消会员资格的纪律处分。

此外,律师利用提供法律服务的便利,具有以下情形之一的,也属于代理不尽责:利用提供法律服务的便利牟取当事人利益的;接受委托后,故意损害委托人利益的;接受对方当事人的财物及其他利益,与对方当事人、第三人恶意串通,向对方当事人、第三人提供不利于委托人的信息、证据材料,侵害委托人的权益的;为阻挠当事人解除委托关系,威胁、恐吓当事人或者扣留当事人提供的材料的。具有以上情形之一的,将受到训诫、警告或者通报批评的纪律处分;情节严重的,将受到公开谴责、中止会员权利 3 个月以上 1 年以下或者取消会员资格的纪律处分。另外,律师利用提供法律服务的便利牟取当事人争议的权益的,将承担警告、罚款、没收违法所得、停止执业 3 个月以上 6 个月以下的处罚以及相应的行业处分。

4. 违反保密规定的处分

律师泄露当事人的商业秘密或者个人隐私的,将受到警告、通报批评或者公开谴责的纪律处分;情节严重的,将受到中止会员权利 3 个月以上 6 个月以下的纪律处分。律师违反规定披露、散布不公开审理案件的信息、材料,或者本人、其他律师在办案过程中获悉的有关案件重要信息、证据材料的,将受到通报批评、公开谴责或者中止会员权利 6 个月以上 1 年以下的纪律处分;情节严重的,将受到取消会员资格的纪律处分。律师泄露国家秘密的,将受到公开谴责、中止会员权利 6 个月以上 1 年以下的纪律处分;情节严重的,将受到取消会员资格的纪律处分。

5. 不正当竞争行为的处分

实践中,律师以不正当方式影响依法办理案件的情形主要包括:

(1) 影响司法机关依法办理案件。具体包括以下情形:未经当事人委托或者法律援助机构指派,以律师名义为当事人提供法律服务、介入案件,干扰依法办理案件的;对本人或者其他律师正在办理的案件进行歪曲,有误导性的宣传和评论,恶意炒作案件的;以串联组团、联署签名、发表公开信、组织网上聚集、声援等方式或者借个案研讨之名,制造舆论压力,攻击、诋毁司法机关和司法制度的;采取煽动、教唆和组织当事人或者其他人员到司法机关或者其他国家机关静坐、举牌、打横幅、喊口号、声援、围观等扰乱公共秩序、危害公共安全的非法手段,聚众滋事,制造影响,向有关机关施加压力的;发表、散布否定宪法确立的根本政治制度、基本原则和危害国家安全的言论,利用网络、媒体挑动对党和政府的不满,发起、参与危害国家安全的组织或者支持、参与、实施危害国家安全的活动的;以歪曲事实真相、明显违背社会公序良俗等方式,发表恶意诽谤他人的言论,或者发表严重扰乱法庭秩序的言论的。具有以上情形之一的,将受到中止会员权利 6 个月以上 1 年以下的纪律处分;情节严重的,将受到取消会员资格的纪律处分。

(2) 不遵守法庭、仲裁庭纪律和监管场所规定、行政处理规则。具体包括以下情形:会见在押犯罪嫌疑人、被告人时,违反有关规定,携带犯罪嫌疑人、被告人的近亲属或者其他利害关系人会见,将通信工具提供给在押犯罪嫌疑人、被告人使用,或者传递物品、文件的;无正当理由,拒不按照人民法院通知出庭参与诉讼,或者违反法庭规则,擅自退庭的;聚众哄闹、冲击法庭,侮辱、诽谤、威胁、殴打司法工作人员或者诉讼参与人,否定国家认定的邪教组织的性质,或者有其他严重扰乱法庭秩序的行为的。具有以上情形之一的,将受到中止会员权利 6 个月以上 1 年以下的纪律处分;情节严重的,将受到取消会员资格的纪律处分。

(3) 故意向司法机关、仲裁机构或者行政机关提供虚假证据或者威胁、利诱他人提供虚假证据,妨碍对方当事人合法取得证据的,将受到中止会员权利 6 个月以上 1 年以下的纪律处分;情节严重的,将受到取消会员资格的纪律处分。

6. 妨碍司法公正的处分

实践中律师妨碍司法公正的情形主要包括:

(1) 承办案件期间,基于不正当目的,在非工作期间、非工作场所会见承办法官、检察官、仲裁员或者其他有关工作人员,或者违反规定单方面会见法官、检察官、仲裁员的,将受到中止会员权利 6 个月以上 1 年以下的纪律处分;情节严重的,将受到取消会员资格的纪律处分。

(2) 利用与法官、检察官、仲裁员以及其他有关工作人员的特殊关系,打探办案机关内部对案件的办理意见,承办其介绍的案件,影响依法办理案件的,将受到中止会员权利6个月以上1年以下的纪律处分;情节严重的,将受到取消会员资格的纪律处分。

(3) 向法官、检察官、仲裁员及其他有关工作人员行贿,许诺提供利益、介绍贿赂或者指使、诱导当事人行贿的,将受到中止会员权利6个月以上1年以下的纪律处分;情节严重的,将受到取消会员资格的纪律处分。

(三) 律师违反执业纪律的惩戒程序

按照中华全国律师协会《律师协会会员违规行为处分规则(试行)》的规定,对律师违反执业纪律的惩戒程序包括立案、调查、听证和处分决定、复查等。

1. 立案

律师违反执业纪律惩戒程序的启动机制主要包括两个方面:投诉人投诉和律师协会主动调查。律师协会受理投诉时应当要求投诉人提供具体的事实和相关证据材料。律师协会应当制作接待投诉记录,填写投诉登记表,妥善保管投诉材料,建立会员诚信档案。惩戒委员会应当在接到投诉之日起10个工作日内对案件作出是否立案的决定。[①]对不予立案的,律师协会应当在惩戒委员会决定作出之日起7个工作日内向投诉人书面说明不予立案的理由,但匿名投诉的除外。

2. 调查

惩戒委员会对决定立案调查的案件应当委派两名以上委员组成调查组进行调查,并出具调查函。对于重大、疑难、复杂案件,可以由惩戒委员会委员和律师协会邀请的相关部门人员组成联合调查组进行共同调查。调查人员应当按照所在省、自治区、直辖市律师协会规定的期限完成调查工作,并在调查、收集、整理、归纳、分析全部案卷调查材料的基础上,形成本案的调查终结报告。报告应当载明会员行为是否构成违规,是否建议给予相应的纪律处分。在惩戒委员会调查过程中,无论是被调查会员还是投诉人,都具有协助调查的义务。《律师协会会员违规行为处分规则(试行)》第57条规定:"调查人员可以询问被调查会员,出示相关材料,并制作笔录。被调查会员拒绝提交业务档案、拒绝回答询问或者拒绝申辩的,视为逃避、抵制和阻挠调查,应当从重处分。调查人员可以通过电话、电子邮件或者直接与投诉人面对面调查等调查方式进行,要求投诉人提供相关证据材料。"

3. 听证和处分决定

惩戒委员会在作出处分决定前,应当告知被调查会员有要求听证的权利。被调查会员要求听证的,应当在惩戒委员会告知后的7个工作日内提出书面听证申请;惩戒委员会认为有必要举行听证的,可以组成听证庭进行。决定举行听证的案件,律师协会应当在召开听证会7个工作日前向被调查的会员送达《听证通知书》,告知其听证会的时间、地点、听证庭组成人员名单及可以申请回避等事项,并通知案件相关人员。被调查会员不陈述、不申辩或者不参加听证的视为放弃,不影响惩戒委员会作出决定。

[①] 《律师协会会员违规行为处分规则(试行)》第49条规定:"具有下列情形之一的不予立案:(一) 不属于本协会受理范围的;(二) 不能提供相关证据材料或者证据材料不足的;(三) 证据材料与投诉事实没有直接或者必然联系的;(四) 匿名投诉或者投诉人身份无法核实,导致相关事实无法查清的;(五) 超过处分时效的;(六) 投诉人就被投诉会员的违规行为已提起诉讼、仲裁等司法程序案件的;(七) 对律师协会已经处理过的违规行为,没有新的事由和证据而重复投诉的;(八) 其它不应立案的情形。"

惩戒委员会会议作出决定后,应当制作书面决定书。处分决定书应当在签发后的15个工作日内,由律师协会送达被调查会员,同时将决定书报上一级律师协会备案。惩戒委员会作出撤销案件、不予处分的决定书应当在签发后10个工作日内由律师协会日常工作机构人员送达投诉人、被调查会员。会员对惩戒委员会作出的处分决定未在规定的期限内申请复查,或者申请复查后由复查委员会作出维持或者变更原处分决定的,为生效的处分决定。生效的处分决定由该决定书生效时直接管理被处分会员的律师协会执行。

4. 复查

被调查会员对省、自治区、直辖市律师协会或者设区的市律师协会惩戒委员会作出的处分决定不服的,可以在决定书送达之次日起15个工作日内向所在省、自治区、直辖市律师协会复查委员会申请复查。省、自治区、直辖市律师协会秘书长办公会议或者复查委员会主任、副主任集体认为本地区律师协会惩戒委员会作出的处分决定可能存在事实认定不清,或者适用法律、法规、规范错误,或调查、作出决定的程序不当的,有权在该处分决定作出后1年内提请复查委员会启动复查程序。复查委员会应当由业内和业外人士组成。业内人士包括执业律师、律师协会及司法行政机关工作人员;业外人士包括法学界专家、教授,以及司法机关或者其他机关、组织的有关人员。① 复查庭作出的维持原处分决定或者变更原处分决定的复查决定为最终决定,自作出之日起生效。

思考题:

1. 律师职业伦理的主要内容是什么?

2. 如何理解律师对委托人的保密义务与公正司法之间的关系?

3. 试述我国目前律师职业伦理中存在的问题及其解决办法。

拓展学习

延伸阅读   本章推荐书目

---

① 申请复查的会员为申请人,应当具备以下条件:(1)所申请复查的决定应当是本省、自治区、直辖市律师协会惩戒委员会或者设区的市律师协会惩戒委员会作出的;(2)复查申请应当包括具体的复查请求、事实和证据;(3)复查申请必须在规定的期限内提出;(4)复查申请应当以书面形式提出。

第七章　仲裁员职业伦理

【案例引入】

案例一：天津仲裁委员会仲裁员戚某某违反仲裁法的规定私自会见当事人被除名

天津仲裁委员会仲裁员戚某某在天津仲裁委员会[2003]津仲裁字第311、312仲裁案(合并审理)中被该案被申请人选定为仲裁员,与申请人选定的仲裁员及天津仲裁委员会主任指定的首席仲裁员一起,共同组成仲裁庭负责审理本案。在该案审理期间,2005年7月6日晚,戚某某在其住地天津美都大酒店"松茂"餐厅,私自会见了该案被申请人富士施乐实业发展(上海)有限公司的委托代理人陈某某、张某某,并接受其宴请。天津仲裁委员会认为,戚某某的上述行为违反了《仲裁法》第34条第4项和《天津仲裁委员会仲裁员行为规范》的有关规定。2006年2月9日,天津仲裁委员会经研究决定,将戚某某从《天津仲裁委员会仲裁员名册》中除名。根据《国务院法制办公室关于进一步加强仲裁员、仲裁工作人员管理的通知》关于"仲裁委员会对违法违纪仲裁员实行'禁入'制度"的规定,各仲裁委员会聘任戚某某担任仲裁员的,应予除名,今后亦不得再聘任。

案例二：仲裁员信息披露违规导致仲裁裁决被撤销

2010年1月5日,山西某建设集团有限公司(简称"建设公司")与某旅游公司因《建筑工程施工合同》发生争议,建设公司于2014年12月26日向Ap仲裁委员会申请仲裁,请求裁决旅游公司支付工程款、欠款延付利息及仲裁费用。同日,建设公司选定周某某作为仲裁员。2015年4月14日,周某某签署了《仲裁员声明书》,声明无利害关系,亦无必须回避情形。同年2月13日至5月15日,周某某作为建设公司Ap分公司的委托代理人参加了建设公司Ap分公司与三亚市人力资源和社会保障局、旅游公司行政处罚纠纷一案的诉讼活动,并领取民事裁定书。根据《仲裁法》以及仲裁规则的规定,周某某应当书面披露并主动申请回避,但其没有披露,且作出与事实不符的声明,导致仲裁庭的组成违反法定程序。

综上,海口市中级人民法院以仲裁庭的组成违反法定程序为由撤销了(2015)Ap仲字第50号裁决。

思考：仲裁员职业伦理有哪些具体要求? 案例中戚某某与周某某的行为是否符合仲裁员职业伦理? 仲裁员违反仲裁员职业伦理会面临什么样的后果?

第一节　仲裁员职业伦理概述

仲裁机构行使的是仲裁权,其裁决具有一裁终局的特性和强制执行的法律效力。然而仲裁机构是民间性、非营利性组织，其仲裁员大多由法律、经贸等领域的专家兼任，仲裁机构对于仲裁员的管理天生具有局限性，这就不可避免地会出现一些违背仲裁公正独立的现象。要维护仲裁公信力，保障仲裁制度的健康发展，仅靠法律的约束是远远不够的，更应当重视仲裁员职业伦理建设。

一、仲裁员职业伦理的逻辑起点

（一）仲裁的本质属性

仲裁（arbitration），是指当事人双方在争议发生前或者争议发生后达成协议，自愿将争议交给中立的第三者作出裁决，从而使纠纷得到解决的制度和方式。[①] 自近代以来，仲裁已经成为一种重要的民商事纠纷解决方式。

民商事纠纷一旦发生，其解决方式无外乎和解、调解、仲裁和诉讼。在我国，调解包括诉讼中的调解和诉讼外的调解。人民调解是独具中国特色的诉讼外调解，20 世纪 60 年代初便形成了由毛泽东批示并推广的"小事不出村，大事不出镇，矛盾不上交，就地化解"的枫桥经验。与人民调解相比，仲裁具有终局性和法律强制性，也更具有法律专业性。且人民调解主要集中于解决民事纠纷，而仲裁则广泛适用于民商事纠纷尤其是商事纠纷的解决。

仲裁与民事诉讼十分类似，都是由第三方作为纠纷的公断人，且二者解决的纠纷的性质相同。仲裁的裁决书、调解书与法院判决书、裁定书、调解书都有强制执行的法律效力。但是，相比于民事诉讼，仲裁具有以下六个特性：

第一，仲裁权主要源自当事人双方签订的仲裁协议，当事人有权选择仲裁机构、仲裁的组织形式、仲裁地点、仲裁员、仲裁审理的程序以及仲裁所适用的规则与法律。

第二，仲裁庭作为中立第三者的身份对所发生的纠纷进行裁决，行使的是仲裁权；而法院行使的是审判权。

第三，与法院这种行使国家权力的审判组织不同，仲裁员委员会是独立的非营利性民间组织，是民间性纠纷解决机构。

第四，仲裁遵循当事人意思自治的原则，仲裁程序更加灵活。在整个仲裁过程中，只要双方当事人达成一致，仲裁庭可根据当事人的意见删减相关程序。而且在双方当事人都同意的情况下，仲裁庭可以进行调解，依据调解达成的调解协议作出裁决。[②]

第五，仲裁一般不公开审理，仲裁员、任何一方当事人以及仲裁参与人均负有保密义务，不得将仲裁文件、案件情况及审理过程对外披露。

第六，仲裁实行一裁终局制度，即当事人之间的纠纷被裁决后，不得向仲裁机构重新申请仲裁或者向人民法院提起诉讼。这使得当事人之间的纠纷能够迅速得到解决，也是仲裁快捷性与经济性的体现。[③]

[①] 本章所言的仲裁是主要针对"合同纠纷和其他财产权益纠纷"的仲裁，即一般所讲的商事仲裁（实际上也包括部分民事仲裁）。虽然体育仲裁现阶段不由法律调整，劳动仲裁独立于商事仲裁，但仲裁员的职业伦理应当是相通的。

[②] 邓瑞平等：《国际商事仲裁法学》，法律出版社 2010 年版，第 20—23 页。

[③] 江伟、肖建国主编：《仲裁法》，中国人民大学出版社 2016 年版，第 11—14 页。

（二）仲裁员的职业特征

无论是独任仲裁还是仲裁庭仲裁，仲裁工作均是由仲裁员完成的。因此，仲裁员是仲裁制度能否贯彻实施的关键。

仲裁员，是指由当事人选定或者仲裁机构指定，具体审理、裁决案件的专业人员。仲裁员具有十分明显的职业特点：

第一，仲裁员这一职业具有极高的行业专业性。作为审理裁决案件的具体人员，仲裁员应当具有处理案件所需的专业知识与能力。与其他法律职业不同，仲裁员不一定都具有法律专业性，具有一定的法律知识、从事经济贸易等专业工作并具有高级职称或者具有同等专业水平的专家或者有实际工作经验的人员也可以担任仲裁员。[1]

第二，仲裁员的职业具有非固定性。相比于法官、律师等专职法律职业，仲裁员基本上是由律师、法学教授等法律从业人员以及经济贸易专家兼任的。[2]虽然也有极少数以仲裁员为职业者，但绝大部分仲裁员并非以仲裁员作为自己的主要职业以及主要收入来源。这在一定程度上导致仲裁员的专业水平参差不齐，且在仲裁工作中很难保持足够的热情与专注度。

第三，仲裁员职业对其道德水准与职业操守有严格的要求。在对权力的制约中，对权力主体加以必要的控制，尤其在思想方面予以引导，必然能控制住权力，因此对于权力主体的道德制约是一个极为关键的环节。[3]由于仲裁员相比于法官有着更大的自由裁量权，加上仲裁本身具有的一裁终局特性，不仅要通过法律对仲裁员进行约束，还需要提高仲裁员的专业素质与道德水准。

与其他法律职业相比，仲裁员职业的最大特点便是民间性与准司法性共存。就民间性而言，仲裁是基于仲裁协议的非讼纠纷解决方式，仲裁员若要获得仲裁权必须取得当事人的协议授权。仲裁机构只是民间性纠纷解决机构，仲裁员作为仲裁机构聘任的裁决案件的专家，由争议双方当事人通过仲裁协议的形式赋予其审理和裁决案件的权力，这与法官的审判权来源于国家授权完全不同。就准司法性而言，仲裁作为争议解决机制，本身就由国家立法所确立，且仲裁员对民商事争议作出的裁决能够被强制执行，这说明仲裁具有一定的司法属性。[4]此外，仲裁员的工作内容、程序与法官类似，仲裁员在工作过程中享有与法官类似的裁决案件的权力。但是法官作为国家司法审判机构的工作人员，其权力来自法律授权，而仲裁员的权力不仅来自法律授权，还来自当事人的协议授权。因为当事人本身并不具备强制执行判决结果的权力，当然也不能授予仲裁员该权力。如果当事人不履行仲裁庭作出的裁决，仲裁结果将毫无意义。所以，我国《仲裁法》第 62 条规定："当事人应当履行裁决。一方当事人不履行的，另一方当事人可以依照民事诉讼法的有关规定向人民法院申请执行。受申请的人民法院应当执行。"该条授予仲裁裁决强制执行的效力。[5]

---

[1] 参见《仲裁法》第 13 条。

[2] 此处的法学教授包括助理教授、副教授和正教授。

[3] 胡训玉：《权力伦理的理念建构》，中国人民公安大学出版社、群众出版社 2010 年版，第 39-41 页。

[4] 我国国内学者认为，仲裁制度是司法制度的一部分，但又不同于司法制度：仲裁是国家法律认可的一种纠纷解决方式，但又区别于诉讼；仲裁裁决与法院判决一样具有法律效力，具有可执行性，但仲裁机构无权执行。因此，仲裁是一种准司法行为。

[5] 石现明：《论商事仲裁的性质与仲裁员的权力义务》，载《政法论丛》2010 年第 5 期。

二、仲裁员职业伦理的特征

仲裁的好坏取决于仲裁员。由于仲裁员来源复杂，且大部分仲裁员是兼职的，一般都有另一重身份，因此，仲裁员的社会关系相比于其他法律职业人员更为复杂，在具体实务操作中，很难确保仲裁员不受外界因素的干扰，以及其专业能力与职业操守能绝对地胜任其所裁决的案件。我国多年的仲裁实践表明，建设仲裁员队伍的关键是仲裁员职业伦理建设。仲裁员只有严守职业伦理与职业操守，才能在处理案件的过程中获得社会的公信与尊重。

仲裁员职业伦理，是指仲裁员在其职务活动及相关的社会生活中应当遵循的行为规范的总称。我国《仲裁法》第 13 条第 1 款规定："仲裁委员会应当从公道正派的人员中聘任仲裁员。"第 38 条规定："仲裁员有本法第三十四条第四项规定的情形，情节严重的，或者有本法第五十八条第六项规定的情形的，应当依法承担法律责任，仲裁委员会应当将其除名。"这些法律规定为仲裁员提供了最基本的职业伦理规范。与此同时，各仲裁机构均制定了旨在明确仲裁员道德行为准则、提高其职业操守的仲裁员管理办法、准则以及职业规范等行为规范，这些行为规范与准则一起构建了仲裁员职业伦理的框架。

相比于其他法律职业伦理，仲裁员职业伦理有以下几个特点：

第一，仲裁员职业伦理在仲裁制度中的地位更加重要。仲裁之所以有着巨大影响力，根本原因在于当事人对于仲裁制度以及仲裁员专业素质和职业操守的认可。仲裁员的信誉是仲裁的生命力所在，是仲裁得以生存、发展的必要条件。换句话说，仲裁员的职业伦理是仲裁行业健康发展的基石。

第二，仲裁员职业伦理主要表现为各仲裁机构规定的仲裁员行为规范。相比于律师和法官等职业在全国范围内有统一的行为准则指引其具体行为，《仲裁法》仅仅提供了仲裁员最基本的行为准则，具体的行为准则主要来自各仲裁机构制定的规范，且不同的仲裁机构制定的规范往往各有不同。我国目前没有统一的规范全国仲裁员行为的准则或者规定。

第三，仲裁员职业伦理相比于其他法律职业伦理要求更加严格。由于仲裁员人员构成复杂，且其专业素养与职业操守的好坏相比于其他法律职业对于本行业的影响更加重要，所以，世界各地仲裁机构对于仲裁员的行为要求也更加严格。比如，许多仲裁机构要求仲裁员应该主动披露有可能造成当事人质疑的情形，仲裁员不得与当事人有任何私下接触等，纵使有些行为并不会对办案结果有任何影响，依然会被追究相关责任。有的仲裁机构行为规范规定仲裁员应定时参加培训学习，并将培训结果纳入考核，作为续聘的硬性条件。

从体系构成上来说，仲裁员的职业行为规范应当是仲裁员职业伦理规范的一部分。因为仲裁员职业伦理首先是《仲裁法》规定的仲裁员职业道德规范，其次是各仲裁机构的仲裁员守则、准则等规范性职业道德，最后是法律职业道德习惯、意识等非规范性职业道德。从另一个角度看，仲裁员的职业行为规范仅仅体现了仲裁员在仲裁过程中的他律性，而职业伦理还包含了仲裁员自身的自律性。所以说，仲裁员的职业伦理应当包含了仲裁员的职业道德规范。另外，良好的仲裁员职业行为规范是建设仲裁员职业伦理的基石与保障。仲裁员虽然都是各行业的专家，具备较高的个人素质，但也是现实社会生活中的一分子，无时无刻不受到社会其他方面的影响。仲裁制度史表明，在这种情况下，仅靠仲裁员的自律是无法解决仲裁员的公正性问题的,还必须存在有约束力的职业行为规范,以更好地维护各方当事人权益,提高仲裁的公信力,保障仲裁事业的健康发展。[①]

三、仲裁员职业伦理演变

从历史的角度观察,仲裁员职业伦理是仲裁员在长期的仲裁实践中养成的职业意识、行为规范,以及由这些职业意识、行为规范逐渐演化而成的仲裁员职业所具有的基本道德规范和伦理要求。仲裁员职业伦理演进实际上伴随着仲裁的起源和发展。

仲裁员职业伦理起源于道德规范。随着人类文明的发展,人们之间的纠纷开始交由德高望重的第三者出面调解与裁决,争议双方在道德规范与舆论力量的约束下,自行服从中间人的决定。在古罗马时期,随着地区之间的商业贸易活动越来越频繁,商业纠纷也不断增长。为快速地解决各类纠纷,经双方当事人同意,可共同委托德高望重、为人公道且熟悉情况的善意第三人对纠纷进行裁判。[②]我国汉代也有类似仲裁的制度,用来解决基层百姓之间的纠纷。"三老"作为汉代的基层官员,掌所谓"教化",由民间百姓推选具备正直、刚克、柔克三种德行的长者来查证调停民间各种纠纷。[③]综上可见,当时,仲裁并没有相应的制度可以参照,也无法依靠成文的法律规定对裁决结果进行保障,仅仅依赖当事人对裁决者个人道德品质的信赖以及裁决者自身道德素养进行裁决与执行,所以道德规范是仲裁员职业伦理的雏形。

随着商品经济的发展及仲裁的制度化与法律化,仲裁员职业伦理开始发生了由纯道德规范到法律规范的转化。英国于1347年将仲裁写入正式法律文献中,并在1697年通过了世界上第一部仲裁法案。19世纪,法国、瑞典、英国、德国、日本等国家或制定了单行的《仲裁法》,或把仲裁专列一章规定在民事诉讼法中。[④]20世纪后,各国为了确保司法权威性,纷纷制定了国内仲裁法,不同程度地强调法院对于仲裁的监督,企图通过法律与制度对仲裁活动与仲裁员的身份与行为进行严格约束,但仲裁独立性问题不明。此时,仲裁员更多的是依照法律规定进行仲裁活动,其职业伦理也转化为以法律规范为中心。

到了近代,随着世界经济的普遍发展和经济全球化的不断加强,仲裁作为解决国际商事争议的途径越来越受到众多国家的重视,各国先后成立了很多有国际影响力的权威仲裁机构或者仲裁中心,制定和通过了一系列区域性或者国际性的仲裁公约或规则。各国通过仲裁立法对仲裁的法律地位进行确认,并对仲裁的独立性与效力进行保护。与此同时,联合国《国际商事仲裁示范法》也明确提出,仲裁改革要减少司法干预,恢复仲裁的本来面貌。随着仲裁制度的不断完善,仲裁员职业伦理也逐渐完善。现在,与其他法律职业伦理一样,仲裁员职业伦理也是由法律、行业规范、道德规范等构成的多元行为规范体系。

---

① 张利兆:《仲裁员职业道德探讨》,载《北京仲裁》2012年第4期。

② 邓瑞平、孙志煜:《论国际商事仲裁的历史演进》,载《暨南学报(哲学社会科学版)》2009年第6期。

③ 陈忠谦:《仲裁的起源、发展及展望》,载《仲裁研究》2006年第3期。

④ 赵登伦:《仲裁的性质》,载《河北法学》2002年第S1期。

第二节　仲裁员职业伦理体系

一、仲裁员职业伦理体系的确立

仲裁员职业伦理是在法律职业伦理的基础上,根据仲裁本身的职业特征构建而成的。法律职业伦理体系一般包含:(1)法律职业伦理的一般原理;(2)法律职业主体的伦理规则;(3)法律职业责任;(4)法律职业伦理的养成和教育。[①] 基于仲裁特有的商事性、民间性、独立性,以及在此基础上的专业性要求和效率要求,研究仲裁员职业伦理体系的构建需要研究仲裁员职业伦理的内容、仲裁员职业责任以及仲裁员职业伦理的培育和保障。

其中,仲裁员职业伦理的内容包括法律规定、仲裁机构制定的仲裁员行为准则以及本着仲裁的法律本质要求而应当存在的道德要求。如前所述,关于仲裁员职业伦理的法律规定较为简单,因此,仲裁员职业伦理的内容主要体现为各仲裁机构制定的行为规则。目前,国际上比较认可的专门性仲裁员行为准则,有美国仲裁协会和美国律师协会制定的《商事争议中仲裁员的行为道德规范》、国际律师协会制定的《国际仲裁员行为准则》以及英国皇家御准仲裁员协会制定的《仲裁员道德行为规范》。我国目前关于仲裁员的行为规范多见于各地仲裁机构制定的仲裁员守则,如《北京仲裁委员会仲裁员守则》《长沙仲裁委员会仲裁员聘任及管理办法》《杭州仲裁委员会仲裁员守则》《上海仲裁委员会仲裁员守则》《广州仲裁委员会仲裁员守则》《香港国际仲裁中心仲裁员道德行为规范》等。[②]

值得特别指出的是,仲裁员职业责任也是仲裁员职业伦理不可缺少的部分。从内容来看,仲裁员职业责任可以分为法律责任和伦理责任。仲裁员的行为违反法律的强制性规定的,依法应承担法律责任。仲裁员职业伦理中的仲裁员职业责任,主要是指仲裁员职业法律责任,是指仲裁员对其与仲裁案件有关的不适当的行为或不作为所承担的不利法律后果。目前,英美法系国家与大陆法系国家关于仲裁员职业责任的观点具有极大的分歧。英美法系国家的学者认为,基于仲裁豁免论,仲裁员不应当承担责任。大陆法系国家学者的观点是仲裁员应当承担责任。他们认为,仲裁是基于当事人的意思自治的民间性纠纷解决方式,仲裁员与当事人之间应当是一种合同关系,即仲裁员以其专业知识向当事人提供解决争议的服务,并在作出裁决结果后获取报酬。仲裁员在履行职责时因为专业能力不足、主观故意或者其他客观原因造成当事人损失的,应当承担相应的责任。

二、仲裁员职业伦理的基本内容

1. 公正独立

公正独立是仲裁员的基本要求。根据我国《仲裁法》第 7 条、第 8 条规定,仲裁应当根据事实,符合法律规定,公平合理地解决纠纷。仲裁依法独立进行,不受行政机关、社会团体和个人的干涉。从法律角度来看,公平公正是法律的最高价值形态。正义规范是法律职业

---

① 许身健主编:《法律职业伦理》,北京大学出版社 2014 年版,第 1 页。
② 目前,国内已经有 270 多家仲裁机构,且半数以上的仲裁机构已经有完整的制度体系,制定了各自的仲裁员守则、管理办法等。

伦理的最核心内容,法律职业人员将维护司法公正作为其使命具有应当性。与此同时,没有独立性的仲裁就不是真正的仲裁:首先,独立是确保公正实现正义的基本前提;其次,仲裁委员会作为民间性纠纷解决机构,本质上独立于行政机关,且各仲裁委员会之间没有隶属关系。然而,社会关系、舆论压力、上级领导等时刻都有可能对仲裁员的裁决判断产生影响。所以,为了维护仲裁裁决的公正性,世界各国的共识是,仲裁员应当坚定地遵循公平合理原则、独立仲裁原则,公正独立地进行仲裁并作出仲裁裁决。[①]

公正独立要求不仅及于仲裁期间,美国颁布的《商事争议中仲裁员的行为道德规范》甚至将公正独立的要求延长到仲裁裁决作出后的一段时间。

2. 诚实信用

双方当事人基于意思自治原则将纠纷交于仲裁庭裁决,前提是当事人对仲裁员能够公正独立地处理案件的信任。诚实信用原则作为现代私法的帝王条款[②],可以说是仲裁员立足于该行业的根本。也许正因如此,各个仲裁机构的仲裁员守则中关于诚实信用的内容都比较丰富。如《北京仲裁委员会仲裁员守则》第 3 条详细规定了仲裁员应诚实信用,只有确信自己具备下列条件,方可接受当事人的选定或北京仲裁委员会主任的指定:(1)能够毫不偏袒地履行职责;(2)具有解决案件所需的知识、经验和能力;(3)能够付出相应的时间、精力,并按照《仲裁规则》与《北京仲裁委员会关于提高仲裁效率的若干规定》要求的期限审理案件;(4)参与审理且尚未审结的案件不满 10 件。

实际上,我国各地的仲裁员守则基本上都要求仲裁员应当熟悉仲裁程序及庭审办法,不断提高专业水平和办案能力,基于个人原因有可能影响案件办理的,应当主动说明情况并向仲裁委员会主任提交不能担任该案件仲裁员的申请。诚实信用作为一项道德义务,在仲裁制度中扮演着保护仲裁程序快捷、公正、保密的重要角色。

3. 主动披露

仲裁员主动披露规范,是指仲裁员接受选定或指定时,有义务书面披露可能引起当事人对其公正性或独立性产生合理怀疑的任何事由。

许多仲裁机构明确要求,仲裁员应当尽量了解并持续向当事人和其他仲裁员披露现存的或以往的与当事人之间或重要证人之间的金钱、商业、职业、家庭或社交方面的关系,以及与仲裁结果直接或间接相关的金钱或个人利害关系。披露之后,除非当事人同意,该仲裁员不宜担任本案仲裁员。若全体当事人要求某仲裁员回避,即应回避。仲裁员的披露义务并不局限于应当回避的情形,遇到任何有可能影响公正的情况,仲裁员都应尽披露义务。美国仲裁协会(AAA)和美国律师协会(ABA)规定,非全体当事人要求某仲裁员回避的,一般也应回避,但该仲裁员仔细考虑事实后,认为回避理由不充分,能担当此任并能无私和公平地裁决案件,而回避会造成另一方当事人不恰当或不合理的花费或将有违公平待遇原则的,仍可继续担任仲裁员。国际仲裁员协会的准则还规定,若当事人就某仲裁员是否有资格担任仲裁员的有关事项进行查询,该仲裁员应予以答复,以往曾被本案当事人指定为仲裁员的情况也应披露。

我国《仲裁法》目前尚未根据披露规则制定相应的法律条文,但是仲裁员披露规则作为国际商事仲裁中确保仲裁中立性、独立性的重要规则,已经在国内仲裁机构的仲裁规则或仲

---

① 比较特殊的是,英国仲裁法只要求仲裁员"公正",并不要求仲裁员"独立"。

② 参见徐国栋:《民法基本原则解释:诚信原则的历史、实务、法理研究》,北京大学出版社 2013 年版,第 84—88 页。

裁员管理办法中得到广泛的运用。比如,《长沙仲裁委员会仲裁员聘任及管理办法》第 17 条规定:"仲裁员接受选定或指定后,除应当披露《仲裁规则》规定回避的事由外,还应当披露以下可能引起当事人合理怀疑的相关情形:(一) 仲裁员或所在工作单位与案件有关联,或者与当事人、代理人及其关联单位两年内有业务往来,或者与当事人、代理人曾经或现在属于同一集团、组织的;(二) 与当事人、当事人的主要管理人员或代理人在同一社会组织担任专职工作,有经常性工作接触的;(三) 担任过本案或与本案有关联的案件的证人、鉴定人、勘验人、辩护人、代理人、翻译人员的;(四) 仲裁员或仲裁员近亲属与当事人或其关联机构或代理人有同事、同学、雇佣、顾问关系或者其他形式的合作关系的;(五) 仲裁员与当事人或代理人为共同权利人、共同义务人或有其他共同利益的,或所在单位目前与本案当事人或其关联机构具有实质性的商业关系;(六) 与当事人或代理人在同时期审理的其他仲裁案件中同为仲裁庭的仲裁员,或者首席 / 独任仲裁员两年内曾在其他仲裁案件中被一方当事人选定为仲裁员的;(七) 两年内曾在本案当事人或其关联机构或代理人所代理的其他诉讼或仲裁案件中共同担任代理人的或是担任案件中对方当事人的代理人;(八) 仲裁员或其所在工作单位两年内曾为当事人 (或当事人的母公司、子公司、分公司等) 提供过法律咨询或其他形式的专业服务的 (包括获取与未获取实质性经济利益的专业服务);(九) 仲裁员两年内曾经接受同一当事人、代理人或律师事务所选定担任仲裁员超过三次 (不含三次) 的,关联案件或同类型案件除外;(十) 仲裁员或其近亲属与当事人或其关联机构的经理、董事、监事会成员、实际控制人或代理人有较为密切的交谊或嫌隙关系的;(十一) 其他可能影响公正仲裁的情形。本会有权向案件当事人转达仲裁员披露的上述信息,当事人认为仲裁员可能影响公正审理案件向本会书面提出回避申请的,由本会主任决定是否回避。"

4. 勤勉高效

勤勉高效包括勤勉和高效两个紧密相关却又有所区别的职业伦理规范。

勤勉,是指仲裁员在办理仲裁案件时应当按时守约、认真尽力。当事人与仲裁员之间的关系是基于信赖建立的,仲裁员应当具有高度的责任感,公正、勤勉地履行职责以实现案件的快速、合理解决。一方面,仲裁员应当量力而行,在确定自身有足够的能力与精力的前提下接受指定。另一方面,仲裁员在接受指定后,应当认真办理案件,公平公正地解决争议。国内大部分的仲裁委员会的仲裁员守则明确规定,仲裁员在接受当事人选定或仲裁委员会主任指定时,应签署声明,说明其独立性与公正性在任何情况下都不容置疑,并保证时间,认真、勤勉、高效地解决案件争议。这不仅有利于保证仲裁效率,也有利于增强当事人对仲裁的信任。

高效,是指仲裁员应当注重办案效率,积极审理并作出裁决,在规定期间内结案。简便与快捷是仲裁的显著特点,也是当事人对仲裁的最大要求。如果仲裁员接受指定后不积极作为,极容易给当事人权益造成损害。有些仲裁机构对此有严格规定,例如,发现仲裁员工作拖拉且未处理好本职工作和仲裁工作的关系导致仲裁工作严重拖延的,仲裁委员会主任将依职权予以撤换;[①] 仲裁庭因迟延导致超审限的,由有迟延行为的仲裁员承担责任。[②]《北京仲裁委员会关于提高仲裁效率的若干规定》从提高仲裁效率着眼,作了如下规定:(1)提前预防仲裁员因无法保证办案时间而导致案件超审限;(2)对开庭审理与裁决书制作时间予以明确规定,要求每一个环节均按时间要求进行,以保证整个程序高效、顺畅地开展;

---

① 参见《长沙仲裁委员会仲裁员聘任及管理办法》第 27 条。
② 参见《北京仲裁委员会关于提高仲裁效率的若干规定》第 5 条。

(3)仲裁员应在规定期限内提供制作裁决的书面意见;(4)仲裁员迟延情况下,本会有权予以更换。

5. 与当事人谨慎接触

与当事人谨慎接触,是指仲裁员基于纠纷解决的需要与当事人接触的,必须做到谨慎并且确保公正与中立。因为,公正是仲裁得以生存的基础,仲裁员与当事人私下接触的行为将会直接影响仲裁员的中立地位以及仲裁程序的独立性,纵然仲裁员与当事人的私下接触未必与仲裁案件有关,但是非谨慎的接触也会造成另一方当事人对于仲裁制度以及结果公正性、中立性的怀疑。所以,几乎所有的仲裁员守则都明文规定仲裁员不得与当事人私自接触以及牵涉任何利益关系。比如,《北京仲裁委员会仲裁员守则》第 8 条规定,仲裁员在仲裁期间不得私自会见一方当事人、代理人,接受其提供的证据材料;不得以任何直接或间接的方式(包括但不限于谈话、电话、信件、传真、电传、电子邮件等方式)单独同一方当事人、代理人谈论有关仲裁案件的情况。在调解过程中,仲裁庭应慎重决定由一名仲裁员单独会见一方当事人或代理人;仲裁庭决定委派一名仲裁员单独会见一方当事人或其代理人的,应当有秘书在场,并告知对方当事人。

对于仲裁员与当事人私下接触,各仲裁机构都有相关的规定进行约束,例如,《长沙仲裁委员会仲裁员聘任及管理办法》第 25 条规定,若发现仲裁员私自会见当事人、代理人或通过其他方式向当事人透露本人看法或者仲裁庭会议情况的,将予以口头提醒或书面警示。国际仲裁员协会的准则还规定,若一仲裁员在仲裁过程中与一方当事人有不正当接触,其他仲裁员有权经协商采取一定行动,如要求其停止该种接触等。若仍不停止,可告知一方当事人在极端情况下提出质询,或采取其他措施。

6. 保密

保密,是指根据仲裁程序的不公开审理原则,仲裁员不得将仲裁文件、案件情况及审理过程对外披露。

仲裁制度的保密性往往被认为是其相对于诉讼的最大优势。仲裁更容易维护双方当事人的形象,保护其商业秘密和其他不便公开的信息。而且在仲裁的过程中,当事人可以更为自由地作出抉择,不受外界或者其他因素干扰。所以为了保护当事人的商业秘密和隐私,维护仲裁过程中的中立性与独立性,仲裁员应当严守保密规范,不得向当事人或外界透露任何有关案件的信息。《北京仲裁委员会仲裁员守则》第 12 条规定,仲裁员应忠实履行保密义务,不得向当事人或外界透露本人的看法和仲裁庭合议的情况,对涉及仲裁程序、仲裁裁决、当事人的商业秘密等所有相关问题均应保守秘密。上海仲裁委员会进一步规定,在案件审理期间和结案后,均不得对外界透露案件的仲裁情况,包括案情、审理过程、仲裁庭评议意见以及案件涉及的商业秘密等内容。不过,国际仲裁员协会的准则规定,虽应保密,但若发现其他仲裁员有重大过失或欺诈行为并认为有责任披露时,可披露该类情况。

7. 规范收费并披露收费根据

收取合理的仲裁费用是仲裁员的一项权利。仲裁员作为各部门各行业的高级专业人才,在参与仲裁程序的过程中要付出大量的精力与时间,他们应当获得合理的报酬。国内仲裁机构依照《仲裁委员会仲裁收费办法》,按照标的收取费用后,给付仲裁员报酬,其中案件处理费包括:(1)仲裁员因办理仲裁案件出差、开庭而支出的食宿费、交通费及其他合理费用;(2)证人、鉴定人、翻译人员等因出庭而支出的食宿费、交通费、误工补贴;(3)咨询、鉴定、勘验、翻译等费用;(4)复制、送达案件材料、文书的费用;(5)其他应当由当事人承担的合理费用。仲裁员在收取费用时应当规范收费并向当事人披露并解释费用的根据,这是一项诚信义务。

如《香港国际仲裁中心仲裁员道德行为规范》要求,仲裁员的收费和费用必须参照案件所有情况且合理。仲裁员应向当事人披露和解释其收费和费用的基础。

三、仲裁员职业伦理的特别规范

法律职业包括法官、检察官、律师、公证员、仲裁员等,这些职业有着共同的法律职业伦理,但是各职业之间的职业伦理无论在形式上还是在内容上都有着各自的特点。仲裁员职业伦理就是如此,除了上述伦理规范之外,其还有着特有的职业伦理规范。其中,最为特别者有如下几项:

1. 仲裁员主动披露规范

仲裁员主动披露作为保证仲裁公正独立的一项特有的重要原则,是指仲裁员接受选定或指定时,有义务书面披露可能引起当事人对其公正性或独立性产生合理怀疑的任何事由。这是由于仲裁员一般不是专职人员,来源多元,相比于法官、检察官,其与当事人的关系可能要复杂得多,容易出现仲裁员与跟其有利害关系的人出现在同一案件当中。即使仲裁员有极高的职业道德和业务水平,不受这些关系所干扰,也难以避免外界的不信任与议论。而且由于仲裁的权力是当事人合议的结果,如果当事人对于仲裁员的公正性或者独立性产生怀疑,那么仲裁的根基就会受到质疑,所以主动披露义务是仲裁员特有的一项职业伦理。

2. 案件代理规范

仲裁机构对仲裁员代理本机构的案件必须进行一定的约束。这实际上也可以说是对仲裁员主动披露义务的一项细分化补充。由于我国实行的是机构仲裁,当事人只能在机构的仲裁员名册内选择仲裁员,而仲裁机构的规模有限,选择面较窄,再加上仲裁员之间相互交流、合作共事、培训的机会较多,因而很有可能产生在此案担任代理人,而在他案中又与此案仲裁员共为仲裁庭组成人员的情形。这样的情形很容易让当事人对仲裁的公正性产生怀疑,也一定程度上影响了仲裁委员会的公信力和仲裁员队伍的整体形象。所以,针对特定情况,许多地方明文禁止仲裁员代理本会案件或者对仲裁员代理本会案件进行约束。例如,《广州仲裁委员会仲裁员守则》第8条规定:"仲裁员有下列情况之一的,必须主动向本会书面披露,请求回避:(一)是本案当事人或者当事人、代理人的近亲属;(二)与本案有利害关系;(三)与本案当事人、代理人有其他关系,可能影响公正仲裁的;(四)私自会见当事人、代理人,或者接受当事人、代理人的请客送礼的。前款第(三)项中的"与本案当事人、代理人有其他关系",包括下列情形:1.与本案当事人、代理人有咨询与被咨询、管理与被管理关系,或者担任本案当事人、代理人的代理人、顾问的,但至组庭之日有关关系已经结束超过二年的除外;2.与本案当事人、代理人现在同一单位工作的;3.对本案所涉争议向当事人推荐、介绍过代理人的;4.对本案所涉争议提供过咨询,或者担任过与本案所涉争议有关案件的证人、鉴定人、勘验人、翻译人员、辩护人、代理人的;5.在本会正在审理的其他案件中,与本案当事人、代理人同为仲裁员的;6.在本案当事人、代理人担任仲裁员的案件中,本案仲裁员恰好是该案当事人、代理人的,但至组庭之日案件已经审结超过二年的除外;7.其他可能影响公正仲裁的情形。"

此外,我国各地仲裁机构的仲裁员守则对于仲裁员都有一些非常有特色的职业规范要求。例如,多地仲裁机构均明文要求,仲裁员应当积极参与培训,提升专业水平。《长沙仲裁委员会仲裁员聘任及管理办法》第19条、第20条明确规定仲裁员应积极参加本会组织的各项培训活动,并且将参加培训情况载入仲裁员个人档案,作为仲裁员聘任、年度考评的依据。而且大部分仲裁员是兼职,仲裁委员会与仲裁员之间的联系并非特别紧密,如果仲裁员在聘任期间联系方式发生变化,可能会出现主任指定后仲裁机构联系不上仲裁员本人的情况,所以大部分仲裁机构在其仲裁员守则里都明文规定:仲裁员在聘任期内,联系电话、通信地址变化的,或者长期出国的,应及时通知本会。此外,因为仲裁员与仲裁委员会也是雇佣关系而非直属关系,多地仲裁委员会规定,仲裁员需要以仲裁委员会名义对外参加有关仲裁的会议或活动,发表文章或作讲演的,必须事先得到仲裁委员会的同意。

第三节　仲裁员职业伦理的实施机制

一、仲裁员职业伦理的培育机制

我国在培养法律人才上已经形成了一个由高等教育制度、法学职业教育制度、统一法律职业资格考试制度、统一法律职业技能培训制度和终身化的继续教育制度构成的相互衔接的、一体化的法律职业人员教育体系,然而法律职业伦理教育依然处于不够完善的状态。仲裁员职业伦理的培育,应当从以下四个方面来进行:

1. 构建完备的仲裁员职业伦理体系

《仲裁法》第13条第1款规定:"仲裁委员会应当从公道正派的人员中聘任仲裁员。"公道正派是我国《仲裁法》在道德伦理上对仲裁员的唯一要求,也是仲裁员职业伦理价值观最核心的标准。除此之外,目前没有明确的全国性统一法律规范以及全国性行会制度建构仲裁员职业伦理体系,主要依靠各地仲裁机构的仲裁员行为规范对仲裁员进行职业伦理约束,这无疑会使仲裁员职业伦理欠缺权威性。因此,一方面,要加强理论研究,建构仲裁员职业伦理的理论基础,培养仲裁员最基本的准则意识与职业信仰。没有统一的仲裁员职业伦理体系,容易使当事人在实务中适用不同仲裁机构的行为准则以及其他规范时出现混乱,推行仲裁员职业伦理教育、输出仲裁制度价值观、增强仲裁公信力也将成为无源之水、无本之木。另一方面,应当积极推动统一的仲裁员准则、仲裁员职业道德规范和仲裁员伦理价值观的形成,构筑起"法律—行业协会规则—仲裁机构规则—社会伦理"这样一个比较完整的仲裁员职业伦理体系,为仲裁制度的健康发展奠定伦理基础。

2. 加强法科生的职业伦理教育

法学教育作为法律职业发展的基本条件,也是法治社会实现的基础条件之一。[1]法律职业伦理是法科学生(未来的法律职业人员)必备的素质之一,甚至比拥有相应的法律知识与法律技能更为重要。法律职业伦理是伴随着接受法律教育的过程逐渐形成的,这是一个漫长且需要不断学习与理解的过程。要加强仲裁员职业伦理培育,首先要在法科学生中将仲裁员职业伦理作为法律职业伦理教育的重要内容。

3. 将仲裁员职业伦理考核结果作为仲裁员上岗的重要依据

仲裁员作为一个具有极大自主性裁决权力的特殊职业,直接决定着案件审理的效率和

---

[1] 屈茂辉、李勤通:《论法律职业伦理教育的知识性与素养性》,载《中国法学教育研究》2017年第3期。

仲裁结果的公正性,比较容易滋生腐败。倘若仲裁员不了解甚至不遵守职业伦理,消极应对工作,为自己牟利,偏向某一方当事人,将严重损害当事人的合法权益以及整个仲裁行业的公信力。而要使仲裁员重视其职业伦理,最简单有效的办法便是在仲裁员上岗前对其进行相应的职业伦理培训并予以考核,将此考核结果作为上岗的重要依据,形成并巩固仲裁员的职业伦理价值观。这对于提升仲裁员队伍的整体素质,维护仲裁制度的公正独立性,保障仲裁制度的健康发展,具有十分积极的作用。

4. 上岗后定期进行职业伦理培训

法律职业伦理的培育不是一蹴而就的,仲裁员职业伦理也是如此。其职业伦理的培育不应当仅在上岗前进行,还应当在上岗后继续实施。我国多数仲裁机构对仲裁员都规定了相应的接受培训的义务,要求其提升相应的职业伦理和业务水平。如《长沙仲裁委员会关于仲裁员培训的规定(试行)》明确规定,仲裁员应积极参加本会组织的各项培训活动,仲裁员培训包括拟任仲裁员聘任考核前的入职培训和聘用后的续职培训。仲裁员每年应完成12个培训课时。入职培训不计培训课时,续职培训视培训形式以每次培训通知的标准计算培训课时。参加培训情况将载入仲裁员档案,作为该会考评仲裁员的一项重要内容,未按要求完成培训的,将不予指定办理案件。在仲裁员上岗后定期对其进行职业伦理培训,有利于仲裁员及时接受最新的仲裁员职业伦理理念,加固其职业伦理观念,不断提高其职业伦理素养,从而推动我国仲裁事业的健康发展。[①]

二、仲裁员职业伦理的保障机制

(一)自律保障

仲裁员职业行为规范为仲裁员提供了行为指南,指导其在仲裁活动中正确行为。因此,仲裁员在仲裁实践中是否严格遵守职业行为规范,是行为规范是否发挥作用的最直接体现。然而,仲裁员行为规范大多是仲裁机构单独制定的管理办法,不像法律那样具有明确的标准,其对仲裁员的约束力比较有限。例如,多数仲裁机构的仲裁员行为规范提到仲裁员应当具备高度的责任感,公正、公平、勤勉、高效地为当事人解决争议,但并没有一个明确的标准来衡量仲裁员是否确实在高度责任心的状态下仔细审阅案件,积极有效地推进仲裁进程。也许同样一个案件,换一个责任心较强的仲裁员,结案的时间会更短,双方当事人的认可程度会更高。所以说,只有仲裁员在仲裁实践中严格按照职业行为规范约束自己,才能使职业行为规范发挥实际作用。从这个意义上讲,仲裁员的自律是其职业伦理培育的关键。

自律的前提是仲裁员要熟知仲裁员职业行为规范的基本内容,对自己在仲裁程序中应当遵循的行为准则有明确认识。在此基础上,仲裁员才能自觉按照行为规范约束自己,规范自己的行为,切实遵循职业伦理规范,做一个合格的仲裁员。

(二)仲裁机构制度保障

除仲裁员自律之外,仲裁机构的制度保障是仲裁员职业伦理的另一个重要措施。因为仲裁员在仲裁实践中是否遵循其职业行为规范,公正、公平、勤勉、高效地为当事人解决争议

---

① 张利兆:《仲裁员职业道德探讨》,载《北京仲裁》2012年第4期。

将直接影响到仲裁机构的信誉,所以仲裁机构必然会制定严格且详细的仲裁员管理办法、准则,并以此为标准对其进行监督和管理。

从我国仲裁实践来看,各地仲裁机构制定的仲裁员守则对于仲裁员的上岗、披露义务、回避义务、考核、奖惩都进行了详细的规定。例如,《长沙仲裁委员会仲裁员聘任及管理办法》第24、25、26、27、28、30条分别规定了奖励、口头提醒或书面警示、不予入册、撤换、解聘、除名的情形。在仲裁员队伍的建设工作中,北京仲裁委员会不仅制定了《北京仲裁委员会仲裁员守则》《北京仲裁委员会仲裁员聘用管理办法》《仲裁员办案规范》等仲裁员道德准则和行为规范,还印发了《北京仲裁委员会关于提高仲裁效率的若干规定》和《北京仲裁委员会加强仲裁员培训、考核工作的决定》。这些规定在仲裁员的分工、选聘、办案标准、违规管理上都有详细的创新性要求,对于促进仲裁员职业伦理的内化具有十分明显的推动作用。[①]

此外,多数仲裁委员会规定了相应的条款,对于严重违反职业伦理的仲裁员处以警告、解聘等纪律处分。例如,《长沙仲裁委员会仲裁员聘任及管理办法》第25条详细列举了口头提醒或书面警示情形,并在第28条列举了解聘情形。再如,《广州仲裁委员会仲裁员守则》第20条规定:"仲裁员有下列情形之一的,本会有权对其分别或同时采取扣分、约谈、不予指定或暂不列入名册;情节严重,造成不良影响或严重后果的,本会有权对其分别或同时采取负面信息通报、取消仲裁员资格或除名:(一)违反本守则第四条规定,违背仲裁员公正立场的;(二)违反本守则第六条、第十七条规定,延误案件审理的;(三)违反本守则第七条规定,对应当披露的信息不及时主动书面披露的;(四)违反本守则第八条规定,隐瞒应当回避的事实的;(五)违反本守则第九条规定,泄漏仲裁秘密的;(六)违反本守则第十条、第十一条规定,存在不正当利益输送或者违规会见、代理的;(七)违反本守则第十二条至第十八条规定,不遵守案件审理规范,违背仲裁员勤勉、高效义务的;(八)本人已被依法追究刑事责任的;(九)其他违反法律法规、本会仲裁规则及本守则的情形。前款第(一)项中"违背仲裁员公正立场",包括仲裁员在案件审理中出现的下列情形:1.在开庭审理中,违背公正原则,代替一方向另一方质证、辩论、提出请求的;2.拒绝说明理由,坚持有利于一方当事人的裁决事项的;3.借故拖延办案时间的;4.表现出其他偏袒倾向的。仲裁员有本守则第八条第一款第(四)项或第九条第(四)项规定的情形,情节严重的,或者在仲裁案件中有索贿受贿,徇私舞弊,枉法裁决行为的,本会将其除名,并依法移送司法机关追究法律责任。"

（三）当事人监督保障

仲裁最突出的特点就是当事人的自愿性,表现在双方当事人基于自愿决定是否将纠纷提交仲裁机构解决,决定由谁进行仲裁,如何组成仲裁庭,以及确定仲裁庭的组成人员、仲裁的审理方式、开庭形式等方面。因此,当事人对仲裁行为进行监督,是保障仲裁员职业伦理规范发挥实效的重要途径。

首先,当事人对仲裁员进行肯定性评价,会提升仲裁员的形象,增强其职业荣誉感,促使其积极遵守行为规范。同时,可以增加该仲裁员被选任的概率,激励其更加努力地工作、更好地遵守行为规范。

其次,当事人依据行为规范对仲裁员行为作出否定性评价,甚至进一步直接对仲裁员

---

① 李本森主编:《法律职业道德概论》,高等教育出版社2015年版,第274页。

采取相应措施,实质上也会促进仲裁员职业伦理的养成。一般而言,在仲裁员出现违反职业伦理规范的不当行为但尚未达到法律明文否定或者禁止的程度时,当事人在不能寻求法律救济的情况下,必然会对该仲裁员形成否定性评价。这种情况的出现,将降低该仲裁员被选任的概率,不利于该仲裁员在仲裁领域的发展。如果仲裁员违背行为规范的不当行为同时构成对其法律义务的违反或者符合回避、更换仲裁员的情形,那么当事人可以依据规定提出撤换仲裁员的请求,或者要求司法机关对裁决结果进行否定,甚至可以依据规范性文件的规定追究仲裁员相应的责任。无论哪一种情况,都将对仲裁员的声誉造成严重的负面影响,从而对仲裁员遵守行为规范起到督促作用。其实,大部分仲裁员都是社会的精英,很少有人会不顾忌社会声望贸然违背职业伦理损害当事人的利益。所以,为了确保仲裁员严格遵守其职业行为规范,在签订仲裁协议时向当事人宣传、解读仲裁员行为规范并给予当事人相关文件,同时鼓励当事人监督仲裁员的行为和及时给予评价反馈,是非常必要的。

(四) 司法监督保障

世界仲裁实践表明,仲裁权除了受国家法律强制性规定的约束外,还要受当事人授权与国家司法权的制约。[1]与此相应,仲裁员职业伦理也必须受到司法监督保障。

党的二十大报告指出,公正司法是维护社会公平正义的最后一道防线。强化对司法活动制约监督,促进司法公正。仲裁员职业伦理的司法监督保障,是指通过司法对仲裁的监督使仲裁员遵守职业伦理规范。当仲裁员存在某些不适当的行为导致当事人蒙受损失时,司法监督是确保仲裁制度公正性、落实仲裁员职业伦理要求以及保护当事人权益的最后一道防线。司法监督作为悬挂在仲裁员头顶的达摩克利斯之剑,在仲裁员过失导致仲裁失去公正性时,以撤销不公正的仲裁裁决、作出不予执行不公正的仲裁裁决书以及追究仲裁员违规仲裁的法律责任等方式维护仲裁制度,给仲裁的公信力以及当事人的权利提供最强有力的后盾与保护。其中,最严重的是司法机关依法追究仲裁员的刑事责任。根据《最高人民法院、最高人民检察院关于执行〈中华人民共和国刑法〉确定罪名的补充规定(三)》和《刑法》第163条规定,非国家工作人员受贿罪,是指公司、企业或者其他单位的工作人员利用职务上的便利,索取他人财物或者非法收受他人财物,为他人谋取利益,数额较大的行为。也就是说,仲裁员如果具有"利用职务上的便利,索取他人财物或者非法收受他人财物,为他人谋取利益,数额较大"的行为,则涉嫌非国家工作人员受贿罪,可能承担刑事责任。

三、仲裁员职业伦理内部惩戒机制

仲裁员在案件中基于个人原因给当事人造成损失或者损害仲裁机构声誉的,不仅应当承担相应法律责任,还需要承担仲裁机构的行为规范规定的伦理责任。

仲裁员职业伦理责任具有一些显著的特点:

第一,其对于仲裁员的道德要求要远远高于对普通人的道德要求。《仲裁法》第13条第1款明确规定:"仲裁委员会应当从公道正派的人员中聘任仲裁员。"各地仲裁委员会在有关仲裁员的道德素质、行为举止方面都有相应的明文规定。例如,《北京仲裁委员会仲裁员守则》第2条规定:"仲裁员应当公正、公平、勤勉、高效地为当事人解决争议。"第6条规定:"仲

---

① 江伟、肖建国主编:《仲裁法》,中国人民大学出版社 2016 年版,第 23—25 页。

裁员在仲裁过程中应平等、公允地对待双方当事人,避免使人产生不公或偏袒印象的言行。仲裁员对当事人、代理人、证人、鉴定人等其他仲裁参与人应当耐心有礼,言行得体。"《广州仲裁委员会仲裁员守则》第 4 条也强调仲裁员在履行职责期间应当平等对待当事人,不得代表或者偏袒任何一方当事人。

第二,仲裁员的职业伦理责任强调对仲裁员不当行为的追究,而这些行为可能与其办案活动没有直接关系。例如,主动披露义务中很多行为对仲裁活动没有直接的影响,特别是"有其他可能致使当事人对仲裁员信任产生怀疑的情形"更是让仲裁委员会甚至仲裁员难以明确情形范围。各仲裁员守则也都规定了仲裁员不得与当事人私下接触,不得接受当事人、代理人请客、馈赠或提供的其他利益;不得私自会见一方当事人、代理人,接受其提供的证据材料;不得以任何方式同一方当事人、代理人谈论有关仲裁案件的情况;不得代人请客送礼、提供利益、打听与自己无关的案件情况等。即使仲裁员没有作出错误的裁判结果,也没有违反法律程序,只要违背了职业行为规范实施了上述行为,也应受到责任追究。

第三,仲裁员的职业伦理责任独立于法律责任。职业伦理责任主要是一种职业纪律责任。仲裁员违背其职业伦理规范的行为不一定会构成犯罪,仲裁员的职业伦理责任与法律责任不能混为一谈。

从我国仲裁制度的现实情况来看,仲裁员职业伦理责任的形式主要表现为警告、解聘(或除名)等。比如,长沙仲裁委员会《道德纪律委员会工作办法》对于仲裁员的职业道德和执业纪律的教育、检查和监督进行了明确的规定:道德纪律委员会主任收到审查报告后,应及时召集道德纪律委员会全体会议,经 2/3 以上的道德纪律委员会成员通过,形成如下处理意见:(1)撤销案件或不予处分;(2)确认存在违规违纪行为,依据本会《章程》、仲裁员管理办法及其他管理规定给予相应处分;(3)建议或移交有关部门进行处理。与此同时,对于仲裁员的投诉和处理会被载入仲裁员管理档案,并作为仲裁员考评、奖惩、续聘的重要依据。除已有明文规定的警告与解聘外,各仲裁委员会实际上还以犯罪移送以及禁止行业进入的方式对仲裁员的行为进行规范。如仲裁员在工作中出现重大违规行为并记入仲裁员管理档案的,实际上意味着该仲裁员的职业生涯已经终止,这也是仲裁员职业伦理责任的重要组成部分。各仲裁委员会对仲裁员的执业行为进行纪律性规定,并给予相应的警告与解聘等惩罚,有利于规范仲裁员行为,从更基础更宽泛的层面上提醒仲裁员应当承担的责任,避免仲裁公信力受到破坏。

思考题:

1. 我国建立统一的仲裁员职业伦理规范的可操作性何在?
2. 仲裁员职业伦理规范的主要内容有哪些?
3. 论述仲裁员职业伦理与仲裁行业公信力的关系。
4. 试述仲裁员职业伦理的培育和保障的中国特色。

拓展学习

延伸阅读

本章推荐书目

第八章　公证员职业伦理

【案例引入】

　　2015年11月,检察机关接到举报线索,举报2013年11月至12月间甲实业公司董事长高某制作虚假还款协议书并进行虚假公证的事实。接到举报后,人民检察院对案件线索依法核实,查明高某与郗某等7人为逃避公司债务,伪造还款协议虚构甲实业公司向郗某等七人借款1000余万元的事实,并对该虚假还款协议进行公证,进而向人民法院申请强制执行该公证债权文书等一系列违法行为。[①]

　　赋予债权文书强制执行效力是法律赋予公证机关的特殊职能。公证在降低社会交易成本、节约司法资源方面所具有的独特优势越来越得到社会的认可,公证员办理的业务大量涉及赠与、继承、合同履行、融资担保等民商事活动,以及环境保护、知识产权、国际贸易等方面事项[②]。但在公证事业获得较大发展的同时,虚假公证问题也日益凸显。近年来,一些当事人与他人恶意串通,对虚假的赠与合同、买卖合同或抵偿债务协议进行公证,并据此申请法院强制执行,以达到转移财产、逃避债务的目的。这无疑给广大公证员带来了巨大的职业风险。如果在履行公证职责过程中,公证员未尽到如实调查义务,严重不负责任,出具的公证书有重大失实,就要承担相应的刑事责任[③]。

　　思考:在公证事业持续发展、职业风险有所增加的背景下,公证员应该怎样正确履行自己的职责?

第一节　公证员职业伦理概述

　　公证员行使的是国家证明权。经过公证的法律事实、法律行为或文书即具有法律上的真实性。但近年来各地出现的一些"假公证"现象,也引起了人们对公证员职责的反思。事

① 2019年5月21日,最高人民检察院发布《关于印发最高人民检察院第十四批指导性案例的通知》(检例第52-56号),本案系第54号指导性案例。本案中,该虚假债权文书被检察机关建议法院裁定终止执行,最终高某与郗某等4人以虚假诉讼罪被追究刑事责任。

② 截至2021年,全国共有公证机构2942家,公证员13 620人,2018年办理公证案件1337余万件,2019年办理1374余万件,2020年因受新冠疫情影响,办理公证1173余万件。公证书发往180多个国家和地区使用。参见《全国去年办理公证1173万件,知识产权等新型业务增长较快》,载搜狐网。

③ 2009年1月6日,最高人民检察院第十一届检察委员会第七次会议通过并发布《关于公证员出具公证书有重大失实行为如何适用法律问题的批复》,指出公证员在履行公证职责过程中,严重不负责任,出具的公证书有重大失实,造成严重后果的,依照《刑法》第229条第3款的规定,以出具证明文件重大失实罪追究刑事责任。

实证明,只有恪守公证员职业伦理,尽职调查,对事实和法律负责,我国的公证事业才能真正获得持续健康的发展。

一、公证员职业伦理的概念

与私证相对应,公证是公证机构根据自然人、法人或其他组织的申请,依照法律规定对民事法律行为、有法律意义的事实和文书的真实性、合法性予以证明并赋予法律效力的活动。根据《公证法》[①]第16条以及《公证员执业管理办法》[②]第2条第1款的规定,公证员是符合《公证法》规定的条件,经法定任职程序,取得公证员执业证书,在公证机构从事公证业务的执业人员。公证员既是公证机构的主要构成人员,也是在公证机构独立办理公证业务的执业人员。公证员有权承办所有的公证业务,享有公证法规定的权利,同时应履行公证法规定的义务。他们是国家法律工作者。

公证是现代公共法律服务体系中极为重要的组成部分。党的二十大报告指出,要建设覆盖城乡的现代公共法律服务体系,深入开展法治宣传教育,增强全民法治观念。公证员和律师、仲裁员、人民调解员、基层法律工作者等法律工作者共同构成法律服务队伍,在化解社会矛盾、促进社会主义法治建设中发挥着不可替代的作用。习近平强调,要把拥护中国共产党领导、拥护我国社会主义法治作为法律服务人员从业的基本要求,加强教育、管理、引导,引导法律服务工作者坚持正确政治方向,依法依规诚信执业[③]。较高的道德水平和良好的职业伦理素养是公证员必备的基本素质,自觉维护法律权威、依法依规诚信执业,是社会对公证员提出的基本要求。

公证员在履行公证业务的过程中,必须遵循特定的职业伦理。公证员职业伦理是公证员在职务活动中应该遵循的伦理准则,也可以称为公证员职业道德。公证员职业伦理属于法律职业伦理的范畴。就适用主体而言,公证员职业伦理不仅适用于依法取得资格的执业公证员,也包括办理公证的辅助人员和其他工作人员,主要规范公证员履行职务的行为;从调整的内容看,公证员职业伦理既包括办理公证业务的行为准则,也包括公证人员的观念、意识。高尚的职业伦理是公证机构公信力的来源和保证。

为规范公证员的执业行为,2002年3月,中国公证员协会第三届三次理事会通过了《公证员职业道德基本准则》(本节中以下简称《基本准则》),这是公证员职业道德的主要依据。2005年8月28日,第十届全国人大常委会第十七次会议通过了我国第一部公证法典——《公证法》,其后又分别于2015年、2017年进行了两次修改,对完善我国公证制度、规范公证员职业伦理具有十分重要的意义。根据《公证法》,2010年对《基本准则》进行了修订,2011年1月6日印发。

---

① 2005年8月28日,第十届全国人大常委会第十七次会议通过了《中华人民共和国公证法》,这是我国第一部公证法典。其后,全国人大常委会分别于2015年4月24日、2017年9月1日对《公证法》进行了两次修正。2015年仅对《公证法》第46条公证收费标准作了修改,修改后的内容为:"公证费的收费标准由省、自治区、直辖市人民政府价格主管部门会同同级司法行政部门制定。"2017年对《公证法》的修正体现在两个条文中:第18条要求公证员必须通过国家统一法律职业资格考试取得法律职业资格;第20条规定被吊销公证员、律师执业证书的不得担任公证员。

② 我国现行有效的《公证员执业管理办法》由中华人民共和国司法部于2006年3月14日公布施行。

③《习近平法治思想概论》编写组:《习近平法治思想概论》,高等教育出版社2021年版,第227页。

二、公证员职业伦理的特征

公证员职业伦理作为法律职业伦理的一种,具有鲜明的特征。公证员职业伦理的特征,不仅使其区别于一般公众的社会伦理,也使其区别于法律职业伦理中其他法律工作者如法官、检察官、仲裁员等的职业伦理。

1. 主体的特定性

法官、检察官、公证员、仲裁员作为法律职业共同体成员,需要遵守共同的法律职业伦理。但他们各自所属的具体的工作领域,又会对他们提出特殊的要求。现代社会,各个国家和地区均开展了公证业务,但在不同国家和地区,公证员的法律地位有很大区别。如我国台湾地区有法院公证员,德国也有法院公证员,我国 20 世纪 90 年代中期以前,公证员是国家公务人员。在英美法系国家,公证员属于自由职业者。在大陆法系有些国家,如法国、德国、意大利等国,公证员介于两者之间,其身份具有双重性。自 20 世纪 90 年代中期以来,我国对公证员从观念到体制进行的变革,更趋向于大陆法系公证制度,公证员是国家公务人员,但兼具自由职业者的一些特性,如公证申请人可自行选定公证员,公证员之间相互平等、无等级区别,公证员虽然要接受国家监督,但仍主要由公证员协会进行管理等。因此,不同于其他法律职业共同体成员,公证员身为国家公务人员,又兼具自由职业者的地位,这决定了公证员除依据共同的法律职业伦理处理与当事人之间、与其他司法人员之间的关系外,还必须依据《公证法》和《基本准则》的要求,处理好与同行之间的关系、与律师之间的关系。

2. 示范性

公证员职业伦理的特点之一在于示范性,这是法律职业伦理客观的必然属性。优秀的公证员职业伦理规范,不仅对专职从事公证业务的公证员具有示范作用,也及于广大公务员和广大民众,有助于改善和提高全民道德内容和水准。

3. 规范性

公证员职业伦理具有规范公证员自身的特性。公证员通过系统的行为规范、舆论、良心等外在、内在形式,可以时刻注意检视自身的行为,注重社会舆论对自身的评价,以公证员职业伦理规范自己的法律行为。

4. 约束性

所有的法律职业伦理都具有一定的约束性,公证员职业伦理也是如此。这种约束性通过社会舆论、传统习惯、行业内制裁、同行谴责以及自我良心谴责等多角度、多层次地予以体现。违反公证员职业伦理不一定构成违法、犯罪行为,但违法、犯罪行为必然违背公证员职业伦理。公证员作出的一些既违反职业伦理又构成违法、犯罪的行为,还要受到相关法律的制裁,这进一步增强了公证员职业伦理的约束性。

三、公证员职业伦理的演变

(一) 公证员职业伦理在西方的发展

1. 古罗马时期公证的萌芽

公证由"私证"发展而来,其历史非常悠久。一般认为公证源于古希腊、古埃及等地区的抄写员，公证员的诞生甚至比律师还要早几百年。古希腊时期，文字的发明使得人们可以将口头契约以正规、可靠的方式记载下来，但伪造法律文书行为也时有发生，于是人们用印章来显示一份书面契约系自愿达成，无印章则文件无效。为了防止印章的欺诈使用，有人提议由第三人见证签字、盖章。公证员起草并加盖印章的契约因其真实性而被认为具有法律效力，这是公证员由证人转变为公职人员的关键一步。

正式意义上的公证员诞生于商品经济发达的古罗马帝国时期。罗马共和国末期，古罗马人发明了速记，即用特定符号来代表普通文字，这种特定符号称为 Notae。在奴隶主家庭内部出现了一种专门用速记符号记录家庭法律事务的记录员。这种经主人授权处理家庭法律事务的奴隶被称为 Notarius，即书写人。他们专门处理与主人有关的法律函件，为主人撰写契约文书，是专门的家庭书记员和记录员。Notarius 即后世"公证员"一词的词源，如英文中的 Notary、法文中的 Notaire 就脱胎于此。

Notarius 除负责法律事务的记录外，还办理法院非诉事件。后者的工作内容包括为他人起草契约及其他私人法律文书，然后加盖法院印章，这些法律文书即可取得公文书的法律地位。但当时绝大多数法律文书无须履行这样正式的手续，其他一般性的私人法律文书可委托职业代书人作成，这些职业代书人的执业范围由法律规定，执业地点在法院或特定交易场所，被称为 Tabelliones。Tabelliones 中业务发达的，可以雇用速记员，即 Notarius，将委托人的请求声明或指示记录下来，编为簿册，然后据以作成正式文件，由当事人签名，证人副署，并由 Tabellio（Tabelliones 的单数）证明。经上述程序制作而成的法律文件，对于当事人具有约束力，这就是所谓的"私证"。不过如发生纠纷，对于争议事实，此类法律文书并不具有前述法院公文书的证明力，须由 Tabellio 或副署的证人到场宣誓证明后，其所载事实才能被确认。这样一来，手续不免繁杂，令当事人颇感不便。后政府规定，Tabellio 作成的文件向政府登记并保管于国家档案，即可取得公文书的证明效力。其后 Tabelliones 的地位日渐重要，人数不断增加。古罗马皇帝查士丁尼（Justinian）即位后，将其联合成一个独立团体，推举而出的领袖为 Prototabellio（首席公证员）。由此可见，"公证"这一法律服务是为了适应人们对于真实法律事实的追求而产生的，由此引申而出的"忠于事实"这一职业伦理，成为公证员最早、最重要的职业伦理规范。

作为特殊的知识阶层，公证员因掌握专门技能而受到尊敬，因其勤勉敬业、恪尽职守的职业伦理而受到社会公众的信任，在政治上日益占有重要的地位。他们的职务种类不同，有的担任议会和法院的常任职员，记载会议及诉讼情形，誊写国家文书，办理罗马法官的文牍，以及登录其裁判命令。有的负责处理市民的私人法律事务，如代订契约、单据及遗嘱文件。罗马公证员的身份已转变为被政府授权提供法律服务、起草文件并予以证明、保管官方档案的公职人员。

2. 中世纪公证员职业伦理的发展

在公证的演进中，基督教会具有重要的地位。教会和它的法庭长期从事商务活动，需要公证员起草文书，许多僧侣就是公证员。9 世纪以后，在意大利地中海沿岸城市国家，公证制度随着这些地区商品经济的发达得到进一步发展，公证可以保障债务人在海上贸易信贷行为中的权利。随后，公证制度向政治权力靠近，欧洲出现了伯爵公证员（Notaries of the Count）、宫廷公证员（Palatine Notaries）和王室公证员（Royal Notaries）等。10 世纪初，王室公证员及宫廷公证员均成为有一定居所的典册掌理员，负责掌管典册、记录诉讼及制作公证书等事宜。至 11 世纪,伯爵公证员、宫廷公证员以及王室公证员在名称和性质上的区别均归消灭,公证员职务至此宣告统一。

随着贸易的发展,因精通各类契约文书的写作而很好地适应了商业的需要,公证员的地位不断增强。13 世纪以后,公证制度几经变迁,逐渐演变成近代欧洲的公证制度。这主要有三个标志:(1)公证书取得公文书的效力;(2)公证书具有强制执行力;(3)公证逐渐脱离法院,成为独立的行业。当时公证员的素质很高,公证程序也日益严格规范,一般情况下法官不再审查公证书的内容,公证书经公证员署名即取得公文书的效力,无需再由法院盖章确认。

西欧中世纪不断发展的公证事业对公证员提出了更高的职业要求。公证员行业逐渐形成道德高尚、诚实信用、谦虚谨慎的职业伦理,不仅要求公证员具有良好的个人修养和品行,还要求他们在履行职务时忠于职守、不徇私情、弘扬正义。

3. 资本主义时期公证员职业伦理的发展

真正为现代公证制度奠定基础的是 1803 年 3 月法国颁布的"风月法令"(即《法国公证法》)和 1804 年《拿破仑法典》。它们对公证制度的一系列基本问题作出了创造性的规定。1945 年,法国政府颁布的《公证机关条例》明确了公证员的性质:公证员是从事辅助性司法活动的公务员。

1948 年 10 月,阿根廷等南美洲国家和欧洲大陆国家的公证员协会于阿根廷首都布宜诺斯艾利斯发起成立了国际拉丁公证联盟。1950 年 10 月举行的联盟第二届代表大会制定并通过了《国际拉丁公证联盟章程》。2003 年 3 月,联盟特别会议批准中国公证员协会加入联盟,中国成为联盟第 71 个成员。

(二) 公证员职业伦理在中国的演变

1. 传统中国社会公证行为重在诚信

中国古代商品经济发达,民事法律关系也较为多样,虽未像西方那样出现正式的公证员,但在民事活动中仍然存在公证行为,这种行为对民事法律行为和法律文书起到记录和见证的作用。目前所看到的传统民事契约中,作为见证人的第三方——"中人"历代始终存在。"中人"多为保、甲、村正副,或宗族期亲尊长,或族邻、地方士绅等。这些人往往具有乡村公共生活代表的身份,在其生活的地域具有相对权威性。其作为中人,基于缔约双方的信任,当契约受到破坏时,可以发挥相应的调处作用。可以认为,在相当多的民事活动中,中人的"面子"有很大的效力:中人的"面子"越大,交易成功的可能性也越大。虽然中人不是正式的公证人员,我国传统社会也始终未能孕育出西方式的公证制度,但我国传统社会中的公证行为实际上更强调意思真实、诚信和公正,中人就起到这样的证明作用。中人往往是宗族期亲中具有一定威望的长辈,他们有助于体现公平,使公众认同,在很多情况下,中人的诚信程度成为决定民事契约成立与否的重要前提 [①]。

2. 民国时期的公证制度与公证职业伦理

民国时期最早的公证制度出现在东三省。1920 年,东三省特区法院推行公证制度,沿用俄国旧制,办理在中东铁路沿线居住的俄国人之间、中国人与外国人之间的公证事项。

---

① 李祝环:《中国传统民事契约中的中人现象》,载《法学研究》1997 年第 6 期。

1935 年 7 月,司法行政部公布了中国第一部公证法规——《公证暂行规则》。其内容仿效日本公证制度,规定由司法行政部指定法院推事专办或兼办公证事务,就法律行为或其他关于私权的事实制成公证书,还有权认证私证书;经公证的债权文书可以强制执行。关于公证员职业伦理,则规定了公证员的回避义务和保密义务。1936 年 2 月,司法行政部还公布了《公证暂行规则施行细则》《公证费用规则》。1943 年 3 月,国民政府公布了《中华民国公证法》,司法行政部于 1943 年 12 月公布了《公证法施行细则》。

3. 新中国公证制度的建立和发展

新中国公证制度的建立和发展经历了一个漫长而又曲折的过程。新中国成立初期,北京、天津、上海等大城市的人民法院相继设立了公证处,开办了公证业务。1951 年 9 月,中央人民政府委员会颁布的《人民法院暂行组织条例》规定,公证工作由市级人民法院和县级人民法院办理,这是新中国第一个有关公证的法律文件。到 1957 年,全国共有 51 个市设立公证处,553 个市、县人民法院附设公证室,652 个县人民法院指定专人办理公证,全年办理公证 29.35 万件[①]。公证制度的建立和发展,有效地维护了社会的经济、民事秩序,为我国国民经济恢复和社会主义改造的顺利进行提供了法律保障,起到了积极的作用。

20 世纪 50 年代末,受"左倾"错误思潮的影响,公证制度受到了极大削弱,几乎被取消。1959 年,大部分公证处随着司法行政机关的撤销而撤销,剩余的个别公证处转归人民法院领导,仅根据国际惯例办理少量的发往域外使用的公证文书,这种状况一直持续到 20 世纪 70 年代末期。在公证业务不断萎缩的情况下,公证员职业伦理自然也被遗忘,无人提起。

改革开放之后,随着司法行政机关工作步入正轨,公证也随之焕发出新的生机。1980 年,司法部发布《关于逐步恢复国内公证业务的通知》,至此,停滞的国内公证业务得以恢复。1982 年 4 月,国务院发布了《公证暂行条例》,这是我国第一部关于公证的行政法规,该条例第 3 条规定"公证处是国家公证机关",将公证处确定为国家行政机关。1994 年,一部分公证处相继转变为事业单位,开始试点合作制公证处,从而形成国家机关、事业单位、合作制三种模式。2000 年 7 月,国务院以《国务院办公厅关于深化公证工作改革有关问题的复函》批准司法部实施《关于深化公证工作改革的方案》,要求行政体制的公证处均转为事业体制。改制之后,公证处成为公益性、非营利性的事业法人,执行国家公证职能,自主开展业务,独立承担责任,按市场规律和自律机制运行。

进入 21 世纪以来,我国的公证事业得到了迅猛发展,但在公证实践中也出现了很多新问题。为适应这一新形势,2005 年 8 月通过了《公证法》(分别于 2015 年、2017 年进行了修改)。《公证法》是新中国第一部公证法典,标志着公证事业法治化的重大进步,具有重要的现实意义。

四、公证员职业伦理的功能

从功能的角度来看,法律职业伦理使法律职业内部维系着群体的统一、稳定。正如法国学者爱弥尔·涂尔干(Émile Durkheim)所言:"职业伦理越发达,它们的作用越先进,职业群

---

① 《30 年公证制度保障促进经济社会发展》,载《法制日报》2008 年 10 月 19 日。

体自身的组织就越稳定、越合理。"① 从外部来看,法律职业伦理决定着法律职业群体的社会地位和声誉,决定着法律职业人员在社会中存在的方式及其社会价值。

1. 示范功能

公证员职业伦理的具体内容和要求一定程度上是一种理想型的道德描述,是公证员日常行为与理想模型的参照。因此其必然有示范的功能。更为重要的是,这种示范功能不仅可以作为一种评价标准来评判公证员的职业行为的道德得失,还能够为公证员的业外活动指引方向。

2. 调节功能

职业伦理是基于职业身份而对职业者提出的道德要求。作为道德的一种特殊类别,职业伦理所具有的最基本功能是调节社会关系。公证员职业伦理的调节功能主要体现在通过指引、评价等方式纠正和改善公证员的职业行为和业外活动,从而协调公证员法律职业的内部关系以及外部关系,处理好公证员与委托人、公证员同行、律师、其他司法人员之间的关系。公证员职业伦理的调节目标是提高公证员现有的职业道德水平以达到职业伦理的要求。

3. 辐射功能

克鲁泡特金(Kropotkin)在《伦理学的起源和发展》一书中指出:"新伦理学的职责便在于把那些理想——那些能够激起人们的热忱而且将建设一个结合个人能力以谋万人福利的生活形态所必需的力量给予人们的理想——注入人们的脑中。"② 公证员所具有的法律职业伦理同样具有社会的辐射功能。公证员职业伦理规范实现了人的主观精神世界与外在行为的有机统一,通过改造法律职业人员的精神影响公证人员的外在行为,这是一种主观见之于客观的过程,这个过程的外在表现是公证人员不断改变自身以符合职业伦理的要求,促使这个过程发生的内在动力则是公证员职业伦理。当公证员的道德水平达到符合公证员职业伦理要求的理想状态时,外化于公证员的道德行为又会对其他人员产生感化和感染的作用,这就是公证员职业伦理的辐射功能。因此,公证员要善于利用其职业伦理的激励感召作用,不断提升和改善整个职业的道德外观,吸引和招揽外部人才参与到法治建设事业中来,推动思想领域和制度领域的全面法治化。

第二节　公证员职业伦理的内容

为规范公证员职业伦理行为,提高公证员职业伦理素养,维护公证员的职业形象,更好地适应社会主义市场经济的发展,2002 年 3 月,中国公证员协会三届三次理事会通过了根据《公证暂行条例》制定的《公证员职业道德基本准则》(以下简称《基本准则》),2010 年 12月,中国公证协会六届二次理事会会议对其进行了修订。《基本准则》共 29 条,全面规范了公证员与当事人之间的关系、公证员同行之间的关系、公证员与律师之间的关系以及公证员与其他司法人员之间的关系。

---

① ［法］爱弥尔·涂尔干:《职业伦理与公民道德》,渠东、付德根译,上海人民出版社 2006 年版,第 8 页。
② 转引自李本森:《法律职业伦理》,北京大学出版社 2008 年版,第 23 页。

一、公证员职业伦理的基本原则

公证的核心价值理念是"规范"与"公正",这是在中西方数千年的发展历程已为公证行业所证明的。《公证法》第3条[①]以及《基本准则》第3条[②]共同呼应了这两大核心价值理念。公证员在履行职务的过程中,遵守宪法、法律,严格按照法律规定的内容、程序和期限,通过规范的业务操作及流程,实现当事人对真实、合法、有效的法律事实和法律文书的追求。因此,"规范"是实现"公正"的前提和基础,"公正"是规范的公证行为的最终目标。围绕着"规范"与"公正",《基本准则》分别从"忠于法律尽职履责""爱岗敬业规范服务""加强修养提高素质""廉洁自律尊重同行"四个方面进行了详细的规定。

二、公证员与当事人的关系规范

《基本准则》规定了公证员的回避义务、保密义务、告知义务、敬业尽职义务以及廉洁义务。

(一) 公证员的回避义务

《基本准则》第5条规定:"公证员应当自觉遵守法定回避制度,不得为本人及近亲属办理公证或者办理与本人及近亲属有利害关系的公证。"建立公证员回避义务的初衷是维护公证执业行为的中立性,保证公证行为能真正遵守法律,恪守客观、公正的原则立场,做到以事实为依据、以法律为准绳。公证员的回避义务,就回避主体而言,即禁止公证员办理本人及其近亲属的公证;就内容而言,即禁止办理与本人及其近亲属有利害关系的公证。理解本条所涉"近亲属",可参照民事审判中审判人员在诉讼活动中执行回避的相关规定,包括与公证人员有夫妻关系、直系血亲关系、三代以内旁系血亲及近姻亲关系的亲属。[③]

(二) 公证员的保密义务

《基本准则》第5条规定:"公证员应当自觉履行执业保密义务,不得泄露在执业中知悉的国家秘密、商业秘密或个人隐私,更不得利用知悉的秘密为自己或他人谋取利益。"公证员在办理遗嘱、收养、婚前财产公证等公证业务时,会知悉当事人的个人隐私或其他不愿公开的情况,公证员对此负有保密义务。

保密义务首先体现为不得向任何无关人员泄露在执业中知悉的国家秘密、商业秘密或个人隐私,包括公证员的亲属、同事以及媒体。其次,保密义务体现为公证员不得利用在职务活动中知悉的信息为自己或他人谋取利益。利益可表现为与物质利益有关的信息,如开奖公证、拍卖公证等信息,这些信息可能给自己或亲友带来直接的物质利益;也可表现为其他形式的利益,如公证员著书立说进行法学研究时,引用办理过的公证案例时必须对所引事项进行加工处理,不宜让某些信息泄露以损害当事人的利益。此外,在参加会议或宣传活动

---

① 《公证法》第3条规定,公证机构办理公证,应当遵守法律,坚持客观、公正的原则。
② 《公证员职业道德基本准则》第3条规定,公证员应当依法办理公证事项,恪守客观、公正的原则,做到以事实为依据、法律为准绳。
③ 具体参照2011年《最高人民法院关于审判人员在诉讼活动中执行回避制度若干问题的规定》第1条第2款。

时,也要注意对相关信息进行保密。在涉及公证的诉讼案件中,如公证员需出庭作证,可就有关情况先向主审法官通报,如系公开审判须注意谨慎表达相关内容,防止泄密。

(三) 公证员对当事人的告知义务

《基本准则》第 8 条规定:"公证员在履行职责时,应当告知当事人、代理人和参与人的权利和义务,并就权利和义务的真实意思和可能产生的法律后果做出明确解释,避免形式上的简单告知。"本条规定了公证员对当事人的告知义务。告知义务是指为了弥补当事人法律专业知识的不足,由公证员主动向当事人作出法律意义上的解释,以便更好地维护当事人的利益。

作为法律工作者,公证员通晓法律知识,熟悉法律程序,而当事人有可能对自己公证事项的法律意义并不清楚。公证员职业伦理要求公证员必须认真详细地履行告知义务。具体而言,公证员的告知义务包括以下内容:

第一,告知当事人、当事人的代理人及公证事务的参与人各自的权利义务。

第二,告知权利义务的真实意思。公证过程中涉及的诸多法律术语均有其特定的含义,当事人往往依其字面含义作常识性的理解,会与精准的法律含义有或多或少的差别,必须由公证员履行真实意思的告知义务。

第三,告知可能产生的法律后果。由于缺乏相关的专业知识,很多情况下当事人并不确知自己的权利义务以及法律上的意义和结果,这也必须由公证员告知。而且,公证员的告知义务必须是实质性的告知,避免走过场式的简单告知。这就要求公证员在办理公证业务时,对于不同民族、种族、国籍和宗教信仰的当事人,应当选择适当的语言和表达方式,使当事人真正了解依法享有的权利和应履行的义务;对于年纪较大或健康状态不佳的当事人,不仅要明确告知法律的相关规定,还要用通俗的语言作出解释,使其了解法律规定的内涵,在理解法律的基础上,真实地反映自己的思想意识;对于行动不便的当事人,应当到当事人的住所办理公证事项,讲解有关法律。在执行职务时,公证员应热情对待当事人、代理人和参与人,特别注意自己的语言、语气和表达方式,避免言行不慎使对方产生歧义,提高公证效率。

(四) 敬业尽职义务

《基本准则》对公证员提出了敬职尽责、恪尽职守的职业伦理要求。公证员的首要职责就是防患于未然,预防纠纷、减少诉讼。公证员是国家证明权的行使人,代表国家对相关法律事实、法律行为或文书的真实性、合法性进行确认。某些具有强制执行效力的债权文书,一旦经过公证、由公证员盖上神圣的印章,便具有了相当于法院既判力的效力,这都对公证员的职业素养和道德品质提出了很高的要求。

敬业尽职义务在《基本准则》中涉及的条文较多,包括的内容较广,具体内容见表 8-1。

表8-1 敬业尽职义务的内容

《基本准则》具体条文	条文内容	尽职义务
第6条:公证员在履行职责时,对发现的违法、违规或违反社会公德的行为,应当按照法律规定的权限,积极采取措施予以纠正、制止。	纠正、制止违法、违规或违反社会公德行为的义务	信仰法律,维护公平正义
第16条:公证员应当忠于职守、不徇私情、弘扬正义,自觉维护社会公平和公众利益。	维护公平正义义务	
第7条:公证员应当珍惜职业荣誉,强化服务意识,勤勉敬业、恪尽职守,为当事人提供优质高效的公证法律服务。	恪尽职守义务	恪尽职守、谨慎从业义务
第9条:公证员在执行职务时,应当平等、热情地对待当事人、代理人和参与人,要注重其民族、种族、国籍、宗教信仰、性别、年龄、健康状况、职业的差别,避免言行不慎使对方产生歧义。	执业言行谨慎义务	
第10条:公证员应当严格按照规定的程序和期限办理公证事项,注重提高办证质量和效率,杜绝疏忽大意、敷衍塞责和延误办证的行为。	严格按程序期限办理公证事务的义务	
第11条:公证员应当注重礼仪,做到着装规范、举止文明,维护职业形象。现场宣读公证词时,应当语言规范、吐字清晰,避免使用可能引起他人反感的语言表达方式。	注重执业礼仪义务	
第18条:公证员应当不断提高自身的业务能力和职业素养,保证自己的执业品质和专业技能满足正确履行职责的需要。 第19条:公证员应当树立终身学习理念,勤勉进取,努力钻研,不断提高职业素质和执业水平。	不断提升业务能力和职业素养义务	终身学习义务
第15条:公证员应当道德高尚、诚实信用、谦虚谨慎,具有良好的个人修养和品行。	注重个人品行修养义务	个人品行修养义务

公证员的敬业尽职义务,首先要求公证员拥有高尚的道德修养,信仰法律,忠于法律,对事实和法律负责,忠于职守、不徇私情、弘扬正义,对履行职责过程中发现的违法、违规或违反社会公德的行为,应当按照法律规定的权限,积极采取措施予以纠正、制止。其次,要求公证员具有崇高的职业责任感。公证员既要不断提高自身的业务能力和职业素养,注重提高办证质量和效率,杜绝疏忽大意、敷衍塞责和延误办证的行为,又要具有周到热情的服务意识,应当平等、热情地对待当事人、代理人和参与人,还应当注重礼仪,做到着装规范、举止文明,维护职业形象。再次,要求公证员树立终身学习理念,为当事人提供优质高效的公证法律服务。最后,要求公证员诚实信用,拥有高尚的道德修养。

(五)廉洁义务

《基本准则》第20条规定:"公证员应当树立廉洁自律意识,遵守职业道德和执业纪律,不得从事有报酬的其他职业和与公证员职务、身份不相符的活动。"第21条规定:"公证员应当妥善处理个人事务,不得利用公证员的身份和职务为自己、亲属或他人谋取利益。"第 22 条规定:"公证员不得索取或接受当事人及其代理人、利害关系人的答谢款待、馈赠财物或其他利益。"

作为国家法律工作者,公证员的职责是根据事实和法律制作公证文书。公证文书具有特定的法律效力,可以在诉讼活动中直接作为证据使用,如果没有足以推翻的相关证据,人民法院可直接将其作为定案依据。公证书还可作为法院强制执行的依据,可不经审判径行执行,具有与生效裁判同等的法律效力。公证员代表国家行使具有公共权力性质的证明权,虽然不是国家机关工作人员,但其履行国家证明权的公共管理职能要求其必须具有中立公正的立场,恪守清正廉洁的职业伦理。具体要求包括:

第一,不得从事有报酬的其他职业,不得从事与公证员职务、身份不相符的活动。公证员行使国家证明权,必须站在中立、客观、公正的立场,保证所证明法律事实和法律行为的合法性、有效性,不得再从事其他与公证员职务、身份不相符的活动,也不能将审判权、检察权、执行权和证明权合为一体,不得担任法官、检察官或行政官员。

第二,保持清正廉洁的职业道德,不得利用公证员的身份和职务为自己、亲属或他人谋取利益,不得索取或接受当事人及其代理人、利害关系人的答谢款待、馈赠财物或其他利益。

三、公证员同行之间的关系规范

《公证法》规定,公证机构是依法设立,不以营利为目的,依法独立行使公证职能、承担民事责任的证明机构。公证机构不按行政区划层层设立,不具有上下级之间的行政隶属性。公证员实行专业技术职务制度,彼此之间都是平等的,依法出具的公证文书具有同等的法律效力。公证机构、公证员之间都是平等竞争的关系。在市场经济条件下,对于保证公平竞争,规范公证行为,公证员同行之间的职业伦理发挥了重要的约束和调整作用。

(一) 不干涉他人办证

《基本准则》第 24 条规定:"公证员不得以不正当方式或途径对其他公证员正在办理的公证事项进行干预或施加影响。"公证员之间应当相互尊重,各自对依法受理的公证事项认真履行职责,不得干涉他人的正常工作,不得向正在办理公证事务的公证人员打听办证情况,也不得了解相关内容。对于其他公证员正在办理的公证事项或者处理结果,除非在正常的讨论程序或审批程序中,不得发表有可能影响公证员独立自主判断的不同意见。对于有充分理由,不发表将可能导致错证发生的不同意见,可以按管理权限向公证处的相关负责人汇报,并充分阐述,通过审批程序维护正常的办证秩序。

(二) 维护公证书的权威

《基本准则》第 12 条规定:"公证员如果发现已生效的公证文书存在问题或其他公证员有违法、违规行为,应当及时向有关部门反映。"第 13 条规定:"公证员不得利用媒体或采用其他方式,对正在办理或已办结的公证事项发表不当评论,更不得发表有损公证严肃性和权威性的言论。"

公证的职业性、专业性是通过公证文书最终体现出来的,因此任何一个公证员都要自觉维护每一份公证文书的严肃性和权威性。在办理公证时,存在不同意见、不同看法的,允许保留,但在出具公证书时要尊重主办公证员和审批者的意见。如果确认是错证,可以按照法定程序予以纠正,依法向公证处相关负责人和司法行政机关反映。在法学理论层面持不同观点的,要选择适当的场合及方式表达、交流。出现上述情形时,不得干预他人依法出具公证书,不得利用媒体或采用其他方式,对正在办理或已办结的公证事项发表不当评论,更不得发表有损公证严肃性和权威性的言论。

（三）尊重同行,公平竞争

《基本准则》第23条规定:"公证员应当相互尊重,与同行保持良好的合作关系,公平竞争,同业互助,共谋发展。"第25条规定:"公证员不得从事以下不正当竞争行为:(一)利用媒体或其他手段炫耀自己,贬损他人,排斥同行,为自己招揽业务;(二)以支付介绍费、给予回扣、许诺提供利益等方式承揽业务;(三)利用与行政机关、社会团体的特殊关系进行业务垄断;(四)其他不正当竞争行为。"

公证员职业伦理禁止公证员同行间的不正当竞争行为。尊重是最基本的道德素质,公平是竞争的规则。在法律职业共同体中,尊重同行、遵守公平竞争的职业伦理是不言而喻的。只有同业互助,才能共谋发展。公证的竞争性不是特别明显,有关公证管辖的法律规定已经划出了公证机构各自的业务领域。只有直辖市、省辖市和设区的市,存在个别公证处之间的业务竞争,但这种竞争并不具有普遍意义,可以通过调整公证辖区和整合公证处来解决。

公证员不得从事的不正当竞争行为主要包括:

首先,公证员不得利用媒体或其他手段炫耀自己,贬损他人,排斥同行,为自己招揽业务。对于公证业的广告宣传,目前还缺乏相应的规范加以约束,公证员作为法律职业共同体的一员,不宜利用广告进行自我宣传。

其次,公证员不得利用与行政机关、社会团体的特殊关系进行业务垄断,或从事其他不正当的竞争行为。公证员的业务垄断往往与腐败联系在一起,并极有可能导致公证员队伍的两极分化,对公证员素质的提高产生巨大障碍。如果纵容公证员利用特殊关系争抢案源形成业务垄断,造成精通专业知识的业务员无事可做的局面,不仅会严重挫伤其他公证员的积极性,更会误导整个公证员队伍将注意力更多地放在找机会、找关系垄断业务、控制市场上,而不是加强业务学习、提升法律素养,这会对公证员素质的整体提高产生巨大障碍。因为公证行业的核心竞争力仍然是公证员的业务素质,即对法律事实、法律关系、法律文书的精准把握。即使一时垄断了市场,带来了巨大的业务量,若专业能力不足,也会直接损害当事人的利益,还会对其他公证员和整个公证行业造成损害。

四、公证员与司法人员的关系规范

（一）公证员与司法行政机关的关系

司法行政机关是人民政府负责司法行政事务的部门,代表国家实施对司法行政事务的行政管理权。对于公证员的许多事务,司法行政机关都拥有管理权,如公证员的遴选,专业技术职务的聘任,公证事务的行政复议,公证处的设立、合并、终止,公证管辖区域的划定,公证管辖争议的裁决,等等。公证员的行政事务需要服从司法行政机关的管理。

但司法行政机关没有法律授权或确认的国家证明权。司法行政机关无权对公证事务的真实性、合法性进行审查。如果公证当事人对公证员出具的公证书有不同意见,向司法行政机关申请复议,司法行政机关仅能对公证员的办证程序进行审查。如果发现公证员履行职务过程中存在着程序性错误,可依法作出撤销公证书的复议决定。如未发现程序违法,应予维持,驳回当事人申请。如当事人对司法行政机关驳回申请不服,只能向人民法院起诉,由人民法院依审判权对相关法律事实、法律行为或文书进行确认。对于违法的公证员,司法行政机关可以依法实施行政处罚,受处罚的公证员依法可以申诉或提起行政诉讼。

(二) 公证员与法官的关系

公证员与法官发生关联的场合一般是法庭,公证员以证人身份出席法庭审判,履行作证职责。公证员在法庭上回答法官、检察官、辩护人、双方当事人以及双方代理人的提问,对所出具公证书的真实性、合法性进行说明。公证员应本着忠于事实、忠于法律的态度,基于客观公正的立场进行回答。

如公证处因公证事务被当事人作为被告起诉,公证员可作为公证处的诉讼代理人应诉,就原告的指控进行答辩,陈述办理公证的程序事实,运用相关法律与原告辩论,维护公证处及自己的合法权益。

当公证员对司法行政机关的行政处罚不服向人民法院起诉时,公证员是行政诉讼的原告,作出该行政处罚的司法行政机关是被告。公证员可通过行政诉讼请求法院依法撤销行政处罚决定书。

人民法院与公证员之间的关系还可体现在对公证的司法监督管理方面。人民法院依据《民事诉讼法》的规定对发生效力的公证文书实施监督,受理公证赔偿责任诉讼以及与公证有关的行政诉讼和刑事诉讼。法官对公证文书享有监督权。在民事诉讼过程中,人民法院对于经法定程序证明的法律事实、法律行为和文书,一般不进行审查,可直接作定案依据。但是,一旦发现有相反的证据足以推翻公证证明的,就需要排除公证文书的证据效力。人民法院审理的有关公证的行政诉讼,既是对公证员和司法行政机关合法权益的一种司法保护,也是对公证员违法违纪行为和司法行政机关违法实施行政行为的法律监督。

(三) 公证员与检察官的关系

人民检察院与公证机关及其公证员之间的关系同样体现在对公证的司法监督管理方面,包括检察官依据《公证法》有关规定对公证员玩忽职守、徇私舞弊和滥用职权出具错证等行为进行审查(《监察法》实施后转由监察机关审查)。如构成犯罪,还应按照《刑事诉讼法》的程序追究刑事责任;如不构成犯罪,应予撤案,移送相应司法行政机关处理。

五、公证员与律师的关系规范

(一) 大陆法系公证员与律师的关系

大陆法系的公证员具有双重性质,介于国家公务人员与自由职业者之间。这种定位源于罗马法,德国、法国、意大利、西班牙等国继承了这一传统。最初的公证人员是职业代书人,兼有证人的身份,除在庭审中负责记录诉讼外,还办理法院非诉案件,工作内容包括为他人起草契约及私人文书,然后盖上法院印章,使其取得公文书的法律地位。律师则负责法庭诉讼,为当事人发表辩护意见、代理意见。因此,公证员与律师的身份、地位是平行的,双方各司其职。

中世纪初期,公证员日常大量制作无需加盖法院公章的私人文书,对于当事人即发生约束力,公证员与律师仍无太大区别,都以私人身份提供法律服务。但自中世纪中期以来,公证员的法律地位逐渐与律师区分开来,向着公职人员身份演变。13世纪以后,政府规定,公证员制作的文件向政府登记并保管于国家档案馆后,即取得公文书的强制执行力。以此为转折点,公证员逐渐脱离法院而成为独立的职业人,公证员的法律地位也逐渐向独立执行职务的公职人员演变。近代以来,法国、比利时、西班牙、德国等国家颁布公证法,对公证员的独立的公职人员身份进行了明确的界定,大陆法系公证员的法律地位正式得以确立。法律规定的公证员的法律事务可分为以下两类:

1. 法律文书及法律事务

公证员从事的法律文书及法律事务指的是公证员制作各种公证文书,对法律事实和法律行为进行认证签名。法律规定,各种契约、会议决议、办理开奖与摸彩、制作财产目录、票据拒绝证书、执行非讼拍卖、调解遗产中的财产分割、宣誓保证等,由公证员予以证明。一般来说,这是公证员专属的业务范围,不会与律师业务发生关联,遵照公证员职业伦理规范即可。

2. 公证员的法律辅助事务

在大陆法系国家,公证员不同于律师,不能出庭。他们的法律辅助事务包括文书的送达,受理有关土地所有权转让事宜,金钱、有价证券、贵重物品的保管与交付第三人,起草文书,以及代理申请人出庭或到行政官署、代理关系人申请登记等,这一部分业务在公证行业发展的早期往往与律师业务发生交叉。中世纪以后,公证员的身份逐步向公务人员演变。在法国大革命期间,革命者认为,除了调解和裁决纠纷的官员外,公众的安定还需要其他公务人员——公证员予以协助。公证员在革命初期可以从三个方面实现资产阶级的利益:首先,公证员通过制作和保管财产文书保护财产所有者即资产阶级,使其免受他人对其财产提出要求所带来的困扰。其次,公证员作为法律咨询者和公证文书的撰写者,使每个服务对象能够明确其权利,由此推动其实现自己的意愿。最后,公证员处理家庭财产事务,为每个家庭提供了安全保障。1945年法国政府颁布了《公证机关条例》,明确了公证员的性质:公证员是从事辅助性司法活动的公务员。由此划清了公证员与律师的业务范围。非争议性的法律事务均由公证员来处理。

(二) 英美法系公证员与律师的关系

英美法系公证员的地位远不如大陆法系。英美法系的公证员属于自由职业者,其主要任务是以盖有公证印章的证明文件证明契约、契据和其他文件的真实性。在美国许多地方,公证人要交纳一笔保证金,以保证自己正当地履行职责。在美国,担任这个职务所需的资格,在各州之间没有多大的差别。通常情况下,年满18岁的美国公民,无需经过专门的考试,提出申请即可成为公证员,非本地居民也可以申请。公证员职务的管辖范围限于本州内。美国有些州规定公证员业务仅限于他居住的县。

在英美法系,法庭不认为公证员证明的情况就是事实,只有在汇票遭到国外拒付的情况下例外。起草遗嘱、契约、抵押和契据之类的法律文件等大陆法系公证员的传统业务,在英美法系须由律师办理,公证员不能从事此类业务。在美国,许多法令要求一些特定文件的真实性要由公证员加以证明,最常见的如转让土地的契据。如当事人提供身份证明,则公证员可对其予以确认。美国的有关法令也授权其他某些官员,如治安法官、领事官、某些军官和各级法院的官员等执行公证员的任务。

(三) 我国公证员与律师的关系规范

在新中国成立以后的半个世纪,公证员属于公务人员,与律师的法律地位是平行的。进入 21 世纪以来,随着市场经济的发展,我国从观念和体制上进行了公证制度变革,趋向于大陆法系的公证制度。

我国公证员与律师的相同之处有:首先,机构的性质相同。在我国,律师事务所和公证机构均被定义为社会中介组织,我国的公证业和律师业同属社会服务业,都需要依托自身的法律知识和技能为委托人提供法律服务,收取费用。其次,改制前,公证员和律师都曾是国家的法律工作者,都经历了从类似于公务员身份到社会自由职业者的转型。公证员和律师均由司法行政部门管理,都是法律专业人员。

我国公证员与律师的不同之处有:

第一,律师行业和公证行业改革的起点与方向不同。律师行业率先进行市场经济的转型和改制,整体上更多地借鉴英美法系的律师制度。公证制度的改革则受到拉丁国家公证联盟的影响,但我国的公证员并未获得大陆法系国家公务员的身份和地位,在实际操作中又在仿效律师制度改革,公证员行使国家证明权,其定位是社会自由职业者。

第二,两者的执业特点不同。律师必须以委托人的立场,通过辩护、代理(含非诉法律事务的代理)、法律咨询及代书等业务活动寻求合法范围内委托人利益的最大化。公证员行使的是国家证明权,属于国家权力的一部分,通过法律的授权或确认获得行使证明权的资格,其出具的公证书起到证明相关法律事实、法律行为、文书真实性、合法性的作用,由此预防社会纠纷的发生。其地位中立客观,必须忠于事实、忠于法律。

第三,两者的社会功能不尽相同。公证员和律师虽同属法律工作者,但律师的主体业务均是在纠纷实际发生之后产生的,律师提供法律服务的主要目的是解决纠纷,非诉业务也是为了避免纠纷。公证则是为了预防纠纷、减少诉讼而证明法律事实、法律行为、文书的真实性、合法性。

第四,两者执业的方式不同。律师出庭须积极运用一切合法手段说服法官,使自己的诉讼意见被法院接受,实现当事人的利益。公证员履行职务一般无需出庭,如需出庭也是为了说明公证书的真实有效,说明出具公证书的理由,维护的是公证的权威性、真实性、合法性。

第五,两者的执业前景不同。律师业务会随着市场经济的发展而逐步细化,专业化、职业化趋势日益明显。但公证业务则相对固定,一般不会有太大的波动,公证员的数量与公证管辖区域的人口应当保持一定比例,公证员队伍不能突破比例盲目发展。

《公证法》基本厘清了律师业务与公证业务的关系,改变了公证业务与律师业务界限不清又无法可依的状态。公证员和律师均有同业竞争的职业伦理规范,但调整公证员与律师关系的职业伦理规范和法律规范均处于空白状态。面对市场压力,公证机构必须最大限度地开发公证业务,在非诉业务领域必将与律师发生激烈的竞争,两者发生直接冲突的可能性也大大增加,需要进一步加强规制。

第三节　公证员职业伦理的实施机制

一、公证员职业伦理的培育机制

(一) 高校培育机制

法学教育是塑造法律职业伦理的必由之路。公证员必须具有系统的法学专业知识,往往由通过法律职业资格考试的法学专业毕业生担任,因此我国高校的法律职业伦理教育就是公证员职业伦理的重要基础。但当前我国高校对法律职业伦理重视程度还不够,课程设置以法学理论为主,忽视专业性的伦理教育,即使开设了法律职业伦理课程,也多半是一些空洞的道德说教,脱离实际,脱离专业应用,效果并不理想。

当下高校法律职业伦理教育现状的不尽如人意,是高校法律职业伦理教育观念误区导致的。不少学生甚至教师都认为,法律职业伦理无关紧要,对今后实践中走上职业化道路没有太大作用。还有部分教师认为,法律职业伦理带有强烈的实践性,需要在法律实践中由多种社会力量碰撞、磨合而成,并非由教师的宣讲形成。且法学专业学生往往已经成年,其内心的伦理观念已经形成,靠外力的说教培养很难生效。这些观念均阻碍了法律职业伦理教育在我国高校教育中的开展。

事实上,高校法学专业学生的人生观、价值观正处于可塑的最佳时期,正是理解、认同、养成法律职业伦理的关键时期,对他们进行系统的法律职业伦理教育是必要的,也是可行的。同时,包括公证员职业伦理在内的法律职业伦理是国家统一法律职业资格考试的重要内容,这也构成了学生学习法律职业伦理的外在动力。

(二) 岗前培训机制

公证员职业伦理培育机制中,岗前培训是一个非常重要的平台。2002 年以后,公证员准入制度改革,初任公证员必须通过国家统一法律职业资格考试(司法考试),准入标准大大提高,对公证员的选拔、聘任也更为严格。从现有资料分析,全国各省基本已形成惯例,由省公证协会负责每年召集组织初任公证员的岗前培训。这也符合《中国公证员协会章程》对公证协会的职能规定。该章程第 6 条第 4 项对公证协会职能的规定是:"对会员进行职业道德、执业纪律教育,协助司法行政机关查处会员的违纪行为。"第 6 项规定:"负责会员的培训,组织会员开展学术研讨和工作经验交流。"

但目前全国公证员的岗前培训还不规范,各省各自为战,缺乏全国统一的标准和规定,必然会带来培训内容和培训标准的不统一。如实践中某些省份更注重法律实务、公证实务方面的培训,忽视对公证员职业道德和执业纪律的培训。而且实践中并未区分公证员培训与助理公证员培训,二者经常合在一起组成同一个培训班。但公证业务对公证员的职业伦理要求明显高于助理公证员。公证员职业伦理培训还需在实践中进一步规范。

二、公证员职业伦理保障机制

(一) 公证员职业伦理内化机制

只有公证员将公证员职业伦理内化为他们自身的品德、他们的自觉意识,才会有稳定的道德行为。也即,公证员只有将公证员职业伦理内化以后,才可以做到伦理观念与伦理行为的有机统一,以内在的职业伦理观念统合指导外在的职业伦理行为。从这个意义上说,一个公证员想要将公证员职业伦理内化为自己的法律品德,需要通过符合职业伦理规范的行为予以强化。公证员职业伦理的内化受到各种环境因素、制度因素等客观因素,以及公证员自身的价值观念、性格、认知等主观因素的影响,需要在公证业务的实践中逐步养成。

公证员职业伦理内化的基本途径有:(1)加强自我修养。自我修养是一种自尊自律的基本方法,公证员在将公证员职业伦理内化的过程中,应该更加自觉地加强自我修养。公证员为加强自我修养,要做到主动学习,学习专业知识、学习道德、学习做人。(2)积极实践。对公证员职业伦理的学习,必须与法律实践结合起来,真正做到"知行合一"。经常反躬内省是道德修养的重要方法,必须经常进行反省,自我监督,并且及时进行自我纠正。(3)慎独。"慎独",语出《礼记·中庸》:"莫见乎隐,莫显乎微,故君子慎其独也。"意指当独自一人而无别人监视时,也要表里一致,严守本分,不做坏事,不自欺。对于公证员来讲,慎独,就是要做到一个人独处的时候,在没有社会和他人监督的情况下,仍然能够坚守自己的道德信念,严格按照公证员职业伦理办事,自觉抵制各种诱惑,时时处处防微杜渐,自觉培养自我管理、自我约束的能力和习惯。

(二) 公证员职业伦理的外在监督管理机制

与公证员职业伦理内化机制相对应的,是以公证协会和公证机构为主体的外在监督管理机制。

《公证法》第 4 条第 2 款规定:"公证协会是公证业的自律性组织,依据章程开展活动,对公证机构、公证员的执业活动进行监督。"公证协会对公证员的职业伦理行为享有监督权。《公证法》第 14 条规定:"公证机构应当建立业务、财务、资产等管理制度,对公证员的执业行为进行监督,建立执业过错责任追究制度。"

《公证法》第 22 条第 1 款规定:"公证员应当遵纪守法,恪守职业道德,依法履行公证职责,保守执业秘密。"公证协会和公证机构有权依据上述规定对公证员的职业伦理行为进行监督。《公证员执业管理办法》第 21、22 条规定,要加强对公证员执业活动的监督,建立公证员执业过错责任追究制度。《公证员执业管理办法》第 32 条规定,公证员在执业中有违纪行为的,由公证协会给予处分;发现有依据《公证法》的规定应当给予行政处罚情形的,应当提交有管辖权的司法行政机关处理。

三、公证员职业伦理内部惩戒机制

（一）公证员执业中违纪行为的处分形式与适用条件

根据《公证员惩戒规则（试行）》的规定，对公证员的惩戒有 6 种：警告、严重警告、罚款、记过、暂停会员资格、取消会员资格。其适用条件分别是：

1. 警告。《公证员惩戒规则（试行）》第 12 条规定，公证员有下列行为之一的，予以警告：(1)无正当理由，不接受指定的公益性公证事项的；(2)无正当理由，不按期出具公证书的；(3)在媒体上或者利用其他手段提供虚假信息，对本公证机构或者本公证机构的公证员进行夸大、虚假宣传，误导当事人、公众或者社会舆论的；(4)违反规定减免公证收费的；(5)在公证员名片上印有曾担任过的行政职务、荣誉职务、专业技术职务或者其他头衔的；(6)采用不正当方式垄断公证业务的；(7)公证书经常出现质量问题的；(8)其他损害公证行业利益的行为，但后果尚不严重的。

2. 严重警告。《公证员惩戒规则（试行）》第 13 条规定，公证员有下列行为之一的，予以严重警告：(1)刁难当事人，服务态度恶劣，造成不良影响的；(2)对应当受理的公证事项，无故推诿不予受理的；(3)故意诋毁、贬损其他公证机构或公证人员声誉的；(4)利用非法手段诱使公证当事人，干扰其他公证机构或者公证人员正常的公证业务的；(5)给付公证当事人回扣或者其他利益的；(6)违反回避规定的；(7)违反公证程序，降低受理、出证标准的；(8)违反职业道德和执业纪律的；(9)1 年内连续出现 2 件以内错误公证文书的；(10)受到警告惩戒后，6 个月内又有第 12 条所列行为的。

3. 罚款。《公证员惩戒规则（试行）》第 11 条第 3 款规定，公证员违反《公证员惩戒规则（试行）》第 12 条至第 16 条规定的，根据违反行业规范行为的性质，可以并处 50 元至 5000 元的罚款。

4. 记过。《公证员惩戒规则（试行）》第 14 条规定，公证员有下列行为之一的，予以记过：(1)1 年内连续出现 3 件以上 5 件以下错误公证文书的；(2)违反公证法规、规章规定的；(3)违反公证管辖办理公证的；(4)违反职业道德和执业纪律，拒不改正的；(5)受到严重警告惩戒后，6 个月内又有第 13 条所列行为的；(6)其他损害公证行业利益的行为，后果较为严重的。

5. 暂停会员资格。《公证员惩戒规则（试行）》第 15 条规定，公证员有下列行为之一的，予以暂停公证员协会会员资格，并建议司法行政机关给予暂停执业的行政处罚：(1)利用职务之便牟取或收受不当利益的；(2)违反职业道德和执业纪律，情节严重的；(3)1 年内连续出现 6 件以上错误公证文书的；(4)受到记过惩戒后，6 个月内又有第 14 条所列行为的；(5)其他损害公证行业利益的行为，后果严重的。暂停会员资格期限为 3 个月至 12 个月。

6. 取消会员资格。《公证员惩戒规则（试行）》第 16 条规定，公证员有下列行为之一的，予以取消公证员协会会员资格，并建议司法行政机关给予吊销执业证的行政处罚：(1)泄露国家机密、商业秘密和个人隐私给国家或者公证当事人造成重大损失或者产生恶劣社会影响的；(2)故意出具错误公证书的；(3)制作假公证书的；(4)受刑事处罚的，但非职务的过失犯罪除外；(5)违反公证法规、规章规定，后果严重的；(6)对投诉人、举报人、证人等有关人员打击报复的；(7)案发后订立攻守同盟或隐匿、销毁证据，阻挠调查的；(8)违反职业道德和执业纪律，情节特别严重的；(9)受到暂停会员资格惩戒，恢复会员资格 12 个月内，又有第 15 条所列行为的;(10)其他违法违纪或者损害公证行业利益的行为,后果特别严重的。

公证员受到严重警告、记过惩戒的,当年不得晋升职务、级别,不得参加外事考察活动。受到暂停会员资格惩戒的,3年内不得晋升职务、级别,不得参加各级公证协会组织的外事及具有福利性质的活动。有办理涉外公证业务资格的公证员受到记过和暂停会员资格惩戒的,暂停办理涉外公证业务。对于受到惩戒处理的公证员,将通过适当的方式予以通报。

(二) 公证员执业中违纪行为处分的实施

公证员执业中违纪行为处分的实施,主要包括惩戒机构、惩戒管辖、惩戒投诉及处理、惩戒调查、惩戒决定的作出和送达、惩戒决定的复核等内容。

1. 惩戒机构

《公证员惩戒规则(试行)》规定,中国公证协会和地方公证协会设立惩戒委员会,作为对公证员实施惩戒的专门机构。惩戒委员会的职责为:(1)受理投诉案件和有关部门移送的案件;(2)审查当事人提交的有关证明材料;(3)对违规行为进行调查核实;(4)制作惩戒委员会会议记录和惩戒决定书;(5)检查惩戒决定的执行情况。

2. 惩戒管辖

惩戒案件一般由省级公证协会的惩戒委员会受理,中国公证协会惩戒委员会对于影响较大、案情重大的案件也可以自行受理。

3. 惩戒投诉及处理

惩戒委员会应当指定专人负责受理对公证员的投诉。司法行政机关建议给予惩戒的,惩戒委员会应当受理。

对于投诉的案件,惩戒委员会应当填写登记表,进行初步审查,按下列不同情况作出处理:(1)投诉材料事实不清的,通知投诉人补充材料。投诉人无法补充的,可不予受理。(2)认为违法、违纪的事实不存在的,不予审理。(3)有违纪事实,但情节显著轻微,依照规定不需要实施惩戒的,应予以结案,并通知投诉人或其代理人;对于需要批评教育的,将情况告知被投诉人所在的公证机构。(4)认为有违法、违纪的事实的,应当予以审理。

4. 惩戒调查

根据《公证员惩戒规则(试行)》的规定,惩戒委员会受理后,应当在15日内通知投诉人、被投诉人及其所在公证机构的负责人,并告知被投诉人及其所在公证机构负责人到惩戒委员会说明情况或者提供书面答辩材料。调查应当制作笔录,接受调查的人应当在调查笔录上签字或盖章。调查终结,惩戒委员会应当对调查结果进行审查,根据不同情况,分别作出如下决定:(1)举证不足的,终止审理;(2)情节显著轻微的,予以批评教育,不作惩戒处理;(3)投诉属实的,予以惩戒处理;(4)应当由司法行政机关予以行政处罚的,书面建议司法行政机关予以行政处罚。

对可能给予暂停会员资格或者取消会员资格的案件,惩戒委员会应告知当事人本人及其所在公证机构负责人有陈述、申辩的权利。

5. 惩戒决定的作出和送达

《公证员惩戒规则(试行)》要求惩戒决定由3名以上单数惩戒委员会委员共同作出。给予记过以上惩戒的,由5名以上单数惩戒委员会委员共同作出。惩戒决定应当报同级司法行政机关备案,地方公证协会惩戒委员会作出的惩戒决定应当报中国公证协会备案。

6. 惩戒决定的复核

《公证员惩戒规则(试行)》规定,被惩戒的公证员对惩戒决定不服的,可以自收到决定书之日起 10 日内,书面向作出惩戒决定的惩戒委员会申请复核。复核由惩戒委员会主任委员主持,由 5 名以上未参与作出该惩戒决定的委员集体作出复核决定,参与复核的委员人数应当为单数。复核决定应当于收到复核申请后 2 个月内作出。

思考题:

　　1. 公证权的性质是什么?

　　2. 公证员的身份是什么?

　　3. 公证员作出虚假公证违背了哪些公证员职业伦理? 将受到何种惩戒?

拓展学习

延伸阅读

本章推荐书目

第九章 立法工作者职业伦理

【案例引入】

祁连山环境问题通报后地方生态法规"大清理"①

新华社北京 12 月 4 日电(记者杨维汉、陈菲)记者 4 日从全国人大常委会获悉,中办、国办对祁连山生态环境问题通报后,全国人大常委会履行宪法法律赋予的规范性文件备案审查职责,对出现故意放水、降低标准、管控不严等问题的生态领域地方性法规进行专项审查研究,积极推动各地进行全面清理。

截至目前,有 21 个省区市及部分设区的市,已修改相关地方性法规 26 件,拟修改或废止 384 件。

今年 7 月,两办就甘肃祁连山国家级自然保护区生态环境问题向社会通报,指出地方立法层面为破坏生态行为"放水"。其中,《甘肃祁连山国家级自然保护区管理条例》将国务院公布实施的自然保护区条例禁止的 10 类活动缩减为 3 类,而这 3 类都是近年来发生频次少、基本已得到控制的事项,其他 7 类恰恰是频繁发生且对生态环境破坏明显的事项。

通报发布后,全国人大常委会法制工作委员会立即启动了专项审查研究。初步统计显示,专门规定自然保护区生态环境保护的地方性法规共 49 件,其中既有省级地方性法规,也有市级地方性法规,还有自治地方的单行条例,涉及地方多、范围广。

"通过审查发现,其中有 36 件地方性法规存在与环境保护法和《中华人民共和国自然保护区条例》相关规定不一致的问题。"法工委法规备案审查室主任梁鹰说,有的地方对 10 类禁止性活动完全没有作出规定,或对绝大多数活动未作禁止性规定,有的地方规定表述含糊,打"擦边球",遗漏了个别禁止性活动。

今年 9 月,法工委向各省区市人大常委会发函,要求凡是涉及生态环保方面的地方性法规,都要对照上位法,对故意"放水"、降低标准、管控不严等规定进行清理。截至目前,法工委陆续收到北京、天津、吉林、江苏、安徽、山东、河南、湖北、广西、海南、重庆、贵州、西藏、陕西、青海、宁夏等地方自查和清理的情况反馈。

其中,天津已经通过"打包修改"的方式,对 2 件法规进行修改。宁夏已修改 1 件法规。北京对发现存在问题的 7 件法规,拟于 2018 年 3 月提请地方立法机关修改。山东拟对 30 多件需要清理的省级法规、48 件设区的市法规进行修改、废止。海南、重庆等多地也都将存在问题的法规列入 2018 年立法计划或规划,作出修改或废止的处理。

---

① 杨维仅、陈菲:《祁连山环境问题通报后地方生态法规"大清理"》,载新华网。

"通过启动专项审查,积极推进地方生态领域法规的全面清理,发现并纠正一批不符合上位法规定和生态文明建设要求的问题,切实维护宪法法律权威,推动落实中央决策部署。"梁鹰说。

思考:在上述案例中,《甘肃祁连山国家级自然保护区管理条例》等地方性法规出现了与上位法不一致的情形。这种情形产生的原因是什么? 如何避免这种情形再次发生? 特别是,参与地方性法规起草、审议等活动的立法工作者发挥了什么样的作用? 如何约束和规范立法工作者的行为呢?

第一节 立法工作者职业伦理概述

一、立法工作者职业伦理的概念

一般而言,立法工作者职业伦理是指立法工作者在立法过程中应当遵循的伦理规范。立法工作者作为法律职业共同体的一员,应当遵守法律职业共同体的基本伦理规范。同时,立法工作者又是法律职业共同体中非常特殊的一员,其与法官、检察官、律师等法律职业有着显著的区别。而这些区别决定了立法工作者职业伦理的特殊性。具体表现在如下几个方面:

第一,辅助性。与法官、检察官、律师等在审判、检察、代理等活动中的主导地位不同,立法工作者在立法过程中完全处于辅助地位。在审判活动中,法官依法独立行使审判权;在检察活动中,检察官依法独立行使检察权;在代理活动中,律师在委托权限范围内相对独立地履行代理义务,维护当事人的合法权益。但是,在立法活动中,立法者居于主导地位,而立法工作者仅仅是立法者的辅助人员。因此,在"立法者—立法工作者"的二元关系中,立法工作者职业伦理应当突出强调立法工作者的辅助性地位。

第二,中介性。在立法活动中,立法工作者的一个重要工作就是在立法者与民意代表之间、立法者与公众之间传递意见和建议。比较而言,在审判活动中,法官听取原被告或控辩双方的意见之后将独立作出判断;在检察活动中,检察官在收到侦查机关移送的案卷材料之后将进行审查,并独立作出是否起诉以及如何起诉的决定;在代理活动中,律师将在委托权限内自主决定采取何种诉讼策略。而在立法活动中,立法工作者只是一个传递不同意见的中介,其没有独立自主的空间。立法工作者必须全面、真实、准确地表述和传递立法者、民意代表以及公众的意见和建议。因此,在立法工作者与立法者、民意代表以及公众等主体之间的关系中,立法工作者职业伦理应当从立法工作者的中介性出发设置相应的规范。

第三,技术性。法律文本是立法工作成果的集中体现,而良法则是立法工作的主要目标。一般而言,良法具有三个特征,即内容的合规律性、价值的合目的性以及形式的合科学性。[①]在内容与价值方面,主要由立法者进行决断;而在形式方面,则主要由立法工作者负责。立

[①] 李步云、赵迅:《什么是良法》,载《法学研究》2005 年第 6 期。

法工作者通过运用一定的立法技术,确保法律文本的结构合理、体系融贯、逻辑自洽、语言规范。可以说,立法工作者的工作内容具有很强的技术性色彩。虽然,法官、检察官、律师等法律职业也需要运用一定的法律方法,但这些技术性事务在其工作内容中所占的比重并不大。而立法工作者则不一样,技术性事务是其工作内容的主要部分。因此,在"立法工作者—法律文本"二元关系中,立法工作者职业伦理应当着眼于立法工作者工作内容的技术性特征,提出相应的规范要求。

二、立法工作者职业伦理的特征

首先,立法工作者职业伦理的约束对象为立法工作者。必须指出的是,立法工作者与立法者是两个完全不一样的概念。立法者是指依法享有立法权的主体。从历史上看,立法者的形象是多样的,如神、君主、贤人等。而根据人民主权理论,在现代民主社会,"只有人民可以制定法律"[①]。在间接民主制下,人民通过选举自己的代表组成立法机关,具体行使立法权。因此,通常所说的立法者是指立法机关,如西方的议会、我国的全国人民代表大会等。而立法工作者则是指在立法过程中从事立法辅助工作的人员,如西方议会中议员的助理、我国全国人民代表大会常务委员会工作机构中的工作人员等。立法工作者不是立法者,其并不享有立法权。作为立法辅助人员,立法工作者的主要任务是为立法者行使立法权提供服务。而在"立法者—立法工作者"二元关系之中,立法工作者职业伦理主要通过约束立法工作者,促使其更好地辅助立法者行使立法权。

其次,立法工作者职业伦理适用于立法过程。通常而言,一个完整的立法过程包括三个阶段:一是立法准备,即在提出法案之前所进行的立法准备活动,包括立法预测、立法规划、立法创议、立法决策以及法案起草等;二是由法案到法,即正式的立法程序,包括提出法案、审议法案、表决法案以及公布法等;三是立法完善,即在法公布之后,为了使该法律更加科学合理而进行的一系列完善活动,如法的解释、法的修改、法的清理、法的编纂以及法的废止等。上述立法过程的三个阶段,立法工作者都参与其中,并发挥十分重要的作用。相应地,在上述立法过程的三个阶段,立法工作者职业伦理都发挥着约束立法工作者的作用。

最后,立法工作者职业伦理是一种职业共同体内部的伦理规范。从狭义上说,立法工作者仅指立法机关中的国家工作人员;从广义上说,立法工作者不仅包括立法机关中的国家工作人员,还包括从事立法论证、法案起草、立法后评估等立法工作的专家学者、社会组织工作人员等。而不论是立法机关中的国家工作人员,还是从事立法工作的专家学者、社会组织工作人员等非国家工作人员,均属于立法工作者职业共同体的一员。立法工作者不仅应当遵守国家法律法规,还应当遵守立法工作者职业共同体内部的伦理规范。这一伦理规范是基于立法工作者的职业特性,在长期的立法工作实践中逐步形成的。同时,该伦理规范在立法工作者职业共同体内部具有一定的强制约束力,违背该伦理规范将面临来自职业共同体内部的惩戒。

---

① [法]孟德斯鸠:《论法的精神》(上册),张雁深译,商务印书馆1961年版,第12页。

三、立法工作者职业伦理的作用

(一) 立法工作者职业伦理的适用情形

立法工作者职业伦理的适用情形是与立法工作者的具体工作内容密不可分的。作为"隐性立法者"，立法工作者全程参与立法准备、由法案到法、立法完善等立法活动。[①] 相应地，立法工作者职业伦理也适用于立法过程的各个阶段。以我国《立法法》对全国人民代表大会常务委员会工作机构的规定为例，立法工作者职业伦理适用于如下具体情形：

在立法准备阶段，立法工作者职业伦理适用于如下立法活动：一是立法规划。全国人民代表大会常务委员会工作机构负责编制立法规划和拟订年度立法计划，并按照全国人民代表大会常务委员会的要求，督促立法规划和年度立法计划的落实。二是立法调研。全国人民代表大会常务委员会工作机构进行立法调研，可以邀请有关的全国人民代表大会代表参加。三是法案起草。全国人民代表大会常务委员会工作机构应当提前参与有关方面的法律起草工作；综合性、全局性、基础性的重要法律，可以由常务委员会工作机构组织起草。

在由法案到法阶段，立法工作者职业伦理适用于如下立法活动：一是听取和征求意见。列入全国人民代表大会常务委员会会议议程的法律案，常务委员会工作机构应当采取座谈会、论证会、听证会等多种形式听取各方面的意见；常务委员会工作机构应当将法律草案发送相关领域的全国人民代表大会代表、地方人民代表大会常务委员会以及有关部门、组织和专家征求意见；常务委员会工作机构还可以根据需要设立基层立法联系点，深入听取基层群众和有关方面对法律草案和立法工作的意见。二是收集整理意见。列入全国人民代表大会常务委员会会议议程的法律案，常务委员会工作机构应当收集整理分组审议的意见和各方面提出的意见以及其他有关资料，分送宪法和法律委员会、有关的专门委员会，并根据需要，印发常务委员会会议。三是立法评估。拟提请全国人民代表大会常务委员会会议审议通过的法律草案，在宪法和法律委员会提出审议结果报告前，常务委员会工作机构可以对法律草案中主要制度规范的可行性、法律出台时机、法律实施的社会效果和可能出现的问题等进行评估。

在立法完善阶段，立法工作者职业伦理将适用于如下立法活动：一是拟订法律解释草案。全国人民代表大会常务委员会工作机构研究拟订法律解释草案，由委员长会议决定列入常务委员会会议议程。二是立法后评估。全国人民代表大会常务委员会工作机构可以组织对有关法律或者法律中有关规定进行立法后评估，并将评估情况向常务委员会报告。三是答复法律询问。全国人民代表大会常务委员会工作机构可以对有关具体问题的法律询问进行研究并予以答复，报常务委员会备案。四是备案审查。法定主体提出审查要求的，由常务委员会工作机构分送有关的专门委员会进行审查、提出意见；其他主体提出审查建议的，由常务委员会工作机构进行研究，必要时，送有关的专门委员会进行审查、提出意见；常务委员会工作机构可以对报送备案的规范性文件进行主动审查；常务委员会工作机构在审查、研究中认为下位法与上位法相抵触的，可以向制定机关提出书面审查意见、研究意见，或者由宪法和法律委员会与有关的专门委员会、常务委员会工作机构召开联合审查会议，要求制定机关到会说明情况，再向制定机关提出书面审查意见；制定机关按照所提意见进行修改或者

[①] 卢群星：《隐性立法者：中国立法工作者的作用及其正当性难题》，载《浙江大学学报(人文社会科学版)》2013年第2期。

废止的,审查终止;制定机关不予修改的,应当向委员长会议提出予以撤销的议案、建议;常务委员会工作机构应当按照规定要求,将审查、研究情况向提出审查建议的主体反馈,并可以向社会公开。

在行政法规的制定过程中,以国务院法制机构工作人员为代表的立法工作者也在立法准备、由法案到法、立法完善等阶段参与立法工作,立法工作者职业伦理也适用于这些阶段。具体表现为:一是拟订国务院年度立法计划。国务院法制机构应当根据国家总体工作部署拟订国务院年度立法计划,报国务院审批。国务院法制机构应当及时跟踪了解国务院各部门落实立法计划的情况,加强组织协调和督促指导。二是起草行政法规。行政法规由国务院有关部门或者国务院法制机构具体负责起草,重要行政法规由国务院法制机构组织起草。三是听取意见。行政法规在起草过程中,应当采取座谈会、论证会、听证会等多种形式广泛听取有关机关、组织、人民代表大会代表和社会公众的意见。四是审查行政法规草案。行政法规起草工作完成后,起草单位应当将草案及其说明、各方面对草案主要问题的不同意见和其他有关资料送国务院法制机构进行审查。国务院法制机构应当向国务院提出审查报告和草案修改稿,审查报告应当对草案主要问题作出说明。

此外,在地方性法规、自治条例、单行条例、部门规章、地方政府规章等法律规范的制定过程中,立法工作者也将在立法准备、由法案到法、立法完善等阶段参与立法工作,立法工作者职业伦理也适用于这些情形。

(二) 立法工作者职业伦理的具体作用

在立法活动中,立法工作者不仅要遵守相关法律规范,还应当接受职业伦理的约束。作为一种职业共同体内部的伦理规范,立法工作者职业伦理的作用主要体现在督促立法工作者更好地开展立法辅助工作,以制定出高质量的法律规范。具体来说,立法工作者职业伦理的作用体现在如下几个方面:

首先,立法工作者职业伦理是科学立法的基本前提。简单地说,科学立法就是指立法必须"符合客观实际、遵循客观规律"[①]。我国《立法法》第7条规定,立法应当从实际出发,适应经济社会发展和全面深化改革的要求,科学合理地规定公民、法人和其他组织的权利与义务、国家机关的权力与责任。法律规范应当明确、具体,具有针对性和可执行性。该条从实质内容与形式规范两个层面阐释了科学立法的具体要求。而这些要求的落实都需要立法工作者的协助。例如,在起草法案时,立法工作者在法案中如何划分权利与义务、如何具体表述相关内容等,都将影响立法的科学性。而立法工作者职业伦理则有助于督促立法工作者按照科学立法的要求开展立法辅助工作。

其次,立法工作者职业伦理是民主立法的必然要求。所谓民主立法,是指在立法过程中应当贯彻民主原则,如立法主体的广泛性、立法内容的人民性以及立法程序的民主性等。[②]我国《立法法》第6条规定,立法应当体现人民的意志,发扬社会主义民主,坚持立法公开,保障人民通过多种途径参与立法活动。简单地说,民主立法就是将人民的意志更好地融入法律文本之中。而除了在表决法案时坚持少数服从多数原则之外,在立法过程的其他阶段

---

① 宋方青:《立法质量的判断标准》,载《法制与社会发展》2013年第5期。

② 参见周旺生:《论中国立法原则的法律化、制度化》,载《法学论坛》2003年第3期。

也应当开展广泛的协商,鼓励人民通过多种途径参与立法活动。例如,通过座谈会、论证会、听证会等多种形式听取各方面的意见等。值得注意的是,这些公众参与立法的活动都是在立法工作者的组织下开展的。也就是说,立法工作者对于民主立法原则的落实发挥着十分重要的作用。而立法工作者职业伦理则有助于约束立法工作者,要求其严格按照民主立法的原则组织相关公众参与立法活动。

最后,立法工作者职业伦理是依法立法的重要保障。依法立法是指立法活动必须严格按照相关法律规范的规定进行。我国《立法法》第 5 条规定,立法应当依照法定的权限和程序,从国家整体利益出发,维护社会主义法制的统一、尊严和权威。在立法实践中,立法规划的编制、法案的起草、议程的具体设置、法的公布、法的解释、备案审查等活动,通常都是由立法工作者具体组织实施的。相应地,这些活动的开展是否符合法律规范的规定,也在很大程度上取决于立法工作者。而立法工作者职业伦理则可以通过要求立法工作者严格按照法律规范开展相关活动,保障依法立法原则的落实。

第二节　立法工作者职业伦理的内容

立法工作者职业伦理与立法工作者的工作内容密不可分。在立法活动中,虽然立法工作者的工作内容十分庞杂,包括立法规划、立法调研、法案起草、听取和征求意见、收集和整理意见、立法评估、拟订法律解释草案、立法后评估、答复法律询问以及备案审查等,但总的来说,立法工作者的工作内容主要是围绕"立法工作者—立法者""立法工作者—公众"以及"立法工作者—法律文本"三组关系展开的。相应地,立法工作者职业伦理也可以从上述三组关系中归纳总结。具体来说,立法工作者职业伦理的内容如下。

一、忠实规范

(一)内涵

忠实规范,是指在立法活动中,立法工作者应当忠实地表达立法者、民意代表以及社会公众等立法参与者的意见和建议。忠实规范是立法工作者职业伦理的首要内容,这是由立法工作者的辅助性地位决定的。

首先,在"立法工作者—立法者"二元关系中,立法工作者应当忠实地履行职责,以辅助立法者制定良好的法律。一方面,立法工作者应当为立法者忠实地收集和传达其他立法参与者的意见和建议,确保立法者在全面、准确掌握相关信息的基础上作出决断;另一方面,立法工作者应当向其他立法参与者和公众忠实地传达立法者的意志,督促立法者意志的落实。

其次,在"立法工作者—公众"二元关系中,立法工作者应当发挥沟通立法者与公众的积极作用。一方面,立法工作者应当全面、准确地收集和整理公众的意见,并忠实地传达给立法者,保障公众参与立法的真实性;另一方面,立法工作者应当为公众全面、准确地解读和传达立法者的意志,让公众更好地了解立法者的原意。

最后,在"立法工作者—法律文本"二元关系中,立法工作者应当在法律文本中忠实地表达立法者的意志。一方面,在法律文本中,立法工作者应当全面、准确地表达立法者的意志;另一方面,立法工作者应当运用一定的立法技术,特别是语言表达技巧,让立法者的意志以一种逻辑融贯且容易为社会公众理解的方式呈现。

(二) 具体表现

忠实规范是立法工作者的首要职业伦理,贯穿立法工作全过程。具体而言,我国立法工作者职业伦理中的忠实规范主要表现为:

首先,在立法准备阶段,忠实规范主要体现在立法规划、立法调研、法案起草之中。在立法规划中,忠实规范主要包括两个方面的要求:一方面,在编制立法规划时,立法工作者应当按照立法者的要求将特定的立法项目纳入立法规划之中,并按照立法者的意志确定立法的先后顺序;另一方面,立法工作者应当广泛征集民意代表和社会公众的立法意见和建议,并全面、准确地传达给立法者,供其参考。在立法调研中,忠实规范要求立法工作者广泛开展立法调研工作,尽可能全面地掌握社会各方面的意见和建议,并将收集到的意见和建议全面、准确地传达给立法者。立法调研本质上是一项信息收集工作,其对信息传递的准确性有着很高的要求。也正因如此,忠实规范在立法调研中有着特殊的意义。在法案起草中,忠实规范的核心要求是立法工作者应当在法律草案中全面、准确地呈现立法者的意志。实际上,在立法过程中,所有的立法活动都以法律文本为最终归依。而在法律文本的起草过程中,立法工作者发挥着十分重要的作用,甚至有些法律就是立法工作者直接起草的。能否在法律文本中全面、准确地呈现立法者的意志直接关系到立法者是否切实行使了立法权。由此可知,对于立法工作者而言,忠实规范意义极其重大。

其次,在由法案到法阶段,忠实规范主要体现在听取和征求意见、收集和整理意见、立法评估之中。在听取和征求意见时,忠实规范要求立法工作者全面、准确地记录社会各方面的意见,并将这些意见向立法者忠实地报告。例如,在对一些专业性较强的问题进行可行性论证时,立法工作者应当如实记录有关专家、部门和人大代表等方面的意见,并向人大常委会如实报告;在对一些存在重大意见分歧或者涉及利益关系重大调整的问题进行听证时,立法工作者应当向人大常委会忠实地传达有关基层和群体代表、部门、人民团体、专家、人大代表和社会有关方面的意见;立法工作者还应将法律草案发送相关领域的人大代表、下级人大常委会以及有关部门、组织和专家征求意见,并将这些意见如实传达给人大常委会;此外,在将法律草案及其起草、修改的说明等向社会公开征求意见时,立法工作者应当将征求意见的情况向人大常委会报告并向社会通报。在收集和整理意见时,忠实规范要求立法工作者坚持在不改变原意的前提下,收集整理分组审议的意见、各方面提出的意见以及其他有关资料。在立法评估时,忠实规范要求立法工作者对法律草案中主要制度规范的可行性、法律出台时机、法律实施的社会效果和可能出现的问题等内容实事求是地进行评估,并将评估结果如实向人大常委会说明。

最后,在立法完善阶段,忠实规范主要体现在拟订法律解释草案、立法后评估、答复法律询问、备案审查之中。在拟定法律解释草案时,忠实规范要求立法工作者在不违背立法者原意的前提下,综合考虑社会现实、历史背景以及法律体系等多方面的因素,拟订法律解释草案,供人大常委会讨论。在立法后评估中,忠实规范要求立法工作者实事求是地评估有关法律规定的具体实施情况,并将评估结果如实地向人大常委会报告。在答复法律询问时,忠实规范要求立法工作者按照立法者的原意准确地阐释相关法律规定,并在此基础上研究和答复相关法律询问。在备案审查中,忠实规范既要求立法工作者在审查研究时以立法者的原意为标准判断下位法是否与上位法相抵触,又要求立法工作者向立法者如实报告备案审查的相关情况。

（三）价值

作为立法工作者的首要职业伦理,忠实规范具有十分重要的价值。具体而言,忠实规范的价值体现在如下几个方面:

第一,忠实规范有利于立法者有效行使立法权。立法过程实际上就是立法者意志产生、形成和表达的过程。在这个过程中,立法工作者发挥了十分重要的作用。立法工作者通过听取和征求意见等途径辅助立法者产生和形成立法意图,又通过起草法律文本、法律解释、答复法律询问以及备案审查等方式表达立法者的意志。可以说,立法工作者是立法者行使立法权不可或缺的助手。而忠实规范要求立法工作者在立法过程中忠实地表达立法者、民意代表以及社会公众等立法参与者的意见和建议,这为立法者行使立法权提供了有效保障。

第二,忠实规范有利于社会公众切实参与立法。卢梭认为,在代议制民主下,人民"只有在选举国会议员的期间,才是自由的;议员一旦选出之后,他们就是奴隶,他们就等于零了"[1]。也许卢梭的观点过于悲观,但实践表明,代议制民主确有可能出现人民的代表脱离人民的情况。因此,当代民主国家都试图在代议制民主的基础上建立新的公众参与渠道,如参与式民主、协商民主等。作为民主制最为典型的实践样本,立法也应当在代议制之外建构公众参与的途径,确保公众的意见在立法过程中能够直接呈现。而忠实规范就要求立法工作者在立法过程中全面、准确地征集、整理和表达社会公众的意见,有力地保障了社会公众参与立法的权利。

第三,忠实规范有利于增强法律文本的正当性。法律文本是立法过程的最终成果,也是立法者意志的主要载体。从人民主权理论来看,立法者的意志是法律文本的正当性来源。因此,一部良好的法律应当准确地体现立法者的真实意图。而忠实规范则要求立法工作者通过运用各种立法技术,在法律文本中真实、准确地表达立法者的意志,从而确保法律文本的正当性。

二、中立规范

（一）内涵

中立规范,是指在立法活动中,立法工作者应当严格排除个人价值偏好的干扰,客观中立地处理相关立法事务。中立规范是立法工作者职业伦理中十分重要的内容,这是由立法工作者的中介性地位决定的。

首先,在"立法工作者—立法者"二元关系中,立法工作者应当秉持客观中立的立场,为立法者收集和传递信息。一方面,立法工作者应当成为立法者的"千里眼"和"顺风耳",为

---

[1] ［法］卢梭:《社会契约论》,何兆武译,商务印书馆 2003 年版,第 121 页。

立法者收集其他立法参与者的意见和建议,并原原本本地传达给立法者;另一方面,立法工作者应当成为立法者的"传声筒"和"扩音器",将立法者的意志原汁原味地传达给其他立法参与者和社会公众。

其次,在"立法工作者—公众"二元关系中,立法工作者应当成为沟通立法者与公众的桥梁,在二者之间客观中立地传递信息。一方面,在收集公众的意见和建议时,立法工作者应当尽可能地保持公众的原意,而不应按照自身的理解进行"二次创作";另一方面,在向立法者传递公众的意见和建议时,立法工作者应当在保持公众原意的前提下整理和传达公众的意见和建议,而不应按照个人偏好进行曲解。

最后,在"立法工作者—法律文本"二元关系中,立法工作者应当将立法者的原意呈现在法律文本之中。一方面,立法工作者不应曲解立法者的意志,更不应将自己的意志直接融入法律文本之中;另一方面,立法工作者应当通过运用一定的立法技术,使法律文本所呈现的立法者意志不至于被社会公众误解。

(二) 表现

中立规范是立法工作者的重要职业伦理,其不仅体现在由法案到法这一正式的立法程序之中,也体现在立法准备阶段和立法完善阶段。具体而言,我国立法工作者职业伦理中的中立规范主要表现为:

首先,在立法准备阶段,中立规范主要体现在立法规划、立法调研、法案起草之中。在立法规划阶段,中立规范的要求包括:一方面,立法工作者在编制立法规划时,应严格按照立法者的意志执行,而不应依自己的个人喜好决定是否将特定立法项目纳入立法规划之中,也不应依自己的个人喜好决定立法项目的优先顺序;另一方面,立法工作者在编制立法规划时,应将其他立法参与者的意见原原本本地传递给立法者,供其参考。在立法调研阶段,中立规范要求立法工作者客观中立地收集相关信息,而不应依自己的个人喜好确定调研对象和调研内容,更不应按照个人主观意愿撰写调研报告。也就是说,立法调研是为了收集调研对象的意见和建议,而非立法工作者的意见和建议。因此,中立规范要求立法工作者在立法调研中排除个人偏好的不当干扰。在法案起草阶段,中立规范的要求包括:一是立法工作者应将立法者的意志原原本本地呈现在法律文本之中;二是立法工作者不应将自己的个人意志融入法律文本之中;三是立法工作者不应将未经立法者认可的其他立法参与者和公众的意见和建议直接融入法律文本之中。实际上,在法案起草阶段,法律文本就已经大致定型。此时,坚持中立规范对于保障法律文本真正体现立法者的意志具有不可替代的作用。

其次,在由法案到法阶段,中立规范主要体现在听取和征求意见、收集和整理意见、立法评估之中。在听取和征求意见时,中立规范要求立法工作者在摒弃个人主观偏好的前提下,听取和征求其他立法参与者的意见和建议。例如,在对一些专业性较强的问题进行可行性论证,对一些存在重大意见分歧或者涉及利益关系重大调整的问题进行听证,征求相关领域的人大代表、下级人大常委会以及有关部门、组织和专家的意见,以及向社会公开征求意见等情形下,立法工作者应当准确记录有关人大代表、专家、基层和群体代表、人民团体、有关部门和组织以及社会公众的意见和建议,而不应按照个人偏好随意取舍和曲解。在收集和整理意见时,中立规范要求立法工作者秉持中立立场,按照相对客观的标准进行归纳整理,并将这些意见原原本本地转达给立法者。由于初步收集的意见和建议是零碎的,因此需要经由立法工作者整理后再提交给立法者。显然,立法工作者的整理工作对于征集到的意见是否能够被立法者获知具有重大的影响。因此,在立法工作者的整理过程中,中立规范具有十分重要的意义。在立法评估时,中立规范要求立法者在不预设结果的前提下,对法律草案中主要制度规范的可行性、法律出台时机、可能的社会效果与问题等进行客观评估,并将评估结果原原本本地向人大常委会说明。

最后,在立法完善阶段,中立规范主要体现在拟订法律解释草案、立法后评估、答复法律询问、备案审查之中。在拟订法律解释草案时,中立规范要求立法工作者摒弃个人主观偏好的影响,运用一定的立法解释技术,严格按照立法者的原意对相关法律条文进行解释。在立法后评估阶段,中立规范要求立法工作者采取科学的评估手段,客观中立地评估法律的实施效果,而不应受自身主观偏好的影响。在答复法律询问时,中立规范要求立法工作者严格按照立法者的原意答复相关法律询问,而不应按照自身的主观理解进行答复。在备案审查中,中立规范要求立法工作者严格按照法律位阶体系和相关法律规范的含义进行评判,而不应掺杂个人的情感因素。

(三) 价值

作为立法工作者的重要职业伦理,中立规范的价值不可忽视。具体而言,中立规范的价值体现在如下几个方面:

第一,中立规范有利于确保立法者意志的呈现。在立法过程中,立法者的意志能否准确呈现是其立法权能否有效行使的关键。因此,排除干扰立法者意志表达的一切因素是立法制度设计的重要目标。而中立规范则有助于这一目标的实现。在立法过程中,中立规范要求立法工作者排除个人主观意愿的影响,并严格按照客观中立的标准处理相关立法事务。例如,在立法规划、立法调研以及法案起草等立法准备阶段,中立规范要求立法工作者不能将个人意志融入立法规划、立法调研以及法律草案之中。因此,通过中立规范的约束,可以最大限度地避免立法工作者主观意愿对立法者意志呈现的干扰。

第二,中立规范有利于保障社会公众意见的表达。一般而言,"普通公民自己无法充分完成利益的表达,需要凭借立法职业者的收集、整理和代表民意的活动和中介活动发挥利益聚合功能"[1]。在代议制民主下,社会公众与立法者沟通的渠道主要有两种:一是以民意代表为中介进行沟通,即公众将意见反映给民意代表,由民意代表转达给立法者;二是以立法工作者为中介进行沟通,即公众将意见反映给立法工作者,由立法工作者转达给立法者。就后一种渠道而言,其有效性取决于立法工作者能否原原本本地转达社会公众的意见。而中立规范就要求立法工作者摒弃个人主观偏好,将社会公众的意见准确地传达给立法者。因此,中立规范有助于社会公众意见的表达。

第三,中立规范有利于维护法律文本的纯粹性。所谓法律文本的纯粹性,是指法律文本只是立法者意志的载体。按照人民主权理论的要求,只有人民才是最终的立法者。法律文本应当也只体现人民的意志。倘若法律文本并非立法者(人民)意志的表现,而掺杂了其他主体的意志,那么,人民便处于其他主体的奴役之下。因此,法律文本的纯粹性十分重要。而中立规范要求立法工作者克制自身的主观意愿,避免将其融入法律文本之中,这在一定程

---

① 秦前红、李元:《关于建立我国立法助理制度的探讨》,载《法学论坛》2004 年第 6 期。

度上有利于维护法律文本的纯粹性。

三、审慎规范

(一) 内涵

审慎规范,是指在立法过程中,立法工作者应当谨慎评估立法工作的合法性、民主性以及科学性,并提前规避可能出现的立法风险。审慎规范是立法工作者职业伦理不可或缺的重要内容,这是由立法工作者的辅助性和技术性地位决定的。我国《立法法》第5、6、7条分别规定了依法立法、民主立法和科学立法三大立法原则。而在实践中,这些立法原则的真正落实与立法工作者的审慎态度密不可分。

首先,在"立法工作者—立法者"二元关系中,立法工作者应当从合法性、民主性以及科学性的角度为立法者提供参考意见,提醒其规避相关立法风险。特别是,对于立法者的意图,立法工作者应当提前进行审慎评估,告知其在依法立法、民主立法和科学立法方面可能出现的问题,并提供相应的解决方案,供立法者决策参考。

其次,在"立法工作者—公众"二元关系中,立法工作者应当对公众提出的意见和建议进行审慎评估,并指出其中可能违背依法立法、民主立法和科学立法原则的情况。一方面,立法工作者在审慎评估公众的意见和建议之后,应当将评估结果向立法者报告;另一方面,立法工作者应当在职权范围内主动过滤掉一些明显违背依法立法、民主立法和科学立法原则的公众意见和建议。

最后,在"立法工作者—法律文本"二元关系中,立法工作者应当特别注意法律文本的合法性与科学性问题。一方面,立法工作者应当审慎评估法律草案中各条款的合法性问题,避免出现与上位法相抵触的情况,以维护法制体系的统一性;另一方面,立法工作者应当特别注意法律条文的具体表述,使整个法律文本的逻辑融贯自洽。

(二) 表现

审慎规范是立法工作者职业伦理的重要组成部分,其在立法准备、由法案到法、立法完善等阶段均有体现。具体而言,我国立法工作者职业伦理中的审慎规范主要体现在下列情形中:

首先,在立法准备阶段,审慎规范主要体现在立法规划、立法调研、法案起草之中。在立法规划中,审慎规范的要求主要体现在如下两个方面:一方面,审慎规范要求立法工作者结合经济社会发展的实际情况,科学合理地编制立法规划,避免出现明显落后或过分超前的立法项目。另一方面,审慎规范要求立法工作者按照法定的立法权限编制立法规范。也就是说,列入立法规划的立法项目应当与立法者的立法权限相符合,避免出现超越立法权限的立法项目。在立法调研中,审慎规范的要求主要体现在如下两个方面:一方面,立法工作者应严格按照法律规范开展立法调研活动,广泛征求法定调研对象的意见和建议,避免违背民主立法原则的情况发生;另一方面,立法工作者应科学合理地确定调研方案,使调研活动涵盖立法事项的方方面面。在法案起草中,审慎规范的要求主要体现在如下三个方面:一是立法工作者在法案起草中应审慎评估相关法律条文的合法性,严格遵循依法立法原则,避免出现违背上位法或者与法制体系明显冲突的条文;二是立法工作者在法案起草时应尊重社会公众的意见和建议,严格按照民主立法原则的要求,真正落实相关民主立法程序;三是立法工作者在法案起草时应尊重科学规律,不仅要避免立法内容违背科学规律的情况,还要避免法律文本内部相互冲突或逻辑混乱的情况。

其次,在由法案到法阶段,审慎规范主要体现在听取和征求意见、收集和整理意见、立法评估之中。在听取和征求意见时,审慎规范要求立法工作者严格把关,审慎评估相关立法参与者提出的意见和建议,并将评估结果反馈给立法者。例如,在法案有关问题存在重大意见分歧或者涉及利益关系重大调整时,立法工作者应当通过召开听证会,听取有关基层和群体代表、部门、人民团体、专家、全国人民代表大会代表和社会有关方面的意见。而基层和群体代表、部门、人民团体、专家、全国人民代表大会代表等立法参与者并不一定是立法专家,其对于依法立法、民主立法以及科学立法等原则的理解并不一定准确。因此,针对这些立法参与者所提出的意见和建议,立法工作者必须从合法性、民主性以及科学性等角度进行审慎评估,并将评估结果与其他立法参与者的意见和建议一同提交给立法者,供其决策参考。相应地,在收集和整理意见时,立法工作者也应当严格按照合法性、民主性以及科学性的标准进行把关,为立法者过滤掉明显不符合依法立法、民主立法、科学立法原则的意见和建议。而在立法评估时,立法工作者也应当从合法性、民主性以及科学性三个维度对法律草案的可行性、法律出台时机、可能的社会效果等问题进行评估。

最后,在立法完善阶段,审慎规范主要体现在拟订法律解释草案、立法后评估、答复法律询问、备案审查之中。在拟订法律解释草案时,审慎规范的要求主要体现在三个方面:一是立法工作者应从法制体系的角度拟订法律解释草案,充分考虑到法律解释草案与被解释的法律之间的一致性,以及法律解释草案与其他法律规范的融贯性;二是立法工作者应严格按照民主立法的要求,在拟订法律解释草案时充分尊重公众参与立法的程序性权利;三是立法工作者应遵循科学规律,在拟订法律解释草案时充分注意法律解释草案的科学性。在立法后评估时,审慎规范要求立法工作者从合法性、民主性、科学性三个维度评估法律实施的效果,充分发挥事后监督与纠偏的作用。在答复法律询问时,审慎规范也要求立法工作者严格按照依法立法、民主立法和科学立法等原则的要求,谨慎答复法律询问。在备案审查时,审慎规范的要求主要体现在依法立法方面。也就是说,审慎规范要求立法工作者严格按照《立法法》第 112 条的要求,按照法定程序处理"同宪法或者法律相抵触的"法律规范,以维护法制的统一。

(三) 价值

作为立法工作者的重要职业伦理,审慎规范的价值不言而喻。具体而言,审慎规范的价值主要体现在如下几个方面:

第一,审慎规范有利于立法者规避立法风险。一般而言,在现代民主国家,民意代表并不一定是立法专家,而由民意代表组成的立法者往往又以合议的形式开展立法工作。在这种背景下,立法者通常无法处理立法活动中的细节问题。这就意味着,立法活动中的许多风险无法由立法者自身去发现和规避。那么,作为立法者的重要助手,立法工作者就必须承担具体发现和规避立法风险的责任。此时,立法工作者凭借其对立法专业知识的垄断获得一种"知识性权力",进而对立法者产生重要影响。[①] 而审慎规范就要求立法工作者按照依法立法、民主立法和科学立法三原则的要求,从合法性、民主性和科学性三个维度审慎评估立法活动,并主动发现和规避立法活动中的风险。这对于立法者而言,无疑具有十分重要的意义。

第二,审慎规范有利于社会公众有序参与立法。社会公众有序参与立法是人民主权原则的具体体现,也是民主立法原则的必然要求。而社会公众有序参与立法的一个关键在于"有序性"。[②] 有序的参与能够使社会公众的意见和建议真正得到表达,而无序的参与则只能模糊社会公众的声音。不过,一般而言,社会公众不可能都是立法专家,其对立法规范的理解可能并不全面。在此背景下,立法工作者以合法性、民主性、科学性为标准,对社会公众的意见和建议进行初步的评估。在剔除明显不符合依法立法、民主立法和科学立法三原则的意见和建议之后,将其他意见和建议与评估结论一同提交给立法者,供其决策参考。这样,社会公众有序参与立法便得到了有效的落实。

第三,审慎规范有利于提高法律文本的质量。法律文本的质量可以从内部和外部两个视角来观察:从内部视角来看,法律文本的质量主要表现为内容上科学合理和形式上逻辑连贯;从外部视角来看,法律文本的质量主要表现为法律文本与整个法制体系相融贯。这两个方面均可以通过立法工作者的审慎规范得到实现。审慎规范要求立法工作者严格按照依法立法、民主立法和科学立法的要求处理立法活动中的相关事务,这就暗含了对法律文本内容上科学合理、形式上逻辑连贯以及与法制体系融贯一致的要求。所以说,审慎规范有利于提高法律文本的质量。

四、谦抑规范

(一) 内涵

谦抑规范,是指在立法活动中,立法工作者应当充分认识到立法功能的有限性,并严格遵循立法的必要性原则,避免陷入立法万能主义的误区。谦抑规范是立法工作者职业伦理中容易被人们忽视的内容。但就立法工作者在立法实践中所发挥的实际作用而言,谦抑规范不可或缺。

首先,在"立法工作者—立法者"二元关系中,立法工作者应当从谦抑性的角度为立法者提供意见和建议,当好立法者的立法参谋。一方面,针对立法者的立法意向,立法工作者应当从必要性、可行性等角度提出意见和建议,避免立法者激情立法;另一方面,针对其他立法参与者提出的立法意见和建议,立法工作者也应当进行初步评估,并向立法者报告。

其次,在"立法工作者—公众"二元关系中,立法工作者应当理性看待公众的立法意见和建议,避免受到公众情绪的影响。一方面,当公众提出立法意见和建议时,立法工作者应当对其进行谨慎评估,并将评估意见报告给立法者;另一方面,立法工作者还应当向公众宣讲立法的基本原则和精神,引导公众在立法、行政、监察、司法等多元解决方案中作出最适当

---

① 宋远升:《立法者论》,法律出版社 2016 年版,第 100 页。

② 宋方青、宋尧玺:《论我国公众有序参与立法的模式与实现路径》,载《法制与社会发展》2012 年第 6 期。

的选择。

最后,在"立法工作者—法律文本"二元关系中,立法工作者应当在法律文本中体现谦抑规范。一方面,立法工作者应当在尊重立法者意志的基础上,运用一定的立法技术,避免出现过于激进的规定;另一方面,立法工作者应当综合考虑立法、行政、监察、司法等多种解决方案,在法律文本中为其他机关留出一定的活动空间。

（二）表现

谦抑规范是立法工作者职业伦理不可忽视的内容,其存在于立法的每一个阶段。具体而言,我国立法工作者职业伦理中的谦抑规范主要体现为:

首先,在立法准备阶段,谦抑规范主要体现在立法规划、立法调研、法案起草之中。在立法规划中,谦抑规范的要求主要包括:一方面,在编制立法规划时,立法工作者应谨慎评估立法项目的必要性和可行性,避免将一些不符合时代精神的立法项目列入规划;另一方面,在立法规划的实施阶段,立法工作者应当按照轻重缓急有步骤地组织实施,而不应操之过急。在立法调研中,谦抑规范要求立法工作者全面、深入、详尽地开展调研工作:一是立法工作者应当全面选取调研对象,对立法项目所涉及的所有法律关系展开全面调研;二是立法工作者应当深入调研,使调研内容准确反映客观情况;三是立法工作者的调研应当尽可能详尽,并对立法项目可能遇到的问题进行详细分析。在法案起草阶段,谦抑规范要求立法工作者在将立法者意志转化为法律文本时,注意语言表述的合理性。鉴于法律草案的重要性,立法工作者在起草法律时更应当遵循谦抑规范。一方面,立法工作者应当注意法律草案与其他法律规范之间的衔接,避免破坏整个法律体系的稳定性和融贯性;另一方面,立法工作者应当注意法律草案内部的和谐性,使法律草案内部逻辑融贯、协调一致,避免出现过于突兀的规定。

其次,在由法案到法阶段,谦抑规范主要体现在听取和征求意见、收集和整理意见、立法评估之中。在听取和征求意见时,谦抑规范要求立法工作者秉持谦虚谨慎的态度听取相关领域的人大代表、专家、基层和群体代表、人民团体、有关部门和组织以及社会公众的意见和建议。一方面,立法工作者应当谦虚,悉心听取其他立法参与者的意见和建议,不应以傲慢之姿随意点评甚至否定其他立法参与者的观点;另一方面,立法工作者还应保持谨慎,不应成为其他立法参与者的"应声虫",应对其他立法参与者的意见和建议提出自己的初步看法,供立法者参考。在收集和整理意见时,谦抑规范要求立法工作者谨慎对待社会各方面提出的意见和建议。一方面,立法工作者应当将收集而来的意见进行整理,并在不改变原意的基础上向立法者报告;另一方面,立法工作者应当对这些意见提出初步的看法,并指出这些意见中存在的问题,进而将自己的看法一并向立法者报告。需要指出的是,谦抑规范虽然要求立法工作者谨慎对待其他立法参与者提出的意见和建议,但这并不意味着立法工作者可以随意裁减其他参与者提出的意见和建议。在立法评估时,谦抑规范要求立法工作者严格评估法律草案中主要制度规范的可行性、法律出台时机、可能的社会效果与问题等。也就是说,在立法评估时,立法工作者应当严格遵循评估规范,不应有任何放松标准的做法。

最后,在立法完善阶段,谦抑规范主要体现在拟订法律解释草案、立法后评估、答复法律询问、备案审查之中。在拟订法律解释草案时,谦抑规范要求立法工作者谨慎看待立法的功能,不应越俎代庖。一般而言,在法律的规定需要进一步明确具体含义,或者法律制定后出现新的情况,需要明确适用法律依据这两种情况下,国务院、中央军事委员会、国家监察委员会、最高人民法院、最高人民检察院和全国人民代表大会各专门委员会以及省、自治区、直辖市的人民代表大会常务委员会,可以向全国人民代表大会常务委员会提出法律解释要求。但需要指出的是,在有些情形下,法律适用的问题并非一定要通过立法解释才能解决,行政、司法等程序往往也可以发挥一定的作用。那么,立法工作者就必须掌握其中的分界线,谨慎拟订法律解释草案。在立法后评估中,谦抑规范要求立法工作者严格评估法律的实施效果,不应有任何“放水”的做法。在答复法律询问时,谦抑规范要求立法工作者自我克制,仅就自己确能回答的问题进行答复,而不应大包大揽。在备案审查中,谦抑规范要求立法工作者与审查对象的制定机关保持密切沟通,多听取对方的说明,而不应武断地作出审查结论。

（三）价值

作为立法工作者的重要职业伦理,谦抑规范的价值不言而喻。具体而言,谦抑规范的价值体现在如下几个方面:

第一,谦抑规范有利于立法者良性行使立法权。立法者的理性是有限的。在实践中,立法者偶尔会制定出一些不符合时代要求的法律规范,进而形成“笨法”“劣法”。[①]这不仅严重削弱了立法者的权威,更影响法律体系的融贯性。但实际上,这些问题往往都可以通过立法工作者的努力得以避免。而谦抑规范不仅要求立法工作者在立法规划、立法调研、听取和征求意见、收集和整理意见、立法评估、立法后评估等立法活动中主动提醒立法者注意可能出现的问题,而且要求立法工作者在法案起草、拟订法律解释草案、答复法律询问、备案审查等立法活动中主动规避相关问题。可以说,在谦抑规范的约束下,立法工作者在很大程度上可以改良立法者对立法权的行使。

第二,谦抑规范有利于避免公众情绪的干扰。社会公众的心理往往呈现出“易变”“冲动”“急躁”“缺乏理性”“没有判断力”“夸大感情”等特征。[②]在对一些社会热点事件的讨论中,往往会出现制定相应法律规范的声音。例如,在拐卖儿童案件引起社会高度关注时,很容易出现“拐卖儿童一律判处死刑”的舆论。在舆情高涨之时,立法工作者应当保持理性。一方面,立法工作者可以向立法者报告社会舆论;另一方面,立法工作者也应当秉持谨慎的态度分析立法的必要性、可行性以及正当性,并提供给立法者参考。这样,在谦抑规范的约束下,立法工作者实际上发挥了公众情绪“过滤器”的功能。

第三,谦抑规范有利于维护法律文本的安定性。实际上,立法冒进是导致法律不得不修改的重要原因。一般而言,立法冒进将导致法律规定过于超前,无法与社会现实相融合,进而导致必须修改法律规范以适应社会现实。因此,在立法时必须考虑法律规范与社会现实之间的契合性。而谦抑规范要求立法工作者准确把握立法的必要性、可行性和合理性,亦即准确把握法律规范与社会现实之间的关系。因此,通过约束立法工作者,谦抑规范有助于维护法律文本的安定性。

---

① 周旺生:《论法之难行之源》,载《法制与社会发展》2003 年第 3 期。

② [法]古斯塔夫·勒庞:《乌合之众:大众心理研究》,冯克利译,中央编译出版社 2004 年版,第 21 页。

第三节　立法工作者职业伦理的实施机制

一、立法工作者职业伦理培育机制

立法工作者职业伦理培育机制,是指立法工作者行业协会、法学院等培育主体通过采取一定的培育方式引导立法工作者将职业伦理规范内化为个体道德准则的机制。

第一,立法工作者职业伦理的培育主体是立法工作者行业协会、法学院等对立法工作者负有管理、教育职责的组织。"行会制度是加强法律职业伦理塑造的有效途径。"[1] 作为一种职业共同体内部的自治规范,立法工作者职业伦理是在立法工作者职业共同体内部自发形成的。相应地,作为立法工作者职业共同体的自律组织,立法工作者行业协会负有组织宣传和学习立法工作者职业伦理的义务。此外,作为法律职业从业人员的主要培养组织,法学院应当在教学过程中融入法律职业伦理方面的课程,其中就包括立法工作者职业伦理的内容。

第二,立法工作者职业伦理的培育对象是立法工作者和准立法工作者。首先,实际参与立法活动的立法工作者是立法工作者职业伦理培育的主要对象。在立法活动中,作为立法者的助手,立法工作者已经对立法活动产生了实际影响。因此,必须切实加强立法工作者的职业伦理教育。其次,即将参与立法活动的准立法工作者也应当是立法工作者职业伦理培育的重要对象。所谓准立法工作者,是指正在法学院学习的法科生或者已经被立法机关录用但尚未参与立法工作的人员。准立法工作者是潜在的立法工作者,其有相当大的可能成为真正的立法工作者,因此,提前对其进行立法工作者职业伦理教育十分必要。

第三,立法工作者职业伦理的培育内容包括立法工作者职业伦理的理论知识与实践经验。一方面,需要强调立法工作者职业伦理理论知识的教育。立法工作者职业伦理是一套逻辑融贯的理论体系,其与民主理论、立法理论等密不可分。只有掌握了立法工作者职业伦理的理论基础,才有可能深入理解立法工作者职业伦理的内涵。另一方面,需要重视立法工作者职业伦理实践经验的传授。立法工作者职业伦理是一种实践指向的伦理规范,主要在立法实践中发挥作用。在实践中,立法工作者职业伦理的具体适用情形多种多样,而这些内容都需要采取经验传授的方法融入立法工作者职业伦理的培育内容之中。

第四,立法工作者职业伦理的培育目标是将立法工作者职业伦理规范内化为立法工作者个体道德准则,即实现他律向自律的转变。具体而言,立法工作者职业伦理的培育目标包括:一是培养立法工作者的职业素养。通过立法工作者职业伦理培育,不仅要让立法工作者深刻领会其工作的性质,还要让立法工作者切实掌握相应的工作方法和注意事项。二是培养立法工作者的职业责任感。通过立法工作者职业伦理培育,要让立法工作者充分认识到其对立法工作所产生的重大影响,并在此基础上理解其所肩负的重大责任。三是培育立法工作者的职业荣誉感。通过立法工作者职业伦理培育,要让立法工作者充分意识到辅助立法者制定法律规范的重大意义,并形成以立法工作者这一职业为荣的强烈情感。通过培养立法工作者的职业素养、责任感和荣誉感,引导立法工作者将立法工作者职业伦理内化为个体道德准则,从而实现他律向自律的转变。

---

[1] 余其营、吴云才:《法律伦理学研究》,西南交通大学出版社 2009 年版,第 200 页。

　　第五,立法工作者职业伦理的培育方式包括学院式培育方式和行业式培育方式两类。学院式培育方式主要集中在法学院的教学过程之中,具体又可以分为课堂教学与实践教学。课堂教学主要通过在培养方案中设置立法工作者职业伦理方面的培养目标、开设立法工作者职业伦理相关课程、编写立法工作者职业伦理相关教材、配备立法工作者职业伦理相关师资等方式,增加立法工作者职业伦理的教学内容。实践教学主要通过诊所教学、课外实习等方式丰富立法工作者职业伦理教学的形式,使学生在实践中充分理解和掌握立法工作者职业伦理的相关知识。值得注意的是,目前法科生实习的主要去向是法院、检察院以及律师事务所,鲜有赴立法机关实习的情形,这对于立法工作者职业伦理教育是一个重大缺憾。[①] 行业式培育方式主要是指立法工作者行业协会组织的立法工作者职业伦理培训,主要包括如下几种情形:一是行业协会直接组织立法工作者职业伦理教育,并将其作为立法工作者日常管理中的重要工作内容;二是行业协会通过在其组织的资格准入考试中加入立法工作者职业伦理的相关内容,引导准立法工作者主动开展立法工作者职业伦理的学习;三是行业协会通过制定立法工作者职业伦理规范的方式,要求立法工作者自觉学习和遵守。需要指出的是,我国尚未成立立法工作者行业协会,也未制定立法工作者职业伦理规范,且国家统一法律职业资格考试中也鲜见有关立法工作者职业伦理的内容,这不得不说是一个重大缺憾。

二、立法工作者职业伦理保障机制

　　立法工作者职业伦理保障机制,是指立法工作者行业协会、立法机关等主体通过采取一定的保障措施,引导和督促立法工作者遵守立法工作者职业伦理规范的机制。

　　首先,立法工作者职业伦理保障的主体是立法工作者行业协会、立法机关等。一方面,立法工作者行业协会是立法工作者职业伦理保障的主要主体。共同的职业伦理规范是立法工作者职业共同体得以形成的必要条件。作为行业自律组织,立法工作者行业协会的重要工作之一就是保障立法工作者职业伦理规范的落实。另一方面,立法机关也应该成为立法工作者职业伦理保障的主体。立法机关是立法工作者的工作单位,其负责立法工作者的工作安排和日常管理,应当为立法工作者遵守立法工作者职业伦理提供必要的条件。

　　其次,立法工作者职业伦理保障的措施主要包括如下几个方面:一是正确处理立法工作者与立法者之间的关系。一方面,在立法活动中,立法者拥有最终决定权,而立法工作者只居于辅助地位。因此,立法工作者应当遵循忠实和谦抑的伦理规范,不可越俎代庖。另一方面,立法工作者也并非立法者的附庸,其具有一定程度的独立性。特别是,当明知立法者的意图和行为可能违背依法立法、民主立法和科学立法原则时,立法工作者应当遵循中立和审慎的伦理规范,主动提醒立法者,甚至可以拒绝立法者的违法要求。二是正确处理立法工作者与其他立法参与者之间的关系。一方面,立法工作者是沟通立法者和其他立法参与者的桥梁,应当准确地传递其他立法参与者的意见和建议。另一方面,立法工作者应当严格按照合法性、民主性和科学性三个标准审视其他立法参与者的意见和建议,而不应简单地成为其他立法参与者的传声筒。三是正确处理立法工作者与其他社会主体之间的关系。一方面,对于其他社会主体的意见和建议,立法工作者可以按照法定程序传达给立法者;另一方面,

---

① 参见刘坤轮:《中国法律职业伦理教育考察》,中国政法大学出版社 2014 年版,第 156–159 页。

立法工作者应当拒绝其他社会主体不合理、不合法的要求。特别是,立法工作者应当主动抵制金钱、权力的腐蚀,杜绝立法过程中的权钱交易,避免立法腐败。

最后,立法工作者职业伦理保障的目标是引导和督促立法工作者遵守立法工作者职业伦理规范。虽然立法工作者职业伦理是立法工作者职业共同体内部自发形成的自律性规范,但并非所有立法工作者都能够自觉遵守。因此,需要通过建立一系列立法工作者职业伦理保障机制,引导和督促立法工作者遵守职业伦理规范。值得注意的是,立法工作者职业伦理保障机制不仅需要从主观上引导和督促立法工作者遵守职业伦理规范,还需要从客观上帮助立法工作者排除阻碍其遵守立法工作者职业伦理规范的外在因素。

三、立法工作者职业伦理内部惩戒机制

立法工作者职业伦理内部惩戒机制,是指立法工作者行业协会按照特定的程序,采取特定的手段,惩罚违背职业伦理的立法工作者的机制。

第一,立法工作者职业伦理内部惩戒的主体是立法工作者行业协会。作为行业自律组织,立法工作者行业协会负有管理立法工作者的职责,而内部惩戒则是立法工作者行业协会管理立法工作者的重要手段。需要指出的是,立法工作者的行为可能违背职业伦理,也可能触犯法律、法规、规章。在不同的情形下,处罚主体也不一样。触犯法律、法规、规章的,可能由立法机关、司法机关或行政机关予以处罚;违背职业伦理的,则只能由立法工作者行业协会进行惩戒。立法工作者的行为同时违背职业伦理和触犯法律、法规、规章的,应当分别予以处罚。

第二,立法工作者职业伦理内部惩戒的对象是违背职业伦理的立法工作者。立法工作者职业伦理主要包括忠实规范、中立规范、审慎规范以及谦抑规范,对其中任一职业伦理规范的违背均可能招致立法工作者行业协会的惩戒。值得注意的是,立法工作者职业伦理约束的对象是立法工作者,而非立法者。相应地,立法工作者职业伦理内部惩戒的对象也是立法工作者,而非民意代表,更非立法者。对于民意代表或立法者的不当或不法行为,应当按照宪法和立法法等相关法律规范的规定予以处理。一般而言,立法者的不当立法或不法立法可能通过司法审查或合宪性审查进行处理;而民意代表的不当或不法行为则要在尊重其豁免权的基础上进行处理,通常以承担政治责任为主。

第三,立法工作者职业伦理内部惩戒的程序包括立案调查、听证、决定、申诉。立案调查是指立法工作者行业协会对立法工作者可能违背职业伦理的行为开展调查。其中,立案调查的启动包括两种情形:一是他人向立法工作者行业协会投诉,要求立法工作者行业协会进行立案调查;二是立法工作者行业协会主动调查。而在立案调查阶段,立法工作者行业协会应当注意回避事项,避免程序上的瑕疵。立法工作者行业协会在开展调查的过程中应当注意收集和保存证据,并形成完整的调查报告。被调查的立法工作者有权要求立法工作者行业协会组织听证,并听取其陈述和申辩。听证的权利是基于正当程序原则产生的一项程序性权利,在立法工作者职业伦理内部惩戒程序中应当被重视。在调查和听证的基础上,立法工作者行业协会应当作出惩戒决定,并送达当事人或其委托代理人。惩戒决定应当载明惩戒对象的基本信息、调查的基本经过、经调查认定的惩戒事由、惩戒对象的申辩意见、作出惩戒决定的依据、惩戒对象的程序性权利以及作出惩戒决定的立法工作者行业协会和时间等

信息。惩戒对象不服惩戒决定的,可以在规定的时间内向特定组织或机关申诉,申诉机关应当按照正当程序原则组织复查,并作出最终决定。

　　第四,立法工作者职业伦理内部惩戒的方式包括训诫、警告、通报批评、中止会员权利、取消会员资格以及向所在单位发出惩戒建议等。在过失违反职业伦理或情节显著轻微的情况下,可以对相关立法工作者进行口头训诫,提醒其避免再犯。而对于故意违反职业伦理但情节较轻的情况,可以对其提出书面警告。对于故意违反职业伦理且情节比较严重的情况,以及经训诫或警告后再次违反同一职业伦理的情况,可以对其通报批评,即在立法工作者职业共同体内部公开其违背职业伦理的情况。对于故意违反职业伦理且情节十分严重的,可以暂时中止其会员权利,而对于故意违反职业伦理且情节特别严重的,可以直接取消其会员资格。中止会员权利和取消会员资格两种惩戒方式,应当结合立法工作者从业资格的认定进行适用。也就是说,应当建立由立法工作者行业协会认定立法工作者从业资格的制度,并将取得立法工作者从业资格作为从事立法工作的前提条件。而是否具备会员资格以及是否享有会员权利将直接影响到立法工作者从业资格的认定。此外,对于立法工作者故意违反职业伦理且情节严重的情形,立法工作者行业协会还可以向立法工作者所在单位发出惩戒建议,建议立法工作者所在单位对其进行处罚。

思考题:

　　1. 如何理解立法工作者与立法者之间的关系?

　　2. 如何理解忠实规范、中立规范、审慎规范以及谦抑规范之间的关系?

　　3. 立法工作者违反职业伦理之后应当承担何种责任?

拓展学习

延伸阅读　　　　本章推荐书目

第十章 行政执法人员职业伦理

【案例引入】

2014年3月31日凌晨,深圳市民文某和朋友吃夜宵,喝了啤酒后驾车离开,行至龙华新区梅龙路时,被一辆奥迪A8轿车追尾。还没等他反应过来,对方司机徐某已经报警。很快,龙华交警中队的民警聂某带着协管员来到现场勘查、拍照,并把文某带到龙华人民医院抽了血,随后又带回中队等候处理。到了交警中队,交警聂某不见了踪影。一名协管员表示,双方可以"协商"。文某担心血液中的酒精含量超标,违心地同意赔偿追尾他的司机7万元人民币。双方签了协议书,文某赔了钱,当天就取回了自己的驾驶证、行驶证和事故车。之后文某怀疑自己上当了,开始向深圳市公安局交警局监察部门投诉。其间,文某碰到一位车主梁某,也是来反映被徐某撞车的事。交警聂某获知投诉情况后,再次出面对此事"调解",让徐某退给文某20 300元人民币,聂某表示不再追究文某的酒驾责任。事后,交警聂某向徐某索取好处费人民币15 000元,而这笔好处费因文某向媒体反映被曝光,聂某最后没有收到。4月19日,交警局侦查大队对这起蹊跷的撞车事故立案调查。深圳警方调查发现,蹊跷的撞车事故原是"碰瓷党"精心设计的骗局。徐某曾多次因敲诈勒索被判刑或劳教。他曾做过保险理赔业务,熟悉交通法规和事故责任认定,和一伙人开始了"碰瓷"敲诈的勾当。文某吃饭喝酒时,就被这伙人盯上了,当他开车离开时,即被对方开车跟踪。被电话告知文某的车型、车牌号和行驶路线等信息后,徐某便开着准备用来"做现场"的奥迪A8赶来,制造了这起"追尾"的交通事故,而奥迪A8的实际修复费用只花了7000元。

6月5日,市检察院以涉嫌敲诈勒索罪批准逮捕徐某等5人。6月17日,市检察院对民警聂某立案侦查。聂某在这起蹊跷的交通事故处理中,既没有开具责任事故认定书,也没有将文某的血样在规定的时间里送检。直到第10天才把血样送去鉴定,鉴定结果是酒后驾驶,但聂某并没有进行处罚。这是非常明显的违规操作。检察官发现聂某涉嫌滥用职权罪和受贿罪,违规处理的交通事故不止一起。2013年9月9日凌晨2时许,在深圳市龙华新区和平路与东环一路交界的地方,市民温某酒后驾车经过此地时与犯罪嫌疑人林某等人驾驶的轿车发生碰撞,这次事故造成两车不同程度损坏。龙华交警中队接到报警后,值班民警聂某到场处置。经询问现场情况,聂某将温某带至龙华人民医院抽取血样,并将双方带回龙华交警中队处理。调查期间,聂某伙同龙华交警中队交通协管员汤某友收受温某28 000元好处费后,没有按规定将温某血样送检,擅自组织双方当事人进行调解,并将涉嫌酒驾的司机温某私放,将温某的血样遗弃。最后,聂某因涉嫌滥用职权和受贿犯罪,被广东省人民检察院决定逮捕。

思考:本案中,民警聂某作为一名行政执法人员,其行为违背了哪些行政执法人员职业伦理?受惩罚的依据何在?

第一节　行政执法人员职业伦理概述

党的二十大报告强调"扎实推进依法行政",并对转变政府职能、深化行政执法体制改革、强化行政执法监督机制和能力建设等作出重点部署、提出明确要求,为新时代法治政府建设提供了根本遵循。研究行政执法人员职业伦理,首先需要厘清行政执法人员的具体范围及其职业伦理的含义和特点,明确行政执法人员职业伦理在推进依法行政和法治政府建设中如何发挥作用。

一、行政执法人员职业伦理的概念

行政执法人员职业伦理,是行政执法人员在行政执法活动中表现出来的伦理价值取向、制度伦理规范和行为伦理规范的总和。

(一) 行政执法人员的含义

行政执法有广义和狭义之分。广义的行政执法是指国家行政机关执行法律的行为,包括抽象行政行为和具体行政行为。狭义的行政执法仅指具体行政行为,即主管行政机关依法采取的具体的直接影响相对方权利义务的行为,或者对个人、组织的权利义务的行使和履行情况进行监督检查的行为。本书所言行政执法专指狭义的行政执法。行政执法机关是代表国家履行行政管理职能的执法机关,是受国家委托行使行政管理职能的部门,是国家依法行政的重要组成部分。行政执法人员是直接、具体行使行政执法职权的行为主体。在经济社会中,行政执法人员是保障国家经济秩序正常运行、国家经济建设良性循环的重要力量。在执法过程中,行政执法人员既是国家法律、法规的捍卫者和执行者,又是党和国家与人民群众密切相连的桥梁。

(二) 行政执法人员职业伦理的含义

习近平在视察孔子研究院时强调:"国无德不兴,人无德不立。"职业伦理是所有从业人员在职业活动中应该遵循的道德准则,涵盖了从业人员与服务对象、职业与职工、职业与职业之间的关系。行政执法属于一类职业,必然有与之相适应的职业伦理。

按照我国《公务员法》,本书研究的行政执法人员职业伦理,是指在公安、海关、税务、市场监管、环保、交通、城管等政府部门中从事行政处罚决定审核、行政复议、行政裁决的公务员,在职业活动中遵循的具有本职业特色的道德要求和行为规范,是评判其执法行为是非、善恶的标准。

二、行政执法人员职业伦理的特征

作为法律职业人员之一,行政执法人员是行政机关中直接履行监管、处罚、稽查等现场执法职责的从业人员。与法官、检察官、律师等法律职业相比,行政执法类职业具有如下特征:

第一,行政执法活动的目的在于维护公共安全和公共秩序。行政机关在行政执法中往往采取积极主动的方式履行职责,行政执法人员在行使这一权力时一般都是单方面的,不需要征得行政相对人的同意。另外,行政执法人员只有对法律法规的执行权,而没有相应的解释权,不具有研究、制定法律、法规、政策的职责。

第二,工作职责的法定性使行政执法具有强制性。行政执法人员在实施行政管理时,以国家机器为其贯彻实施的后盾。在其法定权限范围内,一切公民、法人和其他组织都必须受其约束,不得抗拒或妨碍其实施,否则将受到法律的制裁,行政相对人不仅必须服从,还依法负有协助行政执法人员实施行政执法活动的义务。

第三,基于执法形式和执法依据的多样性,行政执法人员在执法过程中存在相应的执法风险。所谓执法风险,就是具有执法资格的国家公务人员在执行法律、法规所赋予的权力或履行职责的过程中,未按照或未完全按照法律、行政法规、规章要求执法或履行职责,侵犯、损害了国家和人民群众的利益,给国家和人民群众造成一定的物质或经济上的损失,所应承担的责任。

第四,行政执法活动面向基层,与群众接触密切。基层行政执法人员是直接和行政相对人发生关系的国家公务人员,是他们将"纸面上的法"转变成"行动中的法",是国家法律、法规的最直接、最具体的执行者,掌握着行政程序的运行,是行政机关和行政相对人之间的桥梁。

以上所述的行政执法活动的特征,决定了行政执法人员的职业伦理除了具有法律职业人员所共同具有的职业伦理外,还具有自己的一些特殊性。

第一,强烈的政治性。行政执法人员职业伦理是一种权力伦理,它与行政权的行使紧密相联,而行政权作为一种政治权力,其行使必然要在本质上反映统治阶级的意志。因此,行政执法人员职业伦理也必然要反映统治阶级在政治上的价值追求,它"是处理政府组织和非政府组织等主体与公共行政客体之间关系的道德准则"[①]。我国是人民民主专政的社会主义国家,要求行政主体在行使行政权时要明确为人民服务、公共利益至上的价值取向。

第二,很高的示范性。"政府是一个感染力极强的以身示教的教师,不论教好教坏,它总是以自己的楷模行为教育整个民族。"[②]孔子曾说:"君子之德风,小人之德草,草上之风,必偃。"(《论语·颜渊》)意思是说,为政者的道德作风如风,百姓的道德作风如草,风向哪边吹,草就向哪边倒。可见,行政伦理已经超过了行政执法人员个体道德的范围,而是通过行政执法人员个体的伦理行为对全社会进行调整。从这个意义上说,行政执法人员职业伦理在整个社会道德体系中处于主导地位,它对于整个社会道德、家庭道德和其他职业道德具有很高的示范性,影响着整个国家和社会的道德状况。

第三,必要的强制性。所谓必要的强制性,是指行政执法人员职业伦理包含着行政执法人员在行使行政权时所应当遵守的一些基本而必要的伦理要求,违背这些伦理要求,行政执法人员会受到惩罚和制裁。一般来说,行政伦理主要凭借社会舆论、传统习惯和内心信念等非强制性的力量约束行政权,但这并不意味着行政伦理就没有强制性。行政执法人员职业伦理是国家对行政执法人员的道德要求,在行政权的运行中表现为两个方面:一方面,它是国家对行政执法人员的最低道德要求;另一方面,它是行政执法人员在行使权力过程中所

① 王文科:《公共行政的伦理精神》,黑龙江人民出版社 2005 年版,第 23 页。
② [美] 杰克·D. 道格拉斯、弗兰西斯·C. 瓦克斯勒:《越轨社会学概论》,张宁、朱欣民译,河北人民出版社 1987 年版,第 387 页。

追求的较高价值目标。前者对于行政执法人员合法、合理地行使行政权是必不可少的，违背了这些最低道德要求，行政权将会偏离原来的轨道，走到侵害行政相对人合法权益和公共利益的道路上去。从这个意义上说，国家对行政执法人员职业伦理的强制推行显得尤为重要。

三、行政执法人员职业伦理的作用

行政执法人员职业伦理的作用主要体现在通过约束和影响具体行政执法行为，对政府、社会和公众产生相应的影响。

第一，行政执法人员职业伦理有助于维系政府的公信、权威。影响政府公信和权威的因素多种多样，总的来讲包括内部和外部两个方面。内部因素主要是指代表国家依法行使国家权力和管理社会公共事务职能的公职人员和政府组织整体的能力和素质；外部因素主要是指政府所处的社会环境和舆论氛围等社会心理因素。就内部因素而言，政府的权威主要依赖于制度规范和职业伦理两个因素。制度规范是政府通过制定规章制度、纪律要求等方式强制性约束执法人员的执法行为，进而实现组织目标，是政府权威的外在强制力量。职业伦理是政府及其公职人员德行的统一，既包括行政制度本身所蕴含的道德性价值因素，也包括行政执法人员政治素质、思想意识、文化修养、品德情操、工作态度和精神风貌，是政府权威的内在影响力量。比较制度规范和职业伦理两个因素，职业伦理虽然不像制度规范那样具有外部强制性，但因为它是在诸多非权力因素示范、引导作用下自发产生并自觉践行的，故具有更加深厚和更加持久的影响力，更能强化行政执法人员依法依规履职的意识，增强维护政府权威和公信的行动自觉。

第二，行政执法人员职业伦理有助于营造良好的民德、民风。行政执法人员职业伦理的好坏直接影响民德、民风，这是由其示范性特征决定的。民德、民风从某种意义上讲就是社会各行各业的职业伦理的总和，每一个职业都有其自身特定的职业伦理。行政执法这一职业与其他职业相比，最大的不同在于其行使的是公共管理的权力，这一权力面向的是整个社会，涉及各个行业，故在各种职业中处于领导、组织、控制、协调的地位。这也决定了行政执法人员职业伦理对其他职业伦理的巨大影响力。正如人们常讲的："村看村，户看户，群众看的是干部。"行政执法人员职业伦理对整个社会民德、民风影响极大，起到了重大的示范效应。一个公正、透明、高效、廉洁政府管理下的公众，往往能自发形成良好的民德、民风；相反，行政执法人员职业伦理的滑坡也往往意味着全社会道德水平下降的开始。

第三，行政执法人员职业伦理有助于公共政策的贯彻、执行。党和国家的各项路线、方针、政策都是通过行政执法人员具体贯彻执行的，他们的政治立场、工作态度、专业水平和道德状况都直接影响着政策的执行情况。由于制定公共政策的主体和执行公共政策的主体往往不是同一个主体，面对纷繁复杂的社会问题，公共政策在制定之时就存在着难以估计的各种情况，只能作出相对原则性的规定，而行政执法人员在执行过程中不得不对各种情形作出回应。在此过程中，行政执法人员拥有行政自由裁量权。行政自由裁量权能否被合法合理行使直接影响着公共政策目标能否实现。行政执法人员职业伦理的作用至关重要，一个努力践行职业伦理的行政执法人员，往往能不折不扣、忠实地执行政策。反之，如果肆意践踏伦理道德，将会产生巨大而深远的消极影响。所以，行政执法人员践行职业伦理的情况直接影响着公共政策的贯彻实施,也影响着法律的执行效率与公共产品的供应情况。

第二节　行政执法人员职业伦理的内容

从目前学界对行政执法人员职业伦理内容的论述来看,行政执法人员职业伦理主要包括忠于国家、服务人民,爱岗敬业、恪尽职守,求真务实、公正高效,文明执法、民主管理,以及遵纪守法、清正廉洁等内容,这些内容涵盖了心理层面和行为层面。

一、忠于国家、服务人民

"忠于国家、服务人民"是由行政执法的职权性质决定的。行政执法是行使国家职权的过程,行政执法人员从事的是一种行使国家职权的活动,具有很强的政治性。行政执法人员作为国家行政权力的执行者,首要任务就是忠诚于国家。只有国家权力执行者忠诚于国家,才能确保国家各项方针政策的贯彻落实,才能推动国家按照既定的方针目标不断前进,才能保证国家的长治久安。"忠于国家"要求行政执法人员弘扬爱国主义精神,坚决维护国家安全、荣誉和利益,维护党和政府的形象、权威,维护国家统一和民族团结,保守国家秘密和工作秘密,同一切危害国家利益的言行作斗争。

我国是社会主义国家,人民是国家的主人,一切权力来自人民,是人民赋予的,这就决定了忠于国家就是忠于人民,决定了国家行政机关和公职人员都应当以"服务人民"为基本原则。行政执法权作为一项国家权力,同样来源于人民,只能用于实现人民的意志和服务于人民的需要。行政执法人员受人民委托行使行政执法权力,"全心全意为人民服务"是行政执法人员的最终价值目标。要做到"服务人民",就要做到"权为民所用,情为民所系,利为民所谋"。

"权为民所用"是中国共产党"立党为公、执政为民"这一执政理念的具体体现,集中表现了中国共产党一直强调的要树立和实践正确的权力观的思想。恩格斯讲过,要防止国家和国家机关由社会公仆变为社会主人。实践马克思主义国家学说的这一基本原理,是保持共产党员先进性的关键环节。一方面,从权力的来源上看,我国是社会主义国家,中国共产党的执政地位、社会主义国家的一切权力,都来自人民。习近平指出:"我们的权力是党和人民赋予的,是为党和人民做事用的,只能用来为党分忧、为国干事、为民谋利。"[①]领导干部是掌握权力的关键少数,要做到依规用权、依法用权、秉公用权、廉洁用权,处理好公和私、情和法、权和责的关系。另一方面,从权力的实践来看,公权私用必定产生腐败,权力腐败是最大的腐败。所以公务员要代表并为人民掌握和行使好国家的各项权力,运用人民赋予的权力为国家的安全、发展和富强服务,为人民群众的团结、富裕和安宁服务。

"情为民所系"就是要对人民群众怀有深厚的感情,时刻倾听群众呼声,反映群众意愿,集中群众智慧,忠实地贯彻执行党的群众路线,努力使我们制定和实施的各项方针政策和措施更好地体现人民群众的利益。列宁说,没有"人的感情",就从来没有也不可能有对于真理

---

① 《习近平:做焦裕禄式的县委书记 心中有党心中有民心中有责心中有戒》,载新华网。

的追求。[1] "情为民所系"是行政执法人员正确行使职权的感情基础。

"利为民所谋"是实践"立党为公、执政为民"政治理念的具体表现。一方面,人民利益高于一切,公务员除了代表与维护最广大人民群众的利益外,没有自己特殊的阶层利益。正如邓小平曾明确指出的,人民满意不满意,人民高兴不高兴,人民赞成不赞成,应当成为检验我们一切工作的标准。另一方面,公务员来自人民,扎根于人民,服务于人民。公务员在本质上应该是公共服务员,要以公众为服务的"上帝",应以人民群众为中心,根据人民群众的利益需要提供公共服务。

二、爱岗敬业、恪尽职守

"爱岗敬业、恪尽职守"是从行政执法人员的职责要求中提炼出来的职业伦理内容。实现社会公共意志、公共利益和行政相对人的合法权益是行政执法人员的职责所在,也让行政执法人员承担着重大的公共责任。弗雷德里克森认为,在民主政治环境中,公职人员最终应向公民负责,正因为这种责任,公共管理工作才显得崇高神圣。[2]

"爱岗敬业"正是出于对职业的尊重而产生的一种工作情感,表现为在工作中高度负责的态度。其中包括自觉树立主人翁意识,把职业当成自己的事业去努力奋斗;在工作中不计较个人得失,处处以大局和全局利益为出发点和中心;在工作中踏踏实实,任劳任怨,埋头苦干,把服务社会和服务他人看作最高的职业理想和目标。爱岗敬业的基本要求有:有职业理想,热爱本职工作,有较强的事业心和责任感,有为人民服务的信念,有勤勉尽责的工作态度,有努力创新的进取意识,有大公无私的奉献精神。

"恪尽职守"要求从业人员服务大局、奋发有为、甘于奉献,为党和人民的事业不懈奋斗;坚持原则、敢于担当、认真负责,面对矛盾敢于迎难而上,面对危机敢于挺身而出,面对失误敢于承担责任,面对歪风邪气敢于坚决斗争;精通业务知识,勤勉敬业、求真务实、兢兢业业地做好本职工作。对于行政执法人员而言,恪尽职守要求行政执法人员勤于政事,具体要做到"四勤":(1) 勤于习政。要求执法人员重视学习,善于学习。随着社会的发展与时代的进步,行政管理工作也不是一成不变的,面对日益复杂的国内外局势和日常管理中不断出现的新问题,要努力学习。一方面,要自觉学习先进的理念以武装和丰富自己的头脑,增强理论修养;另一方面,要学习新的管理方法和管理手段,真正提高管理和服务水平,增加人民的满意度。(2) 勤于谋政。行政执法人员要学会在工作中积极思考,古人云:"凡事豫(预)则立,不豫(预)则废"[3],指的是行政执法人员在工作中要发挥对工作的主动性与积极性,要经常提出新的工作思路和工作方法。行政执法人员作为具体行政工作的执行者,有发现工作中存在的问题的便利条件,只有发挥积极性设计工作流程,才能使工作更完善。(3) 勤于理政。勤于理政的核心就是善于处理政务,提高工作效率。作为行政执法人员,要积极开展工作,在工作中努力作为,以极度负责的心态做好每一个具体行政行为。在工作中要深入实际调查研究,提高工作的执行力。同时,在工作中还要敢于承担责任。(4) 勤于查政。在行政执法工作中,要不断检查行政机关和公务人员的行为,形成好的工作作风。这是勤政的重要

---

① 《列宁全集》(第 25 卷),人民出版社 1988 年版,第 117 页。

② [美]乔治·弗雷德里克森:《公共行政的精神》,张成福等译,中国人民大学出版社 2003 年版,第 203 页。

③ 《礼记·中庸》。

一环,也是监督行为,没有监督就会出现权力的滥用,要通过监督手段,使公务人员对待工作勤勤恳恳、尽职尽责。

三、求真务实、公正高效

"求真务实、公正高效"是对行政执法人员具体行政行为提出的职业伦理要求。"求真务实"就是以实事求是的态度,不断地认识事物的本质,把握事物的规律,并且在这种规律性认识的指导下去实践。邓小平指出:"实事求是是无产阶级世界观的基础,是马克思主义的思想基础,过去我们搞革命所取得的一切胜利,是靠实事求是;现在我们要实现四个现代化,同样要靠实事求是。"[①] 行政执法人员肩负着上传下达以及处理政务的重任,要使政策"从群众中来,到群众中去",真正反映人民的意志,必须坚持一切从实际出发,忠于事实,尊重客观规律。只有这样才能掌握事物固有的而不是臆造的规律,才能制定出符合实际的政策,否则就会贻误社会主义建设事业,损害人民的利益。

保证党的方针政策和政府的各项职能贯彻落实,是行政执法人员的基本职责。因此,行政执法人员必须坚持真抓实干,真正弯下身、沉下心、加把力,把中央和上级交给的各项工作任务真正落到实处。毛泽东指出:"抓而不紧,等于不抓"[②],"在世界上要办成几件事没有老实态度是根本不行的"[③];干就必须想干、大干、真干、实干、苦干,时时刻刻想干事,时时处处找事干[④]。永远保持干事业的荣誉和责任感,永不满足,永不停顿,永不敷衍,永不懈怠,增强执行力,确保各项工作落到实处,不辜负人民的信任和期望。

行使行政权应坚持两个基本原则,即行政公正原则和行政效率原则。"公正高效"的职业伦理要求就是对这两个基本原则的回应。

行政公正原则是追求公平正义的行政执法人员职业伦理价值理念的具体化。追求公平正义作为行政执法人员职业伦理的核心价值,主要是指行政执法人员在行使行政权时应当把维护公共利益作为出发点,平等地对待一切社会团体和社会成员。"要求行政出于无私动机和正当考虑,不相关因素和非正常影响禁止进入行政过程,排除私念和特殊利益考虑,通过制度化的利益安排推动公正行政以维护政府的公正形象"[⑤]。现代行政法特别强调行政公正并将其确立为基本原则。行政公正原则的基本精神是行政主体及其工作人员办事公道,不徇私情,平等对待不同身份、民族、性别和不同宗教信仰的行政相对人。它包括实体上的行政公正和程序上的行政公正两个方面的要求。实体上的行政公正要求"依法行政,不偏私;平等对待相对人,不歧视;合理考虑相关因素,不专断";程序上的行政公正要求"自己不做自己的法官;不单方接触;不在事先未通知和听取相对人申辩意见的情况下作出对相对人不利的行政行为"。[⑥] 可见,行政公正原则本身具备内在的优秀品质,蕴含着追求公平正义的价值理念。

---

① 《邓小平同志谈端正党风问题》,红旗出版社1981年版,第7页。

② 《毛泽东著作选读》(下册),人民出版社1986年版,第670页。

③ 《毛泽东著作选读》(下册),人民出版社1986年版,第498页。

④ 本书编写组:《深入开展"三严三实"专题教育》,人民出版社2015年版,第69页。

⑤ 肖金明:《公共行政 平衡行政 法治行政》,载《中国行政管理》2000年第12期。

⑥ 姜明安主编:《行政法与行政诉讼法》,北京大学出版社、高等教育出版社1999年版,第48页。

行政效率原则是指"行政机关在行使其职能时,要力争以尽可能快的时间、尽可能少的人员、尽可能低的经济耗费,办尽可能多的事,取得尽可能大的社会、经济效益"[①]。行政效率是行政权的生命,没有行政效率,就不可能实现行政权维护社会秩序的基本功能。这一原则要求行政执法人员在行使行政权时应努力提高行政效率,尽可能以最少的公共资源消耗获得最大的公共利益成果。然而,这并不意味着追求行政效率是行政权行使的最终目标,片面地追求行政效率而漠视社会公共利益的存在或以牺牲行政相对人的合法权益为代价来追求行政效率,最终将会使行政权背离原先的行使轨道,成为压倒社会公众、损害公共利益的工具。

四、文明执法、民主管理

"文明执法、民主管理"是全面建设社会主义现代化国家、全面推进中华民族伟大复兴的新征程对行政执法人员职业伦理提出的更高要求。

"文明执法"总体上可以概括为国家行政机关,法律、法规授权、委托的组织及其公职人员在行使执法权的过程中,以社会主义法治理念为统领,坚持以人为本、执法为民,坚持法律效果、政治效果和社会效果的统一,运用礼貌用语和礼仪,依照法定职权和程序执行法律,或者在存在裁量空间的执法活动中,不滥用、不枉用执法权力,尊重并保障人权,尊重相对人的人格尊严,保障相对人的合法权益。"文明执法"要求行政执法人员在执法过程中做到以下几点:一是要把文明用语和法律法规的运用完美结合,做到以理服人。二是要落实文明执法行为规范,杜绝不文明行为。行政执法的许多对象是下岗职工、待业人员、外来人员、失地农民等群体,遇到的问题大多属于人民内部矛盾。违法行为轻微没有造成严重后果的,应教育其纠正,如果行政执法人员言语粗鲁、行为野蛮,不但不能纠正其违法行为,还会激化违法者的对立情绪,破坏政府形象。行政执法人员应做到文明用语在先、亮明身份在先、指明违法事实在先、权利告知在先,在工作上充满真情,在环节上规范清晰,使违法者心悦诚服,从而减少行政执法工作的阻力,透射出党和政府对广大人民群众的关心和爱护。这既是执法人员文明素质的展示,也是行政执法的必要程序。三是行政执法人员要坚持以人为本的思想,本着执法无情、操作有情的宗旨,把行政执法的"文章"做深、做细,处处为老百姓着想,时时对老百姓负责,逐步将对立关系变成合作关系,从执法对象经济利益的"伤害者"变成执法对象合法权益的"维护者",把执法、管理与服务有机地结合在一起。

"民主管理"是社会发展转型时期市场经济和民主政治发展的结果。在行政执法活动中,执法主体通过万人评议、执法协助、执法监督、听证会等各种方式允许、鼓励行政相关人和一般社会公众参与行政活动,提升行政执法的公开性、公正性、正当性及合理性,以促进政府与社会公众关系的良性互动,这种参与模式已成为现代行政的发展趋势和正当性标准。行政执法中公众参与的有效实施需要行政执法人员更新执法理念,积极畅通公众参与执法的渠道,实现公众权利与行政效益的平衡,使行政执法中的公众参与在制度上、渠道上以及参与权益上都得到有效的保障,进而不断推进行政民主化进程,使行政执法朝着更高效、更公正、更民主、更和谐的方向发展,最终实现行政机关与社会公众的和谐共处、和谐互动、和谐共赢。

[①] 姜明安主编:《行政法与行政诉讼法》,北京大学出版社、高等教育出版社 1999 年版,第 52 页。

五、遵纪守法、清正廉洁

"遵纪守法、清正廉洁"是行政执法人员职业伦理从法律观念和纪律意识方面提出的最基本的素养要求,也是新时代推进全面依法治国和全面从严治党背景下对行政执法人员提出的时代要求。

"遵纪守法"要求行政执法人员严格遵守与职业相关的各项纪律要求,要牢固树立社会主义法治理念,努力提高法治素养,模范遵守宪法和法律;严格依法履职,做到权由法定、权依法使,法定职责必须为、法无授权不可为;坚持依法决策,严格按照法定的权限、程序和方式执行公务。随着全面依法治国的不断推进,我国的法律体系愈加完善,行政执法人员的法纪意识明显增强,法无授权也敢为、法有授权乱作为的现象已有明显好转,但执法中仍存在"有法不依,执法不严"的现象。要改变这种现象,就要进一步加强法纪教育与锻炼,尤其是在依法办事方面,行政执法人员要在三个方面下功夫:一是在知法懂法上下功夫。要加强法律业务学习,在熟悉掌握一般法律原理的基础上,熟练掌握与行政执法工作有关的实体法和相关程序法,切实增强法治思维,牢固树立法治观念,对法律心存敬畏,须臾不能任性妄为。二是在严格执法上下功夫。要时刻牢记依法行政的基本准则,增强法治意识、规则意识、程序意识,按照"法无规定不可为,法定职责必须为"的要求,严格按照法律法规开展工作,做到对事不对人。法律法规中有明确规定的,就要以事实为根据、以法律为准绳,依据相关条款办理,做到不走样、不变形。对于有自由裁量权规定的条款,要结合实际情形,在法律规定的幅度范围内,宜严则严、宜宽则宽。在具体业务办理中,还要严格按照规定的程序进行,既不能越位,也不能缺位,所需步骤环节一个都不能少,力争达到最好的效果。三是在宣讲法律上下功夫。法律条文都是具体简洁且高度抽象的,日常社会工作却是纷繁复杂、千变万化的。作为执法者,需要向服务对象作出明确合理的说明解释,动之以情、晓之以理,做到依法办事和友善帮助的有机统一。

"清正廉洁"是行政执法人员对待钱财、权力的正确态度。不义之财不取、不义之利不贪,立身清白,不损公肥私,不贪污贿赂。对于行政执法人员而言,其他职业伦理内容属于进取性要求,而清正廉洁则属于守御性要求,重在不为——不能为、不敢为和不愿为。要让权力为民所用,就必须公正行使权力,而公正的前提就在于廉洁。如果权力受到不当利益的玷污,就必然会诱导执法人员以权谋私、假公济私,最终成为人民的负担、国家发展的毒瘤和执政党建设的包袱。所以,行政执法人员是否清正廉洁,是关系到党和国家生死存亡、人心向背、世风好坏的关键问题,也是当前全面从严治党重点要解决的问题。

党的二十大报告指出,腐败是危害党的生命力和战斗力的最大毒瘤,要以零容忍态度反腐惩恶,深化整治权力集中、资金密集、资源富集领域的腐败,坚决惩治群众身边的"蝇贪",严肃查处领导干部配偶、子女及其配偶等亲属和身边工作人员利用影响力谋私贪腐问题。在坚持不敢腐、不能腐、不想腐一体推进过程中,虽然行政执法人员的廉洁思想防线不断筑牢,但行政执法领域不洁不廉的现象仍然存在,特别是行政执法中趋利化操作现象时有发生,部分行政执法人员在执法过程中忽视或轻视行政相对人、社会公共利益而单纯追求部门或个人利益,导致选择性执法、执法混乱、重复执法等问题,严重影响了执法形象,侵犯了当事人合法权益。对此,在加强执纪问责和查处腐败行为的同时,行政执法人员要做到:坚持秉公用权、公私分明,办事出于公心,努力维护和促进社会公平正义;严于律己、廉洁从政,坚守道德法纪防线；为人正派、诚实守信，尚俭戒奢、勤俭节约。

第三节　行政执法人员职业伦理实施机制

职业伦理是一个规约、内化和生成的过程，将行政执法人员职业伦理内化为每一个行政执法人员内心的坚信，转化为行动的自觉，需要建立起与之相适应的行政执法人员职业伦理实施机制。这种实施机制至少应包括三个维度：一是通过教育培训、宣传引导等方式促进行政执法人员自律意识的培育；二是通过保障性的制度安排，从他律的角度保障职业伦理的实施；三是完善行政执法人员职业实施机制，防止和纠正行政执法权力运行过程中出现的偏误与紊乱。

一、行政执法人员职业伦理培育机制

行政执法人员职业伦理培育的实质，就是通过各种方式方法将行政执法人员的职业伦理精神从外在的各种制度约束转化为其内在的职业品性，从而形成自觉行为的内化过程。这一内化的过程主要通过以下途径实现：

（一）提高教育实效

教育是以培育人为目标的一种社会实践活动。教育对促进个体发展，促进行政执法人员职业伦理精神的内化具有十分重要的作用，尤其是对行政执法人员职业素质教育的引导作用十分明显。2005 年 4 月，全国人大常委会通过了《中华人民共和国公务员法》，首次以法律的形式设定了公务员的义务、责任和职业伦理底线，并明确规定要提高公务员的素质必须对公务员进行分级培训。2011 年 10 月，国家公务员局发行了《公务员职业道德培训大纲》，首次对公务员职业道德的培训进行了明确规定。2016 年 7 月，中共中央组织部、人力资源社会保障部、国家公务员局联合发布了《关于推进公务员职业道德建设工程的意见》，为各级部门推进公务员职业道德建设提供了指导建议。此外，地方省市也陆续出台了关于公务员伦理建设的相关制度和政策。这些都为保证行政执法人员接受职业伦理教育培训提供了充分的法律和制度保障。

从目前我国行政执法人员职业伦理教育培训的情况看，虽然培训力度有所加大，培训方式有所创新，培训内容有所拓展，培训效果不断显现，但是职业伦理培训实效的问题同样也很突出，需要进一步优化执法人员职业教育方式：一要按需施教，科学设置教学目标。先进的教学理念决定先进的教学方式，执法人员的职业伦理教育目标必须以尊重执法人员自身需求为前提，结合执法工作的特点科学设置。在分析执法人员的思想、心理和行为规律，了解其现实需要的基础上，结合行政执法人员职业伦理的需求设置伦理教育的目标，以充分调动行政执法人员接受职业伦理教育的主动性和积极性。二要创新方式，完善多样化的教学过程。教学过程是保证教学效果的重要环节，以往的伦理教育常采取以灌输为主的单一方法，或是简单地学习相关领导人的讲话，在内容和方式上缺乏创新，容易让人产生厌烦情绪。应当大胆革新，在内容上坚持理论教育、案例教育、实践教育相结合，在教育方式上要鼓励互动参与式教学，灵活运用情景模拟、结构化研讨、体验式教学、现场教学等多元教学方式，进而激发受教育者的学习兴趣。三要强化师资，提升教学者的相关教育能力。要扩充行政执法人员职业伦理教育师资力量,科学合理配置教师团队,选拔培养一批既了解行政执法业务实际情况,又具有职业伦理教育专业知识的公务员或专职教师,承担行政执法人员职业伦理教育工作。要提高基层党校、行政学院等培训机构的教师待遇,吸引和留住优秀教师,鼓励相关教师学习深造和参加学术交流,提高业务水平。

(二) 注重宣传引导

宣传工作以态度鲜明的方式表现提倡或反对的内容,影响受众的思想和行为,是凝聚精神力量、形成良好社会氛围的重要途径。因此,要充分认识宣传工作对推进行政执法人员职业伦理建设的重要作用,进一步加强宣传引导,推动全社会关注、参与、支持行政执法人员职业伦理建设。应从以下几个方面着力加强宣传引导工作:

第一,充分发挥媒体的作用。充分利用报刊广播电视网络等媒体,通过开辟专栏专题,对各领域的行政执法人员职业伦理建设的经验做法和新变化、新气象、新成果进行多角度宣传,提高舆论宣传的针对性和指导性。通过不断加强对行政执法人员职业伦理建设的舆论宣传,引导社会理性关注行政执法人员职业伦理问题,明辨是非,弘扬正气,营造良好的社会氛围。

第二,树立先进典型。发掘和培育行政执法人员中有良好职业伦理表现的人物,树立"道德楷模""服务明星""执法能手"等先进典型,加大宣传力度,发挥示范作用,让行政执法人员感受到先进典型就是自己所在的群体中的一分子,能够明确地认识到自己与职业伦理先进典型的差距,营造职业伦理"比学赶帮超"氛围,增强行政执法人员提高自身职业伦理水平的积极性。

第三,打造职业伦理文化。办好行政执法人员职业伦理宣传图册、挂图、墙报、板报、内部网络信息等,进一步发挥内部媒体在宣传文化引领中的作用。通过组织道德讲堂、正能量故事收集编纂、演讲比赛、知识竞赛、研讨会等各种活动,打造行政执法人员特色文化,唱响主旋律,弘扬正能量,为建设行政执法人员职业伦理提供软实力。

(三) 加强自我修养

职业伦理精神的培育是基于认识论实现的,培育的核心是内化问题。精神的内化是指人根据自己对人性以及善恶的认识,以自我发展为目的,出于自己的愿望而去行动。真正自由的道德行为应该体现自愿与自觉原则的统一以及理性和意志的统一,必须是主体自觉自愿的行为。一方面,合乎规范的道德行为是基于理性认识产生的,是自觉的;另一方面,合乎规范的道德行为出于意志的自由选择,是自愿的。只有自愿地选择和自觉地遵循道德规范,才是在道德上真正自由的行为。这样的德行才是以自身为目的,才实现了真正的内化。对于行政执法人员来说,既要有外在规范行为的制度约束,也要不断提升自我修养。

行政执法人员要自觉地在行政执法过程中用先进的思想武装自己的头脑,提升自己的道德修养,努力做好"四个自":一要自重慎微。即尊重自己的人格,牢记第一身份第一职责。习近平曾指出:"在当前复杂的社会环境下,各级领导干部要加强思想道德修养,注重培养健康的生活情趣,正确选择个人爱好,慎重对待朋友交往,明辨是非,克己慎行,讲操守,重品行,时刻检点自己生活的方方面面,始终保持共产党人的政治本色。"①

---

① 习近平:《之江新语》,浙江人民出版社 2007 年版,第 261-262 页。

就是要从微小之事做起,从微小之处严起。二要自省慎思。即结合"两学一做"(学党章党规、学系列讲话,做合格党员)教育进行自我反省、自我检查、自我批评,对自己的消极意识认真加以克服和纠正。要以新时期共产党员先进性的标准来审视自己、要求自己,一旦发现有所背离,就立即自省、自责、自纠,从而达到高尚的精神境界。三要自警慎权。习近平曾指出:"领导干部手中或多或少都有一些权力,有权就有个用权的问题。要做到'权为民所用'就必须法德并举。既要依法用权,又要以德用权,归根到底用权要讲官德。"① 要真正把党和人民赋予的权力用来为党的事业和人民的利益服务。四要自励慎行。即要经常激励、鞭策自己,自强不息,奋发向上。执法行为行使的是国家的权力,代表的是国家的形象和威严,要始终把人民群众"高兴不高兴、满意不满意、赞成不赞成、答应不答应"作为自己工作的出发点和落脚点,自觉践行党的宗旨,当好人民公仆。

二、行政执法人员职业伦理保障机制

加强行政执法人员职业伦理建设需要坚持自律和他律相结合,不仅需要建立完善的培育机制以提高行政执法人员的自律意识,更要从他律角度构建起完善的外在约束机制以保障行政执法人员职业伦理的实施。

(一) 健全行为规范

综观世界其他法律规范相对发达的国家,其在公务员道德领域的立法也相对全面,规定较为具体,且在不断发展过程中形成互补,在长期的实践中已构建起一个较为全面的职业伦理法律体系。美国、意大利、韩国、日本等国家在公务员职业伦理建设方面的法律法规都比较完善详尽地规范了与公务员职业伦理相关的行为。与美日韩等公务员职业伦理法律建设较为完善的国家相比较,我国还有较大的发展空间:到目前为止,我国还没有针对公务员职业伦理的专门的法律,尽管《公务员法》对公务员的相关权利和责任进行了一些说明,但这些规定和西方国家的相关法律相比,其内容较为空泛,缺乏进一步的细化,而对于行政执法人员职业伦理的专门立法则处于缺位状态。针对此种情况,我们要在学习和借鉴其他国家先进立法经验的同时,结合我国的实际情况,加强职业伦理的专项立法。

(二) 完善奖惩机制

行政执法人员职业伦理规范的奖惩机制,是指通过物质或精神的方式,给予模范执行行政职业伦理规范的行政执法人员应有的奖励和鞭策;对违反伦理规范的行政执法人员,情节轻微的给予批评教育或限期改正,情节严重的处以政务处分。

为确保奖惩机制的长久性、持续性,需要做到以下两点:一要将行政执法人员职业伦理规范的执行情况纳入行政执法人员政绩考核体系中。对于模范执行行政执法人员职业伦理规范的行政执法人员予以提拔和重用;对严重违反行政执法人员职业伦理规范的行政执法人员予以警告、记过、记大过、降级、撤职、开除等不同等级的政务处分。二是建立行政执法人员的个人信誉档案。建立个人信誉档案是目前西方国家普遍采取的监督行政权的做法,它对规范

---

① 习近平:《用权讲官德　交往有原则》,载《求是》2004 年第 19 期。

行政执法人员的道德行为有积极作用。借鉴他国经验,我国也可以建立全国联网的行政执法人员个人信誉档案,即将行政执法人员履行行政执法人员职业伦理规范的情况记录下来,使其主管单位和行政相对人能够及时了解行政执法人员的道德状况。同时,在行政权行使过程中,行政相对人可以根据自己对本次行政行为的满意程度给行政执法人员打分,并将其纳入行政执法人员的个人信誉档案中,从而加强社会公众对行政执法人员的道德监督。

（三）完善监督机制

行政执法人员职业伦理监督机制,是指国家监察机关、行政相对人及社会公众对行政执法人员遵守行政执法人员职业伦理规范的情况进行评价和监督的制度体系。

从监督主体上看,至少应当包括以下几个方面的具体监督:

一是国家监察机关的监督,即各级监察委员会的监督。依照《宪法》《监察法》和有关法律法规规定,监察委员会是代表党和国家统一行使监督公职人员的职能的专责机关。其负有坚定不移惩治腐败,推动深化改革、完善制度,规范权力运行,加强思想道德教育、法治教育、廉洁教育,引导公职人员提高觉悟、担当作为、依法履职,一体推进不敢腐、不能腐、不想腐体制机制建设的职责使命。因此,监察委员会的监督是对包括行政执法人员在内的所有公职人员和行使公权力的其他有关人员的最有效的监督。

二是行政相对人监督。这是最直接的监督。行政相对人作为行政法律关系的一方当事人,其合法权益会受到行政行为的直接影响,而行政行为能否合法、合理地实施,是否会对行政相对人的合法权益产生影响,很大程度上取决于行政执法人员的道德素质。因此,行政执法人员遵守行政执法人员职业伦理规范的情况成了行政相对人关注的对象。

三是社会公众的监督。这是最广泛的监督。它或者通过行政系统外部的个人、组织向行政执法人员提出批评、建议、检举、揭发,或者通过报纸、杂志、电台、电视台等舆论工具对违反行政执法人员职业伦理规范的行政行为予以揭露、曝光,从而为行政机关的监督提供信息。因此,社会公众的监督是缺乏强制力的监督,是行政机关监督的驱动器。

三、行政执法人员职业伦理内部惩戒机制

责任行政是当前行政执法领域公认的一个基本原则,是指行政人员在行使公共权力的过程中,要对自己的行为承担相应的责任。行政执法人员代表公民行使权力,应该以维护公民的权利为己任,一旦出现违法失职或者不当的行为,就应该承担相应的责任。

（一）行政执法人员职业伦理内部惩戒的内涵

内部惩戒作为人员管理的有效手段经常被应用于公职系统。在传统的行政法理论和实践中,一般将行政内部惩戒称为纪律处分或行政处分。如罗豪才认为:"行政处分,是公务员承担违法行政责任的主要形式,是国家行政机关依照行政隶属关系对违法失职的公务员给予的惩戒措施。"[1] 而其他国家（地区）的称谓与我国有所不同,如法国称为纪律制裁。

我国在监察体制改革前,对行政执法人员违反职业伦理的行为进行内部惩戒的情形主

---

[1]　罗豪才主编:《行政法学》,北京大学出版社 1996 年版,第 7 页。

要有两种:第一种是行政执法人员违反行政纪律(也称之为政纪)的,应当受到行政纪律处分(即行政处分);第二种是行政执法人员是共产党员的,其违反党纪政纪的行为既要受党纪处分,也要受行政处分。以上行政处分和党纪处分分别由行政监察机关、党的纪律检查机关执行,实行的是党纪和行政纪律处分的双重纪律处分体制,党纪处分适用党内法规,行政处分适用《中华人民共和国行政监察法》和《公务员法》,党内法规和法律之间并没有形成衔接机制,往往出现协调机制不顺畅、信息不能共享等问题,影响了公权力监督的效果。

国家监察体制改革以来,《监察法》明确规定,监察委员会"对违法的公职人员依法作出政务处分决定"。在此基础上,出台了我国第一部全面系统地规范公职人员处分的法律——《中华人民共和国公职人员政务处分法》(以下简称《政务处分法》)。《政务处分法》贯彻了"党管干部"的基本原则,实现了党纪处分与政务处分的有效衔接。监察委员会行使监察职能过程中,根据行政执法人员违反职业伦理的轻重程度,在其管理权限内,作出相应处置决定。对于行政执法人员中违反党章和其他党内法规,违反国家法律法规,违反党和国家政策,违反社会主义道德,存在危害党、国家和人民利益的行为的党员,依法给予警告、严重警告、撤销党内职务、留党察看、开除党籍的纪律处分。

(二) 行政执法人员职业伦理内部惩戒的特点

相较于其他行业和法律责任的追责形式,我国行政执法人员职业伦理内部惩戒具有如下特点:

第一,惩戒主体法定性。各级监察委员会是行使国家监察职能的专责机关,依法对所有行使公权力的公职人员(以下称公职人员)进行监察,调查职务违法和职务犯罪,开展廉政建设和反腐败工作。国家以法律形式赋予监察委员会监察权,凸显了惩戒执行的规范性和严肃性,不同于企事业单位对所属员工的处罚和司法惩戒。

第二,惩戒对象具有特定性。行政执法人员惩戒的对象主要是具备公务员身份的行政执法人员,是指依法履行公职、纳入国家行政编制、由国家财政负担工资福利的行使执法权力的工作人员,而不是普通公民、法人或者其他组织。

第三,惩戒职能具有双重性。一是为了维护国家稳定,建立精干、高效、廉洁的行政执法人员队伍;二是通过对惩戒救济的完善,将行政执法人员权益保障问题引到公众视野里,进一步提升行政执法人员的职业安全感。

第四,惩戒目的在于教育。社会主义法治建设和纪律建设应以自觉为前提,惩戒的目的是"惩前毖后,治病救人",对于违纪者的惩戒应坚持教育与惩戒相结合的原则,把思想教育贯穿整个处理过程,诚恳地帮助他们改正错误,将功补过,从而实现维持机关组织秩序、保证公务良好执行的目的。

(三) 行政执法人员职业伦理内部惩戒的程序和内容

各国行政执法人员行政惩戒制度均包括惩戒管理结构、惩戒形式、惩戒程序、惩戒救济等。此外,还包括惩戒事由、对行政执法人员行政惩戒的撤销、时效制度等内容。

在我国,《监察法》明确规定各级监察委员会是行使国家监察职能的专责机关,依照法律规定履行监督、调查、处置职责,并要求根据监督、调查结果分别作出不同处置,这些规定同样适用于行政执法人员职业伦理内部惩戒。

在监察程序上,《监察法》第五章第 35—49 条对监察委员会监督、调查及处置三大程序进行了具体规范。

在政务处分的程序上,主要由各级国家监察机关及其派驻机关对监察对象进行立案和调查,调查终结后,按照《监察法》和相关法律的规定,以及干部或者企业事业单位工作人员管理权限,应由监察机关作出政务处分决定的,依法由监察机关作出处分决定,并通知被处分公职人员所在单位和本人;不应由监察机关直接作出政务处分决定的,应当由监察机关提出处分意见和建议,由法定的国家机关及其部门,或者由国有企业和公办事业单位及其上级主管部门根据监察机关的意见和建议作出处分决定,并通知被处分的公职人员本人。

在惩戒的救济方面,实体权利受到损害是寻求救济的唯一前提。监察对象认为监察机关作出的处理决定对其实体权利可能或已经造成损害的,按照《监察法》和相关法律的规定,可以在收到处理决定之日起 1 个月内,向作出决定的监察机关申请复审,复审机关应当在 1 个月内作出复审决定。监察对象对复审决定仍不服的,可以在收到复审决定之日起 1 个月内,向上一级监察机关申请复核,复核机关应当在 2 个月内作出复核决定。复审、复核期间,依法不停止对原处理决定的执行。复核机关经审查,认定处理决定有错误的,原处理机关应当及时予以纠正。

思考题:

1. 行政不作为违反了哪些行政执法人员职业伦理要求?对行政不作为的执法人员有哪些惩罚措施?

2. 结合本章第二节谈谈行政不作为、乱作为、慢作为这些行为违反了哪些行政执法人员职业伦理要求。

3. 结合本章第三节以及现行法律规定,从职业伦理实施的角度讨论如何防治行政不作为、乱作为、慢作为。

拓展学习

延伸阅读　　　本章推荐书目

第十一章 法学专业教师职业伦理

【案例引入】

王家福[①]老师教导我要善于听取不同意见,要独立思考。我的硕士论文是《论发明的法律保护》,这是在家福老师的精心指导下完成的。家福老师是新中国专利制度理论的奠基人,也是我国建立专利制度的推动者。在我撰写论文时,学界对我国是否应建立专利制度有两种不同的意见:一种意见认为应适应"四化"需要,尽快建立专利制度,以激励发明创造;另一种意见认为搞专利制度不符合我国国情,会抑制我国工业的发展。在对发明保护制度的选择上,尽管家福老师的观点很鲜明,但他还是让我独立思考,让我到有关部委去调查、听听不同意见,到企业去听听他们对发明奖励制度的看法。我遵照家福老师的教导去做了些调查,经过分析研究完成了论文的撰写。这件事反映了家福老师的学风和文风。不向别人强加自己的观点,提倡全面调查,听取不同意见,提倡独立思考,这不仅是理论研究的要旨,也是为人的准则,更是对领导者的基本要求。平和、宽容、善良是家福老师的美德,"海纳百川"是家福老师的视野和胸怀。家福老师之所以能赢得法学界、法律界的普遍认可和年轻一代的崇拜,除了其学术成就和为法制建设所做的贡献之外,我想他的高尚人品也是重要原因。[②]

思考:以上描述反映了法学专业教师的哪些可贵品格? 在法律职业伦理建设中,法学专业教师的职业伦理和其他专业教师的职业伦理有何不同?

第一节 法学专业教师职业伦理概述

一、法学专业教师职业伦理的概念

职业是指社会分工条件下个人所从事的作为主要生活来源的工作。教师是社会职业的一种,是有特别从业要求的专门性职业,即专业性职业。这已被联合国教科文组织和国际劳工组织所认可,它们在 1966 年提出的《关于教师地位的建议》中指出:"教师应当被认为是

---

① 王家福(1931-2019),中国社会科学院法学研究所原所长、研究员、博士研究生导师,第八届全国人大法律委员会委员、第九届全国人大常务委员会委员,第三届、第四届中国法学会副会长,中国法学会学术委员会主任,首届"全国杰出资深法学家",原中国民法经济法研究会会长,党中央、国务院"改革先锋"勋章获得者。

② 刘定华:《铭心刻记的三件事——写在王家福老师八十华诞之际》,载孙宪忠主编:《王家福法学研究与法学教育六十周年暨八十寿诞庆贺文集》,法律出版社 2010 年版,第 64-65 页。

一种专业,它是一种公共服务的形式,教学需要教师具有专门的知识和技能,并通过严格和持续的学习来获得和发展这些知识和技能。"我国《教师法》也肯定了教师职业的专业性,其第 3 条规定:"教师是履行教育教学职责的专业人员,承担教书育人,培养社会主义事业建设者和接班人、提高民族素质的使命……"

教师作为一种专业性职业,具有专业的基本特性:(1)教师具有一定的职业声望;(2)教师需要经过严格的职前专业训练;(3)教师具有专业自主性;(4)教师职业有自己的职业标准。

法学专业教师,顾名思义,就是从事法学教育教学的专业教师。目前,我国高等院校的法学院或法律系设置法学专业,为国家培养了大批品德高尚、业务精湛的法治人才。法学专业教师作为高等学校的教师,首先应当具备高等学校教师的任职资格,其次应当具备法学专业教师的任职条件。法学专业教师既包括法学专科、本科专业课教师,也包括法学硕士、法律硕士和法学博士的指导教师和专业课教师。

法学专业教师和其他行业一样,在职业活动中应当遵循与其职业相适应的伦理原则和规则。法学专业教师的职业伦理是由其所担负的培养高质量的社会主义法治人才的使命所决定的,它应具有的道德素养和品质主要体现在对学生、对同事应尽的道德义务和对国家应尽的职责上。

二、法学专业教师职业伦理的特征

(一) 法学专业教师具有教师和法律职业人员的双重身份

教师是一个崇高的职业,历来受社会的重视和人们的尊重。习近平指出,教师是人类灵魂的工程师,承担着神圣使命。[①]我国知名的教育家陶行知从教育、学校、教师的关系方面充分肯定了教师的地位和作用,他说:教育是立国的根本[②],校长是一个学校的灵魂[③],教师就是社会改造的领导者[④]。

在我国,根据《教师法》和《高等教育法》的规定,教师担负着培养社会主义建设者和接班人的神圣使命,负责培养学生的道德意识和创新能力,以适应发展科学技术、文化,促进社会主义现代化建设的需要。要实现人才培养目标,教师的职业素养和育人品质尤显重要。

法学专业教师是教师群体中的重要一员,它享有社会对教师的赞誉,同时履行教师的职责和应尽的道德义务;法学专业教师又是法律职业共同体中的一员,是法律职业人员,是受过专门的法律训练,具有娴熟的法律技能,担负着培养立法者、法官、检察官、律师等法律职业人员的任务,而这些法律人构成了科学立法、严格执法、公正司法的主要力量。可以说,法学专业教师在法律职业群体中处于基础性地位,在众多的担负不同职责的法律职业人员共同参与的法治大舞台上,法学专业教师扮演着导演的角色,舞台上演员的水平,一定程度上反映着导演的德才水平。

---

① 《习近平谈治国理政》(第 2 卷),外文出版社 2017 年版,第 379 页。
② 方明主编:《爱满天下——陶行知名言警语》,同心出版社 1999 年版,第 3 页。
③ 方明主编:《爱满天下——陶行知名言警语》,同心出版社 1999 年版,第 202 页。
④ 方明主编:《爱满天下——陶行知名言警语》,同心出版社 1999 年版,第 215 页。

总之,法律专业教师作为一般教师,应具备教师共同的"德才"要求;作为法律职业共同体的一员,又具有法律职业人员特有的"德才"要求。法学专业教师身份的两重性,在很大程度上决定了其职业伦理的特殊性。

(二) 法学专业教师职业伦理的传承和创新

党的十八大以来,习近平多次强调,要传承和弘扬中华优秀传统文化,指出:"中华文明源远流长,孕育了中华民族的宝贵精神品格,培育了中国人民的崇高价值追求。自强不息、厚德载物的思想,支撑着中华民族生生不息、薪火相传。"[1]

法学专业教师与其他教师一样,是包括法律文化在内的人类文化的传承者,其立足当下,俯仰古今,让优秀传统法律文化的悠长余韵蔓延至今,让优秀传统法律文化回归教育,在社会的发展和人类的延续中起着桥梁和纽带作用;他们根据社会发展的要求和受教育者的需要在传承的基础上有所创新。古时师传之"道",主要是以德为核心的君子之道,塑造君子人格。在《论语》和其他儒家经典中,君子人格以"小人"为对照得以昭显。"君子怀德,小人怀土,君子怀刑,小人怀惠"[2];"君子之德风,小人之德草,草上之风,必偃"[3];"君子成人之美,不成人之恶,小人反是"[4];"君子周而不比,小人比而不周"[5];"君子坦荡荡,小人长戚戚"[6];"君子中庸,小人反中庸"[7];等等,昭示了君子具有的蹈仁义而弘大德、利人利他利天下的社会责任感和成人之美、与人为善、厚德待人、心底干净、无愧无疚的君子美德。君子之德,亦应为师之德。当今法学专业教师应将之作为自己的德之准则,并传于后人。当然,人类在进步,社会在发展,古之精训,亦应当赋予它新的内容,如"礼"之道,亦与"依法治国与以德治国"相联系,"礼"与"法"相结合;"君子人格"延续至今发展为社会主义核心价值观;"天下兴亡,匹夫有责",今天赋予其对实现中华民族伟大复兴的担当。在新时代新征程,还面临着教育观、教师观和学生观的改变,面临着推进全面依法治国、建设社会主义法治国家的新任务,法学专业教师对这些问题均应作出探索,对于中华优秀传统法律文化,赋予其新的内容,以适应新的发展需求。

(三) 法学专业教师职业伦理价值的长远性

法学专业教师职业伦理的价值,是指通过自身的行为所产生的社会积极评价。与其他法律职业伦理的价值评价不一样,如法院审结一个案子,结案后,是否体现公平、正义,社会很快就会作出评价。由于教师的职业行为是培养学生,时间较长。大学本科需要 4 年,如继续读硕士、博士研究生,时间就更长了。教师的教学对象不是单个的学生,而是学生群体,如果要对教师职业伦理教育和专业教学价值进行评价,则要等学生毕业参加工作后才能进行,而且检测对象并不是一个学生,而是一个群体,这样时间就会更长。

长远性还表现在教师对学生的影响上。其影响并不会随着学生学业的结束而消失,而

---

[1] 《习近平谈治国理政》(第 1 卷),外文出版社 2018 年版,第 158 页。
[2] 《论语·里仁》。
[3] 《论语·颜渊》。
[4] 《论语·颜渊》。
[5] 《论语·为政》。
[6] 《论语·述而》。
[7] 《中庸》。

会在学生长期的实践中趋于完善和成熟。

从横向上看,学生的身心发展是学校、教师、家庭、社会与本人共同努力的结果;从纵向上看,每一阶段教师所面对的学生几乎都是前一阶段教师劳动的产物。因此,对教师伦理和教学质量的评价还要注意教育的承接性。

三、法学专业教师职业伦理的作用

(一) 法学专业教师职业伦理有利于教师个人品质的完善

社会主义社会的职业伦理,是社会主义职业活动中人和人之间、个人和社会之间的新型关系的反映。它把从事同一职业的人的个人利益、局部利益同广大人民群众的利益、整个国家和社会的利益有机地统一起来,使前者服从于后者。某一行业的职业伦理规范对该行业的成员具有指导和约束作用。同理,作为个体的法学专业教师同样要受教师职业伦理的约束和指导。

法学专业教师均应在热爱本职、忠于职守、为人师表、以德为先、潜心教学等方面具有良好的品质,这主要是在法学教育教学的实践活动中形成的。职业伦理不仅使每个法学专业教师明确了一般是非、荣辱、善恶的界限,而且对其法学教学职业的选择和自信、法治理想的形成和坚定有着重大的指导作用。

(二) 法学专业教师职业伦理有助于社会主义核心价值观的培育和弘扬

每个时代都有每个时代的精神,每个时代都有每个时代的核心价值观。进入新时代的我国同样有着符合新时代特点的核心价值观,那就是富强、民主、文明、和谐,自由、平等、公正、法治,爱国、敬业、诚信、友善。它们分别体现了对国家、社会、公民的价值要求。

习近平指出,社会主义核心价值观是一个民族赖以维系的精神纽带,是一个国家共同的道德基础。要把培育和弘扬社会主义核心价值观作为凝魂聚气、强基固本的基础工程。核心价值观是文化软实力的灵魂,是文化软实力建设的重点[①]。党的十九大报告深刻阐述了社会主义核心价值观的丰富内涵和实践要求,对培育和践行社会主义核心价值观作出了许多新的重大部署。党的二十大报告更是对广泛践行社会主义核心价值观进行了可持续的宏观安排。

培养什么样的人是社会主义核心价值观建设的根本。德才兼备,以德为先,教师承担着最庄严、最神圣的使命。法学专业教师在培养人的问题上负有核心价值观建设者应尽的义务。核心价值观建设的首要任务就是培养有正确世界观、人生观、价值观,能担当民族复兴大任的时代新人。这些人应有自信、尊道德、讲奉献、重实干、求进取,有着高尚的精神风貌和道德素养。

法学专业教师培养担当民族复兴大任的时代新人,首先应具有育人的高度责任感和担当精神。其次,要发挥专业特长,基于对社会主义核心价值观的全面深刻理解,熟练地将社会主义核心价值观的内容融入宪法学、法理学、法律史、行政法、民法等专业课的讲授之中,挖掘和运用包括优秀法律文化在内的中华优秀传统文化中的诸如讲仁爱、重民本、守诚信、

---

① 《习近平谈治国理政》(第 1 卷),外文出版社 2018 年版,第 163 页。

崇正义、尚和合等核心思想观念和道德教化资源,对学生进行道德伦理和核心价值观的教育,使未来法律职业人员深刻理解法律对培养和践行社会主义核心价值观的导向和护卫作用,深刻理解法德结合治国的理论和实践依据;使核心价值观融入法治建设的全过程和法治领域各方面的观念深深扎根于脑海,为其以后担当法治大任,践行和弘扬社会主义核心价值观奠定牢固的思想基础。

(三) 法学专业教师职业伦理是实现法学教育目标的前提

我国法学教育的目标是培养时代需要的高质量的法治人才,他们应当具备坚定的社会主义法治观念、高尚的法律职业伦理精神、扎实的法律专业知识和熟练运用法律的技能,同时也应具有科学的人文知识背景;从学校毕业后,通过国家法律职业资格考试,他们将成为制定法律、执行法律、监督法律执行和从事法律服务的法律职业主体,他们的职业行为既受法律的保护,也受法律的制约和人民的监督。

法学教育目标能否实现,取决于教育主管部门的决策指导、学校院系的科学管理、专业教师和德育教师的努力与配合以及学生学习的积极性和主动性等多方面因素,其中专业教师的爱岗敬业、勤勉尽责、丰富的教学内容和科学的教学方法起着关键作用。精心准备的专业课的讲授,能够培养学生对法治的坚定信念、对宪法和法律的信仰,使其学会运用法律思维和法律逻辑分析问题,增强创新意识和创新能力。倘若法学专业教师自己尚缺坚定的法律信仰,也不忠诚于法学教育事业,缺乏教书育人、以德为先的基本的职业伦理,而只将教书作为一种谋生手段,肯定达不到法学教育的目的。

可以说,在教育的大政方针确定之后,在培养学生的主体体系中,实现教育目标的关键因素是教师,而教师职业伦理又是决定教师能否充分发挥作用的关键。

第二节　法学专业教师职业伦理的内容

法学专业教师职业伦理在具体的法学教育实践中,必须以职业伦理规范为指导,将规范要求转化为实际的职业行为。其行为是专业化的体现,决定着法学专业教师专业发展的长远性;对学生的身心发展和专业发展也有着潜移默化的影响,引导着学生的思想进步和品德养成。法学专业教师应"以德立身,以德立学,以德施教"[①],培育和践行职业伦理。

一、立身之德

法学专业教师的立身之德是指法学专业教师作为职业成员应当具备的基本道德素养,无此,就不能冠以法学专业教师之名或称号。

(一) 具有坚定的法律信仰和全面依法治国理念

1. 坚定的法律信仰

它是指对法律高度相信并将其作为行动的准则和指南。宪法是国家的根本法,是治国

---

①《习近平谈治国理政》(第 2 卷),外文出版社 2017 年版,第 379 页。

安邦的总章程,以宪法为依据的社会主义法律,是调整社会关系普遍适用的行为规范。宪法和法律体现党和人民的意志,反映各族人民的根本利益和权利意愿,保障和促进社会主义市场经济的发展和经济体制的改革,保障和促进社会主义民主政治和社会主义精神文明建设,保障和促进对外开放和国际交流合作,推进世界和平与人类命运共同体的形成。因此,任何组织和个人都必须尊重和维护宪法和法律的权威。尊重宪法和法律的权威就是维护党和人民共同意志的权威,捍卫宪法和法律的尊严就是捍卫党和人民的尊严,保障宪法、法律的实施就是保障党和人民共同意志的实现。宪法法律的根基在于人们内心的拥护,宪法法律的权威源自人们真心的信仰。作为弘法、护法的法学专业教师,宪法和法律在他们的心中应当具有至高无上的地位,并在课堂内外接受社会对其法律信仰的检验。

2. 坚定的全面依法治国理念

它是指对全面依法治国具有坚定的信念。全面依法治国是坚持和发展中国特色社会主义的本质要求和重要保障,是实现国家治理体系和治理能力现代化的必然要求,事关我们党执政兴国,事关人民幸福安康,事关国家长治久安。基于此,党的十八届四中全会专门通过了《中共中央关于全面推进依法治国若干重大问题的决定》,党的十九大报告又明确"全面推进依法治国总目标是建设中国特色社会主义法治体系,建设社会主义法治国家",是习近平新时代中国特色社会主义思想的重要组成部分,并对全面依法治国作了总体部署。党的二十大报告更是提出"坚持全面依法治国,推进法治中国建设"。全面依法治国是国家治理的一场深刻革命。习近平法治思想提出的"法治中国""法治道路论""党法关系论""法治的人民立场""依宪治国和依宪执政""法治是国家治理体系和治理能力的重要依托""建设中国特色社会主义法治体系""新法治方针论""法治核心竞争力""法治专门队伍""提高运用法治思维和法治方式深化改革、推动发展、化解矛盾、维护稳定、应对风险的能力"等一系列具有原创性、时代性、标识性的法治概念与重大命题,构成了全面依法治国理论体系的基本观点,充分彰显了习近平法治思想的鲜明理论品格和时代精神。法学教育应当以习近平法治思想为指导,并使其内容进入课堂。法学专业教师应当率先认真学习,深刻领会,以习近平法治思想武装头脑,高质量地讲好每堂课,牢牢地坚守社会主义的法治理论阵地。

(二) 忠诚于法学教育,爱岗敬业

任何事情,只有爱它,对其有浓厚的兴趣,才会真心实意、尽心尽力地将它做好。忠诚于法学教育就是克己尽心,全力以赴做好法学教育教学工作。法学专业教育是培养法治人才的教育,法学是理论性、实践性很强的学科,法学专业培养的人是能胜任社会主义法治大任的精英,是能医治社会弊病的良医。这就决定了法学专业教师的职业品格,既要有坚定的法律信仰和对法治的坚定信念,又要有热爱法学教育,忠诚于教育事业,爱岗敬业的精神。只有这样,才能坚守育人之岗、教学之业,才能自觉地、潜心地为培养德才兼备的法律人才默默奉献。随着我国全面依法治国基本方略的提出和实施,以及法学教育热的兴起,法学教师需求量激增。一方面,对法学教育教学思想准备不足的人走上了法学教育的岗位;另一方面,为争得学位点、重点学科、评估晋级,高校法科引进人才"价格"攀比之风盛行,使得部分有才华的教师时时处于关注招聘、引进人才信息的思绪中,宁静的校园不时弥漫着商业的迷雾。

对具有高尚职业伦理的法学专业教师而言,他们不应该是因外面世界竞争失败或因被政界商界所弃而暂进校园,临时求职等机会再起之人;他们的行为对象不应当是物和物欲;他们应当是真心热爱教育,立志以教师为终身职业之人。他们的行为对象是学生,是未来的社会精英,他们所触及的应当是精神、知识和真理。法学专业教师应当是酷爱教学岗位,自觉履职之人。他们应当具有自己被感动和感动别人的情怀和能力,他们应当有着将教书育人作为目的去热爱的自动力。其营生计,不只稻粱之谋,生命之外,尚有精神使命。

教学须有育人信仰,教学需有长情信念。唯如此,才能坚守教学岗位,始终拥有教学情怀;才能心中有国家,肩上有责任,眼中有学生;才能不为利所诱,不为名所惑,不功利浮躁,不趋利跟风。只有这样,才能潜心育人,静心教书,在平淡中体验幸福。

二、立学之德

立学之德,泛指治学应当遵循的道德规范。作为法学专业教师,应有与其职业相适应的治学、做学问的道德素养。

学高为师。作为法学专业的教师须有高深的法律学问,应对其所授课程的理论和实践有较为深入的研究。何谓高深的法律学问? 孙晓楼先生在《法律教育》一书中举了一例:"譬如在课堂上讨论一个法律上的某一问题,他不能只拿与该问题的有关系的几条条文,解释字义就算了,而应当拿这个问题的起源、构成的要件、解决的方法,于时代上的过去、现在与将来,世界各法系、各法学者种种不同的理论,纵的方面,横的方面,理论方面,实际方面,都能详细深刻地作一比较的讨论。他所取的材料,不能限于关于该问题的几条条文,而应当将关于这问题的学识、意见、著作、判例都介绍给学生参考。这才是有学问的教法,才是有学问的教授。"[①] 孙先生的此番教导,对当下法学专业教师的学问考量仍然具有重要的意义。

做一个合格的有学问的法学专业教师,重要的是要有正确的教学态度和严谨的学习精神。

(一) 不懈追求

法学专业教师既是法学课程的讲授者,又是法学教育教学的研究者。进行创造性研究,是教师职业内在的尊严和愉悦的源泉。但要有成就,就得坚持不懈,因为成果需要知识积累,而积累需要时间。西晋左思历经十年写就《三都赋》;被鲁迅称为"史家之绝唱"的《史记》,凝聚的是司马迁行万里路艰辛调研的累积成果;李时珍 16 部 52 卷载药物 1892 种的《本草纲目》经 27 年的辛勤劳作而成;《徐霞客游记》的作者徐弘祖 30 多年 4 次长途跋涉,足迹遍及大半个中国才写成了地理学、文学均卓有成效的奇书。不唯古人,今人亦是如此。"杂交水稻之父"袁隆平经半个多世纪的研究,为解决全球的粮食问题作出了巨大贡献。一旦立志,长期坚持;锲而不舍,潜心研究;艰难险阻,无所畏惧,这是历代学问大师和成功之士的共同特点。而今,我国科技进步,政治昌明,文化繁荣,网络发达,获取知识的途径和研究的条件大大优于以往,但坚持不懈、持之以恒的精神仍然是法学界、教育界、科技界立学、治学、科技创新的灵魂。

---

① 孙晓楼等原著,王健编:《法律教育》,中国政法大学出版社 1997 年版,第 56 页。

（二）虚心善学

虚心使人进步,骄傲使人落后;谦受益,满招损。这是历代圣贤求学进步的警示名言,也是人们从实践中得到的深切体会。给学生一杯水,教师得一桶水,虚心善学对今天的教师而言,尤显重要。学学问,得向社会学,向他人学,靠自学。孔子云:"三人行,必有我师焉。择其善者而从之,其不善者而改之。"[①] 韩愈云:"是故弟子不必不如师,师不必贤于弟子。"[②] 康熙云:"虽极粗鄙之夫,彼亦有中理之言。"[③] 人各有长有短,拜人为师,以己之短,学他人之长,而不以己之长去比他人之短,也无必要去计较他人地位资历如何,财物多还是寡。孔子是那样说的,也是那样做的。他所到之处,不管是名流贤士,还是山野村夫,孔子都能俯下身来请教,所以他成了那个时代最博学的人。

法学专业教师向他人学习法律知识,一要向法律实务人士学习,因为他们有丰富的法律实践经验。二要向其他法学学科的老师学习,因为当今知识相互交叉渗透,术有专攻。三要向学生学习,因为在知识互联网时代,教师和学生已是知识的共同体,向他们学习,可以增加知识的储量,更好地为教育和教学服务。

（三）平心交流

以积极的平常的心态参加学术交流,是升华教师专业精神的重要形式,是教师专业自主发展、终身发展的动力,对于确保教师专业价值和功能有着重大的作用。学术交流的本质是争鸣,争鸣以一定的研究为基础,其目的在于探求事物的真谛,寻求解决问题的办法。因此,学术交流能激发思维的深刻性、启迪思维的创新性和优化思维的系统性,这也是学术交流的激励与启迪的根本价值。

参加学术交流,参加者应以平等的身份和平常的心态出现,无领导和被领导之分,无职称级别之分,以开放包容的胸怀,听取不同的观点和意见。同时,还应具有互动质疑的勇气和友善包容的宽阔胸怀。

（四）厚积薄发

"博观而约取,厚积而薄发"出自苏轼的《稼说·送张琥》。张琥是苏轼的好友,在张琥赴京时,苏轼写下了这篇文章,以种庄稼比喻作学问,最后一句便是"博观而约取,厚积而薄发"。"博观"是指视野广阔,博览群书;"约取"是指眼光独到,去粗取精;"厚积"是指培植根基,重视积累;"薄发"是指自我约束,落笔审慎,宁缺毋滥。博观、约取、厚积、薄发体现了一个学者修身与治学的严谨态度和治学精神,值得我们学习。尤其是在论文指标高压下,更要重视知识的求新和积累,去法治生活的第一线调研,不能存在一部电脑就能完全获取知识解决问题的想法;对文中的观点要深思熟虑,多方论证。只有自己足够满意了,才能见诸杂志和报端,接受社会的再检验。

（五）遵守规范

法学专业教师应自觉遵守做学问、做科研、写文章的道德底线——学术规范。

---

① 《论语·述而》。

② （唐）韩愈:《师说》。

③ （清）康熙:《庭训格言》。

首先,不得违反宪法、法律的规定,不得违反四项基本原则,不得泄露国家机密,不得违反社会公共利益和公序良俗,不得侵犯他人的著作权和隐私权等。总之,在研究成果中不得有法律禁止的内容。

其次,要尊重他人的劳动,在合理引用他人的成果时,要按照规定注释或予以说明,心怀谢意。

再次,评价他人的成果,要心怀善意,按学术规范和学术水平,实事求是地作出评价,该肯定的应予肯定,对不足或有缺陷之处也应当如实指出,尽可能地提出改进建议,不回避遮掩。

最后,要正确处理学术自由与遵守学术规范的问题。学术自由是繁荣科学研究的基本原则,是学者抒发真情善意、潜心立学的基础,也是开拓进取创新发展的保证;学术规范则是检测评价学术成果的统一标准,是所有科研人员应普遍遵守的准则,它的根本宗旨是维护社会公共利益和所有科研人员共同利益,与学术自由并不矛盾。学术规范能保证有秩序的学术自由和学术争鸣;学术自由也能促进学术规范的实施与完善,两者对于繁荣科学、以德立学均是必要的。

坚持学术自由和学术规范的统一,就要正确对待学习借鉴世界优秀的法治文明成果的问题。我们需要学习借鉴,但又不能照搬照抄,全面移植。正确的态度是,以我为主,为我所用,认真鉴别,合理吸收。

三、施教之德

教师以从教为业,以施教为荣。教师施教应以学生为本,以德为根,让学生的素质得到全面发展。法学专业教师亦是如此。

(一) 以学生为本,尊爱学生

以学生为本,是"以人为本"在教育教学活动过程中的体现。以人为本中的"人",是所有的人。以学生为本,不是指以一部分学生为本,而是以全体学生为本。以学生为本的核心是解决好培养什么人,怎样培养人的重大问题。

以学生为本,须以学生为教育教学活动的出发点。在教育教学活动中,有些教师把自己放在主体地位,而把学生放在客体地位。其实,人类的教育之所以成为必要,是因为人有受教育的需要。既然为学生所需,教育教学互动的出发点就是学生。

以学生为本,必须以促进学生全面发展为目标。学生作为"身"与"心"、"个人"与"社会"的统一体,其成长的需求是多方面的,因此教育和教学须以促进学生全面发展为目标。

以学生为本,必须保证学生公平、公正地享有受教育的权利,在教学活动中,不分民族、不分性别、不分智力高低,一视同仁,精心培育,这就是传统教育中的有教无类原则在今天的表现。

尊爱学生是教育教学基本关系的基石。现在的师生关系是师生共享资源、共同发展的关系,师生已成为同向同行、共赢共荣的共同体。

尊爱学生是教师为人师表的基础。教师只有以谦虚、平和的心态对待学生,尊重学生,才能赢得学生的尊重。

尊爱学生也是教师教育教学艺术的体现。针对今天师生关系的变化,教师必须改变传统的教学方法,实行长情教育,用自己的真诚挚爱感染学生。

（二）因材施教

因材施教是指根据学生不同的认知水平、学习能力以及特点,进行有针对性的教学,以充分挖掘长处,尽量避免短处,激发学生兴趣,促其全面发展。以学生为本,须根据学生的个性、身心发展的个体差异性等,因材施教。

因材施教的目的是发挥每个学生的潜能和积极因素,有的放矢地进行教学。教师必须灵活地针对每个学生的特点,对他所提出的不同要求,采用不同的教育教学方法,使每个学生都能得到最好的发展。孔子在因材施教方面作出了榜样,他对不同层次、不同性格和年龄的学生采用不同的教学方法,如"中人以上,可以语上也;中人以下,不可以语上也"[①],即中等以上资质的人,可以给他讲授高深的学问;而中等以下资质的人,不可以给他讲授高深的学问。虽然,我们现在的大学本科教育与孔子所处的时代不同,但他那种以学生为本,注意差异培养的精神仍需我们今天的教师去弘扬。至于对硕士生、博士生的培养,因材施教则更有实际的运用价值。对法本法硕、非法本法硕、全日制脱产法硕、非全日制法硕,根据不同情况,采用不同的教学体系、课程体系和运用不同的教学方法。因为这些学生,几乎每个人都有一套由自己的知识、能力、人生经历、情感构成的独立结构,应根据其个性进行培养,使之成为独特的人,真正成为他自己。因此,根据个人的特性、兴趣爱好和潜能予以个性化的培养,对人才的发展具有非凡的意义。

当下大学要正确对待大学生转专业的问题。北京大学原校长许智宏对学生要求转专业来信的处理就充分考虑了该生的兴趣、专业特长以及尊重学生人格和专业选择的权利。写信人是位非常出色的理科女生,成绩优异,对文科感兴趣,业余时间都在图书馆看文科书籍,但系领导不同意其转专业,因而向校长写信求助。校长认为,既然对理科不感兴趣,对文科有兴趣,就应该按她的意愿转到她喜欢的专业,这有利于学生的发展,也符合因材施教的教学原则。[②] 当下基于法学专业就业率的现状和文理兼招的情况,一些对法学不感兴趣的理科考生被调剂到了法学专业。经过1年的学习,这些学生对法学仍无兴趣,申请转到他感兴趣的专业的,教学管理部门应该本着尊重学生意愿的原则予以同意,教师也不要因为放走优秀学生而惋惜。同理,也应该欢迎对法学感兴趣的学生由别的专业转进法学专业。

（三）言传与身教相统一

言传与身教是教师教学的两种基本形式。言传是用文字或口头语言给学生讲道理、授知识;身教则是以教师的行为示范去引导和感染学生。教师以德育德,以才育才,让人格的力量和知识的力量吸引人、折服人,教师的品德和学识是无字的教科书。

从某种意义上说,身教比言传更重要。古语云:"人不率,则不从;身不先,则不信。"[③]教师要真正承担起立德树人、教书育人的大任,首先自己必须具有优秀的综合素质,具有五育并举、德育为先的教育思想。"因材施教"作为教师的一种价值取向,内含教师对教育现象的

---

① 《论语·雍也》。
② 李晓东编著:《北大人文课》,北方妇女儿童出版社2014年版,第33页。
③ 《宋史·宋祁传》。

理性认识,这对教师的德教行为具有指导作用。

"言行一致,表里如一"同样是对教师行为的道德要求。课堂上讲法治的公平、正义、法律面前人人平等,而私下里在职称晋升、课题立项、成果评奖等关系到自己的利益时却与讲的背道而驰,四处打听评委、拉关系,有的甚至违反纪律,这是一种违德行为。良师应该使自己所说的话、所做的事,对得起自己的学生,无愧于自己的良心。

第三节　法学专业教师职业伦理实施机制

一、法学专业教师职业伦理培育机制

教师职业伦理的养成不是与生俱来的,必须经历一个培育的过程,包括个人的自我修养、外界环境感化和法律及内部规范促成。无论哪种途径,均必须经过个体的内心认同和追求。

(一)自我修养

法学专业教师职业伦理的自我修养是指依据职业伦理的要求,为养成高尚的师德对自身职业伦理意识和伦理行为进行自我教育、自我审视、自我塑造和自我完善的过程。其内容包括认识职业伦理、陶冶师德的情感、锻炼师德的意志、坚定师德的信念、培养师德行为和习惯等,其特点是出自内心需求所为的自觉行为。主动读书与积极实践是自我修养的必经过程。

1. 主动读书

读书是获取前人经验总结和理论精华的捷径,是伴随教师职业的一种业务需求;同时读书是一种内涵、一种修为,能对人产生潜移默化的感染,带来灵魂和品质的修炼,是形成教师高尚的职业伦理的知识源。因此,作为培养高素质法治人才的法学专业教师应把主动读书置于职业生涯的首位。

法学专业教师应该说已有相当高的理论水平和研究能力,又有相对好的学习环境,这些为其自我发展和自我修养提供了好的基础和条件,他们应当充分利用这些有利条件,继续充实知识,提高施教能力和师德水平。

首先要老老实实、原原本本地读好马克思主义经典作家关于无产阶级世界观、人生观、价值观、伦理观、法律观和法律职业伦理等方面的论述,学会用马克思主义的立场、观点和方法指导自己职业伦理的自我修养,深刻认识法律职业伦理教育在法治社会建构中的必然性、合理性和紧迫性,从而提高自身职业伦理修养的自觉性。当下的迫切任务是贯彻实施好中共中央办公厅、国务院办公厅联合印发的《关于加强新时代法学教育和法学理论研究的意见》,以习近平法治思想为根本遵循,教育引导学生做习近平法治思想的坚定信仰者、积极传播者、模范实施者和勇敢捍卫者。同时要主动寻读反映我国当代优秀教师精神风貌和动人事迹的著作,领悟这些时代精英为国育才、呕心沥血、履职尽责的不挠精神,滋生追求高尚伦理和人生真理的信念。无论是倾尽心血,为国育才,直至殚精竭虑的核物理学家黄大年教授;还是从教60年,坚持以生为本,耄耋之年仍坚守育人一线的钱易教授;或是中国结晶之母、科学道德与学风建设专家王静康教授,他们都以纯净之心,倾注教育事业的件件动人事迹,

助人从世俗的物欲中解脱,净化执业的心灵。

2. 积极实践

"知行合一,学践结合"是职业伦理自我修养必须遵循的原则,法学专业教师职业伦理的自我修养亦是如此。儒家人士荀子有云:"不闻不若闻之,闻之不若见之,见之不若知之,知之不若行之,学至于行之而止矣"。① 此言既阐明了知与行的统一,也阐明了知的终极目标是落实于行动。习近平在谈核心价值观的实现时更是强调了知行合一,积极实践的重要性。2013 年 5 月 4 日在同各界优秀青年代表座谈时,他希望青年"把正确的道德认知、自觉的道德养成、积极的道德实践紧密结合起来,自觉树立和践行社会主义核心价值观"②。时隔一年,在与北京大学师生座谈时又强调:"道不可坐论,德不能空谈。于实处用力,从知行合一上下功夫,核心价值观才能内化为人们的精神追求,外化为人们的自觉行动。"③ 可见法学专业教师职业伦理的自我修养离不开实践,即教学实践和更为广泛的社会实践。只有这样才能使内心追求的伦理目标和伦理规划外化为实际行动,使之在实践中得到检验与实现,同时通过实践发现某些不足,获取新的知识予以弥补,使自己的伦理目标和规划更趋先进和完善。

总之,法学专业教师职业伦理的自我修养,并不是认识与实践截然分开的两个过程,而是一个主动读书与积极实践相结合,即知行合一的复杂的长期过程,只有通过这样的过程,才能提升职业伦理水平,实现"教法律书、育法律人"的人生使命。

(二) 外界环境感化

教师职业伦理观的形成,除自我追求、自我修养之外,还受外界环境的影响和感化。当下社会主义核心价值观被引入课堂,并得到社会广泛宣传,标语广告处处可见。"五讲四美"(即讲文明、讲礼貌、讲卫生、讲秩序、讲道德;心灵美、语言美、行为美、环境美)活动的普遍开展、坚持依法治国和以德治国相结合的宣传和深入实施以及每年教师节和宪法日的宣传纪念活动,均像一束束阳光温暖着法学专业教师的心田,感化着他们的职业心灵,培育着他们以爱岗敬业为核心的职业伦理观的形成。

(三) 法律及内部规范促成

《教师法》《高等教育法》都把对教师的德性和品质要求以义务的形式作出了规定。《教师法》规定,教师应"遵守宪法、法律和职业道德,为人师表",关心、爱护全体学生,尊重学生人格,促进学生在品德、智力、体质等方面全面发展,并把"遵守宪法和法律,热爱教育事业,具有良好的思想品德"作为取得教师资格的条件之一。《高等教育法》规定,高等学校的教师享有法律规定的权利,履行法律规定的义务,忠诚于人民的教育事业。各高等院校的章程在重申《教师法》和《高等教育法》的规定之外,把学校对教师职业伦理的要求规定得更为全面。

法律是人们应该遵守的普遍规范,具有法律约束力;学校章程是学校的行为规范,学校的成员都应当遵守。作为高等院校职员的法学专业教师,首先就得符合《教师法》《高等教

---

① 《荀子·儒效》。
② 《习近平谈治国理政》(第 1 卷),外文出版社 2018 年版,第 52 页。
③ 《习近平谈治国理政》(第 1 卷),外文出版社 2018 年版,第 173 页。

育法》和该校章程的严格标准,认真履行规定的义务,这是对这一职业群体的共同要求,这个要求同样应转化为每个教师的内心认同和自觉行为。法律规定的义务是最基本的道德或职业伦理的要求,与前两种职业伦理观形成的自律途径有所不同,这种由法律和章程规定的基本伦理是他律,带有一定的外在压力,需要每个职业人认真思考,将其内化为一种动力予以履行,以促进职业伦理观的形成,否则就不得不离开教师岗位。法学教师职业伦理的养成同样离不开国家规范和学校规范的促成。

为有效实施法律和章程对教师职业伦理的要求而适时进行的教师岗前职业道德培训和继续教育职业道德培训,也有助于职业伦理观的形成、巩固和践行。

二、法学专业教师职业伦理保障机制

职业伦理观的形成,贵在践行,只有通过自己的行为才能达到以德育人的目的。对法学专业教师职业伦理的保障,主要表现在以下方面:

(一) 对践行法学专业教师职业伦理的行为和效果作出正确的评价

法律和章程将职业伦理作为义务加以规定,对于教师履行职业伦理的效果应该作出正确的评价。许多大学章程都有如下规定:教师在品德、能力和业绩等方面获得公正评价(如《上海交通大学章程》第 48 条第 4 款、《湖南大学章程》第 35 条第 3 款)。所谓"公正",就是实事求是,同一事项按同一标准评价,不能拔高,也不能降低。

(二) 对践行法学专业教师职业伦理表现突出、成绩优异者,给予表彰、奖励

表彰、奖励部门包括国家、社会和所在学校。如教育部协同中央媒体举办的包括高校教师在内的全国教书育人楷模表彰活动表彰的楷模均在师德师风、教书育人方面有突出表现;有的高校还专门组织"师德标兵"评选活动,将师德高尚、成绩突出的教师评为师德标兵,给予表彰和奖励;有的高校开展评选"我心目中最敬爱的老师"活动,由学生按评选标准进行评选,其中标准之一便是热爱教育事业,坚守教学一线岗位,关爱学生,以人格和学识魅力教育感染学生,以严谨的教风和高尚的师德为学生树立榜样,在学生心目中有较高的声望。由国家、社会和学校对践行法学专业教师职业伦理成绩显著的教师予以表彰、奖励,向社会释放正能量,对坚定广大法学专业教师的职业伦理观,保障法学专业教师职业伦理的践行无疑具有重要的意义。

(三) 学校、学生、同行和社会的监督

学校和教师是一种领导与被领导的关系,是单位与员工的关系,学校当然有权对教师的行为监督管理;学生是老师的教育教学对象,与老师是一种平等的相互尊重的关系,不是学徒工与老板的关系,学生本着为自己学习、成才的目标负责的原则,有权对教师的行为进行监督,对有损自己合法权益、不利于自己进步成长的行为有权提出批评性意见;教师职业是一个整体,不能因为个别教师的不道德行为而影响整个教师的形象,因此,同行也有权对法学专业教师职业伦理的践行情况进行同志式的监督;教师为人师表,是社会楷模,社会人员同样有权对其进行监督。这些监督对法学专业教师职业伦理的实施有着重要的保障和促进

作用。

三、法学专业教师职业伦理内部惩戒机制

惩戒也是保证法学专业教师职业伦理实施的一项举措。惩戒是工具，而不是目的，目的是通过对违反法学专业教师职业伦理的行为给予一定的惩罚，使他人引以为戒，避免重蹈覆辙；被惩戒者则可以吸取教训迷途知返。

对于违反法学专业教师职业伦理的行为的处理，《教师法》第37条作了规定：有下列情形之一的，由所在学校、其他教育机构或者教育行政部门给予行政处分或者解聘：(1)故意不完成教育教学任务给教育教学工作造成损失的；(2)体罚学生，经教育不改的；(3)品行不良、侮辱学生，影响恶劣的。

显然，上述第一种情形违反了《教师法》规定的"执行学校的教学计划，履行教师聘约，完成教育教学工作任务"的义务；上述第二种情形违反了《教师法》规定的"关心、爱护全体学生，尊重学生人格"的义务；上述第三种情形同样违反了"关心、爱护全体学生，尊重学生人格"的义务。

对于从事法学专业教育的教师而言，体罚学生，经教育不改的，实属罕见，但上述第一、三种情形还是时有发生的。这显然违背了忠于教育事业、敬岗爱业、热爱学生、尊重学生的职业伦理，应当按规定给予行政处分或者解聘。多数高等学校在章程中对《教师法》的规定给予了细化。对于上述第二、三种情形，《教师法》规定，情节严重，构成犯罪的，依法追究刑事责任，因不属内部惩戒机制，故不在此赘述。

高等院校现普遍设立了对教师的任期目标考核制度，把培养人、教育人列入了考核的内容。对于考核中某个方面不合格，或在某些方面暂未达到考核标准，又不构成行政处分的，可采取训诫谈话、批评、限期改正等方式予以教育；经批评教育在规定时间内尚未明显改正的，可按合同约定或学校规定予以处理。

对没有遵守法学专业教师职业伦理或其他违反义务受到学校或者教育主管部门行政处分的，受处分的教师有按程序进行申辩的权利。

教育行政部门和学校对违反法学专业教师职业伦理的行为予以及时处理，对维护良好的师德师风、保障法学专业教师职业伦理的践行有着重要的作用。

思考题：

1. 如何理解法学专业教师职业伦理在法律职业伦理体系中的地位？
2. 如何理解以德立身、以德立学和以德施教的内涵？

拓展学习

延伸阅读

本章推荐书目

第二版后记

2023年2月,中共中央办公厅、国务院办公厅印发了《关于加强新时代法学教育和法学理论研究的意见》,对新时代法学教育提出了总体要求:要坚持以习近平法治思想为根本遵循,深入推进习近平法治思想学理化阐释、学术化表达、体系化构建。习近平法治思想确立于中央全面依法治国工作会议,明确提出要"坚持建设德才兼备的高素质法治工作队伍"。德才兼备的高素质法治人才培养的关键在于法学教育,法学教育不仅需要重视法治人才的专业知识水平,还需要关注其政治水平及道德素养。法律与道德相互依存,密不可分,正如习近平指出的:"法律是成文的道德,道德是内心的法律。"[①]任何法律都可以在伦理道德中找到支撑。在2018年11月《法律职业伦理教程》出版后的5年时间里,中国特色社会主义法治建设取得了新的成就,特别是习近平法治思想的确立,彰显出富有鲜明时代精神和实践导向的辩证思维、系统思维、战略思维、历史思维、创新思维、法治思维、底线思维,为我们正确认识和处理全面依法治国的重大关系提供了科学的方法论指导。本教材也应与时俱进进行修订和完善。本次修订,在前一版的基础上,突出以下编写思路:

一是坚持以马克思列宁主义、毛泽东思想、邓小平理论、"三个代表"重要思想、科学发展观、习近平新时代中国特色社会主义思想特别是习近平法治思想为指导,依据党的二十大精神、党中央对于新时代法律职业构成的科学判断以及法治队伍建设的基本要求,充分融入法律职业伦理在新时代蓬勃发展的成就。

二是坚持以问题为导向,以人为本,以学生为主体。教材在编排上从问题引入到理论分析再到实践回归,将理论和实践融会贯通,并提供可供扫描学习的二维码资源,帮助学生在课后拓展学习各章知识。这不仅符合教学规律和学习规律,更结合现代数字化资源的便捷方式将现实案例融入课本知识,兼具理论性与实用性,便于学生更广泛地获得大量素材,进行更深入的探讨和思考。

三是坚持理论与实践紧密结合,由学界与实务界专家共同编写。本教材的分论部分——法官职业伦理、检察官职业伦理、律师职业伦理、仲裁员职

---

① 习近平:《坚持依法治国和以德治国相结合》(2016年12月9日),载习近平:《论坚持全面依法治国》,中央文献出版社2020年版,第165页。

业伦理、公证员职业伦理、立法工作者职业伦理、行政执法人员职业伦理分别邀请实务部门专家参与编写,对法律职业共同体中各子共同体的职业伦理的基本内容和实施机制进行了较为深入的分析,力求从理论和实践两个方面对法律职业伦理进行总体概括和具体描述。本教材还增加了对法学专业教师职业伦理的介绍。法学专业教师是教师群体的重要一员,又是法律职业共同体的一员,担负着培养立法者、法官、检察官、律师等法律职业人员的任务。法学专业教师身份的双重性,在很大程度上决定了其职业伦理的特殊性。

本教材自 2018 年 11 月出版以来,有数十所高校将其作为本科生和研究生教材使用,教学反响良好,并获评 2021 年湖南省研究生优秀教材。本次修订,除各章节的内容更新之外,对各章末尾拓展学习部分的延伸阅读和推荐书目也作了相应完善。

本教材在修订过程中,参阅了中国政法大学法律硕士学院许身健教授、中国政法大学诉讼法学研究院李本森教授、中国政法大学律师学研究中心主任王进喜教授、中国社会科学院研究生院王新清教授、北京师范大学法学院冷罗生教授等主编的同类教材,在此特别表示感谢。修订后的教材仍由张文显教授作序,由湖南省法学会法学教育研究会组编,由湖南省法学会法学教育研究会原会长刘定华教授和湖南省法学会法治文化研究会会长夏新华教授担任主审,由湖南大学法学院原院长屈茂辉教授担任编写顾问,由湖南大学法学院教授、湖南省法学会政府投融资法治研究会副会长郭哲担任主编。本次修订工作具体分工如下(按所编写章节顺序排列):

郭　哲:绪论,第一章第一节、第三节,第二章;

肖洪泳:第一章第二节第一部分;

蒋海松:第一章第二节第二部分;

夏新华:第三章;

龙兴盛:第四章;

李江发:第五章;

张南宁:第六章;

屈茂辉、刘君之:第七章;

刘湘琛:第八章;

汪全军:第九章;

肖　锭:第十章;

刘定华:第十一章。

特别感谢高等教育出版社及程传省编辑对本教材的修订出版付出的辛苦劳动! 欢迎大家通过电子邮件(邮箱:314514726@qq.com)对法律职业伦理教学进行探讨和沟通,对本教材批评指正!

郭　哲

2023 年 9 月 12 日

后　记

　　为进一步深化法治人才培养中的法律职业伦理教育,教育部高等学校法学类专业教学指导委员会对"法学专业核心课程"进行了调整,将《法律职业伦理》新增为 A 类核心课程。习近平总书记在考察中国政法大学时也强调,法治人才培养应立德树人、德法兼修。目前对于《法律职业伦理》怎么教、教什么也都在积极的探索中。本教材顺应时代要求,组织理论与实务相结合的教学研究团队,试图在法律职业伦理教学改革与实践中做些有益探索。本教材分总论和分论两部分。总论主要阐述法律职业伦理的学科范畴、历史渊源、社会功能、伦理规则、内化养成、伦理教育,阐述和确立法律职业伦理的基本理论。分论结合法律职业伦理建设的实际,分别阐述法官,检察官,律师,公证员,仲裁员,政府部门中从事行政处罚决定审核、行政复议、行政裁决的人员等应当取得国家统一法律职业资格的人员,以及立法工作者、法学教育研究工作者(即法学专业教师)的法律职业伦理的基本要求、规范和实施中的一些具体问题。

　　本教材由湖南省法学会法学教育研究会组编,主要由湖南大学、湖南师范大学从事法理学、法律职业伦理教学与研究的老师及法官、检察官、律师等实务专家共同编写而成。它既可以作为普通高校法学类专业本科及法律硕士《法律职业伦理》课程教材,也可以作为各类高校非法学类专业有关通识课程的主要参考教材。本教材由湖南省法学会法学教育研究会会长刘定华教授和湖南省法学会法治文化研究会会长夏新华教授担任主审,湖南大学法学院院长屈茂辉教授担任编写顾问,湖南大学法学院副教授、湖南省法学会法学教育研究会秘书长郭哲博士担任主编。本教材撰写章节分工如下(按所编写章节顺序排列):

　　郭　哲:绪论,第一章第一节、第三节,第二章;

　　肖洪泳:第一章第二节第一部分;

　　蒋海松:第一章第二节第二部分;

　　夏新华:第三章;

　　龙兴盛:第四章;

　　李江发:第五章;

　　张南宁:第六章;

屈茂辉、刘君之:第七章;

刘湘琛:第八章;

汪全军:第九章;

肖　锭:第十章;

刘定华:第十一章。

　　本教材得到了法治湖南与区域社会治理协同创新中心的大力支持,感谢湖南大学法学院本科教学改革项目的资助,感谢湖南省法学会法学教育研究会各会员单位的支持,感谢中国法学会党组成员、副会长、学术委员会主任张文显教授,中国政法大学法律硕士学院许身健教授,中国政法大学诉讼法研究中心李本森教授,中国社会科学院研究生院王新清教授,以及北京师范大学法学院冷罗生教授,本教材相关内容得益于前面学者研究的成果和编写的教材,特别感谢张文显教授在百忙中抽出宝贵时间为本教材作序。高等教育出版社的程传省编辑对本教材的出版付出了辛苦劳动!欢迎大家通过电子邮件(邮箱:314514726@qq.com)对法律职业伦理教学进行探讨和沟通,对本教材批评指正!

郭　哲

2018 年 10 月 20 日于湖南省长沙景秀书屋

读者意见反馈

为收集对教材的意见建议，进一步完善教材编写并做好服务工作，读者可将对本教材的意见建议通过如下渠道反馈至我社。

咨询电话　　400-810-0598

反馈邮箱　　zz_dzyj@pub.hep.cn

通信地址　　北京市朝阳区惠新东街4号富盛大厦1座

　　　　　　高等教育出版社总编辑办公室

邮政编码　　100029